高等学校应用型特色规划教材　经管系列

消费心理学
(第三版)

主　编　李晓霞　刘　剑　赵仕红

清华大学出版社
北京

内容简介

本书分析了消费心理学的研究对象、研究内容及现实意义。研究影响消费者购买行为的内在心理因素、消费者个性心理活动过程和个性心理特征；分析了消费者群体、商品品牌、价格、营销场景、营销服务、营销信息传播等外部因素对消费者心理的影响。同时，探讨了当代中国社会消费心理和消费行为的变化趋势，居民消费的地区差异、城乡差异、消费误区、消费者教育等现实问题。

本书面向高等学校应用型人才培养，适用于本科及大专院校经济类、管理类、营销策划专业学生，也可供营销策划、营销从业人员参考使用。

本书封面贴有清华大学出版社防伪标签，无标签者不得销售。
版权所有，侵权必究。举报：010-62782989，beiqinquan@tup.tsinghua.edu.cn。

图书在版编目(CIP)数据

消费心理学/李晓霞，刘剑，赵仕红主编. —3版. —北京：清华大学出版社，2018(2025.1重印)
(高等学校应用型特色规划教材　经管系列)
ISBN 978-7-302-49398-3

Ⅰ.①消… Ⅱ.①李… ②刘… ③赵… Ⅲ.①消费心理学—高等学校—教材 Ⅳ.①F713.55

中国版本图书馆 CIP 数据核字(2018)第 012308 号

责任编辑：温　洁
封面设计：何凤霞
责任校对：周剑云
责任印制：杨　艳

出版发行：清华大学出版社
网　　址：https://www.tup.com.cn，https://www.wqxuetang.com
地　　址：北京清华大学学研大厦A座　　邮　编：100084
社 总 机：010-83470000　　邮　购：010-62786544
投稿与读者服务：010-62776969，c-service@tup.tsinghua.edu.cn
质量反馈：010-62772015，zhiliang@tup.tsinghua.edu.cn
课件下载：https://www.tup.com.cn，010-62791865

印 装 者：小森印刷霸州有限公司
经　　销：全国新华书店
开　　本：185mm×230mm　　印　张：20　　字　数：436 千字
版　　次：2006 年 7 月第 1 版　 2018 年 2 月第 3 版　　印　次：2025 年 1 月第 18 次印刷
定　　价：50.00 元

产品编号：075591-03

出版说明

应用型人才是指能够将专业知识和技能应用于所从事的专业岗位的一种专门人才。应用型人才的本质特征是具有专业基本知识和基本技能，即具有明确的职业性、实用性、实践性和高层次性。进一步加强应用型人才的培养，是"十三五"时期我国经济转型升级、迫切需要教育为社会培养输送各类人才和高素质劳动者的关键时期，也是协调高等教育规模速度与培养各类人才服务国家和区域经济社会发展的重要途径。

教育部要求今后需要有相当数量的高校致力于培养应用型人才，以满足市场对应用型人才需求量的不断增加。为了培养高素质应用型人才，必须建立完善的教学计划和高水平的课程体系。在教育部有关精神的指导下，我们组织全国高校的专家教授，努力探求更为合理有效的应用型人才培养方案，并结合当前高等教育的实际情况，编写了这套《高等学校应用型特色规划教材》丛书。

为使教材的编写真正切合应用型人才的培养目标，我社编辑在全国范围内走访了大量高等学校，拜访了众多院校主管教学的领导，以及教学一线的系主任和教师，掌握了各地区各学校所设专业的培养目标和办学特色，并广泛、深入地与用人单位进行交流，明确了用人单位的真正需求。这些工作为本套丛书的准确定位、合理选材、突出特色奠定了坚实的基础。

◇ 教材定位

- 以就业为导向。在应用型人才培养过程中，充分考虑市场需求，因此本套丛书充分体现"就业导向"的基本思路。
- 符合本学科的课程设置要求。以高等教育的培养目标为依据，注重教材的科学性、实用性和通用性。
- 定位明确。准确定位教材在人才培养过程中的地位和作用，正确处理教材的读者层次关系，面向就业，突出应用。
- 合理选材、编排得当。妥善处理传统内容与现代内容的关系，大力补充新知识、新技术、新工艺和新成果。根据本学科的教学基本要求和教学大纲的要求，制订编写大纲(编写原则、编写特色、编写内容、编写体例等)，突出重点、难点。
- 建设"立体化"的精品教材体系。提倡教材与电子教案、学习指导、习题解答、课程设计、毕业设计等辅助教学资料配套出版。

◇ 丛书特色

- 围绕应用讲理论，突出实践教学环节及特点，包含丰富的案例，并对案例作详细解析，强调实用性和可操作性。
- ➢ 涉及最新的理论成果和实务案例，充分反映岗位要求，真正体现以就业为导向的培养目标。
- ➢ 国际化与中国特色相结合，符合高等教育日趋国际化的发展趋势，部分教材采用双语形式。
- ➢ 在结构的布局、内容重点的选取、案例习题的设计等方面符合教改目标和教学大纲的要求，把教师的备课、授课、辅导答疑等教学环节有机地结合起来。

❖ 读者定位

本系列教材主要面向普通高等院校和高等职业技术院校，适合应用型、复合型及技术技能型人才培养的高等院校的教学需要。

❖ 关于作者

丛书编委特聘请执教多年且有较高学术造诣和实践经验的教授参与各册教材的编写，其中有相当一部分教材的主要执笔者是精品课程的负责人，本丛书凝聚了他们多年的教学经验和心血。

❖ 互动交流

本丛书的编写及出版过程，贯穿了清华大学出版社一贯严谨、务实、科学的作风。伴随我国教育改革的不断深入，要编写出满足新形势下教学需求的教材，还需要我们不断地努力、探索和实践。我们真诚希望使用本丛书的教师、学生和其他读者提出宝贵的意见和建议，使之更臻成熟。

清华大学出版社

第三版前言

《消费心理学》第三版与大家见面了。第三版基本维持初版、二版时的章节体例，只是部分章节做了比较大的补充、更新和修改。

随着我国消费结构进一步优化，商品消费档次的提升，服务消费的迅速增长，与互联网相关的网络购物和网络服务消费成为消费的新亮点。网购和海淘作为消费者购物的新方式，正以超常的速度增长，受到世人瞩目。考虑到网络营销在我国城乡的迅猛发展，居民消费品中网购的比例增多，网购与实体店的问题成为不可回避的话题，我们在第十章第二节对网络营销与实体店各自的特点、优势，以及实体店未来的发展趋势等问题进行了初步的论述和探讨。在营销服务一章增加了2014年3月15日颁布的《消费者权益保护法》即"新消法"的内容。

另外，在保留原教材中的经典案例的基础上，我们对教材的部分案例进行更新替换，尽可能选择与教材相应内容结合密切、与时俱进的新案例，多提供一些具有启发学生深入思考现实问题的阅读材料，并对教材在文字上进行润色、修订，使教材内容更加充实、同现实结合更紧密。

自《消费心理学》第一版、第二版出版以来，在全国各高等院校受到良好的评价，才会有出版发行第三版的需求。编写过程中参考了大量的相关教材和论著，在此一并致谢！并衷心感谢多年来关注本书的读者、同行的认可与好评，真诚希望得到大家的批评指正。

编　者

第二版前言

《消费心理学》(第二版)分析了消费心理学的研究对象、研究内容及现实意义。研究影响消费者购买行为的内在心理因素，消费者个性心理活动过程和个性心理特征。分析消费者群体、商品品牌、价格、营销场景、营销服务、营销信息传播等外部因素对消费者心理的影响。同时，探讨了当代中国社会消费心理和消费行为的变化趋势，居民消费的地区差异、城乡差异、消费误区、消费者教育等现实问题。

本书基本维持初版时的章节体例。做第二版修订时，根据教学实践、学生反映及听取同行意见，在内容方面进行了大量的更新和调整，对部分案例进行更新替换，尽可能选择与教材相应内容切合的新案例，对一些章节的数据资料进行全面更新，尽量采用近几年的权威统计数据，对部分内容进行必要的补充，在文字上进行润色、修订，使教材内容更加充实，同现实结合更紧密，使本书文笔更加简明、流畅。按照应用型规划教材的特色要求，再版教材进一步强化了消费心理学的研究在市场营销实践中的作用。

自《消费心理学》第一版出版以来，在全国各高等院校受到良好的评价，取得了社会效益和经济效益，为第二版奠定了良好的基础。为此，衷心感谢多年来支持和关注本书的读者、同行。

尽管我们做了努力，但总会有不尽如人意之处，希望得到广大读者、同行的批评指正。

编　者

第一版前言

随着我国社会主义市场经济体制的完善和发展,市场的供求关系、需求结构和消费结构都发生了极大的变化。在买方市场全面形成的环境下,消费者对商品及其服务要求越来越高,因此,研究和把握消费者的需求心理,对工商企业开发、生产适销对路的产品、增强企业的竞争能力,尤为重要。历史一次次证明,现实的需要是学科发展的契机和动力。消费心理学作为一门新兴的应用类学科,人们学习、研究消费心理的热情和积极性、主动性日益高涨,因此消费心理学课程在我国的迅速发展和广泛普及就不足为奇了。

本书有如下几个特点:

一、根据本科教学层次需要,深入和扩充了普通心理学方面的知识内容,如消费者的心理活动过程、消费者个性心理特征和个性心理倾向等,插入相关的图形和案例,增强内容的知识性和趣味性。

二、根据产品竞争日益向服务竞争的高层次竞争方面发展,人们消费的服务产品在全部消费中所占比重越来越大,根据服务营销当前的发展情况,故本书增加了"营销服务与消费心理"一章,以期企业在服务竞争中更好地满足消费者的心理需求,提高服务质量。

三、为了引导学生对社会现实问题研究的兴趣,增加了当代我国居民消费心理和消费行为一章,提供确凿的数据资料,使学生能够理论联系实际,关注社会热点问题,提高社会责任感。

四、为了便于教师教学和学生阅读,本书除了每章前面的引导案例和每章末尾的案例分析外,正文中还穿插了大量的相关案例。另外,还从网络、报刊上精挑细选了观点新颖、发人深省的阅读资料,以拓展学生的知识和视野,启迪学生的思考。

本书是财经专业学生知识体系中不可缺少的内容,也是市场营销专业学生的核心课程。市场交易行为归根到底是由人的心理活动及其规律所决定的,本书从心理学的角度研究企业营销活动的主要对象——消费者的购买行为特点及其规律,使营销者能够在更深层次上,更有针对性地进行各种营销运作,并且能够及时准确地发现、了解消费趋势的新变化,取得事半功倍的营销效果,更好地满足消费者的需求。

另外,本书配有电子课件,以适应多媒体教学的需要。下载地址:www.tup.tsinghua.edu.cn。

本书由李晓霞任主编,并负责拟定提纲、统稿和定稿。全书共十章:李晓霞(第一、二、三章)、赵仕红(第四、五、七章)、刘剑(第六、第八、九章)、李晓燕(第十章)。

在本书编写过程中,参考和吸收了国内外相关的教材和研究成果,并引用了互联网上一些具有独到见解的阅读资料,以增强教材的新鲜感和趣味性,开阔学生的视野,启发学生深入探讨有意义的或具有前瞻性的问题,在此,向有关作者表示衷心的感谢。由于我们水平有限,书中难免有疏漏之处,请读者和同行批评指正。

编 者

目 录

第一章 绪论 ... 1

第一节 消费心理学的研究对象和研究内容 ... 2
一、消费与消费者 ... 2
二、消费心理 ... 3
三、消费心理学的研究对象和研究内容 ... 4

第二节 研究消费心理学的现实意义 ... 9
一、消费心理学研究的历史和现状 ... 9
二、研究消费心理学的现实意义 ... 11

第三节 消费心理学的研究方法 ... 15
一、研究消费心理学的基本原则 ... 15
二、研究消费心理学的基本方法 ... 16

本章小结 ... 19
自测题 ... 20
案例分析 ... 20
阅读资料 ... 22

第二章 消费者的心理活动过程 ... 25

第一节 消费者的认识过程 ... 26
一、感觉与知觉 ... 26
二、记忆和注意 ... 33
三、想象、联想与思维 ... 41

第二节 消费者的情感过程 ... 43

第三节 消费者的意志过程 ... 46

本章小结 ... 48
自测题 ... 49
案例分析 ... 49
阅读资料 ... 50

第三章 消费者的个性心理特征和个性倾向 ... 53

第一节 消费者的个性心理特征 ... 54
一、消费者气质上的差异 ... 54
二、气质学说的类型 ... 55
三、消费者的气质在购买行为中的表现 ... 57

第二节 消费者性格上的差异 ... 59
一、性格的概念 ... 59
二、性格的特征 ... 60
三、消费者性格在购买中的表现 ... 60

第三节 消费者能力上的差异 ... 61
一、能力的概念 ... 61
二、消费者能力的特点 ... 62
三、消费者能力上的差异 ... 62

第四节 消费者的动机和行为 ... 67
一、消费者需要的概念和需要的层次 ... 67
二、消费者需要的基本特征 ... 69
三、消费者的购买动机 ... 70
四、消费者的购买行为 ... 76

本章小结 ... 82
自测题 ... 83
案例分析 ... 83
阅读资料 ... 84

第四章 消费者群体与消费心理 ... 86

第一节 消费者群体特征 ... 87
一、消费者群体的一般特征 ... 87
二、消费者群体对消费心理的影响 ... 89

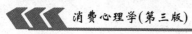

　　第二节　主要消费者群体的消费心理……90
　　　　一、少年儿童消费者群体……90
　　　　二、青年消费者群体……92
　　　　三、中年消费者群体……93
　　　　四、老年消费者群体……94
　　　　五、女性消费心理……96
　　第三节　消费习俗……99
　　　　一、消费习俗的特点与分类……99
　　　　二、消费习俗对消费心理的影响……102
　　第四节　消费流行……102
　　　　一、消费流行的概念……102
　　　　二、消费流行的特点……103
　　　　三、消费流行的影响因素……103
　　　　四、消费流行的内容……105
　　　　五、消费流行的周期……106
　　　　六、消费流行与消费心理的
　　　　　　交互影响……106
　　本章小结……109
　　自测题……109
　　案例分析……110
　　阅读资料……111

第五章　商品因素与消费心理……113

　　第一节　商品设计与消费心理……113
　　　　一、消费者对新商品的心理要求……113
　　　　二、新商品设计的心理策略……116
　　　　三、消费者对新产品的购买分析……118
　　第二节　商品名称、商标与消费心理……120
　　　　一、商品名称与消费心理……120
　　　　二、商标与消费心理……125
　　第三节　商品包装与消费心理……129
　　　　一、商品包装的含义……129
　　　　二、商品包装的心理功能……130
　　　　三、包装设计的心理要求……130
　　　　四、包装设计的心理策略……132

　　本章小结……135
　　自测题……136
　　案例分析……136
　　阅读资料……137

第六章　商品价格与消费心理……140

　　第一节　商品价格的心理功能……140
　　　　一、商品价值认识功能……141
　　　　二、自我意识的比拟功能……141
　　　　三、调节需求的功能……142
　　第二节　消费者价格心理……143
　　　　一、消费者价格心理特征……143
　　　　二、价格变动对消费者心理和
　　　　　　行为的影响……146
　　第三节　消费者心理中的价格阈限……148
　　　　一、绝对价格阈限……148
　　　　二、差别价格阈限……149
　　第四节　商品价格的心理策略……150
　　　　一、商品定价的心理策略……150
　　　　二、价格调整的心理策略……155
　　本章小结……159
　　自测题……159
　　案例分析……159
　　阅读资料……161

第七章　营销场景与消费心理……165

　　第一节　营销外部环境与消费心理……167
　　　　一、商店选址的心理分析……167
　　　　二、商店建筑与购买心理……171
　　　　三、门面装潢的心理分析……172
　　　　四、橱窗设计与消费心理……172
　　第二节　营销内部环境与消费心理……175
　　　　一、营销场所的心理要求……175
　　　　二、商品陈列的心理要求……176
　　　　三、购物场所微环境与消费心理……180

本章小结 182
自测题 182
案例分析 183
阅读资料 185

第八章 营销服务与消费心理 187

第一节 营销服务心理 187
一、营销服务的特点与心理效应 188
二、营销服务三阶段的心理 190

第二节 营销人员对顾客心理的影响 198
一、营销人员对顾客心理的影响力 198
二、营销人员仪表行为对消费心理的影响 200
三、营销人员的接待步骤与服务方法 203

第三节 营销服务中的冲突及处理 205
一、消费者的权益与保护 205
二、消费者投诉心理 209
三、消费者投诉的沟通与处理 211

本章小结 216
自测题 216
案例分析 217
阅读资料 218

第九章 营销信息传播与消费心理 224

第一节 广告的作用机制与心理功能 225
一、广告的作用机制 225
二、广告的心理功能 231

第二节 广告创意和策划的心理策略 233
一、广告创意心理 233
二、广告诉求心理 236
三、广告媒体与实施心理 243

第三节 营销信息的沟通与消费心理 249
一、营销信息传播对消费者心理的影响 249
二、营销信息沟通的几种形式 251
三、各种营销信息沟通方式与消费心理 252

本章小结 257
自测题 258
案例分析 258
阅读资料 261

第十章 当代中国社会消费心理和消费行为 264

第一节 我国居民消费心理和消费行为的变化趋势 266
一、消费层次上升，消费领域扩大 267
二、个性追求、情感消费 269
三、绿色消费，商机无限 272
四、消费观念，趋于多元 276

第二节 网络营销与消费心理 285
一、网络营销的特征 286
二、消费者热衷于网购的心理 287
三、网购与实体店的各自优势 288
四、实体店的发展方向 291

第三节 提倡健康的节约型消费观念 295
一、消费误区的表现 295
二、消费者教育 300

本章小结 302
自测题 303
案例分析 303
阅读资料 304

参考文献 306

第一章

绪　论

学习目标：通过本章的学习，使读者认识消费者心理与行为的特点及其规律，掌握现代消费心理学的基本内容，了解消费心理学的研究对象、历史发展以及研究消费心理学的现实意义和研究方法。

关键概念：消费(consumption)　消费者(consumer)　消费心理学(consumptive psychology)

引导案例：

新口味可口可乐的失败

20世纪70年代中期以前，可口可乐公司是美国饮料市场上的"大哥大"，可口可乐占据了美国80%的市场份额，年销量增长速度高达10%。然而好景不长，20世纪70年代中期以后，百事可乐的迅速崛起令可口可乐公司不得不着手应付这个饮料业的"后起之秀"。百事可乐公司通过大量动感而时尚的广告来冲击可口可乐的市场。比如，百事可乐推出以年轻人为消费者群体的"百事新一代"广告系列。由于该广告系列迎合青少年口味，以冒险、青春、理想、激情及紧张等为题材，赢得了青少年的钟爱，同时百事可乐也使自身拥有了"年轻人的饮料"的品牌形象。

可口可乐公司为了找出可口可乐的发展不如百事可乐的原因，推出了一项代号为"堪萨斯工程"的市场调研活动，试图通过调查了解口味因素是否是可口可乐市场份额下降的重要原因，同时征询顾客对新口味可乐的态度。调研结果表明，顾客愿意品尝新口味可乐。因此，可口可乐公司认为老的可口可乐配方可能已经不再适应今天消费者的需要了，于是着手开发新口味的可口可乐。1985年4月，可口可乐公司宣布改变用了99年的老配方，推出了比老可口可乐口感更柔和、口味更甜、泡沫更少的新可口可乐产品。

然而，让可口可乐公司的决策者始料不及、感到意外的是，当新可乐全面推向市场后，却在市场上引起了轩然大波，公司每天收到许多抗议信件和多达1500次以上的抗议电话，原因是人们习惯了老配方的口味，而不接受新可乐配方的口味。在西雅图，一群忠诚于传统可乐的人组成了"美国老可口可乐饮用者"组织，准备发动全国范围内的"抵制新口味可口可乐运动"。在洛杉矶，有的顾客威胁说："如果推出新口味可口可乐，以后再也不买可口可乐。"就连新可口可乐推广策划经理的父亲，也开始批评起这项活动。

顾客之所以愤怒是因为他们认为，99年秘不示人的可口可乐配方代表了一种传统的美国精神，而热爱传统配方的可口可乐就是有美国精神的体现，而放弃传统的可口可乐配方就意味着一种背叛。

为数众多的批评者使可口可乐公司不得不开通83部热线电话，雇请大批公关人员来安抚愤怒的顾客。然而百事可乐公司的老板却乐不可支，认为这是百事可乐公司发展的最好机遇，他们花费巨资在媒体上大做广告，企图将可口可乐的老顾客吸引过来。

面对如此巨大的压力，可口可乐公司的决策者不得不妥协。1985年7月10日，可口可乐公司宣布恢复了传统配方的可口可乐的生产，同时也保留了新可口可乐的生产线和生产能力，双管齐下。一时，可口可乐的销售比上一年同期上升8%。新可口可乐所遭遇的尴尬处境给营销决策者以重要启示：企业在推出新产品及其他营销活动过程中，研究和探讨消费者消费心理的微妙变化，是必不可少的工作。把握消费者的心理需求，是企业营销活动成功的关键。

(资料来源：作者根据相关信息整理。)

第一节 消费心理学的研究对象和研究内容

一、消费与消费者

1. 消费

消费是一种行为，是消费主体出于延续和发展自身的目的，有意识地消耗物资资料和非物资资料的能动行为。随着生产的发展和人类心理活动的日益复杂化，人类行为活动的总体水平也在不断地提高和发展。

人类的消费行为与人类的生产相伴而来，是人类赖以生存和发展的最古老的社会活动和社会行为，是社会进步与发展的基本前提。从广义上看，人类的消费行为可以划分为生产消费和个人消费两大类。

生产消费是指人们在生产过程中对劳动力及其他各种生产要素的使用、消耗及其磨损，生产消费包括在生产过程之中，是生产过程连续进行的基本条件。

个人消费是指人们为了满足自身需要而对各种生活资料、劳务和精神产品的消费。个人消费是人们维持生存和发展、进行劳动力再生产的必要条件，也是人类社会最大量、最普遍的经济现象和行为活动。从社会再生产的过程看，个人消费是社会再生产过程中的"生产、分配、交换、消费"4大环节之一。个人消费是一种最终消费，狭义的消费就是指个人消费，消费心理学研究的范畴就是消费者的个人消费。

2. 消费者

消费者是指在不同的时空范围内参与消费活动的个人或集体，即从事消费活动的主体——现实生活中的人们。可以从以下几个角度进行分类：

(1) 从消费过程考察，消费者是指各种消费品的需求者、购买者和使用者。作为一个动态运行的消费过程，购买者本身不一定是需求者或使用者，如，为他人代买商品；而使用者也不一定是购买者，如，尚无生活能力的孩童使用父母为他们买来的商品。如果把消费过程作为需求、购买及使用的统一体，那么，处于这 3 个过程中的某一个或全过程的人都称为消费者。消费者就是指实际参与消费活动的某一个或全过程的人。

(2) 从在同一时空范围内对某一消费品的态度来看，可以把消费者分为现实消费者、潜在消费者和永不消费者三类。

现实消费者是指通过现实的市场交换行为，获得某种消费品并从中受益的人。

潜在消费者是指目前对某种消费品尚无需要或购买动机，但在将来有可能转变为现实消费者的人。

永不消费者是指当时或未来都不会对某种消费品产生消费需要和购买愿望的人。

作为具体的某一消费者，在同一时点上，面对不同的消费品，可以同时以不同的身份出现，例如某消费者对 A 商品是现实消费者；对 B 商品是潜在消费者；而对 C 商品可能又是永不消费者。

(3) 从消费单位的角度考察，可以把消费者划分为个体消费者、家庭消费者和集团消费者。

个体或家庭消费者是指为满足个体或家庭对某种消费品的需要而进行购买和使用的人，它与消费者个人的需要、愿望和货币支付能力密切相关。

集团消费者是指为满足社会团体对某种消费品的需要而进行购买和使用的集团。作为团体消费行为，不一定反映消费者个人的愿望或需要，也与个人支付能力没有直接的关系。

二、消费心理

消费心理是指消费者在购买、使用和消费商品过程中的一系列心理活动。心理活动是人脑对客观事物或外部刺激的反映，是人脑所具有的特殊功能。消费者在消费过程中的偏好和选择，各种不同的行为方式无一不受其心理活动的支配，例如，消费者是否购买某种商品，购买哪种品牌、款式，何时何地购买，采用何种购买方式以及怎样使用等，都和不同消费者的思想、情感、气质、性格、价值观念、思维方式以及相应的心理反应密切相关。这种在消费过程中发生的心理活动就叫做消费心理。消费心理即消费者在购买、使用和消耗商品及劳务的过程中所反映出来的心理态势及其规律。

人的消费活动不是一种简单的机械行为，而是表现为某种需要的行为冲动，这种行为冲动总是在不同心理和社会诸因素的影响下产生、发展和变化。一般来说，支配人的消费行为往往出于两种消费心理：一种是本能性消费心理，另一种是社会性消费心理。

本能性消费心理是指主要由人的生理因素所决定的，属于自然状态下的心理反应。例如人们饥则食，渴则饮的行为就是以消费者生理因素为基础的一般现象。本能性消费心理的反映强度和表现方式又取决于不同消费者的个性因素，如消费者的气质、性格、意志和能力。

社会性消费心理即消费心理的社会性，是指由人们所处的社会环境因素决定的心理需要，它是随着社会经济的发展而不断发展、变化的，它使人类的消费活动由简单的满足生理需要，变为具有特定含义的社会行为，并且在内容和质量上不断提高。例如，人们对服装的要求从最初的遮羞御寒到现在赋予其服饰文化、个人身份地位表现的内涵，并且加进了流行、时尚等诸多元素。

本能性消费心理表现为基础的、初级的心理活动，它是人类心理活动的自然流露与反映，社会性消费心理是在本能性消费心理的基础上发展的人类的较高级的心理需求，它是以社会政治、经济和文化的进步为前提的。在社会政治、经济和文化飞速发展，人们生活水平不断提高的今天，在人们的消费活动中，本能性消费心理反应越来越被社会性消费心理活动所掩盖，从对人们的消费行为的影响来看，社会性消费心理成为影响和支配人们的消费行为的主要因素。

三、消费心理学的研究对象和研究内容

消费心理学以消费者在其消费活动中的心理行为现象作为分析研究的对象。消费心理与行为作为一种客观存在的社会经济现象，如同其他事物一样，有其特定的活动方式和内在规律，对消费心理的专门研究，目的就是为了发现和掌握消费心理现象产生、发展和变化的一般规律，更有针对性地开展营销活动，以取得事半功倍的效果。消费心理学的研究包括以下内容。

1. 对消费者心理过程、心理状态和个性心理的研究

心理学研究心理的发生、发展和活动的规律。消费心理学研究消费者的消费行为的心理规律。因此，心理学有关感觉、知觉、学习、记忆、需要、动机、情绪、情感和个性的研究成果和相关理论，必能为解释人的消费行为提供帮助。多年来心理学积累的研究方法，为消费心理学的研究提供了有效的手段。消费心理学将心理学的一般原理运用于营销领域，通过对消费者个性心理的研究，了解形成不同的消费习惯、消费方式及消费结构的内在心理基础。例如，一些消费者面对琳琅满目的商品，能够果断地做出购买决策，而有的消费者则表现得犹豫不决，其原因就是消费者个性心理存在的差别。消费者的个性、气质、性格、能力及个性倾向性是影响消费者心理活动的内在因素。

【案例1-1】 购物活动中的男女差别

很多时候，丈夫会陪着妻子逛百货商店，但他们几乎都感觉自己仅仅是跟在老婆身后

瞎逛，毫无乐趣可言。而为什么女性却乐此不疲呢？对此，很多男性都觉得不可思议。

女性会对这样或那样的商品进行比较，或是和店员聊上几句，或是这里走走、那里看看，四处寻找打折商品，尽管只便宜一点儿，她们也津津乐道。

实际上对女性来说，购物活动就是对自己的能力、感觉进行检验的"自我实现"。而对于男性来说，如果决定买一套西服，那么他就会直接去西服店，而对购买西服以外的东西不会加以关注。他们对商店人员的推荐等或许会考虑一下，但由于自己已经选定目标了，所以不会和店员深入地交谈，而且一旦对这家商店比较喜欢，那么以后就不会去别的店了，他已经成为这家店的常客。

女性又是怎么样呢？女性即使是决定好了要买什么后再去商店，但一到商店她就会对这种那种商品进行对比，结果自己也迷惑起来了，搞不清楚哪种更好。为此，她们还会积极地征询店员的意见，想着别的商店或许还有更好的，她可能再到别的商店去看看。

总之，比起男性来，女性在购物时更加"见异思迁"，更加慎重。对于女性来说，只要发现附近开了一个新店，她就会去看看合不合自己的"胃口"。因此，商站获得新的女顾客容易，但失去也很容易。而对于男性顾客，经常光顾的商店，只要没有太大的问题，是不会轻易更换的。

女性喜爱购物，男性恐惧购物。女性把购物活动看成自我实现的形式，因此可能会有一些浮躁情绪，而男性把消费活动看成达到自己目的的手段，只要买到能用的东西就行，在这方面他们比较保守。

(资料来源：日本:匠英一著,《心理营销》)

【分析】 讨论分析男女个性心理的差别，联系自己或者自己的父母在购物活动中的表现，看看案例中所讲的日本男女不同的购物心理是否符合我国的情况，思考一下，针对不同性别顾客的心理差异，采取不同的营销方法的必要性。

2. 对影响消费者心理的社会因素、经济因素及市场环境的研究

消费者是一个"社会人"，他的任何一种消费行为，都是在一定的社会环境和经济条件下进行的，因此，其消费行为要受到多种客观因素的影响，例如消费者所处的社会环境，大到政治制度、社会风气、社会习俗、家庭结构、经济发展水平及市场供求等，小到消费者购物的场所、购物环境、服务方式与态度、广告宣传、企业声誉及商品品牌等。上述诸多因素，都直接或间接地影响并制约着消费心理活动的发展和变化过程，这些外部因素如何影响消费者的心理行为同样是消费心理学不可忽视的研究内容。

【案例1-2】 "孩之宝"的成功之道

美国玩具行业的"孩之宝"跨国公司生产的玩具"变形金刚"，曾在美国市场上非常

走俏，在赚了13亿美元之后，"孩之宝"跨国公司将目光瞄准了中国市场。他们认为，中国人目前的收入水平虽然比较低，但独生子女政策的普遍实行使家庭对子女智力开发和教育非常重视，"变形金刚"玩具在中国的市场潜力巨大。

为了扩大"变形金刚"玩具在中国的销售，他们没有采取通常的营销方法，而是首先将一套名为"变形金刚"的儿童动画片无偿赠送给广州、上海及北京等几个大城市的电视台播放。半年之后，等我国广大少年儿童对动画片中的"威震天""擎天柱"耳熟能详、津津乐道时，他们便不失时机地将"变形金刚"玩具大规模推向中国市场，摆放到各大商场的柜台上。眼看自己梦寐以求的大大小小的各种"变形金刚"呈现在眼前，孩子们兴奋异常，家长们爱子心切，纷纷慷慨解囊，一时间，"变形金刚"玩具风靡中国各大城市。

据报道：《变形金刚》20年不衰，仅玩具就赚走中国50亿。

1987年初上海电视台译制的《变形金刚》"光临"中国，虽然只是在北京等大城市的电视台每周六播出一集，但是对于有幸成为第一批观众的孩子来说，周六是快乐的象征。美国人免费把这部98集的动画片送给中国电视台播放，而中国人则把《三个和尚》《鹿铃》等经典动画片卖给美国人。当中国人在暗自窃喜自己占到大便宜之时，万万没想到这个"无偿赠送"的动画片背后却是一场一发不可收的变形金刚玩具销售狂潮！

1988—1995年，广州白云山企业集团公司取得美国"孩之宝"公司在中国内地正式销售变形金刚玩具的代理权，其间一些经典金刚玩具的售价是这样的："大力神"那样的合体成员平均每个的价格是18元；"大黄蜂"那样的迷你部队平均价格是11元；变形为磁带的玩具是22.8元两个；机器恐龙、三变战士和变形为汽车类的价格是48元；"威震天"是108.8元；"声波"是72.8元；变形为F15战斗机的各种机器人(例如"红蜘蛛")和"狂飙"是54.8元；头领战士每盒都在80元左右；"撒克巨人"200多元；"巨无霸伏特"400多元。而1988—1993年，中国普通工薪阶层的工资大约在50~200元，当时变形金刚玩具是孩子们昂贵的梦想。

2003年8月首届变形金刚年会在北京、上海、广州3地同时举行，拉开了变形金刚在中国的复苏运动。收集变形金刚玩具，拼凑变形金刚胶贴画，看变形金刚电视，是当时变形金刚作为一种神奇的不竭食粮喂养着那时幼小的心灵需求，并陪伴这一代人学习成长。那一代孩子们已经成年，具备了经济能力，这使得他们更痴迷于变形金刚的玩具收藏，至少给书架上放个擎天柱，已经成为一种怀旧的时髦。据不完全估算，20年来变形金刚的相关产品赚走了中国近50亿元。

(资料来源：竞报，CNETNews.com.cn，2007.07.11)

【分析】 美国玩具商——"孩之宝"跨国公司深谙中国人爱子心切，对独生子女舍得投资的心理，先以一部动画片赢得儿童的心，再去赚其父母的钱，其文化先行的心理战略，不失为谋略高超之举。由此可见，在营销活动中，研究人们的消费心理尤为重要。

3. 对消费者的需求动态和人们消费心理变化趋势的研究

随着社会主义市场经济的发展，人们的消费水平和消费结构发生了很大的变化，消费"胃口"越来越高，消费行为与消费动机越来越复杂，消费的内容和形式日趋多样化。物质产品的丰富和人民生活水平的提高，使人们的需求层次发生了明显变化，过去只满足于吃饱穿暖、衣食无忧，而现在则注重生活质量、生活品位的提高，重视精神方面需求的满足。按照马斯洛的需求层次理论，当生理需要基本满足之后，人们便会向往更高一层次的需要。在温饱问题基本得到满足的人们的心目中，归属的需要、感情的需要和自我实现的需要已经上升到与一日三餐同等重要的地位。

例如，随着人们环境保护意识的增强，绿色食品越来越受到广大消费者的青睐，"绿色消费"逐渐成为一种流行和时尚，绿色食品已走上千家万户的餐桌，绿色食品的走俏为营销者提供了无限商机，有识之士只有认清这一消费趋势，才会全力投入对绿色产品的开发，否则，将会错失商机。由此可见，对消费心理与消费行为变动趋势的研究和把握，对企业营销者来说是十分重要的。

【案例1-3】 中国人消费悄然转型

30年前，中国人还在对能够买上一辆自行车或一块手表充满渴望。20年前，一台彩电或冰箱让许多家庭感到脸上无限风光。如今，让城市年轻人激动的却是大房子和汽车。随着我国经济的快速发展，老百姓的"钱袋子"正越来越鼓。在感受消费带来的快感的同时，人们也见证着社会消费热点的变迁，体验着消费心理的变化。

"三大件"的历史变迁

今年国庆期间，家住西安的大二学生张朝音如愿以偿实现了自己的"时尚梦"，在父母的资助下购买了笔记本电脑和数码照相机。让他父亲感慨的是，当年自己在大学时的"时尚梦"只是一辆自行车。

这一"时尚梦"的变迁在结婚"三大件"上的体现最为明显。自行车、缝纫机、手表是20世纪60年代至80年代的"三大件"；彩电、洗衣机、电冰箱是20世纪90年代结婚"三大件"；但在21世纪，汽车、计算机、时尚手机又成了当前一些时髦年轻人眼中必不可少的"三大件"。国家统计局调查资料显示，2002—2006年城镇居民家庭家用计算机拥有量由每百户20.6台增加到47.2台；移动电话从62.9部增加到152.9部。

国家统计局数据表明，到2006年末，我国城镇居民人均可支配收入已经增长到11760元，2006年城镇居民、农村居民恩格尔系数分别比2002年下降1.9%、3.2%。"三大件"的变迁，反映的不仅仅是我们社会"时尚商品"的更替变迁，更折射出国人在收入不断增长后，消费能力、消费形态的加速升级。

"有车族"领跑时尚生活

当前私家车正"快速"驶入普通老百姓的家庭。一些家庭拥有一辆甚至两辆私车都不是什么稀罕事。据有关部门统计，2007年我国汽车产销量分别达到727.97万辆和721.60万辆，同比增长27.32%和25.13%。去年全国民用汽车拥有量为3697.35万辆。城镇居民每百户拥有家用汽车从1999年的0.34辆增加到2006年的4.32辆。2006年与2001年相比，浙江人购买家用汽车等汽车消费支出增长约50倍。

2008年"十一"黄金周前3天，自助游、自驾游成为张家界、神农架、峨眉山等景点的主流。全国假日办信息显示，这3天神农架共接待自驾车游客4000余人，占主要旅游景区游客总人数的25.6%。云台山接待来自全国各地自驾车队、摩托车队、旅游车、私家车4173辆，自驾车游客占日接待量的50%。"有车族"体验的不仅是出行的便捷，更是休闲方式的改变、生活质量的提升。随着改善民生各项政策的进一步落实，收入分配格局的不断调整，居民收入特别是低收入群体收入的不断增加，未来的汽车消费还会保持较快的增长势头。

发展、享受成为新标准

曾几何时，手机和个人计算机还是人们眼中的稀罕之物，如今它们的消费群体却包括了那些过去只能勉强糊口的农民。国人在消费方面向汽车、住房、教育、休闲娱乐、医疗保健和交通通信等享受型、发展型消费迈进，空调、计算机等日用电器进一步普及。汇丰银行的一项调查表明，中国部分中等收入消费者现在每周外出吃饭3次，频繁出入健身俱乐部，并且每年至少外出旅游两次，尽管大部分人出游在国内。

国家统计局报告指出，目前我国居民交通通信、文教娱乐、医疗保健等发展型和享受型消费的支出大幅度增加，所占比重稳步提高。同时，随着居民生活水平的提高，城镇居民家庭服务社会化趋势愈来愈明显，服务性消费的需求不断上升，居民消费支出逐步向服务性消费支出分流。2006年，城镇居民、农村居民人均服务性消费支出比2002年分别增长了47.9%、1.8%。随着生活水平的提高和收入的增加，国人的消费心理与行为在不断更新，他们在满足吃、穿、用等基本生存条件后，消费观念逐步由生存型向发展型、享受型标准转变。

巧手理财、增值消费

2008年凡与投资、保值相关的商品都有不同程度的涨价，不论是黄金、钻石，还是红木雕刻、玉石、名人字画，都碰到了特大牛市行情。西安一位藏友表示，现在各朝各代的艺术品价格都在飚升，5年前道光、同治年间的民窑货都没人和你抢，现在连民国的陶瓷货价钱都上了天！统计数字显示，2006年城镇居民人均居住支出比2002年增长了44.9%。由于看好房地产市场，一些城市居民纷纷购买"第二套"甚至"第三套"住房。他们买房更多的是作为投资以期得到更高的回报。经过多年市场经济雨露的浇灌，国人理财意识越来越强，许多消费行为与家庭财富的保值增值挂钩，在艺术品、黄金、住房等领域，精明的消费者既满足了自己追求品质生活的需求，又开辟了理财投资的一片天地。

(资料来源：《新华时政》，新华网，2008.4)

【分析】从社会消费热点的历史变迁，可以看到人们消费心理的悄然变化及消费档次的逐步升级，营销者只有敏锐地洞察和把握社会消费心理与消费趋势的变化，迅速、及时地推出顾客需要的商品，才能在激烈的市场竞争中争取主动，立于不败之地。

第二节　研究消费心理学的现实意义

一、消费心理学研究的历史和现状

1. 消费心理学是心理学的一个分支

消费心理学作为一个独立的学科是近代才发展起来的，它是普通心理学的一个分支。普通心理学综合地研究了社会实践中人的心理现象的共同规律，对人类的各种意识、行为作了科学的描述和解释。从19世纪末20世纪初开始，许多心理学家运用普通心理学的一般原理去研究人类在各个生活领域中特有的心理活动规律，从而派生出许多心理学的分支。例如，按照研究对象的不同出现的心理学分支有：青年心理学、儿童心理学及女性心理学等；按照研究领域的不同出现的心理学分支有：社会心理学、教育心理学、运动心理学、管理心理学、消费心理学、广告心理学及犯罪心理学等。使心理学成为一个大家族，心理学与社会实际结合越来越紧密，大大地丰富和深化了心理学研究的内容。消费心理学即心理学原理的一个重要的应用领域。

2. 消费心理学的产生和发展

消费心理与行为是社会经济活动中客观存在的现象，但是人们对这一现象的研究是随着市场经济的发展而产生，并随着市场营销的需要而逐步深入的。在商品匮乏的情况下，生产者和商人无需考虑如何扩大商品的销路，客观上没有专门研究消费者心理与行为的需要；在资本主义工业革命的初期，商品经济虽说有了很大发展，但在总体上还是供不应求的，多数商品处于"卖方市场"的阶段，企业在生产和经营的过程中无需担心产品的销路而考虑消费者的需求，有关消费者心理的问题在这一时期自然不会引起人们的重视；直到19世纪末20世纪初，资本主义经济进入繁荣发展阶段，机器大工业生产方式的确立，生产社会化程度的提高，使物质产品极大地丰富起来，"买方市场"开始形成，产品市场的有限性使企业之间的竞争越来越激烈。为此，许多企业主开始把目光转向寻求和开拓市场的途径。为了使自己生产的商品更加适销对路，他们开始关注和了解消费者的需求、兴趣和购买欲望，促使一些具有远见卓识的人对消费者的心理和行为进行专门的研究。

在这一时期，心理学的发展为消费心理学的产生提供了可能。从19世纪末德国心理学家威廉·冯特创立第一个心理实验室开始，心理学理论得到迅速的发展，出现了众多的流派，创立了各种各样的心理分析方法，正是这些理论和方法为消费心理与行为的研究奠定了科学的基础。

越来越多的心理学研究者不再满足于实验室从事纯学术研究，而纷纷把其研究扩展到工业、军事、教育及医学等各个社会领域，尝试运用心理学的理论和方法来解释和指导人们的社会实践活动。自 1901 年美国心理学家沃尔特·D.斯科特提出可以将心理学应用到广告活动中后，斯科特将有关理论进一步系统化，出版了《广告心理学》一书，《广告心理学》的出版开辟了消费心理学研究的先河。在以后的很长一段时期，美国的许多心理学家根据当时的经济形势的需要，积极从事消费心理的研究和实验，出版了多部相关的著作，从不同侧面探讨消费心理学的有关问题，丰富了消费心理学的内容，使消费心理学理论体系逐步完成。由此可见，消费心理学的产生，一方面是商品经济产生和发展的客观要求，另一方面也是心理学的相关学科研究成果扩展和深化的产物。

3. 消费心理学研究的现状和发展趋势

20 世纪 70 年代以来，国外有关消费心理与行为的研究进入全面发展和成熟阶段，除学术团体外，许多大企业也设立了研究机构，专门从事消费心理学的研究，有关消费心理学的理论和知识的传播日益广泛，并受到社会各界的高度重视。近年来，消费心理学研究内容日益深入，研究方法趋向多样化。除了传统的定性分析以外，还运用统计分析技术、信息技术及动态分析等现代科学的研究成果，建立了精确的消费心理与行为模型，对消费心理现象进行定量分析，从因果关系、动态发展及数量变化上揭示各变量之间的内在联系，从而把消费心理学的研究推入一个新的阶段，使消费心理学的研究内容更加全面，理论分析更加深入，学科体系也更加完善，消费心理学在实践中得到越来越广泛的应用。

4. 消费心理学在我国的研究状况

改革开放以前，我国在消费心理学领域的研究非常薄弱，很少有人从心理学的角度研究消费行为和消费者。在高度集中的计划经济体制下，企业听命于国家计划，没有直接面对市场和消费者，也没有关注和研究消费者心理和行为的必要；另一方面，长期以来，人们受极左思想的束缚，把个人消费与资产阶级生活方式等同起来，在理论上视为禁区，造成了研究人员的匮乏，加之长期的商品短缺，消费水平低下，消费观念的陈旧，这些都在客观上阻碍了消费心理学相关理论在我国的研究和应用。

改革开放以来，随着社会主义市场经济体制的建立和完善，我国消费品市场迅速发展，买方市场逐步形成，消费者在消费水平、消费观念、消费结构及消费方式等方面也发生了巨大的变化，消费者的自主意识、成熟程度远远高于以往的任何时期。与此同时，企业之间的竞争越来越激烈，企业从其经营实践中，越来越深刻地认识到：消费者是上帝，消费者是企业利润的来源，消费者的货币选票的投向决定了企业的生存和发展。为了自身的经济利益，为了争夺消费者手中的货币选票，研究消费者的心理和行为便成为企业营销管理者的主要的内容，同时也成为理论界探讨的重要课题。

20 世纪 80 年代中期，我国开始系统地大量从国外引进有关消费心理与行为的研究成果。随着研究工作的深入,在引进国外研究方法和经验的同时,还针对我国市场特点,进行有的放矢的研究,例如,针对我国城乡差别的扩大,对我国城乡不同的消费水平和消费结构的研究;针对我国实行独生子女政策后的家庭结构,对独生子女这个特殊消费群体消费心理与行为的研究等。从事消费心理的专门研究人员和研究机构日益增多,我国高等院校的相关专业还纷纷开设"消费心理学"课程,作为学生必修的专业课。目前,企业对消费者消费心理的研究越来越重视,企业经营决策部门对消费者信息的依赖性越来越强,消费心理学在我国已经由最初的知识介绍、传播期进入普及和应用期,消费心理学在实践中得到越来越广泛的应用。

二、研究消费心理学的现实意义

对消费心理的研究,是市场经济条件下使企业经营与消费者需求实现最佳结合的基础。了解消费者的消费心理和行为,能够帮助企业管理者进行正确的经营决策,提高企业的服务商品,正确引导消费,促进对外贸易的发展。

1. 有助于提高企业的经营管理水平

在市场经济条件下,企业市场占有率的高低,企业竞争力的大小,取决于它所提供的产品是否适销对路,是否符合消费潮流,归根到底,取决于消费者是否乐于购买。企业要想在激烈的市场竞争中立于不败之地,掌握经营的主动权,就要了解自己的服务对象,了解市场需求的变化,了解消费者的需求心理。

【案例1-4】 "上帝"越来越难以满足了

随着新世纪的到来,我国消费市场在激烈竞争中稳步发展,消费者的消费观念日趋成熟,购买决策出现层次性和个性化的趋势。对这些现象,一些商界老总感到难以应付,他们惊呼:"上帝"越来越难以满足了!对此,某市百货公司的刘总经理却独有一番见解,他对消费者购买决策的特点作了归纳,并总结出市场营销的新对策。刘总认为,当今人们的购买决策,从不同侧面分析,大体上有以下6个特点:

(1) 买涨不买落。有经验的购买者,要先看行情,货比三家。价格趋涨,争相购买,唯恐继续上涨;价格趋落,等待观望,直至看准最佳时机、最佳价格再购买。

(2) 就高不就低。当今城市的消费者选购商品时,有高档不购中档,有中档不购低档,有进口不购国产,有名牌不购杂牌,有新品不购旧货,这已成为一种时尚。

(3) 求方便不求廉。商品价廉物美还在消费者考虑的次要地位,他们更看重的是质量可靠、方便使用。现在的城里人,几乎没有自己做鞋的,就是在农村也已不多见,都是买鞋穿。服装也是如此,大多数市民购买成衣,只有少数老年人或特异体型的人才去量体裁衣。在食品中,买成品或半成品,回家简单加工一下就食用的人已越来越多。

(4) 进大不进小。大型综合性商场更能招揽顾客。因为大商场品种齐全、环境舒适、管理规范且服务周到,不仅实行"三包",还送货上门。消费者不仅能购得满意的商品,还能获得精神上的享受。

(5) 购少不购多。在商品货源极大丰富的今天,只要有钱,什么商品都买得到,"用多少,买多少"已成为人们购物的口头禅,那种储备购物及保值购物的行为已成为过去。

(6) 购近不购远。新商品、新品种、新款式层出不穷、日新月异,与其早早买个"过时货",不如将来用时再买"时髦货"。所以,年轻人临到婚礼时,才去买彩电、冰箱;有的到了盛夏,才去买空调。

针对消费者购买决策变化的新特点,刘总认为,经营者应及时采取新的营销对策,以满足人们的新需求。其对策为:

第一,要除旧布新。不断推出名、特、优、新商品,果断淘汰积压、过时的老商品。

第二,要勤进快转。坚持小批量、多批次;少数量、多品种;少经销、多代销,以快销快转取胜。

第三,要薄利多销。以薄利促销,以扩大销售占领市场。

第四,要感情促销。强化售前、售中、售后服务,以诚待客,以情招客。

第五,要装饰环境。精美的包装和华丽的装潢很能刺激消费者的购买欲望,要让商场成为"上帝"的"宫殿"。

第六,要扩大宣传。利用各种媒体,加强广告宣传,反复宣传名特优新商品和企业形象,扩大影响,深化商品在"上帝"心目中的印象。

(资料来源:作者根据相关信息整理。)

【分析】商场如战场。在买方市场全面形成,企业之间的竞争越来越激烈的情况下,企业决策者只有悉心研究消费者需求的变化,像刘经理那样善于分析总结,并采取相应的对策,才能更好地满足越来越挑剔的消费者,在竞争中商家立于不败之地。你同意本案例中刘经理对消费者购买行为新特点的分析吗?你还有哪些补充?

2. 有助于提高企业的服务质量和服务水平

消费者购物选择的要素,一是看商品本身的质量如何,二是在于销售人员的服务水平,销售现场服务人员仪表、语言、态度直接影响消费者的购买决策。因此,营销人员只有认真研究消费者的心理活动及其变化规律,不断总结经验,才能根据不同类型的顾客采取不同的接待方法,使顾客高兴而来,满意而归。既卖出了商品,又争取到更多的"回头客",同时提高了企业的知名度和美誉度,获得事半功倍的效果。否则,营销人员虽然有良好的愿望,想为顾客排忧解难,却往往事与愿违,顾客可能并不领情。

【案例1-5】 "一问就走"

某位女顾客正在一家商场的服装柜前看几件服装,还没有拿定主意要什么颜色、什么式样时，一位营业员走过来，说道："您好！请问您喜欢什么颜色的？"顾客无从回答，只好离开此地，到别处看看。

(资料来源：作者根据相关信息整理。)

【分析】这位营业员服务热情可嘉，但是他在接待顾客的过程中，没有认真揣摩顾客的心理，在顾客还没有希望得到营业员帮助时过早发问，造成双方的尴尬，结果却适得其反。

【案例1-6】 越贵越买

一对颇有名望的外国夫妇，在我国一家商店选购首饰时，太太对一只八万元的翡翠戒指很感兴趣，两只眼睛看过来看过去，一双手拿着摸了一遍又一遍，但因价格昂贵而犹豫不决。这时一个善于"察言观色"的营业员走过来介绍说："某国总统夫人来店时也曾看过这只戒指，而且非常喜欢，但由于价格太贵，没有买。"这对夫妇听完后，为了证明自己比那位总统夫人更有钱，就毅然决定买下了这只戒指。

(资料来源：作者根据相关信息整理。)

【分析】这位营业员在介绍商品时利用了顾客争强好胜、追求虚荣的心理，在这对夫妇尚犹豫不决时，主动提供某国总统夫人因戒指价格高而放弃的信息，更刺激了他们的购买欲望，促成交易的实现。说明在营销过程中，研究消费者的心理及语言的运用是多么重要。

3. 有助于引导消费者的消费决策和科学消费

消费是以消费者为主体的经济活动，消费活动的效果如何不仅受社会经济发展水平、市场供求情况、企业经营活动的影响，而且更多地取决于消费者个人的决策水平和行为方式，而这些又与消费者自身的个性特点、兴趣爱好、认知方式及价值观念等有着密切关系。在现实生活中，消费者由于对商品知识的欠缺、认知水平的偏差、消费观念的陈旧、信息筛选能力不足等原因，往往会陷入消费误区或出现决策失误。通过传播和普及有关消费心理与行为的理论知识，可以帮助消费者认识自身的心理特点，走出消费误区，增强科学消费观念，提高他们的购买决策能力，使其消费行为更加科学合理。

面对丰富多彩的商品世界，变化多端的流行时尚和外来生活方式的冲击，消费者中也会出现一些不健康的消费心理和行为，如挥霍浪费及盲目攀比等，这就需要我们分析这些不良的消费心理和行为的原因，引导消费者自觉纠正心理偏差，改善自己的消费行为，引导社会群体消费向文明、适度及健康的方向发展。

【案例1-7】 "限塑令"催生消费伦理责任

在一般人的心目中，消费是一种经济行为。一手交钱，一手交货，就是消费的全部过程。但是，消费同时也是一种伦理行为。因为现代消费对生态环境有着重要的影响，它要求消费者自觉承担对社会、对后代的伦理责任。

重视消费对于社会生态环境的影响，是当代世界消费伦理的最新理念。在落实"限塑令"的工作中，改变消费伦理观念是基础，是先导；而改变消费习惯是关键，是目标。如何改变消费习惯？要从我做起，从小事做起。变革消费习惯的意义不仅仅在于落实"限塑令"，而是为了节约能源，减少大气污染。因此，我们必须改变许多消费习惯。

"限塑令"自2008年6月1日开始在全国正式实行。这一旨在保护生态环境，实现人与自然和谐的利国利民的重要政策，正在对人们的生活产生重要影响，引起了社会的普遍关注。从执行的情况来分析，喜忧参半。走进大商场、大超市，免费供应塑料袋的情况已经得到有效的控制，塑料袋的使用量减少了三分之二，随着时间的推移，使用量将更少。但是，在集市农贸市场里，情况不尽如人意。市民在购买鱼、虾、肉、蔬菜等副食品后，还在使用商贩免费提供的超薄塑料袋。

曾记得，若干年前，市民出门提着菜篮子买菜。在计划经济时代，菜篮子甚至能替代购买者排队。然而，随着科学技术的发展，超薄塑料袋的成本越来越低，以至于它被普遍使用。市民之所以养成使用免费塑料袋的消费习惯，一方面是因为它的确为消费者提供了方便，另一方面，超薄塑料袋的低成本也使商家乐意接受这种做生意的方式。

要改变这种消费习惯，需要全社会的共同努力，作为消费者来说首先需要转变消费观念。据报道，我国每天要用掉30亿个塑料袋。由于塑料袋大都不可降解，埋在地下要经过约200年才能够腐烂，严重污染土壤和环境；如果焚烧处理，会产生有害烟尘和气体。日益增多的、几乎达到天文数字的塑料袋也对城乡清洁卫生造成了严重的压力。

从观念上接受消费是一种伦理行为，也要承担伦理责任，是落实"限塑令"的思想道德基础：

第一，市民要转变消费伦理观念，自觉减少塑料袋的使用，做文明市民。保护生态环境是文明市民的基本素质要求。要建设资源节约型、环境友好型社会，解决塑料袋污染是重要的一环。上海是一个特大型城市，每人每天少用一个塑料袋，数量就非常可观。重视消费对于社会生态环境的影响，是当代世界消费伦理的最新理念。联合国环境规划署的负责人说："中国作为一个大国，其治理塑料袋污染的决定对亚洲乃至全球都可能产生影响。"上海人民要积极努力，在国内率先搞好治理塑料袋污染的工作，为落实"限塑令"作出更多的贡献，更好地塑造中国在世界上保护生态环境的形象。

第二，从我做起，树立与可持续发展相适应的新的消费习惯。在落实"限塑令"的工作中，改变消费伦理观念是基础，是先导而改变消费习惯是关键，是目标。多年来，免费塑料袋的使用的确给消费者带来了方便，这是有目共睹的事实，但改变这种消费习惯又是社会发展的必然要求。如何改变消费习惯？要从我做起，从小事做起。变革消费习惯的意义不仅仅在于落实"限塑令"。今年(2008年)是奥运年，全国上下正大力倡导"节能减排、绿色奥运"。为了节约能源，减少大气污染，我们必须改变许多消费习惯。例如，当轿车已进入千家万户后，上班要少用轿车，多乘公交车。在夏季，空调温度要控制在26℃。办公室在六楼以下，要提倡徒步上楼，少用甚至不用电梯。

第三，充分发挥大众传媒的作用，形成以环保消费为荣的社会风气。现代生活表明，大众传媒在引导社会消费风气，改变消费者的消费伦理观念和消费习惯中扮演着重要角色。大众传媒可以通过高科技的手段，以独具一格的创意，以生动形象的画面，以动情感人的语言，推动以环保消费为荣的消费风气的形成，从而影响消费者的观念和行为，培养消费者良好的消费习惯。

当然，在落实"限塑令"的过程中，要把各种工作有机地结合起来。中国人的饮食习惯与国外的不同，许多家庭几乎每天都要上集市购买鲜活的鱼虾和新鲜的蔬菜。在鼓励消费者随身携带环保购物袋的同时，也应开动脑筋，采取一些对策，使一些"裸装"的副食品，能够"穿"上成本较低的环保"衣服"，包装起来。既保持食品卫生，又使消费者携带方便，为消费者所接受。对免费塑料袋说一个"不"字是容易的，但真正落实决非一朝一夕能完成的。从认知到行为，然后从行为形成习惯，需要时间的考验，只有长期坚持才会有效。

(资料来源：周中之，文汇报，2008.07.03)

【分析】人们的消费对生态环境有着重要的影响，要求消费者自觉承担对社会、对后代的伦理责任。因此，引导消费者改变消费观念，注意环境保护、节约能源，推动以环保消费为荣的消费风气的形成，从而影响消费者的观念和行为，培养消费者良好的消费习惯，健康消费、科学消费同样是厂家和商家不可推卸的责任。

第三节 消费心理学的研究方法

方法是人们研究解决问题并实现预期目标所必需的途径和手段。研究消费心理学，如果方法正确，就能收到事半功倍的效果。消费心理学是一门研究人的心理活动的科学，是与社会科学、自然科学和哲学密切联系的科学。因此，研究消费心理学离不开社会实践、自然科学原理和哲学方法。特别是马克思主义的辩证唯物论，不仅为研究消费心理学提供了正确的理论依据，同时也提供了科学的基本原则，我们在研究过程中必须努力遵循这些理论和原则。

一、研究消费心理学的基本原则

1. 客观性原则

客观性原则就是实事求是的原则，实事求是是辩证唯物主义和历史唯物主义的核心。

在消费心理学中，遵循客观性原则：一方面要认识到营销活动中的一切心理现象，都是在市场经济这个社会实践活动中产生和发展的，只有密切联系营销活动的实践情况，才能客观、全面地分析市场经济条件制约下的消费者心理活动的特点，揭示心理活动发生、发展和变化的规律，而决不能脱离实际去主观臆测；另一方面，要认识到对消费心理学的一切研究成果，包括假设、原理和各项规律，都必须在营销活动的客观实践中进行检验，才能确定其正确性。客观实践是检验真理的惟一标准，对消费心理学的研究也同样如此。

2. 发展性原则

市场风云变幻莫测，营销活动千变万化。坚持用发展性原则研究消费心理学，就是要用运动和发展的观点去认识问题，营销活动中人的心理活动是伴随着客观事物的变化而变化的，决不能用静止的、千篇一律的眼光去认识心理现象。消费者和营销者的心理和行为，不可能都处于静止状态，或处于某种固定的模式之中，社会消费心理是在不断变化的。例如，20世纪末，我国消费者的家庭生活方式已经由温饱型走向小康型；家庭消费已由单纯的物质消费转向物质消费和精神消费相结合的消费方式。进入21世纪，我国消费者的家庭生活方式正朝着物质更丰富、精神更愉快、生活质量更高的方向发展。因此，我们要在发展变化中研究营销活动中的心理现象。遵循发展性原则，不仅要求阐明营销活动中已经形成的心理现象，还要阐明那些潜在的或初露端倪的心理现象；同时，还要预测消费心理活动的发展趋向，这样，才能真正把握消费心理活动的发展变化的客观规律。

3. 联系性原则

客观事物不仅在永远地运动着，而且事物之间也是相互联系、相互影响的。在营销活动中，人的心理现象的产生和发展，总是受到多种因素的影响和制约，如环境气氛、服务手段及主体状况等。所以研究消费心理现象，不仅要考虑引起人的心理现象的原因与条件，还应考虑影响和制约心理现象的各个因素之间的相互关系和相互作用。不仅如此，还要认识到，人是生活在错综复杂的社会关系中的，人与人之间的心理活动过程和心理状态是相互联系与相互影响的。坚持联系性原则，还要认识到消费心理学是一门交叉科学，处于生理学、心理学、经济学、市场营销学、广告学及管理学等多学科的结合点上。因此，研究消费心理学要与其他学科的研究成果结合进行，特别是要联系国外研究消费心理学的动态和成果，吸收西方市场经济发展及科学研究的最新成就，以推动我国消费心理学的发展。

二、研究消费心理学的基本方法

由于消费心理学的研究对象是营销活动中的心理现象和心理规律，具有一定的特殊性，这就决定了其研究方法的特殊性。它不能像许多自然科学那样，借用精密的仪器和测量工具，制造一个典型的环境，进行科学观察和试验，测定数据，进行精确计算，最后得出研究结论。消费心理学的研究只能在马克思主义唯物辩证法指导下，运用心理学及社会学等人文科学所使用的方法,即主要通过社会调查的方法、社会统计分析的方法,科学地概括出消费心理发生和变化的理论和规律。人是万物之灵,人的消费心理具有复杂性、多样性及多变性,因而消费心理学的研究方法也多种多样。根据消费心理学所研究问题的性质、内容的区别,其采用的方法也各不相同,研究消费心理学,通常要采用以下几种方法。

1. 观察法

观察法是科学研究中最一般、最简易和最常用的研究方法,也是研究消费心理学的一种最基本的方法。

自然观察法就是研究者依靠自己的感觉器官,有目的、有计划且主动地观察研究对象在营销活动中的言语、行动和表情等行为,并把观测结果按时间顺序系统地记录下来,然后分析其原因与结果,从而揭示其心理活动规律的研究方法。这种观察既可以凭借人的视觉器官直接对事物或现象进行感知或描述,也可以利用仪器或其他现代技术手段间接进行观察。这种方法的优点是比较直观,观察到的材料比较真实、可靠,这是由于被观察者是在没有任何外界影响,没有受到任何干扰的情况下做出的行动,其行为是其心理活动的自然流露。其不足之处是有一定的片面性、局限性和被动性,观察到的材料本身有一定的偶然性。

自我观察法就是把自身确定为研究对象,将自己摆在营销活动的某一位置上,充当消费者或营销人员,根据自己的生活体验或工作经历,设身处地去感受消费者或营销人员的心理变化,从而分析研究营销活动中的心理变化规律。

观察法在研究商品价格、销售方式、商标、广告、包装、商品陈列、柜台设置、品牌及新产品的被接纳程度等方面,均可取得较好成果。

2. 实验法

实验法是对被研究对象的活动过程进行人为的干预,以暴露其特性,人为地控制研究对象,创造条件,排除干扰,突出主要因素,在有利条件下研究对象的心理活动的方法。它又可分为实验室实验法和自然实验法两种形式。

实验室实验法是在人为的情况下严格地控制外界条件,在实验室内借助各种仪器和设备进行研究的方法。采用这种方法所得的结果一般准确性较高,但只能研究营销活动中比较简单的心理现象,例如商业广告心理效果的测定等。

自然实验法是在营销活动的实际中,有目的地创造某些条件或变更某些条件,给研究对象的心理活动一定的刺激或诱导,从而观察其心理活动的方法。这种方法具有主动性的特点,既可研究一些简单的心理现象,也可研究人的个性心理特征,应用范围比较广泛。可以让被试者扮演某个角色,然后以这个角色的身份来表明对某一事物的态度或对某种行为做出评价。例如,将一幅绘有一家庭主妇面对各种罐头食品陈列架的图片出示给被测试者,要求其说出图中主妇的购买想法。由于被测试者不知道图上的人到底在想什么,往往根据自己的想象和愿望，说出图上该家庭主妇的想法。所作的回答无疑是反映了被测试者本人的想法。

与观察法相比，实验法的研究设计与操作难度相对较大，对设施及设备的要求也比较高，所需的人力物力也比较多，因而花费的代价也比较大。

【案例1-8】 消费者行为中的从众和独立的实验

有关消费者行为中的从众和独立的一项经典实验是由温科特桑(M.Venkatesen)做出的，他在实验中要求被试者从A、B、C三种不同款式和颜色的西服中，选出最好的西服，先给他们两分钟的时间逐个验看，然后要求他们做出决定。实验分三种情况进行：在控制条件下，被试者分别做出评价，因而不受群体的影响。在从众条件下，三名假被试者异口同声地说"西服B最好"，最后让真被试者发言。在诱导条件下，使用群体压力的方法与从众条件相同，只是假被试者的反应模式不同，第二个假被试者在第一个假被试者挑选了B之后说："三套西服有没有不同，我不能确定，我想没有什么不同，既然你选B，我也跟你一样，也选B吧。"第三个假被试者随后说："你们都选了B，我还挑不出来，就和你们一样，也选B吧。"最后再让真被试者选择。结果表明，在从众条件下，真被试者果真多数表现出了从众，采取了与群体一致的行为，即选择了B；在诱导条件下，真被试者虽也有从众现象，但比率远比从众条件下的要低，这就说明真被试者有抵制群体压力的倾向。事实上，个体在不是明显地受到压力被迫从众的情况下，更有可能从众。

(资料来源：成伯清，《消费心理》，南京大学出版社)

【分析】实验法是一种有严格控制的研究方法，是有目的、有方向、严格控制或创设一定的条件，来引起某种心理和行为的出现或变化从而进行规律性探讨的研究方法。通过分析以上案例中3种不同条件下真被试者的选择可以发现，众人的意见和选择对真被试者的影响及影响的程度。

3. 访谈法

访谈法是研究者通过与研究对象直接交谈，在口头信息沟通过程中研究消费者心理状态的方法。此方法主要用于对消费者心理的研究。访谈法依据与受访者接触的不同方式，又可分为面对面访谈和电话访谈两种形式。

面对面访谈法又可分为结构式访谈和无结构式访谈两种形式。结构式访谈又称作控制式访谈，是研究者根据预订目标，事先撰写好谈话提纲，访谈时依次向受访者提出问题，让其逐一回答。这种访谈组织比较严密，条理清楚，研究者对整个谈话过程易于掌握，所得的资料也比较系统。由于受访者处于被动地位，容易拘束，双方感情不易短时间沟通。无结构式访谈也称自由式访谈，在这种方式下研究者与受访者之间可以比较自然地交谈。它虽有一定的目标，但谈话没有固定的程序，结构松散，所提问题涉及的范围不受限制，受访者可以较自由地作回答。这种方式受访者比较主动，因而气氛较活跃，容易沟通感情，并可达到一定的深度。但这种方式费时较多，谈话进程不易掌握，对研究者的访谈技巧要求也比较高。

电话访谈法是借助电话这一通信工具与受访者进行谈话的方法，它一般是在研究者与受访者之间受空间距离限制，或受访者难于或不便直接面对研究者时采用的访谈方法。电话访谈是一种结构式的访谈，访谈内容要事先设计和安排好。

访谈法的优点是一般较容易取得所预期的资料，准确性高。但此方法所耗费用较多，对进行访谈的人员的素质要求也比较高。

4. 问卷法

问卷法是通过研究者事先设计的调查问卷，向被问者提出问题，并由其予以回答，并从中了解被问者心理的方法。这是研究消费心理常用的方法。根据操作方式，问卷法可以分为邮寄问卷法、入户问卷法、拦截问卷法和集体问卷法等。

问卷法调查研究，不是通过口头语言，而是通过文字传递信息。其优点是能够同时取得很多被研究者的信息资料，可以节省大量的调查时间和费用，而且简便易行。但问卷法也有其局限性，主要是它以文字语言为媒介，研究者与被研究者没有面对面交流，无法彼此沟通感情；如果受访者没有理解问题，或是不负责任地回答，甚至不予协作，放弃回答，问卷结果的准确性就要大打折扣。

本 章 小 结

消费是消费主体出于延续和发展自身的目的，有意识地消耗物资资料和非物资资料的能动行为。消费者是指在不同的时空范围内参与消费活动的个人或集体。消费心理是指消费者在购买、使用、消费商品过程中的一系列心理活动。消费心理学以消费者在其消费活动中的心理行为现象作为分析研究的对象。消费心理与行为作为一种客观存在的社会经济现象，有其特定的活动方式和内在规律，对消费心理的专门研究，目的就是为了发现和掌握消费心理现象产生、发展及变化的一般规律，更有针对性地开展营销活动，以取得事半功倍的效果。消费心理学的研究是随着市场经济的发展产生，并随着市场营销的需要而逐步深入的。它是市场经济条件下企业经营与消费者需求实现最佳结合的基础。了解消费者的消费心理和行为，能够帮助企业管理者进行正确的经营决策，提高企业的服务商品，正确引导消费，促进对外贸易的发展。消费心理学的研究方法有：观察法、实验法、访谈法及问卷法等。

自 测 题

1. 什么是消费心理学？消费心理学的研究对象是什么？
2. 举例说明对消费者的心理与行为进行研究有什么现实意义。
3. 消费心理学的研究方法主要有哪些？

案 例 分 析

"中国式奢侈"蔓延之风该刹！
——代表委员抨击"面子经济"

豪华办公楼四面开花，送礼文化愈演愈烈……这种奢靡之风被冠以一个新名词："中国式奢侈"。席卷其中的消费主力，不仅有一夜暴富的有钱人，更有一些地方政府、商家和普通消费者，"面子经济"的危害由此可见一斑。

近日来，参加两会的代表委员纷纷声讨这种不良倾向，认为这种奢侈不仅挥霍大量社会财富，而且带坏了社会风气，成为滋生腐败的温床。

1. 政府高消费：办公楼劲刮奢豪之风

"6幢崭新的办公大楼、一个巨大的半球形会议中心如美国白宫气势恢弘，数百亩的绿地、园林、假山、喷泉环绕其中。波光粼粼的湖面上，几只鸳鸯、非洲鹅在悠闲地游弋……。"

只看这段描述，你会以为这是个风光旖旎的水乡园林呢。其实，这是河南省郑州市穷区县之一的惠济区的政府办公新址。近年来，类似的"官衙工程"四面开花，奢侈程度一山更比一山高。

"因为挥霍的是公款，不用自己掏腰包，所以不知道心疼。"一些代表委员说，从"真皮坐椅老板台，电视电脑随时开"等越来越多的民谣和顺口溜中，不难看出老百姓对这种"打肿脸充胖子"的败家子行为十分反感。

"一些地方领导急于脱掉身上的'土味'，向'国际先进水平'看齐，这可以理解。只可惜劲使得不是地方，经济、科技的核心竞争力跟不上，光在面子上下工夫，最后得到的不是地方经济的发展，而是百姓怨声载道。"全国人大代表陈惠娟一语中的。

全国人大代表史和平概括说，大兴土木的地方政府一般都会抬出两个看似冠冕堂皇的理由：其一，城市建设要有"超前意识"，不能刚建好就过时；其二，提升地方"形象"，给人以"可靠、实力"的印象，以利于招商引资。但政府的奢华消费，与当前建设节约型社会的目标和要求是背道而驰的。

"'豪华衙门'背后往往隐藏着腐败。"史和平代表说，从媒体披露的此类典型案例中发现，越是经济贫困的地方，某些领导越是喜欢贷款、举债搞豪华工程，挪用扶贫款、救灾款违规修建高档楼堂馆所。

滥用行政权力,地方经济发展中大量的非理性行为成为让代表委员们最忧心的奢侈。盲目投资、形象工程屡禁不止;高能耗、高污染不能有效控制;公款吃喝、公车消费之风盛行……很多地方、部门利益搅在其中,这也成了近年来中央宏观调控政策在执行中遇到的一大障碍。

2. 暴发户烧钱:天价年夜饭"不求最好但求最贵"

2000年春节时,万元年夜饭才刚刚"试水"。到了2006年1月,杭州一家酒店推出了一桌高达19.8万元的豪华年夜饭,创出了年夜饭的"天价"……。

奢侈品不论有多高的"天价",在中国都不愁找不到买家。"有些人吃天价年夜饭的心态就是'不求最好,但求最贵'。"陈惠娟代表讲了一个故事:"有位老板发财后到广东一家饭店显富,进门就说,给我做一桌10万元的宴席来。饭店把最贵的菜都端上来,还是凑不够10万元。厨师灵机一动,多上了一盘拍黄瓜,美其名曰'雷击黄瓜'。我想当时环绕在那位富豪四周的目光里,不仅没有艳美,反而是鄙夷。他体会的也一定不是满足,而是尴尬。"

改革开放以来,社会的主流风气是崇尚节约,反对浪费,而如今,那种炫耀式的奢侈却在一些暴富阶层中间复活了。

陈惠娟代表说:"有人觉得,只有这样摆谱、摆阔,才能显得自己的身份和地位,才能'光宗耀祖'。还有人会认为这是我的钱,想怎么花就怎么花。当然,只要诚信经营、依法纳税,富豪们追求自己的生活享受,别人也无权过多地诘责。但是我只想说,这样的人富得低俗。多多投资慈善事业,或办教育,或帮助穷人,他们就会赢得更多的尊敬。"

3. 商家造噱头:过度包装"椟贵于珠"

去年中秋,"椟贵于珠"的天价月饼被有关部门叫停,到了今年春节前,全国各地的商场超市里又出现了"豪华版"的礼品包装。一瓶价值几百元的酒,装进雕成"龙凤"的玻璃装饰品底座,立刻身价数倍。

层出不穷的天价月饼、天价洋酒现象,引起代表委员们对豪华包装的强烈抨击。祝义才代表说:"这是典型的庸俗式奢侈。'过度包装'屡遭抨击不绝,说明它有市场,这绝不是'奢侈'二字所能概括的。谁都清楚,买这么贵的东西,大多数人都不是给自己用,而是用来送礼的。特别是送给一些有权者的。"

"可以说,奢华的包装不仅是用来包装礼品的,而且成了行贿受贿的遮羞布。"祝义才代表一语道破。

过度包装在损害消费者利益的同时,助长了商业欺诈之风。一位政协委员质疑:一些商品的包装成本占到产品总价的一半以上,已经是喧宾夺主椟贵于珠,更有商家趁机搭售其他商品,这对良好的市场经济秩序而言,岂非毒瘤?

拉动经济不能靠"虚"的东西,包装行业的GDP倒是上去了,但整个社会将要为此浪费多少资源?全国政协委员刘璞表示,过度包装导致一次性耗费大量原材料,使原本稀缺的资源更趋紧缺。巨量的生活垃圾随之增加，过度包装物产生的"白色污染"更是严重困扰城市。

4. 大众虚荣心："死要面子活受罪"

如果说"比富斗阔"还只是满足一些有钱人炫富心态，那么对普通消费者而言，"面子经济"的产生，也使得他们不自觉地卷入其中。追求"吃"的奢侈，"用"的奢侈，"送"的奢侈，波及面广，几乎到了无孔不入的地步。

手机从彩屏、和弦、无线上网、数码拍照到MP3，每一个噱头十足的新功能都带来一个新"换机时代"。与层出不穷的新款手机受到热烈追捧形成对比，全国每年淘汰7000多万部手机。"手机坏了"早已不是淘汰因素，"有点旧，用着没面子"成为换手机的最大理由。

"千里送鹅毛，礼轻情意重"的传统美德，随着国人物质生活水平的提升和商家的引导，逐渐被演变成一种"中国式奢侈"。每逢重要节日，就会为不少中国人带来一场金钱的"浩劫"、一番送礼的伤神。

是什么挑动大众这种非理性奢侈的神经？明知道有时消费是一种浪费和假象，为什么还有那么多人趋之若鹜？接受记者采访的几位代表委员认为，"礼尚往来"是中国的文化传统，但现在消费者购买豪礼并不是用来消费，而是含有"人情"和"面子"。作为消费者，我们也应当深思，自己是否也在推波助澜，迎合商家不理性的市场行为？任何事情都必须适度，过度、盲目地追求表面虚荣，不论对个人、家庭，还是整个社会，都是个危险的信号。成由勤俭败由奢，所有的浪费都当禁绝。

全国人大代表祝义才认为，奢侈消费的危害不仅在于浪费掉多少金钱、多少资源及多少人力，更在于鼓噪了不和谐的超前消费风，破坏了勤俭节约的良好风俗，背离了艰苦奋斗的传统美德。我们不能期望于用一个简单的行政命令来解决。而需要各级领导干部带头抵制拜金主义、享乐主义和奢靡之风，把国人的消费观引上一条健康的轨道。

（资料来源：中央政府门户网站，www.gov.cn，2007.03）

问题：

1. 结合实际说明"面子消费"的表现和危害？试分析国人"面子消费"的原因是什么？
2. 当代大学生如何树立健康的消费观念？

阅 读 资 料

给人惊喜，但不要太多：不可不知的消费者心理学

当有朋友过生日，想在网络上找间餐厅好好庆祝一番，此时你发现了两家点评差不多的餐厅，分别提供了不同的优惠："生日寿星用餐我们将赠送神秘小礼物"或是"生日寿

星我们将赠送特调红茶一杯"。此时你会选择去哪家餐厅呢?在上述的问题中,其实隐含了一个影响购买心理的重要因素——"不确定性"(uncertainty)。

从传统心理学的观点来看,当购买决策有着不确定性时,人们的购买欲会下降,因为不确定性会使人焦虑不安,难以作出决定。"分离效应"(Disjunction Effect)指出:人们总是想等待信息被披露后再做决定。

但也有学者发现,其实不确定性有时反而会增加人们的购买欲望。就像买彩票和抽奖,其中的不确定性加强了人们对结果的预期心理(有机会赢到大奖),以及可能获得的惊喜感(幻想着赢到大奖的情境)。文章开头所提到的情境——赠送神秘小礼物,会让人对小礼物有预期心理以及获得惊喜的期待感。

1. 情感对购买决策的影响

除了不确定性这个因素外,其实人们的"决策模式"在购买决策时也扮演重要的角色。以文首的问题为例,人们的决策其实包含了更多情感因素(比如帮好友庆生为他带来一次难忘的回忆)。人们在做购买决策时,主要可分成两种模式:理性认知模式(Cognitive model)和感性模式(Affective model)。

处于感性模式的消费者(比如要买恋人的生日礼物),做决策时会带着许多强烈的主观感觉(intense feelings),而理性认知模式则较少有强烈的情感因素(像是买工作用的鞋子),取而代之的是人们会专注于信息上的提供(比如价格和功能)。学者茱莉亚诺·劳伦(Juliano Laran)和迈克尔·提斯洛斯(Michael Tsiros)发现,当人们处于理性认知模式下,面对不确定性的情境,会延后其购买决定,反之则会加速决定速度。有趣的是,当人们处于感性模式下时,面对不确定的情境因素,反倒会加强购买意愿!这到底是怎么一回事?让我们来看看劳伦与提斯洛斯做的一系列实验。

研究者挑选了两家位于欧洲和南美洲的餐厅,进行了一个实地实验。受试者为到餐厅用餐的消费者,服务员在消费者点菜时,会为其推荐今日特餐,并告知点特餐会额外加赠一份礼物。

在情境确定的情况下,消费者被告知会得到一罐可乐;而不确定的状况下,则被告知有可能得到一罐可乐或是一包薯片。同时,服务员会提示消费者观看特餐的广告标语,透过广告标语,触发人们不同的决策模式。触发理性认知模式的广告标语为"Think about it!"(想想这个优惠吧!);而触发感性模式的标语则是"Feel the love!"(感受到礼物的关怀与爱!)实验结果发现,当人们在理性认知模式下,确定礼物是可乐时,会加强人们的购买意愿;相反地,当礼物不确定时,购买行为则被减弱。有趣的是,在感性模式被触发时,礼物的不确定性反而让购买行为大增,反之礼物确定时消费者却兴趣缺缺。

2. 惊喜感 vs 简单追求

学者根据上述结果又进一步做了一系列实验,分别测试了"不确定性的几率高低"以及"送礼的多寡"因素对人们购买决策的影响。同样发现了类似的结果,当厂商的赠品确定性越高时,越有助于理性认知模式的受试者做购买决策,而情感模式的消费者则是兴趣缺乏。而且，厂商提供越多的礼物，理性消费者的购买意愿也会越高。但让人意外的是，厂商提供越多的赠品，反而会减弱感性模式消费者的购买意愿，反倒是在不确定的情境下送一个赠品，效果是最好的。造成上述的原因在于，人们在感性模式下决策时包含了许多个人情绪。处于这种情境的人们会期待不确定性带来的惊喜感。如果是处于理性认知模式的消费者，他们对价格以及信息透明度很敏感，则不确定性会带来困扰，导致购买意愿的降低。这个实验结果非常有趣，这意味着有时企业在做营销时，花高额成本送许多赠品反而不一定有效。接下来我们一起来看几个事例。

3. 充满"惊喜感"的商业模式

有些注意到实验描述的读者会立刻想到：触发消费者的理性认知模式其实是一个不太好的方法。因为在这种模式下的消费者对于价格和产品细节会非常敏感，导致最后厂商常常沦落到价格厮杀的战场中。也因此，近两年来流行起了一种追求情感和惊喜感的商业模式——每月商品订阅服务。订阅服务是指"每个月定期付费给服务或产品供货商，供货商每个月定期寄送出商品给使用者"的一种服务。每月商品订阅服务的典型例子开宗元老BirchBox(试用化妆品订阅服务)、男性或女性服饰订阅 Bombfell 和儿童玩具订阅服务 Little Pnuts 等，各种商品应有尽有。这些厂商通常最强调的是带给消费者每个月的"惊喜感"，以 Little Pnuts 为例，通过触发"父母对孩子的关爱"的感性模式，提供每个月严选3到5个适合儿童的惊喜玩具盒(不确定性)。

针对惊喜感商业模式，也有台湾厂商，例如 EZTABLE 推出了 Wine Club 红酒俱乐部订阅服务，试图以每个月一瓶精选红酒来吸引订阅的消费者。值得注意的是，触发消费者的理性认知模式不代表不好，但要更小心地指定对应策略，尽量减少消费者的购买选择与简化决策流程。对于不同决策模式下的人需要采用不同的策略：首先你必须清楚了解你的目标受众，接着考虑该触发他的哪种决策模式，最后再制订相对应的策略。感性模式下的消费者想要的其实不复杂，只要给他一点"不确定的小惊喜"。

(资料来源：reBuzz，台湾科普网站泛科学，2014.3)

第二章

消费者的心理活动过程

学习目标：通过本章的学习，了解消费者心理活动的认识过程、情感过程和意志过程，准确掌握感觉与知觉、记忆与注意、想象与思维等基本概念的含义及其在营销活动在的作用，掌握消费者心理活动的认识过程、情感过程和意志过程具体内容和三者之间的关系。

关键概念：感觉(sensory)　知觉(perception)　认识(recognition)　情感(affective)　意志(will)

引导案例：

> **"红豆"品牌，诗意盎然**
>
> 中国的"红豆"集团，用优秀传统文化的移情手法，把唐朝诗人王维的一首著名的爱情诗创造的意境移入品牌创意之中，推出以"红豆"为商标的名牌服装。"红豆生南国，春来发几枝。愿君多采撷，此物最相思。"人们购买"红豆"牌衬衣送给自己的爱人，或者自己买一件穿在身上，在穿衣的同时享受着一种文化、一种爱意，怎么能不特别喜欢"红豆"服装呢？"红豆"服装被译为"Love seed"(爱的种子)而扬名海外，畅销不衰。
>
> "红豆"商标一举成功，原因在哪里？就在于它适应了消费者的情感需求，认识过程、情感过程及意志过程是消费者心理活动的三个过程，即本章所要分析的内容。
>
> (资料来源：作者根据相关信息整理。)

消费心理学是以普通心理学为基础的，是普通心理学在营销活动中的具体体现和应用。千差万别的消费者行为，总是与消费者个体特定的心理活动相联系。人的心理活动，是客观现象在人脑中的反映，是人脑进行的特殊生理过程的产物。人脑是人的心理现象产生的器官，是产生人的心理活动的主要生理基础，人的心理活动的实质是人脑和客观现实两个方面的有机统一，是客观现实(包括自然现象和社会实践)的主观印象。研究消费者的心理，就是要运用普通心理学的一般原理，通过对消费者心理活动研究，认识和掌握消费者心理活动过程的基本规律以及个性心理的主要特征。

消费者的心理活动，包括心理过程和个性心理两个方面。心理过程是指人的心理形成和发展的活动过程，是人的心理活动的一般的、共有的过程，是人的心理活动的基本形式，是每个人都具有的共性心理活动。心理过程包括认识过程、情感过程和意志过程，它们是统一的心理过程的不同方面。营销心理活动过程包括消费者的认识过程、情感过程和意志过程。

第一节　消费者的认识过程

人的心理过程，是心理现象的不同形式对现实的动态反映。19 世纪到 20 世纪初，心理学的研究取得了很大的进展，心理学家们把人的心理活动划分为 3 个方面，即认识过程、情感过程和意志过程，简称知、情、意。认识、情感和意志 3 种心理过程，是人的统一的心理活动的 3 个不同方面。对认识过程、情感过程和意志过程的研究所取得的成果，极大地深化和丰富了消费心理学的理论。人们认识客观事物的一般过程，往往事先有一个表面的印象，然后再运用自己已有的知识和经验，有联系地综合加以理解。可以说，人们对事物的认识过程，也就是人们对客观事物的个别属性的各种不同感觉加以联系和综合的反应过程。这个过程主要通过人的感觉、知觉、记忆思维等心理活动来完成。

一、感觉与知觉

心理学研究的结果表明，人脑对客观世界的认识是从感觉和知觉开始的。感觉和知觉是人的心理活动的基础，也是营销心理的基础。心理活动的认识过程是通过消费者的感觉、知觉、记忆、注意、思维和想象等心理活动实现的。

1. 感觉

感觉，是指人脑对直接作用于感觉器官(眼、耳、鼻、舌和皮肤)的外界事物的个别属性的反映。例如视觉可以辨别光线的强弱和颜色的深浅，判定物体的远近和形状的大小；听觉可以接收和辨别各种声波的音色、音调和分贝；嗅觉可以分辨各种挥发性物质的气味；味觉能分辨溶于水中的物质的化学特性等。感觉器官人人具有，只不过可能一些人这方面感觉器官更敏感些，其他方面感觉器官稍迟钝一些。外界任何事物都有着许多个别属性。一个西红柿就有许多个别属性：鲜红的颜色、清新的香气、酸甜的滋味和光滑的表皮等。西红柿的这些客观属性，作用于我们的眼、耳、鼻、舌等感觉器官时，就会产生各种感觉。外界事物的属性即指客观事物最简单的物理属性(如颜色、形状、大小、软硬、光滑、粗糙等)和化学属性(易挥发与易溶解的物质的气味或味道)及最简单的生理变化(疼痛、舒适、凉热、饥饱、渴等)。任何一种感觉，都是人的大脑对该事物的个别属性的反映。

感觉，从内容来说是客观的，但从形式上说是主观的。因为人对客观事物的反应，必须依赖人的大脑、神经和各种感觉器官的正常机能，并受到人的机体状态的明显影响。所以，不同客体对主体刺激引起的感觉是不同的，不是所有的刺激都能引起主体的反应，只能在一定适宜刺激强度和范围内，才能产生感觉，这就是感觉阈限和感受性的问题。凡是能引起感觉的持续一定时间的刺激量，称为感觉阈限。刚刚能引起感觉的最小刺激强度叫做绝对阈限。绝对阈限的定义：有 50%的次数能引起感觉、50%的次数不能引起感觉的刺激强度。刚刚能引起差别感觉的刺激之间的最小强度差叫做差别阈限又称为最小可觉差，差别阈限的定义：有 50%的次数能觉察出差别、50%的次数不能觉察出差别的刺激强度的增量。由于主体的机能状态和知识经验的差异，感觉阈限是因人而异的。因而，不同人的感受性就有所差别。例如，音乐工作者对音质效果的分辨力特别敏锐，而一般消费者的反应可能就比较迟缓一些。在消费活动中，并不是任何刺激都能引起消费者的感觉。如要产生感觉，刺激物就必须达到一定的量，即那种刚刚能够引起感觉的最小刺激量，凡是没有达到绝对感觉阈限值的刺激物，都不能引起感觉。例如，电视广告的持续时间若少于 3 秒钟，就不会引起消费者的视觉感受。因此，要使消费者形成对商品的感觉，必须了解他们对各种消费刺激的绝对感觉阈限值，并使刺激物达到足够的量。在刺激物引起感觉之后，如果刺激的数量发生变化，但变化极其微小，则不易被消费者察觉。只有增加到一定程度时，才能引起人们新的感觉。例如，一种商品的价格上涨或下降 1%～2%时，消费者可能毫无察觉。但如果调幅达 10%以上，则会立刻引起消费者的注意。这种刚刚能够觉察的刺激物的最小差别量即差别感觉阈限。差别感觉阈限与原有刺激量的比值为常数，即原有刺激量越大，差别阈限值越高。这一规律清楚地解释了一个带有普遍性的消费心理现象，即各种商品因效用、价格等特性不同，而有不同的差别阈限值，消费者也对其有不同的差别感受性。例如，一台彩电价格上调三五元乃至十几元，往往不为消费者所注意；而一盒火柴提价 2 分钱，消费者却十分敏感。了解消费者对不同商品质量、数量、价格等方面的差别感受阈限，对合理调节信息刺激量，促进商品销售具有重要作用。

消费者的感觉还会受到时间、强度等因素的影响。随着刺激物作用持续时间的延长，消费者因接触过度而造成感受性逐渐下降，这种现象叫做感觉适应。俗话说："入芝兰之室，久而不闻其香，入鲍鱼之肆，久而不闻其臭"，说的就是嗅觉的适应现象。要使消费者保持对信息刺激具有较强的感受性，就要调整消费信息刺激的作用时间，经常变换刺激物的表现形式。例如，采用间隔时间播放同一内容的广告，不断变换商品的包装、款式和色调等。

感觉是一切复杂的心理活动的基础，它为人的高级的心理过程——知觉、思维等提供材料。人们只有在感觉的基础上，才能对事物的整体和事物之间的关系做出更复杂的反映，获得更深入的认识。在商品购买活动中，感觉对消费者的购买行为具有很大的作用。消费者通过感觉器官可以接受大量的商品消息，经过大脑，产生对商品个别的、表面的、特性的反映，形成初步的印象。比如，消费者通过视觉觉察到商品的形状、色彩；通过听觉分辨声音的悠扬或嘈杂；通过味觉和嗅觉分辨食品的酸、甜、苦、辣等。在初步印象的基础上，才能进行综合分析，决定是否购买。任何促销手段，只有较好地诉诸消费者的感觉才有可能达到预期目的。

【案例 2-1】 盲人的"面部视觉"

数世纪以来，人们都知道盲人能觉察出障碍物的存在。一个盲人走近墙壁时，能在撞到墙壁之前就停下来了，这时我们常听到盲人报告说，他感觉到面前有一堵墙，他还可能告诉你，这种感觉建立在一种触觉的基础上，即他的脸受到了某种震动的作用。为此，人们把盲人的这种对障碍物的感觉称为"面部视觉"。问题是，盲人真的是靠"面部"来避开障碍物的吗？

1944 年，美国康奈尔大学的达伦巴史（K.M.Dallenbach）及其同事对盲人的"面部视觉"开展了一系列的实验验证工作。实验人员用毛呢面罩和帽子盖住盲人被试者的头部，露出盲人被试者的耳朵，往前走的盲人被试者仍能在碰到墙壁前停止。然后，研究人员除去盲人的面罩和帽子，而只把盲人的耳朵用毛呢包起来，在这种实验条件下，盲人被试者一个一个地撞上了墙壁。由此可见，"面部视觉"的解释是错误的，盲人是靠听觉线索避开障碍物的。

（资料来源：崔丽娟，《心理学是什么》，北京大学出版社）

【分析】盲人的视觉缺陷使其听觉特别灵敏，盲人是靠听觉线索避开障碍物的。所谓"面部视觉"只是一种误解。

2. 知觉

知觉是人脑对直接作用于感觉器官的客观事物的各个部分和属性的整体反映，是消费者在感觉基础上对商品总体特性的反映，是消费者对外界事物各个属性之间的联系性进行综合，形成整体性认识的心理过程。感觉是知觉的基础，知觉是感觉的深入。例如，一个西红柿就是由一定的颜色、形状和滋味等属性组成的，我们感觉到西红柿的这些个别属性，看到它的大小和形状，在综合这些方面印象的基础上，形成对西红柿的整体印象，就形成了我们对西红柿这一事物的知觉。

知觉以感觉为基础，但并不是感觉数量的简单机械地相加，而是要把感觉所得到的零碎印象组成一个有机整体，形成一个有意义的与外部世界相一致的完整的心理画面。人的知觉还要受到过去经验的制约。人们凭借过去的经验，才能根据当前的对象知觉确定事物，才能把感觉到的许多个别因素结合成为一个整体形象。因此知觉是在知识和经验的参与下，经过大脑的加工，对事物进行正确解释的过程。人对客观事物知觉的深浅、正确与否、清晰程度，以及知觉的内容是否充实、全面，不仅受客体和人已有的知识经验的影响，还要受到人的需要、兴趣、情绪和个性倾向等因素的影响。例如，消费者对能满足其心理需要的某种商品的知觉会比较全面、细致和深入；对不适合其心理需要的商品，知觉往往比较片面、简单和肤浅。知觉不是被动地感知事物，而是一个积极能动的反映过程。知觉是各种心理活动的基础，它能刺激人们的需要和为满足需要进行实践。在商品购买活动中，消费者只有对某种商品掌握一定的知觉材料，才有可能进一步通过思维去了解商品、认识商品，做出相应的购买决策。

3. 社会知觉

社会知觉，简单地说就是对人的知觉。它是人们对社会生活中的个人、社会团体及组织特性的认识。社会知觉既符合知觉的一般规律，又有所不同。人的复杂多变，使人们对人的知觉比对物的知觉更加微妙复杂。社会知觉是人们在社会行为与社会活动中逐渐产生、形成并发展的，它对人们的社会行为有重要影响。

1) 社会知觉的种类

第一，对他人的知觉，即指生活在一定社会环境中其他人的心理状态和个性心理特征。我们要认识某个人，总是要在一定的社会环境中，首先接触到这个人的外显行为，注意其言谈语吐、表情动作、神色姿态、仪容风度等，形成一个初步印象；通过对其外显行为印象的推测和判断，从而获得对其身份、兴趣、爱好、能力、气质、性格等的认识；随后通过经常的交往，才逐渐形成对该人正确的、深刻的完整的认识，真正做到知人知面、知心。

第二，人际知觉，即对人与人之间相互关系的认识。它是社会知觉中最核心的部分。人际知觉会影响其他的社会知觉，其他的社会知觉也会影响人际知觉和人际关系的协调。在现实生活中，错误地估价自己和他人，感情因素的介入，都可能造成人际知觉的偏差和人际关系的失调。如古人说"酒逢知己千杯少，话不投机半句多"指的就是这种情况。

第三，自我知觉，即主体对自己心理活动与心理特征的认识与判断。"人贵有自知之明"，自我知觉，正确地认识自己，可以激发人的自尊心、自信心、责任心，从而推动人的学习和事业的发展，自我知觉还可以增强人们的自我控制、自我调节的能力。

2) 影响社会知觉的心理效应

第一，首因效应与近因效应。首因效应即首先被反映的刺激信息，是指第一印象，先入为主的第一印象，对某人后来行为的解释和评价，往往起到至关重要的作用，单凭第一印象形成的知觉，往往会产生偏差。近因效应是指最近获得的信息对他人的知觉所产生的影响。首因效应与近因效应的共同点都是对中间的信息有所损耗和忽略，难免产生片面性。一般来说，对陌生对象首因效应作用较大，对熟悉对象近因效应影响较大。

第二，晕轮效应，又叫光环效应或印象扩散效应，是指知觉过程中以偏概全、以点带面的偏见倾向。它是一种泛化和扩张的心理效果。如现实生活中的"名人效应""名牌效应""追星现象"等。

第三，定势效应。在社会知觉中，人们受以前经验模式的影响，产生固定、僵化、刻板的印象，并且难以改变的情况。

上述几种因素，都可能造成社会知觉上的偏差。

4. 知觉的基本特征

1) 知觉的整体性

知觉对象都是由许多部分综合组成的，虽然各组成部分具有各自的特征。但是，人们并不会把知觉的对象感知为许多个别的、孤立的部分,而总是把对象感知为一个完整的整体,这就是知觉的完整性。当客观事物的个别属性作用于人的感官时,人能够根据以往的知识和经验把它知觉为一个整体。例如,当人们嗅到面包的香味时,就能立刻完整地知觉面包的整体特征。又如消费者购买服装时,决不会只注意服装的面料、颜色或者款式,而总是把多种因素综合在一起,构成一个选料恰当、剪裁得体、款式新颖且工艺讲究的服装整体感知印象。

2) 知觉的理解性

人们在感知客观事物时,总是运用过去所获得的知识和经验去解释它们,这就是知觉的理解性。人的知觉的理解性受知觉者的知识经验、实践经历、接受到的言语指导以及个人兴趣爱好等的影响。因此,不同的人对同一事物可以表现出不同的知觉结果。人的知识和经验越丰富,对事物的感知就越完整深刻。例如,具有电子专业知识的消费者在选购家用电器时,通过阅读商品说明书并进行调试比较,就能理解商品的原理、结构、性能、特点和品质,并做出正确的评判和选择。

3) 知觉的恒常性

当物体的基本属性和结构不变,只是外部条件(如光源、角度和距离等)发生一些变化时,自己的印象仍能保持相对不变,这就是知觉的恒常性。例如,当客人向我们告别远去时,虽然身影越来越小,但我们并不因此而感到客人的身体真的在缩小。再如,强光照射到煤块的亮度远远大于黄昏时白色粉笔的亮度,但是,人们仍把强光下的煤块知觉为黑色,而把暗处的粉笔知觉为白色。知觉的恒常性能使人们正确地反映客观事物,并不会因某些条件的变化而改变对原有事物的反映。这使消费者在复杂多变的市场环境中能避免外部因素的干扰,保持对某些商品的一贯认知。

4) 知觉的选择性

人们并不是感知所有的对象,而只是对其中某些事物有比较清晰的知觉。人们知觉客观事物时,总是有选择地把某些事物作为知觉对象,而把另一些事物作为知觉的背景,知觉对象与知觉背景是相对而言的,此时的知觉对象也可以成为彼时的知觉背景,图2-1、图2-2两个经典的双关图,就是一个知觉对象和知觉背景可以相互转换的明显例证。现代社会的消费者置身于商品信息的包围之中,随时都要接受各种消费刺激。但是,消费者并非对所有刺激都做出反应,而是有选择的加工处理、信息。知觉之所以具有选择性的原因在于以下两个方面:一是感觉阈限和人脑对信息加工能力的限制。凡是绝对感觉阈限和差别感觉阈限的较小的信息刺激,均不被感觉器官所接受,因而也不能成为知觉的选择对象,只有达到足够强度的刺激,才能被消费者所感知。人脑对信息加工的能力是有限的,消费者不可能在同一时间内对所有感觉到的信息都进行加工,只能对其中比较清晰的部分加以综合,形成知觉;二是消费者自身的需要、欲望、态度、偏好、价值观念、情绪及个性等对知觉选择也会产生直接的影响。凡是符合消费者需要的刺激物,往往会成为首先选择的知觉对象,而与需要无关的事物则经常被忽略。另外,消费者的防御心理也潜在地支配着他们对商品信息的知觉选择。

5. 消费者的错觉

所谓错觉是指在特定的条件下,对必然会产生的某种固有倾向的歪曲知觉。它是客观事物在人的头脑中的歪曲的反映。但是,错觉并不等于一般的不正确的认识,因为它具有必然性和规律性。

双面花瓶

图 2-1

少女与老妇

图 2-2

1) 错觉的种类

错觉的种类很多,生活中,最多的是视错觉,常见的错觉有以下几种:

第一,长短错觉。两个相等长短的物体,由于排列不同或者受到某种特殊突出的影响,使人们形成长短不一的感觉。例如,当垂直线与水平线的长短相等时,我们往往觉得垂直线较长(见图 2-3)。

第二,大小错觉。某一事物处于与其他事物的对比中时,人们对该事物的大小、高低、优劣等就会产生不同的感觉。如同样大的苹果,放在一堆西瓜中就会显得小,而放在一堆山楂中就会显得大。

第三,图形错觉。同一图形由于受其他因素的影响,人们对此图形就会产生变异的感觉。如两条或两条以上的相等线段由于受其他线段的影响,人们会产生不相等的感觉(见图 2-4)。图 2-5 中的正方形和正圆形,由于放射线的影响,看起来不是正圆也不是正方形。

图 2-3   图 2-4   图 2-5

第四,颜色错觉。不同颜色的物体会给人以不同的重量、体积的感觉。例如,黑色、红色和橙色等深颜色给人以重且窄的感觉,而白色、绿色和蓝色等浅颜色则给人以轻、宽且大的感觉。

第五，运动错觉。运动的问题与静止的物体在某一环境同时作用于人的感觉器官时，人们会产生静的在动或动的变静的感觉。如火车刚启动时，人们有时会感觉不是火车在动，而是车窗外的景物在向后退。

第六，时间错觉。在同一单位时间里，由于人们的态度、兴趣及情绪不同，有时会觉得时光如梭，有时会觉得度日如年。

2) 错觉的原因

错觉的产生有主观和客观两个方面的原因。从主观方面看，与认知者过去的经验、情绪有关，有时也可能是几种感觉相互作用的结果。从客观方面看，错觉大多是在知觉对象所处的客观环境发生了某种变化的情况下产生的。

研究错觉的目的，是使人们在实践过程中采取措施来识别错觉和利用错觉。例如消费者在选购商品时，既要注意主观和客观两个方面原因产生的错觉，防止受骗上当，又可以利用错觉效果选择适合自己的商品。如利用颜色错觉，身材略胖的人选购深色的衣服会显得苗条一些。营销者在商品经营中巧妙利用消费者的错觉，有时可以取得意想不到的效果。例如，两瓶同样容量的酒，扁平包装会比圆柱形包装显得多些；狭长形店堂若在单侧柜台的对面墙壁装饰镜面，可以通过光线折射使消费者产生店堂宽敞、商品陈列丰满的视觉效果。

【案例 2-2】 《两小儿辩日》

《列子·汤问篇》一书中记载一个《两小儿辩日》的故事：一天，有两个孩子热烈地争论着一个问题——为什么同样一个太阳，早晨看起来显得大而中午看起来显得小？一个孩子说："这是因为早晨的太阳离我们近，中午的太阳离我们远，根据近大远小的道理，所以早晨的太阳看起来要大些中午的太阳看起来要小些。"另一个孩子反驳说："照你这样说，早晨的太阳离我们近，那么我们就应该感到早晨更热些；中午的太阳离我们远，我们就应该感到中午更凉些，但事实却正好相反，我们往往感到的是早晨凉中午热。"两个孩子谁也说服不了谁，于是就去请教孔子，但这位博学的大师竟也不明白这是怎么回事，最后只好不了了之。

(资料来源：崔丽娟，《心理学是什么》，北京大学出版社)

【分析】同一个太阳却被我们知觉为不一样大小，这种完全不符合客观事物本身特征的失真或扭曲的知觉反应，就叫做错觉。看来，仅凭感觉判断事物是不行的，人们往往会被自己的感觉所欺骗。你能否举例说明，在生活中会产生错觉和自觉利用错觉的事例。

【案例 2-3】 刷卡消费减轻了购买者神经系统的痛苦

一笔钱的价值取决于它能买到的东西，也就是那笔钱买来的东西所获得的喜悦程度。

如果金钱本身能让人开心，那么掏出钞票就一定让人痛苦。拿出钱包，一张一张地数出钞票，准备向这些钞票说再见的痛苦，绝不是付现出漂亮的信用卡的痛苦所能比拟的。所以大家喜欢用信用卡支付各种费用，以减少直接掏钱带来的痛苦。"好像花的不是自己挣的钱，没有痛感"，一个持卡消费者如是说。这就是金融系统和商业机构卖力的推销各种卡支付，VIP卡服务的隐蔽原因。

一旦消费者成为某商场，某品牌的VIP之后，人们可以享受一些特有的优惠或折扣，包括返利、提前预约、免费停车等特殊权利，不但有实惠，而且成为身份地位的象征.因此，越来越多的商家热衷于为顾客办理VIP卡，以打折、返利、积分等优惠吸引顾客更多购买。

(资料来源：[意大利]利玛窦·墨特里尼，《消费心理学》，新世界出版社，2014.5)

【分析】 正是因为刷卡消费减轻了购买者当时的付款压力，消费者更容易冲动购买，银行和商家深谙消费者的这种错觉，才会不遗余力地推销各种支付卡及VIP卡服务。

二、记忆和注意

1. 记忆

从心理学的角度看，记忆是指过去的经验在人脑中的反映。它是人脑的重要机能之一，是主体接受客体的刺激以后，在大脑皮层上留下的兴奋过程的痕迹。人们在日常生活中感知过的事物、思考过的问题、练习过的动作、体验过的情感以及采取过的行动，在事情经过以后，并不能消失得无影无踪，而会在大脑皮层上留下兴奋过的痕迹，这些痕迹在一定条件的影响下，能重新活跃起来，在人脑中重现已消失的刺激物的映象。记忆的生理基础是大脑神经中枢对某种印迹的建立和巩固。根据信息理论，人类的记忆可以被看成是一个信息加工系统，刺激过程是信息的输入，中枢过程是对信息的编码、储存，放映过程则是信息的输出。从消费心理学的角度来研究，记忆是消费者对经历过的事物的反映。这种反映不是对正在作用于消费者的事物的反映，而是对过去经历过、感知过、体验过的事物的反映。如消费者曾在某商店被一位热情的营业员接待过，并留下深刻的印象。那么，当消费者再想到此商店购买商品时，脑海中便会浮现出当时的情景。我们都有过这样的体验，用过某种商品，这种商品就会给我们留下一个整体的印象，好或不好，一旦购买这种商品时，过去的印象便会重现出来。这种重现出来的记忆表象可以指导人们的重去购买，成为人们选择商品和品牌的依据。我们在商店里反复感知过的某种新产品，回家后能把它的形状、色彩和性能描述出来，就是通过记忆来实现的。记忆在人的心理活动中起着极其重要的作用。有了记忆，人的感觉、知觉和思维意识等各种心理活动才能成为一个统一的过程。

1) 记忆的心理过程

记忆是一个比较复杂的心理过程，人脑对过去经验的反映，要经历包括识记、保持、回忆和认知等几个基本环节。

(1) 识记是一种有意识地反复感知，目的是为了使客观事物的印迹在头脑中保留下来。它是人们为获得客观事物的深刻印象反复进行感觉、知觉的过程。记忆过程是从识记开始的，因此识记是记忆的前提。消费者在购物活动中，常常表现为反复查看商品，多方了解商品信息以加强对商品的印象。

(2) 保持是指在识记的基础上，把感知过的事物进一步巩固的过程，它使记忆的材料能较长时间保持在头脑中。这种巩固过程并不是对过去经验的机械重复，而是对经验的材料进一步加工和储存的过程，这种储存起来的信息资料也不是一成不变的，随着时间的推移和后来经验的积累，原先保持的识记在质和量上都会发生一定的变化。

(3) 回忆又称重现和再现，它是对过去经历过的事物在头脑中重新显现出来的过程，是重新恢复过去的经验的过程，例如，消费者购买商品时，往往把商品的各种特点与在其他商店看到过的，或自己使用过的同类商品在头脑中进行比较，以便做出选择，这就需要回忆。

(4) 认知即再认，是当过去感知过的事物重新出现时，能够识别出来，如能够感觉到曾经听过、见过或经历过。或者说，对过去经历过的事物，在其重现时，能够识别出来。如消费者能够很快认出购买过的商品、光顾过的商店及观看过的广告等。一般来说，认知比回忆简单容易，能重现的事物一般都能认知。

识记、保持、回忆和认知4个环节是彼此联系互相制约的，它们共同构成了消费者完整统一的记忆过程。没有识记就谈不上对感知对象内容的保持；没有识记和保持，就没有对接触过的感知对象的回忆和认知。因此，识记是保持的前提和基础，保持是对识记的进一步加深和巩固。识记和保持是回忆和认知的必要条件。识记和保持的质量决定回忆和认知的效果，通过回忆和认知又可以进一步巩固识记并加强保持。

2) 记忆的分类

记忆可以根据不同的情况进行分类。

(1) 根据记忆的内容不同，可以分为形象记忆、逻辑记忆、情绪记忆和运动记忆。

① 形象记忆是指以感知过的事物的具体形象为内容的记忆。如对商品的形状、大小和颜色的记忆。心理学的研究表明，人脑对事物形象的记忆能力往往强于对事物内在的逻辑关系的记忆。因此，形象记忆是消费者最主要的记忆形式。其中，视觉形象记忆和听觉形象记忆又起着主导作用。

② 逻辑记忆是指以概念、判断和推理等为内容的记忆，这种记忆不是对事物的形象，而是对事物的意义、性质、关系和规律等的记忆。如消费者对商品的商标、功能、质量标准和价值等的记忆。这种记忆是通过语言的作用和思维过程来实现的，它是人类所特有的，具有高度理解性、逻辑性的记忆，是记忆的高级形式。

③ 情绪记忆是以体验过的某种情感为内容的记忆，这种记忆保持的是过去发生过的情感体验。如，消费者对过去某次购物活动的喜悦心情或欢乐情景的记忆，它能够激发消费者重新产生曾经体验过的情感，再现愉悦的心境，产生购买冲动。情绪记忆一般比其他

记忆更加持久,甚至可能终生难忘。因此,营销者在对商品进行宣传时,恰当地调动消费者的情绪体验,可以使消费者形成深刻的情绪记忆。

④ 运动记忆是指以过去的运动或动作为内容的记忆。如游泳、滑冰、骑行等项运动的记忆。在消费活动中体现为消费者对购买商品的过程,即由进入商场、挑选商品到成交结算的动作过程的记忆。它是一切运动、生活和劳动技能形成的基础。

(2) 根据记忆保持时间的长短可分为瞬时记忆、短时记忆和长时记忆。

① 瞬时记忆也称作感觉记忆,是指当事物的刺激停止后,人们在一个很短的时间内保持对它的印象。根据研究,视觉的瞬时记忆在一秒钟以下,听觉的瞬时记忆在4~5秒钟以下。消费者在购物场所同时接受的大量信息,多数呈瞬时记忆状态。瞬时记忆中的信息如没有受到注意,很快就会消失,如果受到注意,则转入短时记忆。

② 短时记忆其保持的时间比瞬时记忆的时间要长,一般不会超过一分钟。例如,查询一个电话号码,当时能够记住,时间一长,可能就忘记了。因此,在告知消费者数字和符号等机械性信息时,不宜过长或过多。

③ 长时记忆指一分钟以上直至数日、数年甚至保持终生不忘的记忆。短时记忆的信息经过多次重复或编码,可以成为长时记忆。长时记忆是一个复杂和重要的记忆系统,它包括人们后天获得的全部经验,人们一生都能对长时记忆增添信息。长时记忆对消费者知识和经验的积累具有重要的作用,它会直接影响消费者的购买选择和决策。对企业来说,运用各种宣传促销手段的最佳效果,就是使消费者对商品品牌和本企业形象形成长时记忆。

3) 影响记忆效果的因素

(1) 记忆的目的性。记忆可分为有意记忆和无意记忆。有意记忆即有目的的、需要经过一定的意志努力的记忆。无意记忆是指无预定目的,不需要经过意志努力的记忆。研究结果表明,在其他条件相同的情况下,有意记忆比无意记忆的效果要好。

(2) 记忆的理解性。理解是记忆的重要条件,建立在理解基础上的记忆,其效果优于单纯机械性的记忆。企业进行广告宣传时,如果能把产品或服务与消费者熟悉的事物联系起来,使消费者理解,才能加深给予消费者的印象增强消费者的记忆。

(3) 记忆的活动性。当记忆的材料成为人们活动的对象或结果时,由于记忆主体积极参与活动,记忆效果会明显提高。在企业的营销活动中,若能吸引消费者参加相关活动,如服装的试穿、家用电器现场操作、玩具当场表演、食品品尝等,可以大大加强消费者对商品的记忆。

(4) 记忆的系列位置。识记对象在材料中的系列位置不同,被人们遗忘的程度也不同。一般来说,材料的首尾容易记住,中间部分容易被遗忘,研究表明,中间项目被遗忘的程度相当于两端的3倍。

【案例2-4】 记忆有无规律

记忆的重要性是不言而喻的。我们能够与他人顺利地交流,不至于忘了别人对你说了什么话、问了什么问题。我们能够暂时记住一个电话号码，我们能够顺利地读完一篇文章，写下读后感想，我们的很多能力都是建立在博闻强记的基础上的，包括创造性的工作也缺乏不了记忆的作用。

记忆有无规律？我们知道，时间一长，就容易忘事。但是心理学家并不只是停留在我们所能观察到的经验层面来看问题，他们往往要把一个现象的细枝末节、来龙去脉弄清楚。谈到记忆，人们总是要提到德国心理学家艾宾豪斯(Ebbinghaus)，他在一百年前做的记忆研究到现在还有很大的影响，下面就是艾宾豪斯通过人们记忆无意义外语音节的实验结果所绘制的记忆曲线。

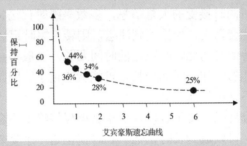

艾宾豪斯总结了记忆的三条规律：①大多数遗忘出现在学习后一小时之内；②遗忘的速度不是恒定的，而是先快后慢；③重新学习要比第一次学习容易。

19世纪末期，心理学刚刚从哲学中脱离出来成为一门科学，6年后，艾宾豪斯公布了他的研究成果。在那个年代，人们对记忆的了解仅仅是经验，真正用科学的方法来研究记忆，艾宾豪斯是第一人，也可以说是艾宾豪斯开辟了记忆的科学研究的新领域。

继艾宾豪斯之后，许多人用不同的学习材料做过类似的实验，并且数据肯定有差异，不过基本的趋势还是相差无几的。但是，随着时间的推移，科学家们发现，除了刚开始学习外语音节可能像艾宾豪所说的那样之外，学习其他有意义材料过后的回忆成绩都比艾宾豪斯所说的好。而像骑自行车这类动作技能的学习，一旦学会根本就不大会忘记。这一点大家都会有深刻的体会。毕竟，艾宾豪斯的研究距离现实还有一定的距离。

(资料来源：崔丽娟《心理学是什么》北京大学出版社)

【分析】艾宾豪斯所发现的记忆的规律在我们学习中如何体现，请试举例说明。

2. 注意

所谓注意就是人的心理活动对一定对象的指向和集中。指向，就是指心理活动的对象和范围。人在注意时，心理活动总是有选择地接受一定的信息，这样才保证了注意的方向。集中，是指心理活动倾注于被选择对象的稳定和深入的程度。集中不但使心理活动离开了一些无关的对象，而且也是对多余活动的抑制。如当信息量加大时，心理活动因人的反应容量的限制而只能有选择地接受一定的信息对象。一项调查表明，大多数消费者在半天中他所遇到的 150 个广告中,只注意了 11～12 个广告,而能够知觉到这些广告内涵的更是寥寥无几。与认识过程的其他心理机能不同的是,注意本身不是一种独立的心理活动,而是伴随着感觉、知觉、记忆、思维和想象同时产生的一种心理机能。商品的个别属性被直接反映,就可能引起消费者的注意。

1) 注意的功能

注意的功能包括以下内容:

(1) 选择功能。就是选择那些对人有意义的、符合其活动需要的外界影响,避开和抑制那些与当前活动不一致、与注意对象相竞争的各种影响和刺激。消费者不可能同时对所有的对象做出反应,只能把心理活动集中和反映在少数商品或信息上,这样消费者才能清晰地感知商品,深刻地记忆有关信息,集中精力进行分析、思考和判断,在此基础上做出购买决策。

(2) 保持功能。就是使注意对象的映象或内容在主体意识中保持并延续至达到目的为止。由于注意的作用,消费者在对消费对象做出选择后,能够把这种选择贯穿于认知商品、制定决策及付诸实施的全过程中,而不致中途改换方向和目标,由此使消费者心理与行为的一致性与连贯性得到保证。

(3) 加强功能。即对活动进行监督和调节的功能,通过排除干扰,不断地促进和提高消费心理活动的强度和效率。在注意的情况下,消费者可以自动排除无关因素的干扰,克服心理倦怠,对错误和偏差及时进行调节和纠正,从而使心理活动更加准确和高效率地进行。

2) 注意的分类

根据注意的产生和保持有无目的以及是否需要意志努力,可以将注意分为无意注意和有意注意。

(1) 无意注意又称随意注意,是指既没有自觉的目的,也不需要任何意志努力的注意。引起无意注意的因素主要有两类,一是客观刺激物本身的特点,包括刺激物的强度、刺激的新异性和刺激物之间的对比关系等。如造型新颖、色泽鲜艳的商品容易引起消费者的无意注意。二是人的本身状态,包括人的兴趣、需要、态度及情绪状态等。一般说来,符合人的需要和兴趣的事物容易成为无意注意的对象,此外,消费者潜在的欲望,消费者的精神状态,也是形成无意注意的重要条件。消费者在无目的地观光和浏览时,经常会于无意之中不由自主地对某些外部刺激产生注意。

(2) 有意注意是指有预定目的并需要经过意志努力的注意。有意注意是一种高级的注意形式,它不因知觉对象是否强烈、是否新异及是否有趣而改变。在有意注意的情况下,消费者需要在意志的控制下,主动把注意力集中起来,直接指向消费对象。有意注意通常发生在需求欲望强烈、购买目标明确的场合。例如急需某种商品的消费者会刻意寻求、收集有关的商品信息,并在琳琅满目的商品中把注意力直接集中于自己期望购买到的商品上,这就属于有意注意。通过有意注意,消费者可以迅速地感知商品,准确地分析并做出判断,从而提高购买的效率。有意注意的产生与保持主要取决于购买目标的明确程度和需求欲望的强烈程度。无意注意与有意注意不是截然分开的，它们互相联系并常常在一定条件下互相转化，共同促进消费者心理活动的有效进行。

3) 注意在市场营销活动中的作用

正确地运用和发挥注意的心理功能，可以使消费者实现从无意注意发展到有意注意，继而引发消费者的需求。一则广告成功的前提条件是引起消费者的注意。凡是能引起消费者注意的因素，都可以在广告设计制作中加以适当利用。实践证明，在广告设计制作中巧妙地利用刺激物的大小、强度、色彩、位置和间隔等的对比及变化都可以增强消费者的注意，收到事半功倍的效果。例如，形状大的刺激物比形状小的刺激物更容易引起人们的注意，在宣传、介绍新产品时，应尽可能刊登大幅广告；举目可望的商品更容易引起消费者的注意；活动的刺激物比静止的刺激物更容易引起消费者的注意；在大的空间或空白的中央，放置或描绘所展示的对象，更容易引起人们的注意。

【案例 2-5】 话说注意力经济

为什么一本《财富》杂志能把世界 300 多家的老板邀请到上海，3 天的广告发布就赚了 1000 万元？为什么一集《还珠格格》播映权卖了 58 万元天价，10 个省就可卖 2 亿多元？为什么雅虎、搜狐等公司几乎是一夜之间在网上形成几十亿美元的资产？

"注意力经济"这一营销新概念，对上述现象给予了很好的诠释。Michaelh Goahber 在新著《注意力经济》中指出："在新的经济下，注意力本身就是财产"，"现在金钱开始与注意力一起流动。或者更通俗地讲，在经济转型之际，原有的财富将更自然地流向新经济的持有者"，"如果金钱真能有效购买注意力，那么我们要做的就是付给你一定的钱，让你全神贯注地听讲。但若有人想获取你的注意力，他不可能依靠付钱的方式来真正获得。虽然金钱流向注意力，但注意力很难流向金钱"。注意力形成经济，争夺眼球形成竞争，这已是世界不争的理论和事实。早在 1996 年英特尔的前总裁葛鲁夫就提出：争夺眼球的竞争。他认为，整个世界将会展开争夺眼球的战役，谁能吸引更多的注意力，谁就能成为下世纪的主宰。

(1) 注意力为什么会成为竞争目标

所谓注意力是指人们关注一个主题、一个事件、一种行为和多种信息的持久尺度。我们可以把人们关注信息和事件等中的接受端提取出来加以量化，这种量化会形成一大笔无形资产，因而就具有价值。现在世界上的信息量是无限的，而注意力是有限的，有限的注意力在无限的信息量中会产生巨大的商业价值。搜狐老板张朝阳一语道破了注意力与商品的关系，他说："再好的产品，如果不与'注意力与瞩目性'相结合，也创造不了市场价值"。这在互联网络上体现得最突出。雅虎、网易、搜狐等公司就是依靠吸引注意力来经营网站的，这种经营就是把注意力当作货币卖给在网上做广告的商家等。

注意力之所以成为竞争目标，主要鉴于以下几个原因：工业文明形成生产过剩导致竞争目标转移，农业文明征服了饥饿；工业文明征服了空间；信息文明征服了时间；生物材料时代将征服物质。现在发达国家一个大汽车厂一年的产量，几乎能满足世界各国一年的需求。类似过剩的生产力很多很多。我国生产力也已出现相对过剩，彩电、冰箱、布匹、自行车等已超过年需求的4~5倍。生产力同需求相比，从不足到过剩导致竞争目标从直接经营商品转变为经营注意力。谁要想卖掉商品，谁就要竞争到大量的注意力。

信息量的爆炸发展导致注意力的相对短缺。世界信息量以爆炸方式激增，信息量现已过剩并难以量化。但全世界的注意力却是有限的。信息量的爆炸发展和过剩打破了与原来注意力的比例，造成注意力相对缺少，缺者为贵，当然注意力就会值钱，形成价值。

互联网络的迅速发展为竞争注意力提供了条件和手段。现在每过1秒钟，全世界就有7个人首次上网。美国已有70%以上家庭有计算机，已有4000万人进入互联网，全世界有上亿人上网。在美国等发达国家，已有许多人在家中网上工作，有的人在网上的时间已占全部工作和生活时间的1/2。互联网已经成为人们工作、生活的万花筒，事事处处离不开。正是互联网的飞速发展，吸引了许多人的注意力，网上自然就会产生商业机会，而注意力就形成了价值。

(2) 注意力形成经济引发我们的思考

农业时代主要竞争劳动力；工业时代主要竞争生产工具和科学；信息时代主要竞争知识和信息速度；后信息社会将主要竞争注意力和生物材料等。发达国家今天竞争注意力已很明显，发展中国家也已见端倪，明天将更明显。凡事预则立，不预则废，为此，我们对注意力经济必须深入研究。

注意力经济中有财富而且必将引发财富的大转移。"卖商品必须竞争注意力"。对此有人反对，他们认为："注意力是一种桥梁，而不是财富"，"注意力是在分配旧经济的财富，而不是在创造新财富"。用工业时代的观念看待注意力必然得出这个结论。正如从农业时代向工业时代转移时，认为农机具是工具不会创造财富，而工业时代向信息时代转移时，信息不是财富一样，观念不同得出的结论就不同。实质上注意力也创造财富。《财富》杂志在上海的广告发布权之所以3天赚了1000万元，关键是上海会议吸引了世界上众多的注意力，换一种杂志开会就吸引不了这么多的注意力。刘晓庆、李宁、邓亚萍做广告，身价之高，关键是他们身上集聚着几亿双眼睛。《还珠格格》为什么一集可卖到58万元，据说这部电视剧凝集了4亿多双次的眼球。雅虎、亚马逊们创造了一个个乳臭未干的毛小伙子一夜成为亿万富翁的神话，使搜狐、网易、上海热线变得路人皆知。说到底就是赚了注意力。

注意力经济时代的财富，包含了工业财富收入和信息资产两部分，但注意力会通过信息资产转移工业财富。照旧观念，信息并不创造财富，只有工业创造财富。依此而论雅虎公司高于9%的收益不该归他们，但他们通过吸引注意力，把工业财富分给了信息商。注意力经济就是这样把工业利润和财富大把大把地转移给掌握注意力的媒体家、商家及网络经营者。也许有人会说："这是掠夺工业财富！"传统工业文明财富极大过剩，使工业文明消费威风不再，自然就会追求新的文明消费，注意力经济自然就形成了。消费文明的转移，必然导致工业文明财富向新的文明财富方面转移，这从全球1000家公司中前10名的8家美国公司5家是与网络公司有关即可看出，也可从互联网17年等于汽车工业100年看出。在这种转移中，世界的财富将被重新瓜分，而瓜分这种财富的"利刃"是网络经济，注意力是一把利刃。

注意力经济要求媒体进入"洞察时代"。既然注意力中有财富，争夺眼球会形成竞争，人们必然会利用互联网、新闻媒体吸引注意力。一方面靠一鸣惊人或哗众取宠赢得短时间注意力并不困难，但只能是昙花一现；另一方面靠花大钱制作艺术性差或使人一笑了之的文化、文艺作品，也只能是让金钱流向注意力，而注意力不能流向金钱。注意力是一杆公平秤，谁也欺骗不了。若想吸引人们的注意力，就媒体而言，要进入"洞察时代"。清华大学方兴东对此颇有高见：中国需要企业家，也需要媒体家。企业家是专业金钱获得者，媒体家是注意力获得者。今天人们只注意企业家，而不注意媒体家。媒体家是新经济发展的先驱。他认为：IT媒体分为新闻时代、分析时代和洞察时代。所谓新闻时代，是信息资源的流通时代，信息只是量的堆积，缺乏质的加工；而分析时代和洞察时代，是信息加工增质的时代。吸引注意力来自分析缘由和洞察未来。分析家和洞察家是善于处理和转化信息的人，是将信息进行加工，把事物的意义挖掘出来，使你看到实质面目和未来趋势。这样分析加工才能把信息转变为资产赢得持久的注意力。媒体要吸引注意力，关键是把新闻时代的句号改为分析时代的问号、破折号和省略号，这就要对厂商的行为与业界的动态跟踪，逐步感受到事物的波形，然后深入研究这个波形。此时不能就事论事，而应追究导致本次事件发生的整个波形，并分析出必然因素和触发点。

注意力经济到来要求经营者学会竞争眼球的高超艺术。注意力是人们不可转让的权利，注意力表达的是人的兴趣、爱好、愿望、关心等。它属于个人的潜在意识倾向。因此，要捕捉人们的注意力，关键是要关注人的意愿、倾向、心情、嗜好等。这就要求不论是新闻媒体、互联网络，还是广告、艺术、文化作品等，首先要文化创新。不仅形式创新，更要内容创新。其次是要有较高的思想性和艺术性。持久地吸引注意力，靠花钱买不来，而必须提高文化艺术、广告、媒体的深厚文化底蕴和艺术力，中国的四大名著久看不厌就是一种说服力。再次企业家要注意投资媒体及文化艺术产业。新闻产业化、文化产业化、艺术产业化等的发展，最重要的一条就是靠最大限度地吸引注意力。成都商报下属企业控股四川电器股份、羊城晚报等报业集团飞速发展赚了巨额利润等，都说明注意力经济是中国经济发展的新增长点。中国需要大批优秀企业家，更需要大批杰出的媒体家，快速推动注意力经济发展。

（资料来源：赵加积，《销售与市场》）

【分析】为什么说农业时代主要竞争是劳动力；工业时代主要竞争是生产工具和科学；信息时代主要竞争是知识和信息速度；后信息社会将主要竞争注意力和生物材料？举例说

明注意力在当今市场竞争中的作用,企业如何赢得消费者的注意力?在注意力的竞争中有没有道德底线?

三、想象、联想与思维

1. 想象的概念和作用

想象是指人脑改造记忆中的表象而创造新形象的过程,如"嫦娥奔月""大闹天宫"等都属于想象的产物,它是人所特有的一种心理活动,是在记忆的基础上,把过去经验中已经形成的联系再进行组合,从而创造出并没有直接感知过的事物的新形象的过程。想象的内容有许多是"超现实"的,但绝不是凭空产生的。想象活动要具备3个条件:①想象的依据必须是过去已经感知过的经验,这种经验可以是个人的感知,也可以是前人、他人积累的经验;②想象必须依赖人脑的创造性,须对表象进行加工;③想象必须是新形象,是主体没有感知过的事物。例如,神话小说《西游记》中的孙悟空、猪八戒的形象,生活中并不存在,是作者把人与猴、人与猪的形象经过加工改造后而产生的新形象。想象虽然是人人都具备的一种心理活动,但表现在每个人身上却有所不同。不同类型的消费者,想象力是不同的。

想象对于发展和深化消费者的认识,推动消费者的购买行为具有重要作用。消费者在评价和选购商品时,常常伴有想象活动的参与。例如,女消费者在选购衣料时,会把衣料搭在身上照着镜子一边欣赏,一边想象这块布料做成衣服穿在身上时的情景;在模拟居室环境中展示成套家具,易激发消费者对居室美化效果的想象。当消费者在购买过程中遇到自己从未使用过的商品时,就需要借助营销人员的介绍,通过想象来加深对商品功能的理解。

2. 联想含义和表面形式

联想是由一种事物想到另一种事物的心理活动过程,是消费心理中一种重要的心理活动,也是心理学家研究较早的一种心理现象。联想可以由当时的情景引起,如当时注意、感知到的事物,也可以由内心回忆等方式引起,在营销心理学中,主要着重于对由注意、感知等因素所激发的联想的研究,因为开展营销活动时,可以通过控制消费者所处的购物环境,使用各种方法来激发消费者有益的联想。联想的主要表现形式如下:

(1) 接近联想。由于两种事物在位置、空间距离或时间上比较接近,所以看到第一种事物时,很容易联想到另一种事物。例如,到了北京,人们一般会联想到长城、故宫、天安门;到了西安,人们一般会想到兵马俑。

(2) 类似联想。两种事物在大小、形状、功能、地理位置及时间背景等方面有类似之处,人们认识到一种事物时同时会联想到另一种事物。例如,外国游客会在游览中国的江南水乡时联想到意大利的水城威尼斯；中国人会从 2008 北京奥运会时的成功举办联想到 2022 年北京冬奥会的盛况。

(3) 对比联想。两种事物在性质、大小及外观等方面存在相反的特点，人们在看到一种事物时会马上联想到与其相反的另一种事物。昔日身居高位的退休官员会从眼前的门庭冷落联想起在职时前呼后拥、门庭若市的景象从而产生世态和人情冷暖的感慨。

(4) 因果联想。两种事物之间存在一定的因果关系，由一种原因会使人联想到另一种结果，或由事物的结果联想到它的原因。例如，外地旅游者会从游览地居民的喜形于色联想到当地人生活富足，从市容市貌的整洁有序联想到当地政府的管理有方。

(5) 色彩联想。由商品、广告和购物环境等给消费者提供的色彩感知，联想到其他事物。色彩联想在人们的日常消费活动中表现得十分普遍。例如，红色、橙色和黄色等暖色调使人联想到热烈、温暖；白色和蓝色等冷色调使人感到明净且清爽；黑色、灰色和咖啡色给人的感觉比较庄重。

(6) 音乐联想。音乐给人的联想形式比较多，例如慢节奏的古典音乐或民族音乐使人联想到优雅、美妙；节奏明快的音乐使人感到激情活力和富有朝气。

3. 思维的含义和分类

思维是人脑对客观事物本质特征的概括反映。它是大脑运用分析、综合、比较、抽象及概括等一系列活动，把握事物的特征和规律，在既定经验的基础上，认识和推断未知事物的过程，它是人的认识活动的最高阶段。通过思维，由此及彼、由表及里、人们可以发现事物的本质属性和内部联系，这些，仅靠感知是不能达到的。正是由于思维具有概括性和间接性的性质，所以通过思维，人们可以认识那些没有或者不能直接作用于人的感官的各种事物或事物的各种属性，还可以预见到事物未来的发展。例如，医生根据医学知识和长期的临床经验，通过检查病人的体温和脉搏就能断定直接观察所不能达到的病人内部某器官的状态，并确定其病因、病情和治疗方法。

思维的主要表现形式：

(1) 按照思维活动的形式不同，可分为形象思维和逻辑思维。

形象思维是指利用直观形象对事物进行分析判断的思维，如在家庭居室装潢布置之前，总要先进行一番构思和设计；作家从事写作，首要在脑海中构思栩栩如生的人物形象。

逻辑思维是利用概念、推理和理论知识来认识客观事物，达到对事物的本质特征和内在联系的认识的思维。例如数学公式的推导、哲学思辨就属于抽象思维的范畴。掌握电子产品知识的消费者，对电子数码等商品的原理、结构、性能、特点、发展趋势的认识和理解，就是一个抽象思维的过程。

(2) 按照思维的品质不同，可分为常规思维和创造性思维。

常规思维，即利用已经获得的知识和经验，依照原来的模式所进行的思维。

创造性思维，即具有独特、变通、逆向、求异和创新特点的思维。在产品设计和企业营销策划等活动中，特别需要创新意识和创新思维。

消费者的思维是一个复杂的心理活动过程，包括分析、综合、比较、抽象、概括及系统化等基本活动过程。消费者的思维过程也就是其购买决策的过程，由于消费者在思维方法和思维能力方面的差异，消费者购买决策的方式和速度也各不相同，每个人在思维的广阔性、深刻性、独立性、灵活性、逻辑性和敏捷性等方面都有区别。例如，思维能力强的消费者，往往不易接受来自别人的提示或广告宣传的诱导，而喜欢自己独立决策。与此相反，有的消费者缺乏独立思维的能力，喜欢"随大流"，往往根据他人的意见或建议来购买商品。

第二节　消费者的情感过程

情感过程，是认识过程与意志过程的中介，是消费者心理活动的一种特殊反映形式，对购买行为心理有重要影响。消费者的消费活动实际上是充满情感体验的活动过程。

1. 情感过程的概念

情感是人针对客观事物符合主体需要的程度而产生的态度和内心体验。人的情感对其购买行为的实现有着重要的影响。情感没有具体的形象，但可以通过人的神态、表情、语气、行动等表现出来。所谓"七情"，即喜、怒、爱、哀、恶、欲、惧，就是情感的具体表现形式。情感表达了人们的内心世界，反映出人对客观事物的基本态度。虽然说人们的理智可以驾驭情感，人们在一定程度上能够控制情感的表露，但是，人的情感总是会以这样或那样的方式流露出来。国外的心理学实验证明，由于情感的作用，人们会发生人体生理的一些变化，如心律不齐、血压升高和瞳孔放大等生理变化。据心理学家观察，当消费者寻觅到自己喜爱的商品时，瞳孔直径会放大，这些变化可能消费者自己不易觉察，但不可能完全靠意志控制。从消费心理学的角度分析，情感是指消费者对购买现场、营业员和商品等客观事物的态度在感情上的反映，是一种比较持久的心境状态。情感过程是伴随着消费者的认识过程而发生和发展的，是心理现象和心境状态的产生、发展和变化的过程。它通常具有两极性的特点：如愉快与忧虑、愤怒与安静、朝气蓬勃与抑郁寡欢等。反映在商品购买上，表现为对营销服务和商品的满意与不满意，肯定与否定。

消费者良好的情感过程，对其购买行为能产生积极的影响。虽然人的情感是复杂多变的，但并不是不可捉摸的。因此，营销人员应根据消费者的神态、表情、语言和行动的变化等，积极主动地判断和分析消费者的心理状态，以便更好地为消费者提供良好的服务，促使消费者的情感向积极的方向发展。

2. 情感和情绪的区别和联系

情感是在人在历史发展中产生的，它与人的社会需要和意识紧密联系，它是人类所独有的一种感情，具有较强的深刻性、长期性和稳定性。情感的基础是与人的社会关系相联系的需要，如对社会的贡献、道德的需要、尊重的需要等，由满足这些需要而产生的责任感、荣誉感和集体感等心理体验就是情感。

情绪通常指那种由机体的天然需要是否得到满足而产生的心理体验，属于较为表层的心理现象，其表现形式短暂且不稳定，有较大的情景性和冲动性，当人的情绪失控时，往往会产生一些非理性行为。

情绪与情感之间又有着密切的联系，在实际生活中，两者往往交织在一起，难以截然分开。情绪长期积累，就会转化为情感，深沉的情感在特定的环境中，也会以激烈、鲜明、爆发的情绪形式表现出来。

情绪和情感都具有两极性的特征。人们有各种各样的情绪和情感，如满意与不满意、热爱与憎恨、快乐与忧郁、紧张与轻松、积极与消极、兴高采烈与垂头丧气等。这些截然相反的情绪或情感在一定条件下又会相互转化，"乐极生悲""破涕为笑"等现象就是这种转化的典型表现。

> **【案例 2-6】 消费者得到的赏酬和情感**
>
> 情感，即对态度对象的情绪和情感的体验。消费者对于他们所知道的商品或劳务，大都带有好恶之情，完全中性的实属极少的例外。情感的方向和强度，依赖于消费者的评价，如果关于商品和劳务的知识同自己的价值观念正相一致，则消费者会给予积极的正面评价，就会喜欢；反之，则不喜欢。另外，直接的个人经验也可起到制约作用，如果消费者在接触到某种商品时的体验是令人满意和愉快的，则可能对这种商品产生好感，但是，如果体验是令人失望和不愉快的，甚至是痛苦的，则对这种商品就不会有好感。简言之，对商品的情感，要看消费者得到的是赏酬还是惩罚。例如，国外有一家汉堡包店发现，顾客觉得快餐的赏酬不是很高，因为所有的快餐都是按同一方式制作，而不能恰好适合个人的口味。为了增强快餐的赏酬，这家饭店改变了加工程序，可以让顾客指定搭配，并贴出"想怎么吃就怎么吃"的标语。当顾客各取所需时，赏酬的作用就大为增强，即便那些没有提出特定要求的顾客，也得到了价值更大的赏酬。事实上，每个人都希望有选择的权利，尽管他们可能并不行使这种权利；有时，仅仅是因为知道有权选择，消费者便可增加好感。
>
> (资料来源：成伯清等著，《消费心理》，南京大学出版社)
>
> **【分析】**消费者的满意程度，取决于他消费某种商品所获得的赏酬的多少，而消费者获得赏酬的多少往往在于商家或者厂家是否尊重消费者的选择的权利。试从这个角度分析超市这种商业形态取得成功的原因。

3. 影响消费者情感变化的因素

影响消费者情感变化的因素是多方面的，既有客观外界事物变化的刺激因素，也有消费者自身机体的生理因素和心理因素。具体表现在以下几个方面：

(1) 商品。商品的使用价值、外观和附加利益往往会使消费者的情感处于积极、消极或矛盾的状态中。消费者在购买商品时，如果得到非常称心的商品，就会欣喜万分，产生积极的情感；反之则会产生消极的情感。

(2) 服务。消费者购买商品，不仅要满足自己的生理需要，而且要通过购买活动，满足自己的心理需要。因此，消费者的情感还受到服务因素的影响。一般来说，热情、细致且周到的服务可以使消费者感到受到尊重，产生安全感和信任感，使消费者"高兴而来，满意而去"，高质量的服务能够提高企业的知名度和美誉度，产生比广告宣传更好的效果。

(3) 环境。消费者的购买活动总是在一定的环境中进行的，消费者购物活动时的情绪，受到环境氛围的影响。品种齐全、赏心悦目的商品、清新的空气、明快的色彩、宜人的温度、轻松的音乐、完美的服务和有序的管理等，都会使消费者处于舒畅且愉悦的情感状态中，容易激发其购物的欲望。相反，脏乱和嘈杂的环境则会使消费者产生烦躁和压抑的消极情绪，以至于惟恐避之不及，匆匆离去。

由此可见，消费者情感的产生和发展，可以促进实现购买行为，也可能抑制和破坏购买行动。研究和把握消费者购物时的情感活动过程及其变化规律，对于营销者来说十分重要。

【案例2-7】 参观制作过程的心理效应

在有的印度料理店里，透过玻璃橱窗，顾客可以看见厨师烤制印式面包的全过程。印式烤面包又称"馕"，在烤制时，厨师首先要将面粉和好，摊成椭圆形饼状后贴于大烤炉的内壁烤制。厨师操作熟练、技艺精湛，简直就像在表演一样，顾客在观看的同时，会不知不觉被厨师敏捷麻利的动作吸引，会为其娴熟的技艺啧啧称奇。厨师通过向顾客展示面包的制作程序，让消费者一起体验。在消费者吃烤好的面包时就会感到印式面包不但原料独特，而且工艺复杂，味道分外可口。如果能被厨师邀请亲自烤一次，感受会更加深刻。这种感受是通过观看实际操作或体验实际操作得到的，不同于我们看书得到的间接感受。

体验式销售方法引起消费者对商品的兴趣与好感，这就是体验式的心理感受对产品销售的影响。

(资料来源：[日本]匠英一著，《心理销售》)

【分析】 让顾客参观商品的制作过程，能够拉近和顾客的距离，让顾客产生亲切感，这种亲切感能转化为对商品的好感，从而对销售起到正面刺激作用。这就是现在许多商场食品店的操作间从后厅搬到了前台的原因。

【案例2-8】 让顾客知道自己被重视的沃尔玛

一位长者来到新开张的沃尔玛青岛店，结账时发生了一点小意外。由于分类装袋的原因，长者顺手将装有一条鱼和一块肉的塑料袋挂在收款台旁的柱子上，结完账却忘记带走。回家后他发现了自己的疏漏，却记不得把东西落在哪儿了，他试着给服务台打了个电话，卖场录像显示塑料袋中的商品给别人顺手拿走了。沃尔玛青岛店没有因为是长者自己造成的失误为由而一推了之，而是补给那位长者一份同样的商品。

一位下了班的深圳沃尔玛员工，在乘坐公交车回家的路上，看到一个手提沃尔玛购物袋的人上了车，很有礼貌地起身让座，并说："您是我们的顾客，顾客就是上帝，所以给您让座是应该的。"这位顾客感动不已。在沃尔玛，你可以享受到这样的服务：当顾客询问某种商品在什么架位时，他不仅可以得到明确的告知，而且会被引领到该商品的摆放处。

沃尔玛的创始人萨姆·沃尔顿曾多次说过："向顾客提供他们需要的东西，并且再多一点儿服务，让他们知道你重视他们。在错误中吸取教训，不要找任何借口，应该向顾客道歉，无论做什么，都应该让三分。我曾经在第一块沃尔玛招牌上写下了最重要的四个字——保证满意。"

沃尔玛以"天天平价"作为竞争力的又一招数，天天平价要求天天低成本，为此沃尔玛采取了少做广告，节约内部开支，利用先进的管理手段来降低成本的做法。沃尔玛有一套全球最大、最先进的数据处理系统，它可以对分店供货做出最佳安排，从而使成本低于竞争对手。另外，通过仔细评价顾客行为，可以相应提高顾客需求较多商品的库存，减少周转频度较低商品的库存。沃尔玛对顾客的盛情服务，以及有效的低成本运作方式改革了现代零售业，使其取得了世界500强之首的地位，我们甚至看不到沃尔玛的广告宣传。

(资料来源：单凤儒，《营销心理学》，高等教育出版社)

【分析】 沃尔玛人尊重顾客，处处为顾客着想，对顾客盛情服务的行为自然会引起顾客积极的情感。满意的顾客是企业的最大财富，他们不仅自己成为企业的忠实顾客，而且会以其真情实感传播给他人做宣传。沃尔玛取得的骄人业绩，原因就在这里，沃尔玛经营者的精明之处也就在这里。

第三节 消费者的意志过程

消费者心理活动的意志过程是消费者心理在认识过程、情感过程的基础上，做出购买决策，采取购买行动的过程。

1. 意志的概念

意志是指人们为了实现一定的目的和行为所做出的自觉的坚持不懈的努力。在营销活动中，意志过程是指消费者确定购买目标、选择一定的手段，克服困难，达到预定目的的心理过程。意志是人脑特有的产物，是人的意识的能动作用的表现。人们在进行某种活动之前，活动的结果已经作为意志行动的目的而观念性地存在于他的头脑之中。要把观念变为现实，必须以预定的目的来指导和激励自己的行动，因此，意志过程是人的内在意识向外部动作转化的过程。

消费者不仅要通过感知、记忆及思维等活动来认识商品，并伴随对商品的认识产生一定的情感和态度，而且，有赖于意志过程来确定购买目的，并排除各种主客观因素的影响，实现购买的目的。消费者心理活动的意志过程的基本特征是：第一，消费者有明确的购买目的。意志行为是与人的目的性紧密联系着的，消费者为了满足自己的需要，总是经过思考后明确提出购买目的，然后，有意识、有计划地根据购买目的去支配和调节其购买行为。消费者的意志过程，是以一定的行动作为基础的，它实质上是消费者内部心理活动向外部的转化，是人的心理活动的自觉能动性的集中体现；第二，意志过程是排除干扰、克服困难的过程。消费者的意志行为是有目的的行动，消费者购买目的的实现过程中，通常会遇到各种困难，这些困难既有消费者思想方面的矛盾、冲突和干扰，也有外部环境的障碍和阻挠。消费者克服困难、排除干扰的过程就是意志行动过程。消费者克服的困难和排除的干扰越多，说明他的意志越坚强。

2. 意志过程的三个阶段

人的意志是通过行动表现出来的，受意志支配与控制的行动就是意志行动。消费者意志行动的过程分为以下三个阶段。

1) 做出购买决策的阶段

这是消费者意志开始参与的准备阶段。包括购买目标的确定、购买动机的取舍、购买方式的选择和购买计划的制订等一系列购前准备工作。消费者的购买动机是由对商品的需要激发的，其购买行为具有明确的目的性和有用性。在商品琳琅满目、品种多样、价格各异的情况下，消费者必须根据需要广泛收集商品信息、比较权衡、排除干扰，做出最符合自己目的和意愿的购买决定。购买目的和目标确定后，还要制定购买计划，确定诸如如何购买、何时购买及何处购买等问题。

2) 执行购买决策阶段

执行购买决策的阶段是意志行动过程的关键阶段，这一阶段是把购买决策变为现实的购买行动的过程，需要消费者做出更大的意志努力，自觉地排除和克服各种因素的干扰，以便顺利地完成购买活动。在这一转化过程中，仍然可能遇到来自外部和内部的困难和障碍。如商品的质量、价格、款式，家庭成员之间的意见分歧、商家之间的竞争、消费热点开始转移及新型号产品已经面市等，这些都可能会动摇消费者原有的购买决定。因此，消费者或者要以意志努力自觉地排除干扰，实行购买；或者是调整目标，制定和执行新的购买决策，以便顺利完成购买活动。

3) 评价购买决策阶段

这是消费者意志行动过程的最后发展阶段。消费者通过对商品的使用及相关群体的评价,对商品的性能、质量、价格、外观等有了更为实际的认识,并以此检验、评判其购买决策正确与否。这种对购买决策的检验和评判,直接影响消费者今后的购买行为:或者是重复购买,成为这种商品的"回头客",或者是拒绝再次购买。

3. 消费者心理活动三个过程的统一性

消费者心理活动在购买商品时所发生的认识过程、情感过程和意志过程,是消费者购买心理过程的统一的、密切联系的三个方面,在消费者购买心理活动中,认识、情感、意志这三个过程彼此渗透、互为作用,不可分割。情感依靠感知、记忆、联想、思维等活动,同时,情感又左右着认识活动。积极的情感可以促进消费者认识的发展,消极的情感可能抑制认识活动。认识活动是意志的基础,认识活动又离不开意志的努力,对待商品的情感可以左右意志,可以推动或者阻碍购买的意志和行为。意志又能够控制情绪,进行客观冷静的分析。认识过程、情感过程、意志过程三者之间互相制约、互相渗透、互相作用。当消费者对某一商品的购买完成之后,又将根据新的需要,进入新的认识过程、情感过程、意志过程,如此循环,以至无穷。

认识过程、情感过程及意志过程三者关系示意图,如图 2-6 所示。

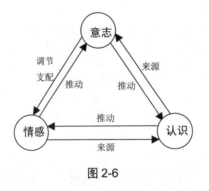

图 2-6

本 章 小 结

消费心理学是以普通心理学为基础的,是普通心理学在营销活动中的具体体现和应用。千差万别的消费者行为,总是与消费者个体特定的心理活动相联系。人的心理活动,是客观现象在人脑中的反映,是人脑进行的特殊生理过程的产物。人脑是人的心理现象产生的器官,是产生人的心理活动的主要生理基础,人的心理活动的实质是人脑和客观现实两个方面的有机统一,是客观现实(包括自然现象和社会实践)的主观印象。研究消费者的心理,就是要运用普通心理学的一般原理,通过对消费者心理活动研究,认识和掌握消费者心理活动过程的基本规律以及个性心理的主要特征。

消费者的心理活动过程，指人的心理形成和发展的活动过程，是人的心理活动的一般的、共有的过程，是人的心理活动的基本形式，是每个人都具有的共性心理活动，消费者心理过程包括认识过程、情感过程和意志过程，它们是统一的心理过程的不同方面。认识过程主要通过人的感觉、知觉及记忆思维等心理活动来完成。情感过程，是认识过程与意志过程的中介，是消费者心理活动的一种特殊反映形式，人的消费活动实际上是充满情感体验的活动过程。消费者心理活动的意志过程，是消费者心理在认识过程、情感过程的基础上，做出购买决策，采取购买行动的过程。消费者心理活动的认识过程、情感过程和意志过程是购买心理行为过程的统一的、密切联系的三个方面。

自 测 题

1. 什么是感觉？什么是知觉？感觉与知觉之间的区别和联系是什么？
2. 什么是注意？注意的分类？如何发挥注意在市场营销中的作用？
3. 什么是情感？举例说明情感在对消费者购买心理活动的影响。
4. 什么是意志？消费者意志过程的三个阶段是什么？

案 例 分 析

找准消费者的感觉

同样的产品，在不同的国度，在不同的文化中，有不同的象征意义。因此，任何一个产品，在中国市场上，在中国的不同的区域市场上，对消费者到底意味着什么，消费者购买它到底是为什么，消费者购买这种产品的感觉是什么变得极为重要。这好似名中医的号脉，大家知道中医最重要的是号脉。如果脉没有号准，相当于洞察消费者走偏了，那么你做多少市场调查，做多少数据堆砌和理性分析，都有可能失败。

这里所说的"感觉"，并非表面化的浅层的认知，而是指对消费者为何购买的深层求解，是对消费行为的真正洞察。找准一个产品在消费者心中的感觉，是做市场的最重要事情，也是最难做到的事情。

以国产手机为例，从零市场到占据手机市场的半壁江山，靠的是找准了感觉。手机在国际市场上的功用是通信，开始的产品都是黑的方块形。而现在，智能手机是时尚产品。

为什么诺基亚、摩托罗拉和爱立信会失掉机会，因为跨国公司在回答"手机在中国意味着什么"这个问题时得分不高，所以失利了。手机意味着跨国公司没有想到的、与西方不同的意义。国际品牌也花了很多钱做市场研究，例如摩托罗拉曾确定中国手机4个细分市场，就是中国人购买手机的4种原因(科技追求型、时间管理型、形象追求型和个人交往型)。没有别的原因了吗？最重要的原因恰恰被市场研究漏掉了。事实是，跨国公司早期的手机，通常不太愿意改变自己的款式，要卖一年半甚至两年，把钱赚够以后，才换一个新款式；跨国公司早期的手机都是黑颜色，而国产手机则颜色十分鲜艳并且款式多样；又如短信息市场在中国非常火爆，起初跨国公司的手机只设置20条短信存储，因为他们不明白，中国人会如此喜欢手机短信息通信(据报道，2003年短信息发收量，中国手机持有者年人均为1000多条，而美国人仅为100多条)，国产手机则开始就设置为200条。又如，诺基亚把在欧洲一款销售冠军的手机，非常自信地搬到中国市场，结果销售业绩并不好，因为那款手机的主要卖点是电池寿命长，而其外形并没有吸引中国消费者。跨国手机品牌没有想到，解码中国手机市场最重要的关键词是，中国的消费者把手机看成是时尚产品。

对手机的追求，中国人是"中(重)看"，欧洲人、加拿大人和美国人是"中(重)用"。在欧洲和美国看到消费者手上拿着大大的手机，我们都会觉得有点反差，中国消费者穷，却用那么小的手机，你们富却还用那么大的过时的手机。是因为消费者的追求不一样，西方人下班以后不用手机，不在别人面前使用手机，中国情况恰恰相反，你朋友买了一款新的手机，一定向你炫耀，中国的手机变成社交型的、炫耀型的产品，变成追求款式的东西。在中国消费者心目中，手机"中看"是非常重要的。

抓准中国消费者的感觉把手机看成时尚产品，中国的厂商才有竞争的希望，这也是中国消费者真正的感觉。把手机看成时尚产品，每月收入只有3000元的女孩，才会在一年内换3～4次手机。把手机看成时尚，TCL的宝石手机，才有可能成功。中国的厂商，利用外来的技术，利用组装的工艺只是改变时尚的面孔迎合消费者，以巧补弱取得成功。2003年洋品牌手机反过来跟着中国时尚的风标走。西门子鸭蛋形的一款手机SL55，在北京销售非常好，西门子是德国人的品牌，德国人一下子把呆板、严谨的、质量一丝不苟的德国制造改得这么时尚，改得这么快，因为他们知道，非改不可。西门子公司中国总裁说，我在中国市场上做手机，花了10年时间代价才学到一句话：在中国卖手机就是卖时尚。

(资料来源：作者根据相关信息整理。)

问题：

1. 案例中所说的消费者的感觉指什么？

2. 为什么说在中国的手机变成社交型的、炫耀型的产品？你购买手机时主要侧重于哪些方面？

3. 手机"短信文化"在我国的兴起的原因是什么？

阅 读 资 料

金六福品牌：将情感传递给消费者

品牌传递什么？是产品？是文化？还是情感？"只有当一个产品或者服务与消费者产生情感共鸣、燃起情感对话的火花时，这种产品或者服务才有资格成为一个品牌"。从"D/G

国际公司"乔伊尔·德斯格里普斯先生给"品牌"的这样一段描述中，我们才真正明白了什么叫"品牌"。

于是我们知道，到星巴克咖啡店，不仅仅是为了喝上一杯咖啡，而是去享受它给人们带来的情感上愉悦和友善环境的所在。同样我们喝"可口可乐"，不是完全为了品味它来自美国的碳酸饮料，而是品位品牌赋予的激情、快乐和生命力；或许今天人们还会因为戴上两块手表而倍感幸福和时尚，因为没有人不明白为什么同一个人会戴上两块手表，一只手戴"Omega"，另一只手戴"Swatch"，一只表寓意"身份高贵"，另一只表寓意"时尚流行"；也就是说，"星巴克"卖的不只是"咖啡"，更多卖的是一种生活品位；而"可口可乐"卖的也不仅仅是"饮料"，更多卖的是一种文化、一种精神、一种情感；而"Omega"则卖的是一种贵族文化和身价价值。

正如我们今天提到"金六福"，已远不止是一瓶白酒那么简单，金六福品牌内涵的"福文化"使我们拥有一种感受幸福味道的消费文化，创造出企业与产品的文化资本的诱人魅力。

品牌的精神内涵已经是企业攻破市场的一大利器！

消费者选择这些品牌的原因，已经超越了用来识别它们身份的符号，就好像人们去"星巴克"已经不仅仅是为了喝杯咖啡，更重要的是在一种时尚且雅致、豪华而亲切的浓郁环境里，放松心情，体验独特的咖啡文化。这种体验源于品质、品位、文化、价值，而这正是这种独特的体验结果，愈来愈影响消费者对这种产品或品牌产生偏好，并逐渐形成一种依赖。这种依赖便是消费者与某种产品或者服务产生情感共鸣的结果。

"金六福"就是一个富有情感号召力的品牌，因为它意味着充满希望、喜庆、幸福；金六福是一个情感品牌，它深植于中国传统文化，深度挖掘出的"福文化"，代表了越来越多的消费者的心理需求，追求喜庆、好运、吉祥、幸福；同时它花费大量的努力去深刻体会消费者对"福文化"的认识和接受，并设法通过产品创新、服务创新和传播创新，去最大限度满足消费者对"福文化"的需求，最终以"中国人的福酒"从中国数以万计的白酒品牌中脱颖而出，并一举成为中国白酒领先品牌，位居全国第三强，这与"金六福"秉承"诚信为本，永续经营"的经营理念，持久的品牌情感化塑造有着密不可分的联系。

从1998年的"代理品牌"起步，经过"创造品牌"，到"拥有名牌"，"金六福"在品牌建设上走了一条别人需要20年才能完成的"卓越品牌之路"，并一跃成为现在国内最大的拥有22个分公司、4个生产企业、2个葡萄园基地、700多营销人员、5000多人促销队伍的酒水营销专业企业。"金六福"品牌价值已达28.8亿元，可谓中国白酒业的"杰出人物"。

金六福认为，企业发展不仅是财富的积累，能够为社会和消费者创造和提供更有意义和价值的事物，同样是企业成熟和发展的标志。福文化是中华民族特有的传统文化精华，金六福公司从福文化的表现和发掘入手，对金六福品牌进行了深入的研究和准确的定位，充分展现了金六福的品牌核心价值，使金六福成为福文化一个绝妙的载体。

研究"金六福"案例，笔者发现，正是"金六福"从中国传统福文化的字符，挖掘出的"祝福、吉祥、美满"，将"金六福"与消费者联系起来，它聚焦于人类本性中最富情感煽动力和最充满情感向心力的"幸福、吉祥、美满"，并着眼于超越物质满足、体验情感圆满的追求和愿景，并通过富有情感煽动力的传播方式和传播渠道(比如说：结伴奥运、连接世界杯、赞助中国奥委会；独特的情感诉求：包括从最初的"好日子离不开她——金六福酒""喝金六福酒，运气就是这么好""中国人的福酒""幸福团圆，金六福久"，到现在的"奥运福、金六福"等)，将这种幸福的情感传递广大消费者，于是这触动人类情感深处的"幸福琴弦"，驱动着越来越多的消费者情不自禁渴望的"金六福"品牌，获得了真正的成功！

一个成功的品牌，传递给消费者的不仅仅是代表一个企业有价值的产品或承诺，更多的是建立在产品或服务上，而又超乎产品或服务本身的一种情感和文化。这种情感源于品牌本身所折射出来的人性化特征、文化特征以及品牌精神；同时又来自对消费者情感的培育和社会情感的升华。

"金六福"是一个极有情感号召力的品牌，因为它意味着"幸福的味道"，意味着"诚信的团队"，意味着"卓越的品质"，这种情感的背后，是"金六福"多年来对中国传统福文化的人性化和情感化的塑造过程。一直将品牌的核心价值——"福文化"，始终不渝地贯穿到每一瓶酒、每一次传播、每一个市场、每一名员工、每一位顾客。

(资料来源：中国营销网，2007.5)

第三章

消费者的个性心理特征和个性倾向

学习目标：理解不同消费者在气质、性格、能力方面的差异；掌握消费者的需要、动机、行为的定义及其规律；掌握消费者的气质、性格、能力的概念；了解针对消费者的一般心理过程和消费者之间的个性心理差异，经营者所应采取的营销策略。

关键概念：气质(disposition)　性格(personality)　能力(ability)　需要(need)　动机(motive)　行为(behavior)

引导案例：

消费者意见征求函

在中国质量万里行活动中，不少制造、销售伪劣商品的工商企业被曝光，消费者感到由衷的高兴。3月15日，正值世界消费者权益日，某大型零售企业为了改善服务态度，提高服务质量，向消费者发出意见征询函，调查内容是"如果您去商店退换商品，售货员不予退换怎么办"，要求被调查者写出自己遇到这种事是怎么做的。其中有如下几种答案：

(1) 耐心诉说。尽自己最大努力，慢慢解释退换商品的原因，直至得到解决。

(2) 自认倒霉。向商店申诉也没用，商品质量不好又不是商店生产的，自己吃点亏，下回长经验。缺少退换的勇气和信心。

(3) 灵活变通。找好说话的其他售货员申诉，找营业组长或值班经理求情，只要有一个人同意退换就有望解决。

(4) 据理力争。决不求情，脸红脖子粗地与售货员争到底，不行就向报纸投稿曝光，再不解决就向工商局或消费者协会投诉。

为什么面对同样的退换商品问题，不同的消费者会表现出不同的态度和解决问题的方式呢？其原因在于不同消费者的个性特征不同。本章研究的就是消费者的个性心理特征和个性心理倾向。

(资料来源：作者根据相关信息整理。)

心理过程总是要在进行实际活动的具体的个人身上表现出来的，它既有一般的共同规律性，又带有个人的特点。我们不能脱离活生生的个人，不能脱离人的个性，孤立地研究心理过程。因此，人的个性心理是心理学研究的另一个重要的内容。

正如世界上不存在两个完全相同的树叶一样，人类社会中也没有两个完全相同的人。人与人之间，由于各自的遗传基因和社会生活实践的差别，彼此间会形成各自特有的心理与行为特点，这就是个性心理。消费者的个性心理特征包括气质、性格和能力，它体现了每个消费者的独特的风格、独特的心理活动以及独特的行为表现。研究消费者的个性心理特征，对于区分消费者的类型，深入研究消费者的需求差异，把握及预测消费者的消费与购买行为，具有重要的意义。

第一节　消费者的个性心理特征

一、消费者气质上的差异

气质是指人的典型的、稳定的心理特征。它是影响人的心理活动和行为的一个动力特征，这些动力特征主要表现在心理过程的强度、速度、稳定性、灵活性及指向上，如情绪体验的强弱与快慢、思维的敏捷性、知觉的敏锐度、注意力集中时间的长短、注意力转移的难易以及心理活动倾向于外部世界还是内部世界等。气质是构成人们各种个性品质的一个基础。个体间的气质差异形成了各自的独特的行为方式。

气质作为个体典型的心理动力特征，是在先天生理素质的基础上，通过生活实践，在后天条件影响下形成的。由于先天遗传因素不同及后天生活环境的差异，不同个体之间在气质类型上存在着各种各样的差异，这种差异会直接影响个体的心理和行为，从而使每个人的行为表现出独特的风格和特点，如，有的人热情活泼、善于交际、表情丰富、行动敏捷；有的人比较冷漠、不善于言谈、行动迟缓、自我体验较为深刻。

气质的差异和影响同样存在于消费者的消费活动中。不同气质的消费者在购买同样的商品时会采取完全不同的行为方式；在其购买过程中，遇到问题时的处理方式也可能大相径庭。

气质作为稳定的个体心理特征，一经形成便会长期保持下去，并对人的心理和行为产生持久的影响。但是，随着生活条件的变化、环境的熏陶、职业的磨炼、所属群体的影响以及年龄阅历的增长，人的气质也会有所改变。所以说，人的气质的稳定性是相对的，气质也具有可塑性。当然，气质的变化是一个相当缓慢而渐进的过程。

此外，作为一种心理动力特征，气质还可以影响个体活动的效率和效果。在消费活动中，不同气质的消费者由于采取不同的行为表现方式，如态度的热情主动或消极冷漠，行动的敏捷或迟缓，往往会产生不同的活动效率和消费效果。这一特征，正是人们在消费心理研究中关注气质研究的意义所在。

心理学家巴甫洛夫关于高级神经活动的学说，为气质提供了自然科学的基础。他发现人的高级神经活动的兴奋过程和抑制过程，在强度、平衡性和灵活性等方面都具有不同的特点。这些特点的不同组合就形成了高级神经活动的类型，表现在人的行为方式上就是气质。

二、气质学说的类型

1. 主要的气质学说

长期以来,心理学家对气质这一心理特征进行了多方面研究,从不同角度提出了各种气质学说,并对气质类型做出了相应的分类,具体描述如下:

(1) 体液说。古希腊著名医生希波克拉底最早提出了气质的体液学说,认为人体的状态是由体液的类型和数量决定的。他根据临床实践提出,这些体液类型有四种,即血液、黏液、黄胆汁和黑胆汁。根据每种体液在人体内所占比例不同,可以形成四种气质类型。血液占优势的属于多血质,黏液占优势的属于黏液质,黄胆汁占优势的属于胆汁质,黑胆汁占优势的属于抑郁质。希波克拉底还详细描述了四种典型气质的行为表现。由于他的理论较易理解,所以这一分类方法至今仍为人们所沿用。

(2) 血液说。日本学者古川竹二等人认为,气质与人的血液具有一定联系。四种血型,即 O 型、A 型、B 型和 AB 型,分别构成了气质的四种类型。其中,O 型气质的人意志坚强、志向稳定、独立性强、有支配欲、积极进取;A 型气质的人性情温和、老实顺从、孤独害羞、情绪波动、依赖他人;B 型气质的人感觉敏感、大胆好动、多言善语、爱管闲事;AB 型气质的人则兼有 A 型和 O 型的特点。这种理论在日本较为流行。

(3) 体形说。德国精神病学家瑞奇米尔根据临床观察研究,认为人的气质与体形有关。属于细长体形的人具有分裂气质,表现为不善交际、孤僻、神经质、多思虑;属于肥体形的人具有狂躁气质,表现为善于交际、表情活泼、热情;属于筋骨体形的人具有黏着气质,表现为迷恋、一丝不苟、情绪具有爆发性。

(4) 激素说。激素说认为,人体内的各种激素在不同人身上有着不同的分布水平。某种激素水平较高,人的气质就带有某种特点。例如,甲状腺激素水平高的人,容易精神亢奋、好动不安。

(5) 高级神经活动类型说。苏联心理学家巴甫洛夫通过对高等动物的解剖实验,发现大脑两半球皮层和皮层下部位的高级神经活动在心理的生理机制中占有重要地位。大脑皮层的细胞活动有两个基本过程,即兴奋和抑制。兴奋过程引起和增强大脑皮层细胞及相应器官的活动,抑制过程则阻止大脑皮层的兴奋和器官的活动。这两种神经过程具有三大基本特性,即强度、平衡性和灵活性。所谓强度,是指大脑皮质细胞经受强烈刺激或持久工作的能力。所谓平衡性,是指兴奋过程的强度和抑制过程强度之间是否相当。所谓灵活性,是指对刺激的反应速度和兴奋过程与抑制过程相互替代和转换的速度。

巴甫洛夫正是根据上述三种特性的相互结合,提出了高级神经活动类型的概念,并据此划分出高级神经活动的四种基本类型,即兴奋型、活泼型、安静型和抑制型,并指出所谓气质就是高级神经活动类型的特点在动物和人的行为中的表现。具体来说,兴奋型的人表现为兴奋过程时常占优势,且抑制过程不平衡,情绪易激动,暴躁而有力,言谈举止有狂热表现。活泼型的人神经活动过程平衡,强度和灵活型都高,行动敏捷而迅速,兴奋与抑制之间转换快,对环境的适应性强。安静型的人神经活动过程平衡,强度高但灵活性较低,反应较慢而深沉,不易受环境因素的影响,行动迟缓而有惰性。抑制型的人其兴奋和抑制两种过程都很弱,且抑制过程更弱些,难以接受较强刺激,是一种胆小而容易伤感的类型。见表3-1所示。

由于巴甫洛夫的结论是在解剖实践基础上得出的,并得到后人的研究证实。因此,其科学依据充分。同时,由于各种神经活动类型的表现形式与传统的体液说有对应关系。因此,人们通常把两者结合起来,以体液说作为气质类型的基本形式,而以巴甫洛夫的高级神经活动类型说作为气质类型的生理学依据。

表3-1 高级神经活动与气质的对应关系

	神经系统的特征		神经系统的类型	气质类型
强	不平衡(兴奋占优势)		兴奋型	胆汁质
	平衡	灵活性高	活泼型	多血质
		不灵活	安静型	黏液质
弱	不平衡(抑制占优势)		抑制型	抑郁质

2. 基本气质类型及其特点

按照巴甫洛夫的学说,人的高级神经活动的四种类型的特点如下。

(1) 兴奋型。这类人的神经素质反较强,但不平衡,兴奋过程强于抑制过程,容易兴奋而难于抑制。一般表现为情绪反应快而强烈,抑制能力较差;对外界事物的反应速度快,但不够灵活,脾气倔强,精力旺盛,不易消沉,比较外向。

(2) 活泼型。这类人的神经素质反应较强而且较平衡,灵活性也比较强。一般表现为情绪兴奋性高,活泼好动,富于表现力和感染力;对外界事物较为敏感,容易随环境的变化而转变,精力分散,兴趣广泛,联系面广,反应性和外倾性都较为明显。

(3) 安静型。这类人的神经素质反应迟钝,但较平衡,灵活性较低,抑制过程强于兴奋过程。一般表现为情绪比较稳定,沉着冷静,善于忍耐,对外界事物反应缓慢,心理状态极少通过外表表现出来,耐性和内倾性都比较明显。

(4) 抑制型。这类人的神经素质反应较弱,但较为平衡,兴奋速度较慢。一般表现为主观体验深刻,对外界事物的反应速度慢而不灵活;遇事敏感多心,言行谨小慎微,易于激动和消沉,感受性和内倾性都较为明显。

巴甫洛夫关于高级神经活动的学说,为研究气质的生理基础提供了科学的途径。但在实际生活中,纯属某种气质类型的人并不多,在判断某个人的气质时,并非一定要将其划归为某种类型，而主要是观察、测定、构成其气质类型的各种心理特征，从人的活动的积极性、行为的均衡性和适应环境的灵活性等方面去发现人的基本气质。

三、消费者的气质在购买行为中的表现

气质这种典型而稳定的个性心理特征对消费者的购买行为影响比较深刻。虽然消费者的气质特点不可能一进商店就能鲜明地反映出来，但在消费者一系列的购买行为中会逐步显露出来。多血质和胆汁质的消费者通常主动与售货员进行接触，积极提出问题并寻求咨询。有时，还会征询在场的其他消费者的意见，表现活跃。而黏液质和抑郁质的消费者则比较消极被动，通常需要售货员主动上前询问，而不会首先提出问题，因而，不太容易沟通。

在购买行为中，黏液质的消费者比较冷静慎重，不易受广告宣传、外观包装及他人意见的影响和左右，而胆汁质的消费者容易感情冲动，经常凭借个人兴趣、偏好及商品包装来选择商品，容易受广告宣传及购买现场的氛围的影响。

在购买决策时，多血质和胆汁质的消费者往往心直口快，见到自己中意的商品，会果断地做出购买决定，并马上掏钱购买。而黏液质和抑郁质的消费者在挑选商品时则显得优柔寡断、犹豫不决，挑选时间较长，十分谨慎。

总之，在购买活动中，消费者各具特色的言谈举止、反应灵敏度、精神状态等都会不同程度地将其气质特征反映出来。所以，服务人员应了解人的气质类型，有助于根据消费者的各种购买行为，发现和识别其气质特征，注意利用消费者气质特征的积极方面，控制其消极方面，提高商品营销艺术。

【案例3-1】 全聚德的服务策略

餐饮行业提供产品的过程和载体区别于其他产品销售的最大特点，是餐厅产品具有很强的时效性。要求产品在短时间内，最大化地满足顾客需求并达到利润最大化。需要强调的是，目前顾客需求的餐厅产品已并不单指产品本身，而是指从进入餐厅开始到用餐完毕的整个过程，包括顾客看到的餐厅设施、闻到的气味、品尝到的菜肴、感受到的服务以及对餐厅整体印象的心理感知等。餐厅产品在这些方面是否能够被顾客接受，是餐厅产品能否成功销售的关键。全聚德前门店的核心产品是挂炉烤鸭，由于核心产品的知名度极高，导致竞争对手增加。如今，北京销售烤鸭的餐厅数不胜数。

全聚德烤鸭有一百多年的历史，在不同历史时期有不同的消费群体定位，在其起初的经营过程中，主要定位是当时的达官显贵和社会名流。进入商品经济社会，全聚德的经营更多地与效益联系起来，消费群体也变得越来越广。为什么客人要到全聚德来？全聚德如何区别于其他的烤鸭店？这些问题显得越来越重要。通过深入调研，他们认识到，老店的

核心竞争力在于古老、正宗和原汁原味。为了体现这些特色，全聚德前门店坚持了传统工艺不变的制作原则。目前，全聚德前门店的烤鸭技术还是承袭百年前的模式，使用传统烤鸭炉，用果木炭烤制，烤鸭师傅手持烤杆，在热气扑面的明火前操作。这样的制作过程是烤鸭文化的核心，是历史，所以将它保留了下来。其意义是为了保持产品的特色，如果将"传统制作工艺"这块文化特色删去，虽然最终产品并未有太多变化，但却会丧失全聚德产品的内涵，有时科技的进步反而会降低产品在人们心中的地位，就像养鸡场饲养的鸡由于工业化色彩太强，在市场上反而没有竞争力一样。

全聚德的服务人员善于揣摩顾客的消费心理，根据不同的顾客类型采取不同的服务对策：

(1) 多血质—活泼型：这一类顾客一般表现为活泼好动，善于交际，具有外倾性。对于这一类顾客，服务员应主动与之交谈，要多向他们提供新菜信息，但要让他们进行自主选择，遇到他们要求退菜的情况，应尽量满足他们的要求。

(2) 黏液质—安静型：这一类型的顾客一般表现为安静、稳定、克制力强、很少发脾气、沉默寡言；他们不够灵活，不善于转移注意力，喜欢清静、熟悉的就餐环境，不易受服务员现场促销的影响，对各类菜肴喜欢细心比较，缓慢决定。

服务对策：领位服务时，应尽量安排他们坐在较为僻静的地方，点菜服务时，尽量向他们提供一些熟悉的菜肴，还要顺其心愿，不要过早表述服务员自己的建议，给他们足够时间进行选择，不要过多催促，不要同他们进行太多交谈或表现出过多的热情，要把握好服务的"度"。

(3) 胆汁质—兴奋型：这一类型的顾客一般表现为热情、开朗、直率、精力旺盛、容易冲动、性情急躁，具有很强的外倾性；他们点菜迅速，很少过多考虑，容易接受服务员的意见，喜欢品尝新菜；但比较粗心，容易遗失所带物品。相应的服务对策：点菜服务时，尽量推荐新菜，要主动进行现场促销，但不要与他们争执，万一出现矛盾应避其锋芒；在上菜、结账时尽量迅速，就餐后提醒他们不要遗忘所带物品。

(4) 抑郁质—敏感型：这一类型的顾客一般沉默寡言，不善交际，对新环境、新事物难以适应；缺乏活力，情绪不够稳定；遇事敏感多疑，言行谨小慎微，内心复杂，较少外露。相应的服务对策：领位时尽量安排僻静处，如果临时需要调整座位，一定要讲清原因，以免引起他们的猜测和不满。服务时应注意尊重他们，服务语言要清楚明了，与他们谈话要恰到好处。在他们需要服务时，要热情相待。

全聚德博采众家之长。为让厨师们开阔视野，增长见识，吸取各方烹饪名家的精华，总厨师长率领厨师队伍主动走向市场，搞市场调研，研究菜品创新及新菜品的开发，曾先后到川、鲁、粤、本帮菜的发源地学习观摩，开发出了不少既富于全聚德传统特色，又融入现代烹调技艺的创新菜品。

老店创业时的门脸，门楣上依稀可见的砖雕，本身就是历史的见证，但是，单单一面"老墙"视觉上给消费者的感觉还显单薄，1999年，在全聚德建店135周年的时候，在"老墙"后边开了一个"老铺",从挖掘老北京民俗的角度来展现其文化内涵。老铺的设计方案更换了五稿,最终呈现在人们面前的是一间极具中国民族传统特色的旧式餐厅,虽然老铺的消费档次较高,但在老铺用餐的订餐电话还依然不变。仅半年就收回全部投资,成为整个餐厅一个新的经济增长点。

北京已有七百多年历史,皇城的色彩格外浓郁。特别是清朝的老北京,八旗和士绅官员庞大的消费阶层在当时有着极大的带动作用,民间许多饮食习惯与这些群体有着密不可分的关系,据说在历史上康熙、乾隆和慈禧都非常喜欢吃烤鸭。老店认为这些正是历史承袭下来的"卖点",一定要将其开发利用。于是,他们修建了帝王厅、燕京八景宴会厅,这些厅堂全部仿宫廷装修,实行A级服务,专门接待双高客人(高标准、高身份的客人),令客人享受到特有的皇家气派,同时也增加了老店的收入。

(资料来源:《市场营销个案与点析》,华东理工大学出版社)

【分析】对于餐饮行业,特别是中、高档的餐厅来说,如今消费者的需求已从单纯追求"产品本身"转向追求"全方位需求"了,就如同美国营销专家韦勒所说:"不要卖牛排,要卖烤牛排时的嗞嗞响。"在全方位需求中,文化是附加值最高的部分。全聚德老店充分利用了京城的皇城文化和民俗文化,对全聚德文化进行了深入挖掘,并深入研究消费者的心理,针对不同消费者气质上的差异采取不同的服务,取得了良好的经济效益和社会效益。全聚德的作法是将消费心理学的研究成果运用于营销实践的典范。

第二节 消费者性格上的差异

一、性格的概念

性格是指一个人比较稳定的对现实的态度和习惯化的行为方式。它是人的个性中最重要、最显著的心理特征,它通过对事物的倾向性态度、意志、活动、言语及外貌等方面表现出来,是个体本质属性的独特组合,是人的主要个性态度的集中体现,是一个人区别于其他人的主要心理标志。人的性格是受一定思想、意识、信仰和价值观的影响和制约的。由于个人的生活道路不同,每一个人的性格会具有不同的特征。性格是在个人生理素质的基础上,通过社会实践活动逐渐形成、发展和变化的,它具有复杂性、独特性、整体性和持续性的特点。

气质与性格是互相渗透、互相作用的,两者都以人的高级神经活动类型为生理基础。气质与神经系统较为密切,它对性格的形成和发展有一定的影响。性格更多地受社会生活条件的制约,因此,具有明显的社会性。

二、性格的特征

性格是十分复杂的心理构成物，具有多个侧面。人的性格复杂多样，每个人的性格正是通过不同方面的性格特征表现出来的，各种特征有机结合，形成各自独具特色的性格统一体。

性格比气质更能突出反映个体的心理面貌，是一个人本质属性的独特的、稳固的结合。每个人对现实的态度稳定性及其行为方式的恒常性，鲜明地反映出每个人独特的性格特征，如，对待社会、集体和他人的态度，对待劳动和劳动产品的态度，对待学习的态度和对待自己的态度等，人们在这些方面可以表现出截然不同的性格特征。有的人关心社会、热爱集体，诚恳正直，勤劳刻苦，谦虚谨慎；有的人不问国事、家事，消极懒惰，挥霍浪费，骄傲自大。这些都是人们在处理各种社会关系中所表现出来的性格特点。

性格还取决于各自的认识、情绪和意志这些心理过程的不同特点，这些不同心理过程对行为方式的影响，构成了性格的理智特点、情绪特点和意志特点，它们对人的行为活动起着一定的调节作用。具体来说，性格的特征有如下几个方面：

(1) 性格的态度特征。人对现实的稳定的态度系统，是性格特征的重要组成部分。性格的态度特征表现为个人对现实的态度倾向性特点，如，对社会、集体和他人的态度；对劳动、工作和学习的态度；对自己的态度等。这些态度特征的有机结合，构成个体起主导作用的性格特征，性格的态度特征属于人的道德品质的范畴，它是性格的核心。

(2) 性格的理智特征。性格的理智特征是指人们在感知、记忆、想象和思维等认知方面的个体差异。它表现为不同的个体心理活动的差异。如，在感知方面是主动观察型还是被动感知型；在思维方式方面是具体罗列型还是抽象概括型；在想象力方面是丰富型还是贫乏型等。

(3) 性格的情绪特征。性格的情绪特征表现为个人受情绪影响或自我控制情绪程度和状态的特点，如，个人受情绪感染和支配的程度、情绪受意志控制的程度、个人情绪反应的强弱或快慢、情绪起伏波动的程度、情绪主导心境的程度等。

(4) 性格的意志特征。性格的意志特征是指个体对自己的行为进行自觉调节的能力，表现在个人自觉控制自己行为以及行为的努力程度方面，例如，是否具有明确的行为目标、能否自觉调节和控制自身的行为、在意志行动中表现出的是独立性还是依赖性、是主动性还是被动性，性格的意志特征还表现为是否坚定、顽强、忍耐和持久等。

三、消费者性格在购买中的表现

消费者千差万别的性格特点，往往自然地表现在他们的购买活动中，例如，喜欢通过周密思考，详细权衡各种因素再做出购买决定的消费者，其性格大多属于理智型；情感反映比较强烈，购买行动带有较强的感情色彩的消费者，其性格大多属于情绪型；购买目标明确，行为积极主动，决策坚决果断的消费者，其性格大多属于意志型。由此可见，消费者个体性格对其购买态度、购买情绪、购买决策和购买方式的影响是客观存在的。营销者应通过观察、交谈和调查分析等方法，掌握消费者的性格类型，因人而异，具体对待，采取灵活多样的销售手段。

> 【案例3-2】 人格类型与消费行为
>
> 新精神分析学派的霍妮(K.Horney)从人际关系的角度，将人格分为逊顺型、攻击型和孤立型。研究表明，这3种类型的消费者在购买行为中存在显著差异。
>
> (1) 逊顺型。其特点是"朝向他人"，在社会生活中无论遇到什么问题，首先想到的是："他会喜欢我吗"，这种人接受社会规范，关心他人的期望，喜欢合作，信任他人，避免人际冲突，看重情爱、亲合和归属。
>
> (2) 攻击型。特点是"对抗他人"，在社会生活中无论遇到什么人，首先想到的是："我能胜过他吗"或"他对我有用吗"，这种人难以循规蹈矩，违逆他人的期望，偏好竞争，不怕发生争论和冲突，崇尚权力、地位和荣誉。
>
> (3) 孤立型。特点是"疏离他人"。在社会生活中无论遇到什么人，首先想到的是"他会干扰我吗"这种人厌恶社交，自我克制，忽视他人的期望，喜欢独立，怀疑他人，漠不关心社会冲突，崇尚孤独。
>
> 在一项调查中发现，上述3种类型的消费者在商品和商标的选择上具有不同的模式。逊顺型消费者偏好具有知名商标的产品；攻击型消费者喜欢体现阳刚之气的商品；孤立型消费者爱喝浓茶等。
>
> (资料来源：成伯清等著，《消费心理》，南京大学出版社)

第三节 消费者能力上的差异

一、能力的概念

心理学的研究成果表明，人的知觉和思维等心理机能是在从事各种实际活动的过程中实现的。为了顺利地完成这些活动，人们必须具备相应的能力。所谓能力，是指人能够顺利地完成某种活动并直接影响活动效率所必须具备的个性心理特征。人们要顺利完成某种活动需要各种能力的结合，需要多种能力共同发挥作用。既需要一般的能力，即在很多活动中表现出来的带共性的基本能力(如观察能力、记忆能力、想象能力、思维能力和注意能力等)，也需要一些特殊的能力，即表现在某些专业活动中的能力(如绘画能力、音乐能力、鉴赏能力、组织能力等)。能力水平的高低会影响人们掌握活动技能的快慢、难易和巩固程度，从而直接影响活动的效果。因此，在同一活动中，如果某人能力的综合构成与某项活动的要求相符，并且具有较高水平，则往往可以出类拔萃，取得事半功倍的效果；相反，能力较差的人，做事的效果会大打折扣。

消费者在购买活动中，同样需要具有相应的能力。如消费者在购买服装或布料时，需要以手的感觉能力摸一摸服装或布料的质地，即所谓手感如何；需要以视觉能力观察服装或布料的颜色；想象哪种款式、花色穿在自己身上更好看。这就表现出消费者的感觉能力、记忆能力、想象能力、识别能力和鉴赏能力。

消费者能力的高低对能否顺利完成购买活动的影响很大。一般来说，能力强的消费者，就能很快完成购买过程；反之，消费者本身能力较弱，他做出购买决策时迟疑不决，购买过程就很难尽快完成。对于前一种消费者，营销人员几乎不需过多的帮助。有时，干预过多反而容易引起他们的反感；对待后者，营销人员则需要尽量做好"参谋"，使其更好地做出决策。

二、消费者能力的特点

一个人的能力直接影响他的活动的效率。在社会实践活动中，每个人的能力时时处处都有所表现，有的人过目不忘、有的人出口成章、有的人精于计算、有的人富于想象、有的人心灵手巧、有的人健壮有力。这些都是顺利完成某种活动的必不可少的能力。能力的特点描述如下：

(1) 能力与人的实践活动紧密相连，一方面人要顺利地从事某项活动，必须有一定的能力作保证；另一方面人的能力往往要在具体的实践活动中才能表现出来，没有适当的表现机会，即便有能力，也只是"潜能"而已。或许，他的能力还会被埋没。人的能力在实践中获得锻炼和提高，实践长才干。

(2) 人的能力与他所掌握的知识、技能既有区别，又有联系。知识是人类社会各种经验的概括和总结。技能是通过各种专门训练而巩固了的活动方式。能力的发展离不开各种知识、技能的学习和掌握；人的相应的基本能力，如观察力、注意力、记忆力、想象力和思维能力等又是学习和掌握某种知识与技能的必要前提。

三、消费者能力上的差异

由于能力形成和发展的一般条件不同，即人的自身素质、文化教育、社会实践和主观努力等方面的差异，人与人之间在能力上存在着个别差异。人们之间不仅存在能力类型的差异、能力水平的差异，而且存在着能力表现时间早晚上的差异。正是这些差异，决定了人们的行为活动具有不同的效率和效果。能力的差异主要表现在以下几个方面。

1. 消费者能力水平的差异

水平差异表现在同种能力的水平高低上，能力水平的高低又集中体现在人的智商水平的差异上。根据智商分数的测试，超过130分的属于特优智能，即所谓"天才"，低于70

分的则属于弱智。心理学研究表明,全部人口的智力状况基本上呈正态分布,其中特优智能与弱智大约各占 2.5%,而 95%的人的智能是在正常范围内,即介于 70~130 分之间。消费者作为与全部人口等同的最大人群,同样存在上述情况。

2. 消费者能力类型的差异

能力类型的差异主要是指人与人之间具有不同的优势能力,例如,有的人善于抽象思维,有的人善于形象思维;有的人善于模仿,有的人善于创造;有的人善于社交,有的人则不善交际。在消费实践中,更有意义的是消费者能力类型的差异。正是由于消费者在能力类型上千差万别,才使消费活动的效率与效果明显不同。

3. 消费者能力表现时间的差异

人的能力不仅在水平和类型上存在差异,而且在表现时间的早晚上也有明显不同,例如,有的人聪明早慧,有的人则大器晚成。消费者能力表现的早晚,主要与后天消费实践的多少及专门训练的程度有关。

4. 消费者能力的构成

根据消费者能力的层次、作用和性质的不同,消费者的能力可以分为以下几个方面。

1) 从事各种消费活动所需要的基本能力

在实践中,消费者无论购买何种商品或从事何种消费活动,都必须具备某些基本能力,例如,消费者在购买过程中的选择、决策能力以及记忆力、想象力等。这些基本能力是消费者实施消费活动的必备条件。不具备这些基本能力,任何购买行为和消费行为都无从发生。而基本能力的高低、强弱,会直接导致消费行为方式和效果的差异。

(1) 感知能力。感知能力是消费者对商品的外部特征和外部联系加以直接反映的能力。通过感知,消费者可以了解到商品的外观造型、色彩、气味、轻重以及所呈现的整体风格,从而形成对商品的初步印象,并为进一步做出分析判断提供依据。因此感知能力是消费行为的先导。

消费者感知能力的差异主要表现在速度、准确度和敏锐度等方面。同一件商品,有的消费者能就其外观和内部结构迅速、准确地予以感知,形成对该商品的整体印象,反映出较强的洞察事物的能力;而有的消费者则感知速度缓慢、反应迟钝,不能迅速抓住商品的主要特征,形成客观而准确的认知。感知能力的强弱还会影响消费者对消费刺激变化的反映程度。能力强的消费者能够对商品的微小变化以及同类商品之间的细微差别加以清晰辨认,能力弱的消费者则可能忽略或难以区分细小的变化。

(2) 分析评价能力。分析评价能力是指消费者对接收到的各种商品的信息进行整理加工、分析综合和比较评价,进而对商品的优劣、好坏做出准确判断的能力。

从信息论的角度考察,消费活动实质上是消费者不断接收市场环境输入的商品信息,并对信息进行加工处理的过程。对信息的加工处理,就是要对所接收的信息进行细致分析和客观评价,去粗取精,去伪存真,进而做出正确的判断。很显然,经过分析评价的信息才是有用的信息,建立在分析评价基础上的决策行为才是理性的、成熟的行为。

分析评价能力的强弱主要取决于消费者的能力强弱。能够根据已有信息对传播源的可信度、他人行为及消费时尚、企业促销手段的性质及商品的真伪优劣等做出客观的分析,在此基础上形成对商品本身的全面认识,对不同商品之间的差异进行深入比较,以及对现实环境与自身条件进行综合权衡等,这是分析评价能力较强的表现。有的消费者则缺乏综合分析能力,难以从众多的信息中择取有用信息,并迅速做出清晰而准确的评价判断。消费者的分析判断能力与个人的知识经验也有关系,例如,普通消费者购买电冰箱,仅能根据一般经验对外观、颜色、造型和规格等表层信息做出浅显的分析评价;而懂得制冷知识的消费者,则可以通过观察冷凝器、蒸发器、压缩机等的性能指标和工作状况来评价冰箱的质量和先进性,进而做出深刻而准确的评价与判断。

(3) 选择决策能力。选择决策能力是指消费者在充分选择和比较商品的基础上。及时、果断地做出购买决定的能力。在购买过程中,决策是购买意图转化为购买行为的关键环节,也是消费者感知和分析评价商品信息结果的最终体现。通过建立在理性认识基础上的果断决策,消费者的消费活动才能由潜在状态进入现实状态,购买行动也才能真正付诸实现。因此决策能力是消费者能力构成中一个十分重要的方面。

消费者的决策能力直接受到个人性格和气质的影响。由于性格特点和气质类型不同,有的消费者在购买现场大胆果断,决断力强,决策过程迅速;有的消费者则常常表现出优柔寡断、犹豫不决,易受他人态度和意见的左右,决策结果反复不定。决策能力还与消费者对商品特征的熟悉程度、介入程度、使用经验和购买习惯有关。消费者对商品特性越熟悉、介入程度越深、使用经验越丰富、习惯性购买驱动越强,决策过程就越果断、越迅速,决策能力也相应加强;反之,决策能力则会相应减弱。

(4) 记忆力和想象力。记忆力和想象力也是消费者必须具备和经常运用的基本能力。消费者在选购商品时,经常要参照和依据以往购买和使用商品的经验,以及了解的商品知识,这就需要消费者具备良好的记忆能力,以便把过去消费实践中感知过的商品、体验过的情感、积累的经验在头脑中回忆并再现出来。想象力是消费者以原有表象为基础创造新形象的能力。丰富的想象力可以使消费者从商品本身想象到该商品在一定环境和条件下的使用效果,从而激发美好的情感和购买欲望。

2) 从事特殊消费活动所需要的特殊能力

特殊能力首先是指消费者购买和使用某些专业性较强的商品应具有的能力,通常表现为以专业知识为基础的消费技能,例如,对高档照相器材、专用体育器材、古玩字画、电子设备、高档轿车以及音响等高档消费品的购买和使用,这就需要相应的专业知识以及分辨率、鉴赏力和检测力等特殊的消费技能。倘若不具备特殊能力而购买某些专业性商品,则难以取得满意的消费效果。

在现实生活中,有些消费者盲目攀比或追随潮流,如购买小型无人机等,又没有相关懂行的人士作"参谋",结果可想而知,往往会因为缺乏专业技能而做出错误的决策,后悔莫及,陷入尴尬境地。由于特殊能力是针对某一类或某一种特定商品的消费而言的,而商品的种类成千上万,因此,消费者的特殊能力也有多种多样的表现形式。有的人精通电子产品,有的人擅长摄影,有的人熟悉汽车专业知识,有的人掌握了专项运动技巧,有的人能够分辨音响效果的细微缺陷,有的人则对古玩字画具有极高的鉴赏力。诸如此类,具备这些特殊的能力,有助于消费者在相关的消费活动中取得最佳的消费效果。

除了适宜于专业性商品消费外,特殊能力还包括某些一般能力高度发展而形成的优势能力,如创造能力和审美能力等。在实践中,有些消费者具有强烈的创造欲望和高度的创造能力,他们不满足于市场上已有的商品和既定的消费模式,而力求发挥自身的聪明才智,对商品素材进行再加工和再创造,通过创造性消费展示和实现自己的个性与追求,例如,近年来许多女性消费者不愿购买款式雷同的成衣,而热衷于选择布料自己动手设计、制作服装,在充分显示独特个性与品位的同时,体现较高的创造能力。在满足物质需要的基础上,通过商品消费来美化生活环境及美化自身,这也是现代消费者的共同追求。有些具有较高品位和修养的消费者,在商品美学价值评价与选择方面显示出较高的审美情趣和能力,这种能力往往使她们在服饰搭配、居室装饰布置、美发美容及礼品选择等方面获得较大成功。

【案例3-3】 能力表现的早晚差异

古今中外,能力"早慧"的事例不胜枚举。

据我国史书记载,初唐四杰之一的王勃六岁善文辞,十岁能赋,少年时写了著名的《滕王阁序》,以"落霞与孤鹜齐飞,秋水共长天一色"的名句流传千古。李白自述:"五岁颂六甲,十岁观百家。轩辕以来,颇得闻矣"。宋朝寇准七岁就写了《咏华山诗》,诗云:"只有天在上,更无天与齐,举头红日近,回首白云低"。

近现代,这样的事例更多了。1977年恢复高考以来,中国科技大学破格选拔了一批智力超常、成绩优秀的青少年,成立了少年大学生班,该班学生谢彦波十岁就学完了解析几何和微积分;宁铂两岁半就能背诵毛泽东诗词三十余首,五岁上学,六、七岁攻读医书,九岁学习天文,能识别几十个星座。十一岁开始下围棋,半年后获赣州市少年围棋第二名,十二、三岁已经能写出有一定水平的诗词。

在国外,"早慧"的例子也很多。俄罗斯著名诗人普希金八岁时就能用法文写诗;奥地利作曲家莫扎特三岁就发现三度音程,五岁开始作曲,六岁举办演奏会,八岁试作交响曲,十一岁就能创作歌剧;德国数学家高斯在四、五岁时就能纠正父亲的计算错误,九岁就能解决级数求和的问题;美国著名科学家,控制论的创始人之一维诺,七岁开始阅读但丁和达尔文的著作,九岁破格升入高级中学,十一岁写论文,十四岁大学毕业,十八岁就获得哈佛大学哲学博士学位。

上述智力"早慧"与超常者除了他们具有良好的素质条件外,主要是从小有一个良好的接受早期教育的环境以及勤奋学习的主客观条件。

除"早慧"外,还有"大器晚成"的现象,即有的人的才能一直到很晚才表现出来。我国古代早就有"甘罗早,子牙迟"的记载,战国时代,秦国的甘罗十二岁就当了上卿,而姜子牙辅佐武王,七十二岁才任宰相。我国近代著名画家齐白石,四十岁才表现出他的绘画才能。著名生物学家、进化论的创始人达尔文,少年时期智力在一般水平之下,直到五十多岁才开始有研究成果,写出名著《物种起源》一书。

(资料来源:《心理学》,北京师范大学出版社)

3) 消费者对自身权益的保护能力

保护自身权益是现代消费者必须具备的又一个重要能力。在市场经济条件下,消费者作为居于支配地位的买方主体,享有多方面的天然权利和利益。这些权利和利益经法律认定,成为消费者的合法权益,是消费者从事正常消费活动、获取合理效用的基本保证。然而,这一权益的实现不是一个自然的过程。尤其是在中国目前还不够成熟的市场环境中,由于法制不健全、市场运行不规范、企业诚信度低、自律性差,侵犯消费者权益的事屡有发生。为了保证消费者的权益不受侵害,除了依靠政策法令、社会舆论、消费者组织的约束监督外,客观上要求消费者不断提高自我保护能力。当自身权益受到损害时,消费者要善于运用舆论的、民间的、行政的及法律的多种途径和手段,通过与产品生产者或销售者交涉、诉诸新闻媒介、向消费者协会投诉、向政府有关部门反映、提请仲裁直至向法院提起诉讼等多种方式,寻求有效保护,以挽回自己的物质和精神的利益损失。因此,维护自己的正当权益,自我保护能力也是消费者能力的一个具体表现。

【案例3-4】 3.15应该变为365

中国质量万里行促进会举办了"2005中国消费维权论坛"。记者在昨天的论坛上获悉,2004年的"3.15"至2005年的"3.15"这一年来,中国质量万里行促进会根据各地消费者的投诉提出,目前质量问题最严峻的是食品安全,其次"坑农"问题、手机质量问题、网购和短信不规范、房屋质量不尽如人意、旅游遭遇欺诈等也是投诉热点。(资料来源:《北京青年报》3月14日)

每年的"3.15",都是媒体和公众关注的焦点,而在这样的关注下,消费者遇到的很多的问题,往往能够得到积极回应,得到"迅速解决"。在强烈的聚光效应下,官员格外积极,消协组织格外卖力,企业格外"配合",于是民间期望日高,申诉者日众。这几乎成了独特的"3.15"效应。

每到这一天,广大消费者的权益意识仿佛猛然觉醒。是啊,365天天天期盼,一年仅一次,一次就一天,大家呼吁,人们呐喊,众人揪丑,百姓维权。此间,小店热情待客,大店不敢欺客,众厂家小心翼翼,生怕惹是生非!我们这些上帝腰杆子比平时硬了许多,有时还敢冲着商家喊上一声"小心点,我们的维权节日3.15快到了!""3.15"的确让商家害怕，它也成了消费者们维权的"良辰"。

于是乎"3.15"已成为了一种短暂的定格，成了一个短时间的"聚光"。过了这一阵，不良商家仍旧照样欺诈消费者，消费者照样被坑蒙拐骗。作为一名消费者而言，在天天过节和"节日"泛滥成灾的背景下，更是希望"3.15"不被异化和滥用。不可否认，一年一度的"3.15"，确实能解决一些具体问题，但这样的"3.15"效应，却不能演变成我们日常的持续性、经常性的维权活动，于是一年365天天天都是维权日，则成了消费者日思夜盼的理想。

（资料来源：吴睿鸫，红网，http://finance.sina.com.cn，2005.03.15）

【分析】 众所周知，仅有"3.15"这个节日是不够的。我们的日常生活，我们的具体困难，维权任务，应该更多地交给有制度保障的日常渠道，形成一种长效的机制。作为一名普通消费者，我们要增强自己的维权意识，提高自我保护的能力。我们希望，"3.15"变成365，成为365天的每一天。期待这样的维权关注能够成为常态，而不仅是只有"3.15"才有的独特风景。

第四节 消费者的动机和行为

一、消费者需要的概念和需要的层次

消费者对商品的需求，通常受其特有的兴趣与需要制约。因此，对消费者购买的动机与行为的研究，必须从掌握消费者的需要的形成、需要的层次、需要的特征及其发展规律开始。

1. 需要的概念

需要是指人对某种目标的渴望和欲求，是个体由于缺乏而产生的内心紧张与周围环境形成某种不平衡的状态，是客观要求在人脑中的反映，是个体积极性的源泉，它推动着人们去从事某种活动。需要不断地得到满足，又不断地产生新的需要，从而使人们的活动不断地向前发展。需要通常以意向、愿望和渴求等形式表现出来。被人们意识到的需要，就成为行为的动机。消费者的需要包含在人类的一般需要之中，它反映了消费者某种生理体验的缺乏状态，并直接表现为消费者获取消费对象(商品或劳务)的要求和欲望，需要的不断产生是消费者接连不断地购买行为发生的内在原因和根本动力。

2. 需要的产生

人的需要的产生往往必须具备两个前提条件，一是有不足之感，感到缺少了什么东西；二是要有求足之愿，期望得到某种东西。需要就是由这两种状态形成的一种心理现象。需要的产生主要取决于以下几方面的因素：

(1) 生理状态。人的生理状态是心理活动的基础，例如，饮食的需要就是由于胃的收缩，血液含糖浓度的降低所引起的饥饿的刺激在人脑中的反映。所以，饥则食、渴则饮是人的最基本的生理需求。

(2) 社会因素。消费者作为一个社会人，不仅有一般生物都具有的生理上的需求，而且同时具有社会属性，除生理需求之外人还有精神方面的需求，并且人的各种需求无一不受各种社会因素的影响和作用，例如，当人感到孤独寂寞时，会产生对交往和娱乐的需求。人的需求还经常受到相关群体的示范效应，如邻居和朋友的介绍、广告宣传和各种促销活动的刺激和影响等。

(3) 个人的认知。消费者对客观事物的认识水平和驾驭能力，既有其先天方面的因素，又来自于后天的培养。思维、想象、对比和联想等都可能使人不断产生新的欲望和追求；学习、理解、信息加工及眼界的开阔等也可以不断丰富人们的需要的内容和层次。

总之，人的需要是多种多样、纷繁复杂的。从总体上看，需要可以分为两大类型：第一是物质需要，这是人类生存和发展的基本需要，是一种反映人的活动对物质文明产品依赖性的心理状态；第二是精神需要，这是一种人的意识对社会意识依赖性的心理状态，如社会交往和亲情关系的需要、对美的需要等。

3. 需要的层次理论

需要层次论是研究人的需要结构的一种理论，是美国心理学家马斯洛于 1960 年在其著作《动机与人格》中首先提出的一种理论。马斯洛将人的需要分为五个层次，即生理需要、安全需要、爱与归属需要、尊重需要和自我实现需要，它们形成一个级差体系，如图 3-1 所示。

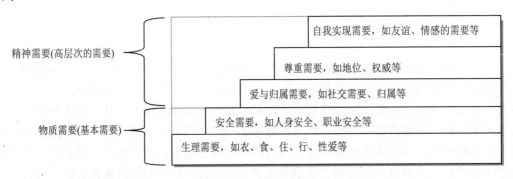

图 3-1

马斯洛认为，人所具有的各式各样的需要，都包含在上面五类需要中。他认为，人们行为的推动力，是没有得到满足的需要。当低级需要得到满足之后，人们就开始追求更高一级的需要；如果某一层次的需要没有得到满足，那么这种需要就会强烈地驱使人们进行各种努力去满足这种需要。在此需要未被满足之前，满足这种需要的驱动力会一直保持下去。一旦这种需要得到满足，它就失去了对行为的刺激作用，而被下一个更高层次的需要所替代，成为人的行为的新的刺激动力。马斯洛认为，需要的层次越低，越具有原始自发性，生理需要应当首先给以满足，低级需要一经满足，就会进行到较高一级的需要，需要的层次越高，受后天的教育、培养和引导等因素的影响就越大。在需要的五个层次中，自我实现的需要是人的最高层次的需要。

二、消费者需要的基本特征

尽管消费者的需要多种多样、复杂多变，但是也有一定的倾向性和规律性。需要的特征概括起来主要有以下几个方面。

1. 需要的多样性和差异性

消费者需要的差异性和多样性既表现在不同消费者多种需求的差异，也表现在同一消费者多元化的需要内容中。由于消费者性别、年龄、民族、文化程度、职业、收入水平、社会阶层、宗教信仰、生活方式和个性心理特征等不同。因而，一方面在需要的内容、层次、强度和数量方面是千差万别的；另一方面，就同一消费者而言，其需要也是多元的。不仅有生理方面的、物质方面的需要，还有心理方面的、精神方面的需要。消费者需要的多元性还表现在同一消费者对某一特定消费对象常常兼有多方面的要求，如人们既要求商品质地优良、经济实惠，又要求商品外观新颖时尚，能展示自己的独特个性。

2. 需要的层次性和发展性

消费者的需要可以划分为高低不同的层次，一般是从低层次开始满足，不断向高层次发展。但在特殊情况下，需要的层次顺序也可能变化，即在尚未完全满足低层次需要的情况下，也可能会跨越低层次需要而萌生高层次需要。消费者需要的形成和发展与社会生产及自身情况紧密相关。随着经济的发展和消费者收入水平的提高，消费者的需要呈现出由低级到高级、由简单到复杂不断向前发展的趋势。消费者需要的发展性，为工商企业提供了更多的营销机会。消费者的需求还常常受到时代精神、风尚和环境等多种因素的影响，时代的发展变化了，消费者的需求和偏好也会不同，如20世纪60年代至70年代，我国人民对耐用消费品的需要是手表、自行车、缝纫机和收音机；80年代后，发展为对电视机、录音机、洗衣机和电冰箱的需要；到了90年代则发展为对计算机、住房和家用轿车的需要。随着现代化建设的进程，消费者对教育、科技书籍和文体用品的需求日益增多。由此可见，需要是不断发展的。需要不断出现，不断满足，再出现，再满足，周而复始地循环，永无止境。

3. 需要的伸缩性和周期性

需要的伸缩性又称需求弹性，消费者的需要是个多变量的函数，要受到内、外多种因素的影响和制约，可多可少，可强可弱，消费者购买商品，在数量、品种等方面会随收入和商品价格的变化而变化。一般来说，对基本生活必需品需要的伸缩性较小，消费者对它们的需要是均衡而有一定限度的。而像穿着用品、装饰品、耐用消费品及奢侈品等，消费者需求的伸缩性就比较大。影响消费者需求的伸缩性的原因是消费者的需求欲望及货币支付能力等内因，也可能是由商品供应、企业促销活动、售后服务、价格变动和储蓄利率等外因引起的。当客观条件限制需要的满足时，需要可以抑制、转化、降级，可以停留在某一水平之上。

消费者的需要还具有周期性的特点。消费者需要的周期性主要是由其生理机制及心理特性引起的，并受自然环境变化周期、商品的生命周期和社会时尚的变化周期的影响，例如，消费者对服装的需要直接受气候变化的影响，表现出很强的季节性；一些与节日、纪念日相关的商品的需要，其周期性更为明显。

4. 需要的可变性和可诱导性

消费者的消费需要是可以引导和调节的。通过引导可以使消费需求发生变化和转移，潜在的欲望会变为现实的行动，未来的消费也可以成为即期消费，微弱的需要转变为强烈的需要。消费者的需要还可以通过营销者人为的、有意识的给予外部刺激和诱导发生变化，例如，面对美味诱人的佳肴，消费者可能产生购买行为，尽管当时并不感到饥饿；又如，由于产品的新颖独特或禁不住广告宣传的诱惑，人们会由原先并不打算购买或不准备马上购买，变为强烈的购买冲动，而当场购买。市场通过提供特定诱因和刺激，促进消费者某种需要的产生，正是现代市场营销理念所倡导的引导消费及创造消费的理论依据。在实践中，许多企业就是利用消费者需要的可变性和可诱导性这一特点，不惜斥资百万，开展广告宣传、倡导消费时尚、创造示范效应、施予优惠刺激，影响和诱导消费行为，并且屡屡收效。

三、消费者的购买动机

动机是在需要的基础上产生的一种心理倾向，消费者的购买动机，是其购买行为心理的重要组成部分，是由消费者的需要及兴趣等心理活动而产生的购买行为的内在动力。

1. 动机的定义

动机是推动人们去从事某种活动、达到某种目的、指引活动满足一定需要的意图、愿望和信念。动机是人们一切行为的内在动力，是人们从事某种活动的直接原因。在消费心理学中，购买动机是指直接驱使消费者实行某项购买活动的内在推动力。它反映了消费者生理上和心理上的需要，是消费者购买行为心理活动的重要阶段。购买动机是在需要的基础上产生的，当需要有了明确的目标时，才转化为动机。由于人们需要的多样性和个体心理发展的不同水平，人们的动机也是不同的。动机是极其复杂的，动机作为一种内在的心理状态，不能被直接观察到，也不能被测量出来，一般要根据人们的行为方式或自我陈述来了解动机。营销企业应认真研究并掌握消费者购买动机的调查方法，明确消费者购买行为的真正动机，有的放矢地做好销售工作。

2. 消费者购买动机的功能

动机作为行为的直接动因，在消费者的购买行为中具有多方面的作用。

1) 始发和终止行动的功能

动机能够引发和驱使人们去行动。消费者的任何购买行为都是由动机驱使和支配的。具有明确动机的消费者比动机模糊的消费者具有较高的购买水平。实际上，动机引发和驱使消费者购买行为必须提出和动机相应的目的。只有在这种情况下，动机才能唤起消费者的购买行为，起到发动作用。当动机指向的目标达成，即消费者某方面的需求得到满足之后，又会终止有关的具体行为。此时，原来的购买动机会暂时消失，新的动机相继产生，从而引起新的消费行为。

2) 指引行动方向的功能

动机不仅能引起行为，而且具有维持行为趋向一定目标的作用。消费者可以同时具有多个动机，其中有的与某种特定的方向、预期的目标一致，有些相互冲突；有些动机可以同时满足，有些不能同时满足。一方面它使人们的购买行为具有一定的目标和方向，即满足人们某一方面的需求；另一方面，它可以使消费者在购买动机的冲突中进行选择，即首先满足人们最强烈、最迫切的需要。最终使占主导地位的动机沿着特定的方向起作用，实现预期的购买目标。

3) 维持与强化行动的功能

动机的实现往往需要一定的时间过程，在这个过程中，消费者动机将贯穿行为的始终，不断激励消费者排除各种因素的干扰，直至动机的最终实现，完成购买过程。另外，动机对人的行为还具有强化作用，即行为的结果对动机的"反馈"。行为结果对引起该行为的动机的再次产生，具有加强或减弱的作用。动机会因好的行为结果而重复出现，得到加强，再次导向购买行为，这个过程称作正强化；动机也会因不良的行为结果而减少或削弱，导致消费者购买兴趣的减弱或消失，这个过程称作负强化。许多消费者认牌购货的行为就是正强化这一作用的反映。需要、动机、行为和目标之间的关系如图3-2所示。

图 3-2

3. 消费者购买动机的类型

消费者的购买活动都是由购买动机推动的。但是，消费者的购买动机是复杂的、多层次的，在消费者的购买活动中起作用的，通常不只是一种购买动机，而是多种动机综合作用的结果。消费者购买动机可以从不同的角度进行划分。

4. 消费者一般性购买动机

消费者一般性购买动机是针对消费者从事购买商品的原因和驱使力而言的。具体分为生理性购买动机和心理性购买动机两大类，它对于进一步分析消费者在购买活动中表现出来的具体购买动机具有重要意义。

1) 生理性购买动机

生理性购买动机是指消费者由于生理本能的需要而产生的购买动机。消费者作为生物意义上的人，为了满足、维持、保护、延续及发展自身生命，必然会产生激励其购买能满足其需要的商品的动机，而这些动机多数是建立在生理需要的基础上的，具有明显、稳定、简单、重复、个体之间差异小的特点。需要指出的是，在当代社会人们的消费行为中，单纯受生理性购买动机驱使采取购买行为的消费者已不多见，通常是生理性购买动机与其他非生理性购买动机交织在一起，共同推动消费者的购买行为。

2) 心理性购买动机

心理性购买动机是指消费者由于心理需要而产生的购买动机。由于消费者心理活动的复杂性，心理性购买动机较之生理性购买动机更为复杂多变，难以掌握。它是人所特有的，具有深刻、隐匿、多样化和个体之间差异大等特点。情感购买动机就是心理性购买动机的典型表现。情感动机是由人的道德感、群体感和美感等人类的高级情感而引起的购买动机。例如，人们出于爱国而购买本国生产的商品；为加深友谊而购买礼品；为追求青春美丽而购买各种美容护肤品等，这些都属于情感购买动机。

5. 消费者具体的购买动机

在实际购买活动中，消费者购买商品或劳务的心理是非常复杂的，因而形成了形形色色的具体的购买动机。深入研究消费者具体的购买动机，有助于商业企业掌握消费者购买行为的内在规律性，并采取有效措施加以引导。

1) 追求实用的动机

所谓追求实用的购买动机就是以追求商品或劳务的使用价值为主要目的的购买动机。它是消费者中最具普遍性和代表性的购买动机。具有这种购买动机的消费者特别注重商品的实际效用、功能和质量，讲求经济实惠和经久耐用，而不大注意商品的外观。如果商品的使用价值不明确或徒有虚名，那么消费者会毫不犹豫地放弃购买，例如，人们在日用品的消费上，往往抱有追求实用的动机。

2) 求新心理动机

所谓求新购买动机是以追求商品的新颖、奇特、时尚为主要目标的购买动机。具有这种购买动机的消费者特别重视商品的款式、颜色和造型是否符合时尚或与众不同，喜欢追逐潮流，而不太注意商品的实用程度和价格高低，冲动性购买时有发生。这种心理动机以经济条件较好的城市青年男女为多。

3) 求美心理动机

所谓求美购买动机是以追求商品的艺术价值和欣赏价值为主要目标的购买动机。具有这种购买动机的消费者特别重视商品本身的色彩美、造型美和艺术美,以及对人体的美化作用,对环境的装饰作用,对人的精神生活的陶冶作用,追求商品的美感带来的心理享受,而对商品本身的实用价值不太重视。这种心理动机在一些具有一定的艺术修养的人群中比较多见。

4) 求名心理动机

所谓求名购买动机是以追求名牌商品、高档商品或仰慕某种传统商品的名望,以显示自己的地位和声望为主要目的购买动机。具有这种购买动机的消费者特别重视商品的商标、品牌、档次及象征意义,对价格低廉的商品则不屑一顾,对名牌商品情有独钟,往往喜欢与别人攀比,自信"一分价钱一分货"专门光顾出售名牌商品的店家,成为某种名牌产品的忠实消费者,以达到显示自己的生活水平、社会地位和个性特征的心理目的。

5) 求廉心理动机

所谓求廉购买动机是以追求商品价格低廉,希望以较少货币支出获得较多物质利益为目的的购买动机。具有这种购买动机的消费者特别重视商品的价格,对价格变化反映特别敏感,对处理价、优惠价、特价和折价的商品特别感兴趣。求廉购买动机是一种比较普遍的购买动机。这种心理动机与消费者的经济条件有关,但也包括一些经济收入较高而节俭成习的人。

6) 从众心理动机

所谓从众购买动机是指受众多消费者影响,而盲目跟随的购买动机。这种类型的消费者经常以相关群体中大多数成员的行为为准则,以同众人一致作为追求的目标。他们往往缺乏市场信息和选购经验,以为从众可以避免个人决策失误,有安全感。在销售活动中,利用"媒子""托儿"并屡屡得手的一些不法商家,就是"巧妙"地利用了这类不太理智、不太成熟的消费者的从众心理。

总之,消费者的具体购买动机是复杂多样的,其表现形式因人而异,因时而异。每一种购买动机不是孤立地产生和发挥作用的,往往是几种购买动机交织在一起,共同起作用,推动消费者的购买行为,只不过对于不同的消费者,在不同的场合下,各种动机的作用有主有从罢了。

【案例3-5】 网络消费者需求特点和购买动机

一、网络消费者的群体特点

消费者行为以及购买行为永远是营销者关注的热点问题,对于网络营销者也是如此。

网络用户是网络营销的主要个体消费者,也是推动网络营销发展的主要动力,它的现状决定了今后网络营销的发展趋势和道路。我们要搞好网络市场营销工作,就必须对网络消费者的群体特征进行分析,以便采取相应的对策。网络消费者群体主要具备以下三个方面的特征。

(1) 注重自我。

由于目前利用网络销售的用户多以年轻、高学历用户为主,他们拥有不同于他人的思想和喜好,有自己独立的见解和想法,对自己的判断能力也比较自负。所以他们的具体要求越来越独特,而且变化多端,个性化越来越明显。因此,从事网络营销的企业应想办法满足其独特的需求,尊重用户的意见和建议,而不是用大众化的标准来寻找消费者。

(2) 头脑冷静,擅长理性分析。

由于利用网络销售的用户主要是以大城市、高学历的年轻人为主,他们不会轻易受舆论左右,对各种产品宣传有较强的分析判断能力,因此从事网络营销的企业应该加强信息的组织和管理,加强企业自身文化的建设,以诚信待人。

(3) 喜好新鲜事物,有强烈的求知欲望。

这些网络用户爱好广泛,无论是对新闻、股票市场还是网上娱乐都具有浓厚的兴趣,对未知的领域报以永不疲倦的好奇心。好胜,但缺乏耐心,当他们搜索信息时,经常比较注重搜索所花费的时间,如果链接、传输的速度比较慢,他们一般会马上离开这个站点。

网络用户的这些特点,对于企业加入网络营销的决策和实施过程都是十分重要的。营销商要想吸引顾客,保持持续的竞争力,就必须对本地区、本国以及全世界的网络用户情况进行分析,了解他们的特点,制定相应的对策。

二、网络消费者的需求特点

动机是一种内在的心理状态,不容易被直接观察到或被直接测量出来,但它可根据人们的长期的行为表现或自我陈述加以了解和归纳。对于企业促销部门来说,通过了解消费者的动机,就能有依据地说明和预测消费者的行为,采取相应的促销手段。而对于网络促销来说,动机研究更为重要。因为网络促销是一种不见面的销售,网络消费者复杂的、多层次的、交织的和多变的购买行为不能直接观察到,只能通过文字或语言的交流加以想象和体会。

马斯洛的需求层次理论可以解释虚拟市场中消费者的许多购买行为,但是,虚拟社会与现实社会毕竟有很大的差别,马斯洛的需求层次理论也面临着不断补充的要求。而虚拟社会中人们联系的基础,实质是人们希望满足虚拟环境下 3 种基本的需要,即兴趣、聚集和交流。

(1) 兴趣。

分析畅游在虚拟社会的网民,我们可以发现,每个网民之所以热衷于网络漫游,是因为对网络活动抱有极大的兴趣。这种兴趣的产生,主要出自于两种内在驱动,一是探索的内在驱动力。人们出于好奇的心理探究秘密,驱动自己沿着网络提供的线索不断地向下查询，希望能够找出符合自己预想的结果，有时甚至到了不能自拔的境地；二是成功的内在驱动力。当人们在网络上找到自己需求的资料、软件或游戏，或者打入某个重要机关的信息库时，自然获得一种成功的满足感。

(2) 聚集。

虚拟社会提供了具有相似经历的人们聚集的机会，这种聚集不受时间和空间的限制，并形成富有意义的个人关系。通过网络而聚集起来的群体是一个极为民主性的群体。在这样一个群体中，所有成员都是平等的，每个成员都有独立发表自己意见的权利，使得在现实社会中经常处于紧张状态的人们渴望在虚拟社会中寻求到解脱。

(3) 交流。

聚集起来的网民，自然产生一种交流的需求。随着这种信息交流的频率的增多，交流的范围也在不断地扩大，从而产生示范效应，带动对某些种类的产品和服务有相同兴趣的成员聚集在一起，形成商品信息交易的网络，即网络商品交易市场。这不仅是一个虚拟社会而且是高一级的虚拟社会。在这个虚拟社会中，参加者大都是有目的的，所谈论的问题集中在商品质量的好坏、价格的高低、库存量的多少、新产品的种类等方面。他们所交流的是买卖的信息和经验，以便最大限度地占领市场，降低生产成本，提高劳动生产率。对于这方面信息的需求，人们永远是无止境的。这就是电子商务出现之后网络需求迅速发展的根本原因。

三、网络消费者的心理动机

网络消费者购买行为的心理动机主要体现在以下三个方面。

(1) 理智动机。

理智动机是建立在人们对于在线商场推销的商品的客观认识基础上的。众多网络购物者大多是中青年人，具有较高的分析判断能力。他们的购买动机是在反复比较各个在线商场的商品之后做出的，对所要购买的商品的特点、性能和使用方法，早已心中有数。理智购买动机具有客观性、周密性和控制性的特点。在理智购买动机驱使下的网络消费购买动机，首先注意的是商品的先进性、科学性和质量高低，其次才注意商品的经济性。这种购买动机的形成，基本上受控于理智，而较少受到外界气氛的影响。

(2) 感情动机。

感情动机是由于人的情绪和感情所引起的购买动机。这种购买动机还可以分为两种形态。一种是低级形态的感情购买动机，它是由于喜欢、满意、快乐和好奇而引起的。这种购买动机一般具有冲动性和不稳定性的特点。还有一种是高级形态的感情购买动机，它是由人们的道德感、美感和群体感所起的，具有较大的稳定性和深刻性的特点。而且，由于在线商场提供异地买卖送货的业务，大大促进了这类购买动机的形成。

(3) 惠顾动机。

这是基于理智经验和感情之上的，对特定的网站、图标广告、商品产生特殊的信任与偏好而重复地、习惯性地前往访问并购买的一种动机。惠顾动机的形成，经历了人的意志过程。从它的产生来说，或者是由于搜索引擎的便利、图标广告的醒目、站点内容的吸引；或者是由于某一驰名商标具有相当的地位和权威性；或者是因为产品质量在网络消费者心目中树立了可靠的信誉。这样，网络消费者在为自己做出购买决策时，心目中首先确立了购买目标，并在各次购买活动中克服和排除其他的同类水平产品的吸引和干扰，按照事先决策采取购买行动。具有惠顾动机的网络消费者，往往是某一站点的忠实浏览者。他们不仅自己经常光顾这一站点，而且对众多网民也具有较大的宣传和影响力，甚至在企业的商品或服务一时出现某种过失的时候，也能予以谅解。

(资料来源：武汉电子商务网)

【分析】由于电子商务的出现，消费观念、消费方式和消费者的地位正在发生着重大的变化。电子商务发展促进了消费者主权地位的提高；网络营销系统巨大的信息处理能力，为消费者挑选商品提供了前所未有的选择空间，使消费者的购买行为更加理性化。研究网络消费者的需求特点、购买心理和购买动机，对促进我国网络销售的发展非常重要。

四、消费者的购买行为

1. 购买行为的概念

心理学上所谓的行为，是指人们在外部刺激的影响下，所采取的有目的的活动，它是个体与环境相互作用后的某种特定的反应。消费者购买行为就是消费者为了满足某种需要，在购买动机的驱使下进行的购买商品和劳务的活动过程，它是消费者心理与购买环境、商品类型、供求状况及服务质量等交互作用的结果。它是社会上最具广泛性的一种行为方式。消费者购买行为并不是由刺激直接引起的，而是经过消费者的一系列内部心理折射实现的。消费者购买行为的一般模式如图3-3 所示。

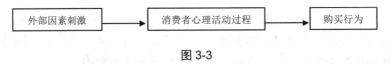

图 3-3

这个模式表明，消费者的购买行为是由某些刺激引起的。这些刺激既来自外部环境，也来自消费者内部的生理或心理因素。消费者在多种刺激因素的作用下，经由复杂的心理活动过程，产生购买动机，在购买动机的驱动下进行购买决策，采取购买行为并进行购后评价，由此实现一次完整的购买行为过程。

2. 消费者购买行为的类型

消费者千差万别的心理活动影响着实施购买的全过程，产生出各具差异的购买行为。为此，可按照不同的、标准的消费者购买行为进行分类，总结其变化规律，为企业制定切实可行的营销策略提供依据。

(1) 根据消费者购买目标的确定程度划分，消费者的购买行为可以分为全确定型、半确定型及不确定型3种：

① 全确定型。消费者在进入商店，产生购买行为之前，已有明确的购买目标，对所要购买商品的种类、品牌、价格、性能、质量、型号、样式及颜色等都有明确而具体的要求。因此，这类消费者进入商店后，一般都能有目的地选择商品，并主动提出需购商品的各项要求，一旦商品合意，就会毫不犹豫地买下商品。整个购买过程都是在非常明确的购买目标指导下进行的。

② 半确定型。消费者在进入商店购买商品之前，已有大致的购买目标，但还不能明确、清晰地提出所需商品的各项具体要求。在购买行为实际发生时，仍需对同类商品继续进行了解、比较，经过较长时间的考虑，才会完成购买行为。

③ 不确定型。消费者在进入商店购买商品之前，没有任何明确的购买目标，进入商店主要是参观、浏览和休闲，一般只是漫无目的地观看商品或随意地了解一些商品的情况，如果碰到感兴趣的商品会购买，也可能浏览一番，不买任何商品就离去。

(2) 根据消费者购买行为的不同态度划分，可以有以下几种类型：

① 习惯型。消费者因以往的购买经验和使用习惯，对某些商店或商品十分信任和熟悉，以致形成某种定势，长期惠顾某个商店或长期购买使用某品牌的商品，产生习惯性的购买行为。这种行为不会因年龄的增长或环境的变化而变化。在购买商品时，这类消费者目的性很强，不受时尚的影响，决策果断，成交迅速。

② 理智型。这类消费者的购买行为以理智为主，感情色彩较少。在购买商品之前，往往不易受他人诱导或广告宣传的影响，自始至终由理智支配行动。

③ 经济型。这类消费者选购商品多从经济观点出发，对商品的价格非常敏感，以价格高低作为选购标准。消费者往往对同类商品中价格低廉者感兴趣，认为既经济又实惠。

④ 冲动型。这类消费者的情绪波动性大，对外界刺激敏感，没有明确的购买计划，易受外界因素影响，凭直观感觉从速购买，选择商品考虑不周到，买后常常感到非常懊悔。他们在购买商品时往往容易受感情支配，富于联想，以感情需要进行购买决策。

⑤ 疑虑型。这类消费者善于观察细小事物，体验深而疑心大。在选购商品时细致、谨慎且动作缓慢，他们往往缺乏购买经验或主见，在购买商品时大多表现得犹豫不决，难以自主决策，一般都渴望得到营销人员的提示和帮助，容易受外界因素影响。

【案例3-6】 从看两则广告的不同效果看消费者购买行为

2008年，某媒体在评选中国"十大恶俗广告"中，恒源祥的生肖广告和脑白金的送礼广告名列一、二名。同样是恶俗广告的宣传，脑白金创造了中国保健品第一销量的神话，而恒源祥的十二生肖广告最终在国人的忍无可忍中销声匿迹。在电视台的随机街头采访中，被采访者几乎全部拒绝购买恒源祥产品。同样的恶俗，同样的记忆深刻，为什么却没有得到同样的效果？恒源祥的十二生肖广告究竟能不能给恒源祥的业绩报表上增添鼓舞人心的数字?

笔者认为,恒源祥生肖广告的恶俗不可能达到预期的效果。只靠玩品牌传播的伎俩,忽视对消费者行为的研究是不能达到品牌传播的效果的。脑白金的恶俗广告虽然恶俗,确是建立在对消费行为深入研究基础上的高度提炼。

本文对两个广告的产生过程和广告性质暂不做分析。仅从消费行为的角度来看,就能够发现两个广告的差别。

(1) 先看脑白金。

"今年过节不收礼,收礼只收脑白金",从这个广告明显可以看出,这是从一个受礼人的角度讲的一句话,而不是从一个送礼人的角度在说话。其想表达的意思就是,脑白金产品的购买决策者和产品使用者是不同的人群。可以简单地说,脑白金的购买者是子女或晚辈,产品使用者是父母或长辈。在中国人的送礼习惯中,送礼送的是面子。面子是什么?面子就是哪怕不比别人好,最起码不能比别人差;送礼不仅是给人用的,更是给人看的;不仅是给受礼人看的,也是给别人看的。对于受礼人来说,有礼自然亲。无论哪一个受礼人,都不可能对送礼人说这个礼品我不喜欢,更不可能在别人送礼之前告诉送礼人自己喜欢收什么礼不喜欢收什么礼。即使是自己的子女也总不能在逢年过节前告诉他们,今年你们要送我什么不要送我什么。

这是脑白金广告的高明之处,利用消费决策者和产品使用者之间的交流玻璃墙,使双方都对广告有苦说不出。作为长辈不能对晚辈的孝心说不好;作为晚辈,对长辈的健康关心也是最重要的。在送礼面子问题上,送有广告品牌的大家都送的,可能不是最好,但也是能拿出手的。这就造成了脑白金广告人人喊打,逢年过节又不得不选择送脑白金。但是如果脑白金不是定位晚辈孝敬长辈的礼品,而是长辈送给子女孙儿的礼品,那就不灵了。为什么呢?因为长辈给晚辈买的东西,晚辈会毫不犹豫地当面说出自己喜欢或不喜欢,那恶俗广告的产品就没戏唱了。

脑白金仅仅是一保健品,却被广告定位成孝敬老人的礼品,这才真正是"谎言重复千遍就成了真理"。笔者经常碰到消费者根本不知道脑白金是干什么的,却不妨碍他们选择购买脑白金。前些日子就碰到一父亲给将要参加中考的儿子买脑白金,问他知道脑白金干什么的吗,他说脑白金不就是补脑子的吗?

(2) 再看恒源祥。

恒源祥的"羊羊羊"广告,一直是朗朗上口,又容易记。一想到这个广告就能够联想到小时候家里养的两只可爱的小山羊,那是童年的一段美好记忆。因此也对恒源祥的品牌拥有几分好感。电视广告中一群草原上的羊群也让我很向往碧草蓝天的大草原。所以一直对恒源祥品牌有比较美好的感受,对于恒源祥的产品自然在自己的消费名录中。但这个十二生肖的恶俗广告把消费者对恒源祥的美好印象毁于一旦。

恒源祥产品和脑白金产品的最大区别不是产品形态的不同,他们最大的不同是消费者消费行为的不同。恒源祥更多的是消费者自己购买给自己用,在大多数情况下,消费者即使有礼品需求，大多是长辈给晚辈购买，而不是晚辈给长辈购买。这种市场消费行为使产品的品牌形象直接决定了购买行为。消费者对品牌的好恶能够在市场消费行为中被直接表达出来。

恒源祥的产品与脑白金的另一个重要区别是：脑白金作为保健品是一种强调内在功能的短暂性消费产品，脑白金强大的广告输出能够给消费者带来对其自身品质的消费信心，最起码消费者不用担心其产品的质量问题。但是恒源祥产品则不同，恒源祥产品是具有品牌外在展示型的产品，在产品品质保证的前提下，品牌本身的消费是消费者消费产品本身不可忽视的重要因素。可以说，消费者消费恒源祥不仅是消费恒源祥产品，同时在消费恒源祥品牌。可以简单地思考：如果我们只是为了买一件羊毛衫，我们可以不必关注产品品牌，但如果我们买了恒源祥牌的羊毛衫，我们就不能忽视十二生肖带给我们的品牌感受。即使我们自己忽视了，当我们处在社交场合中展示这个品牌的时候，周围人对这个品牌的感受我们也是无法忽视的。可以想象，如果你穿着恒源祥羊毛衫在公司上班，同事们一定会很有兴趣谈到那个倒人胃口的十二生肖广告，一定还有人添油加醋地讲述他是多么的抓狂。这时候你的感觉又如何呢？估计那个热啊，一件羊毛衫可以抵两件的效果。

恒源祥本来想把一个有面子的事实通过强力的简单重复达到品牌传播的效果。可中国民间有一句土话："好话说三遍，狗都不喜欢"。意思是，好听的话重复多了，也会让人反感的。这恐怕是这个广告创意和决策者没有想到的。

市场营销中，消费行为是一个简单的购买行为，一个复杂的购买心理。广告可以影响购买行为，但更多的还是在适应购买行为。作为广告不能由企业一厢情愿地表达自己的意愿，你可以引导消费者的消费观念，但你不能脱离现实社会的消费行为和消费心理。

(资料来源：谢准备，中国营销传播网，2008.05)

3. 消费者购买行为的一般过程

消费者购买行为过程是他的需要、购买动机、购买活动和购后感受的统一。一般来说，可以分为五个阶段。如图3-4所示。

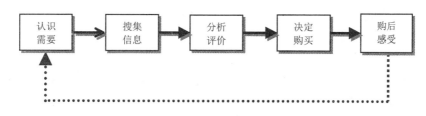

图3-4

1) 认识需要

消费者的购买行为源于购买动机，购买动机源于消费者的需要。因此，需要是消费者购买行为过程的起点。消费者对需要的认识取决于两个方面：一是消费者内部的生理及心理缺乏状态，即由人体内在机能的感官所引发；二是外部环境的刺激。消费者在内外部刺激的共同作用下便产生了种种需要。在商业经营活动中应注意对消费者需要进行研究，并通过合理的、巧妙的诱引唤起消费者的需要。

2) 搜集信息

如果消费者需要的目标明确，动机强烈，可满足需要的商品又易于得到，消费者会马上采取购买行为，在多数情况下，消费者首先会去收集有关这种商品的信息，以作为比较和选择的依据。如果需要不能立即得到满足，它会进入消费者的记忆中，作为满足未来需要的必要资料。如果消费者的需要比较迫切，就会积极主动地通过大众传媒和亲朋好友去广泛搜集信息资料，还可以到商店去看，向售货员咨询、请教，以便找到称心如意的商品。消费者从不同渠道获得的信息量是不同的，同时对不同渠道所获信息的信任度也是不同的。

3) 分析评价

当消费者搜集到足够的信息资料后，就会根据掌握的资料、以往的经验、个人兴趣爱好及经济状况等，对可供选择的商品进行分析对比和综合评价，力求缩小可供选择的范围。消费者进行评价时，一般分为三个步骤进行。首先，全面了解商品的性能、质量、款式、价格、品牌及特点等，获得总体上的认识；其次，综合比较同类商品的优缺点；最后，根据自己的爱好和条件，提出选择方案，确定购买对象。作为营销者，应了解消费者处理信息的过程，掌握消费者的购买意向，发挥必要的参谋作用。

4) 决定购买

消费者对所掌握的信息资料进行分析评价后，就会做出是否购买的决策。事实上，并非所有消费者产生需要后都会采取购买行动，有些人的需要在购买前的分析评价过程中，就已经消退，或徘徊于"不确定"之中。消费者在行动之前，首先要做出决策，明确购买哪种商品、什么牌子、何种款式、数量多少、价格多少可以接受以及准备在哪里购买等问题。消费者做出购买决策时，会受到多种因素的影响和制约，从营销者的角度看，应做好售前、售中、售后服务工作，加深消费者对本企业及其产品的良好印象，争取消费者的"货币选票"投向自己的产品。

5) 购后感受

消费者购买使用产品后，根据自己的期望对产品做出评价，或通过与家庭成员、亲朋好友交流，验证自己所做出的购买决策是否正确，从而形成购后感受。若产品的效用符合或者高于原有的期望，消费者就会感到满意；反之，则会感到不满意。购后感受作为"口传信息"，不仅影响到消费者自己能否重复购买，而且，在一定程度上还影响到其他人的购买。因此，在商品营销活动中，要特别重视消费者的购后感受和评价阶段，及时与消费者沟通，慎重处理消费者反馈回来的意见，尽量避免因消费者投诉而造成的厂家和品牌声誉方面的损失。

【案例 3-7】 小王购买电冰箱

小王大学毕业后来到风景如画的江南名城——扬州，不久，便建立了小家庭。夫妻俩，一个在研究所工作，一个在机关就职。由于工作都很忙，不可能为一日三餐花很多时间，便打算买一台电冰箱。为此，他们到处打听行情，并跑了好几家商店，掌握了大量的相关信息，并对各种信息进行分析、比较、综合和归纳。最后决定买北京电冰箱厂生产的"雪花"牌电冰箱。因为小王是北京人，远离家乡和亲人，对家乡的人和物有特殊的感情。同时，"雪花"牌电冰箱是全国最早的名牌，物美价廉。确定了购买"雪花"牌电冰箱后，他们立即行动起来，先去离家较近的几家商店了解销售服务情况，他们选中了一家售后服务好的大型零售商店，高高兴兴地将一台双门"雪花"牌电冰箱搬回了家。

【分析】 通过小王购买电冰箱的例子，具体说明了消费者购买行为的五个阶段。

【案例 3-8】 王老吉：深谙民心，打造口碑英雄

在 2008 这场特大地震灾难中，企业的赈灾善举成为备受关注的焦点，由公众对死难同胞的悲悯之情引发的舆论迅速席卷互联网，捐赠额度和速度成为人们评判企业是否乐于履行社会责任的重要标准。在这场舆论浪潮中，一些捐赠较少、行动较慢的企业遭到网民激烈的攻击，而另一些积极回应的企业则获得了公众空前的追捧。凉茶品牌王老吉的出现，适时地满足了民众对"英雄"的渴望，这背后的行为逻辑，才值得我们回味。深谙民心，打造口碑英雄。除了捐款行为本身与品牌精神相契合之外，王老吉亿元捐款事件所获得的惊人传播效果与其行为契合特殊时期人们的心理需求也不无关系。

5 月 18 日，在中央电视台《爱的奉献》大型募捐活动后，许多人在第一时间搜索王老吉和加多宝的相关信息。百度指数显示，5 月 18 日百度用户对王老吉的关注度仅为 492，5 月 20 日这一数值迅速攀升到 9675，而对加多宝的关注度亦从 5 月 18 日的 0 跃升至 5 月 19 日的 52269。"王老吉，你真棒，我支持你""中国人，只喝王老吉"等类似的言论在网络上迅速传播，5 月底更出现了王老吉在许多城市热销、甚至断货的传闻……

然而，在此次赈灾活动中，有捐款义举的企业不胜枚举，王老吉也仅是《第一财经日报》5 月 22 日公布的统计数据中 12 家捐款过亿的企业(个人)中的一员。为何唯独王老吉能够掀起舆论狂潮？在此，让我们还原王老吉的捐款义举，一窥王老吉慷慨捐款背后的情与义，利与益。

加多宝集团副总经理杨爱星在央视赈灾晚会上说了这样一句话："此时此刻，我想加多宝和王老吉的每一位职员和我一样，虔诚地为灾区人民祈福，希望他们能够早日离苦得乐！"这句言简意赅、充满佛家精神的祈福语，向消费者树立了王老吉重义轻利、兼济天下的形象。

在爆出亿元捐款事件之后，致电加多宝集团表明有采访诉求的媒体就一直不断，加多宝却无一例外得采取了近乎"粗暴"的婉拒。半个月之后的6月5日，"现在是全国抗震救灾的关键时刻，我们不想把捐款当作市场宣传的工具。"加多宝集团一工作人员向记者表示。在几乎是历史上最好的宣传机会面前，加多宝及其旗下的王老吉却低调地选择了沉默，不得不让人对这家企业倍感敬佩。

事实上，作为快速消费品行业中的一员，加多宝并不是一个不注重宣传的企业，相反，加多宝的宣传推广意识非常前卫。2003年，加多宝用于王老吉的推广费用就达到了3000多万元，2004年则达到了1个亿，2007年，王老吉仅在央视的投入就达到了令人咂舌的3.8亿元人民币。因此，我们只能说，加多宝此时的禁声更代表着一种态度，纯粹地做慈善的态度。

诞生于1828年的王老吉凉茶，在公益方面的投入并非一朝一夕，从2001年开始的"王老吉·学子情"助学活动，每年都资助一批贫困学生进入大学深造，并且逐年增加助学金额。将公益作为一项长期、系统的工程连续八年的实施，与地震中的惊人表现相辅相成，构成了王老吉的济世之路。因此，在四川地震中的巨额捐款对于王老吉人和熟悉王老吉的人来说并不意外，这一行为符合王老吉一贯坚持的品牌精神，使得整个事件的传播效果更为自然，更容易激发公众对品牌的好感，提升品牌的美誉度，正是加多宝这种识大体态度赢得了更多消费者的赞誉。社会公益产生的口碑效应随即在网络上迅速蔓延，许多网友第一时间搜索加多宝相关信息，加多宝网站随即被刷爆。各大论坛上也开始相继出现号召网民"买光王老吉，上一罐买一罐"的帖子，"要捐就捐1个亿，要喝就喝王老吉！"，类似的言论在网络上迅速传播，使王老吉凉茶的销售量大增。

(资料来源：吕艳丹、朱宁迪，《销售与市场》战略版，2008.07)

【分析】在四川特大地震灾难中，企业的赈灾善举成为备受关注的焦点，捐赠额度和速度成为人们评判企业是否乐于履行社会责任的重要标准。凉茶品牌王老吉的慷慨捐赠行为，适时地满足了民众对死难同胞的悲悯之情和对"英雄"的渴望的心理需求，捐款事件所获得的巨大效果与其深谙民心、契合特殊时期人们的心理需求不无关系。

本章小结

消费者的个性心理是指表现在一个人身上的经常的、稳定的、典型的心理特征，包括消费者的气质、性格和能力。气质是指人的典型的、稳定的心理特征，是影响人的心理活动和行为的一个动力特征。这些动力特征主要表现在心理过程的强度、速度、稳定性、灵活性及指向上；性格是指一个人比较稳定的对现实的态度和习惯化的行为方式。它是人的个性中最重要、最显著的心理特征，它通过对事物的倾向性态度、意志、活动、言语及外貌等方面表现出来，是个体本质属性的独特表现；能力是指人能够顺利地完成某种活动，并直接影响活动效率所必须具备的个性心理特征。人们要顺利完成某种活动需要各种能力的结合，需要多种能力共同发挥作用。研究消费者的个性心理特征，对于区分消费者的类型，分析消费者的个性心理差异，把握和预测消费者的购买行为，具有重要意义。消费者对商品的需求，通常受他所特有的需要与兴趣所制约。需要是指人对某种目标的渴望和欲求，是个体由于缺乏而产生的内心紧张与周围环境形成某种不平衡的状态，是客观要求在人脑中的反映，是个体积极性的源泉。需要的特征包括：需要的多样性和差异性；需要的层次性和发展性；需要的伸缩性和周期性；需要的可变性和可诱导性四个方面。动机是推动人们去从事某种活动、达到某种目的、指引活动满足一定需要的意图、愿望和信念，是人们一切行为的内在动力，是人们从事某种活动的直接原因。消费者的购买动机是指直接驱使消费者实行某项购买活动的内在推动力。消费者购买动机的功能有：始发和终止行为的功能；指引行动方向的功能；维持与强化行动的功能。消费者购买行为的类型：根据消费者购买目标的确定程度划分，可以分为全确定型、半确定型及不确定型三种；根据消费者购买行为的不同态度划分，可以划分为习惯型、理智型、经济型、冲动型及疑虑型五种类型。消费者购买行为的一般过程分为认识需要、收集信息、分析评价、决定购买和购后感受五个阶段。

自 测 题

1. 什么叫气质？消费者的气质及其类型有哪些？
2. 什么叫性格？消费者的性格对其购买行为有什么影响？
3. 什么叫能力？消费者的能力构成包括哪些内容？
4. 什么是消费者需要，需要有哪些基本特征？
5. 消费者具体购买动机的种类有哪些？
6. 举例说明消费者购买行为的一般模式。

案 例 分 析

速溶咖啡为何受到冷落？

在社会生活节奏越来越快的今天，人们已经习惯喝省时省力的速溶咖啡。但是，在1950年的美国，速溶咖啡刚刚面市时，购买速溶咖啡的人却寥寥无几。为了弄清速溶咖啡滞销的原因，有关人员进行了调查，许多人回答是不喜欢速溶咖啡的味道。这显然不是真正的理由,因为速溶咖啡的成分和口味同传统的咖啡毫无差别,而且,速溶咖啡饮用方便,无需花长时间去煮,也省去了洗刷器具的麻烦。为了进一步了解消费者不愿意购买速溶咖啡的潜在动机,心理学家海伊尔拟订了两张购物单,单子上所列的商品内容除一张上是速溶咖啡,一张上是豆制咖啡外,其余商品全都一样,然后调查人员把这两张购物单分别发给两组妇女,请他们描述一下按照购物单买东西的家庭主妇是个怎样的形象。结果差异非常显著:绝大多数人认为,按照含有速溶咖啡的购物单买东西的家庭主妇是个懒惰、差劲的妻子;按照含有豆制咖啡购物单买东西的家庭主妇则是个勤俭称职的妻子。因为当时,美国妇女中存在这样一种观念:担负繁重的家务劳动如煮咖啡之类是家庭主妇的天职,任何试图逃避或减轻这种劳动的行为都应受到谴责。由此,调查人员才恍然大悟,速溶咖啡之所以受到冷落,问题并不在于速溶咖啡本身的味道,而是因为人的观念,家庭主妇受社会观念影响,尽力去保持社会公认的完美形象,而不愿意因为购买速溶咖啡遭到别人的非议。

原因找到之后,生产厂家对速溶咖啡的广告作了调整,不再强调简便的特点,而是着重宣传速溶咖啡同豆制咖啡一样醇香、美味。消除了女性消费者购买时的心理障碍。很快,速溶咖啡销路大增,不久便成为西方世界最受欢迎的一种饮料。现在,速溶咖啡这种简便的饮品已经被人们普遍接受。

(资料来源:引自成伯清、李林艳编著,《消费心理》,南京大学出版社,1998年版)

讨论题

1. 速溶咖啡刚刚面市时为何受到冷落?消费者说的原因与实际情况是否一致,为什么?

2. 生产厂家对广告宣传的重点作了调整后,速溶咖啡的销售量为什么会大增?

3. 在我们周围,有没有由于受某种观念影响而使新产品推广受阻的类似的现象?哪些类型的消费者最容易受其影响?

阅 读 资 料

智能马桶盖与"中国制造"的窘境

前不久,中国知名的卫浴品牌——九牧厨卫股份有限公司,突然连夜组织邀请全国各大媒体到卫浴福建南安的公司总部和智能马桶车间参观访问。这起媒体公关行为始于财经作家吴晓波的一篇文章——《到日本去买马桶盖》,他从中国游客购买电饭煲及同事到日本购买马桶盖说起,反思中国传统产业,直陈"中国制造"的痛点,这极大地刺激了中国卫浴行业的神经。九牧厨卫股份有限公司作为福建南安当地的标志性企业,拥有高效而现代的生产基地,豪华而时尚的智能卫浴体验馆,严谨的组织文化……。"马桶盖"话题传播出来以后,让中国卫浴行业面临尴尬的境地。

"智能马桶盖"议题就在媒体和中国厂商推波助澜下不停发酵。卫浴从业者、政府官员、政协委员、人大代表等角色均卷入其中，各抒己见，议题延伸到了庙堂之上的"两会"。两会期间，国务院总理李克强就"智能马桶盖"发表了两点意见。他认为，第一要抱着"开放的心态"，反对贸易壁垒，因为"消费者有权享有更多选择"。第二，中国的企业要升级，如果中国也有相同质量的产品，应该更有竞争力。

根据一项市场调查统计显示，智能马桶在日本的普及率超过95%，但在中国，用过智能马桶的中国人不到3%，这是一个充满着想象空间的市场。中国游客远赴日本购买智能马桶盖、电饭煲等商品，早已有之，可为何却在这个节骨眼上引发热议呢？

我认为它背后隐含的是国民对"中国制造"深层次的焦虑和期待。

不知何时起，"中国制造"成为了劣质商品的代名词，对此中国消费者早有体验。"两会"时，全国政协委员刘明康也大吐苦水，他在北京西单买了个"马桶盖"，价格并不低，没用几天就不好用了。但凡拥有一定经济实力的中国人，宁愿坐飞机到欧美、日本和中国香港购买商品，也不愿意在家门口购买价格低廉的"中国制造"。

据相关部门统计，2015年春节，中国访日游客达到45万之多，消费金额高达人民币60亿元，更为尴尬的是，中国消费者千里迢迢跑到国外购买的商品，最后发现产地标着"made in china"。日本"智能马桶盖"也不例外，不少原产地是中国的浙江、广东和福建。

造成中国人赴日购买"智能马桶盖"原因：第一是"中国制造"的确与国际水平存在一定差距，但差距也没有想象中那么大；第二是，中国产品与消费者之间还存在信息不对称，以为日本制造的就好；第三就是消费观念，认为国外产品就比国内产品好，这种观念短期内很难改变。马桶盖只是一个缩影，它反映了"中国制造"的尴尬现实。

"中国制造"背后是一个庞大系统工程，它是由国家形象、价值观传播、工业水准、企业品牌及国民素质等综合环境因素所决定。一个国家制造业原本也是由这些环节构筑而成，无论哪个环节出现了问题，势必会呈现在产品质量层面。虽然，中国游客去日本买马桶盖只是一个极端案例，但"中国制造"的尴尬何止马桶盖呢？

"马桶盖"只是又一次说明，想让"中国制造"在市场上具有竞争力，无论是国家形象，抑或企业品牌，都需要通过一场自上而下的革命。无论是高大上中国科研机构，还是万众创业的小微企业，都要在设计思想上从消费者的需求出发，周到体贴替消费者着想，开发设计制造出消费者认可、喜欢的产品，通过不断的技术创新，让"中国制造"走向"中国智造"。

按照目前中国的科研能力，真的突破不了马桶盖这些基础技术吗？显然不是。问题症结在于中国科研机构不愿将力量投入马桶盖这样的"小创新"领地，而喜欢把所有精力都投入所谓宏大的国家科技命题。科研机构不愿意投入，小微企业又没有能力投入，这就使得"中国制造"一直处于低层次的窘境，同质化、价格战、高成本、低效率一直都是躲不过去的关键词。

(资料来源：韩雨亭，经济观察网，2015-03-10)

第四章

消费者群体与消费心理

学习目标: 通过本章的学习,了解消费者群体对消费心理的影响,掌握不同消费者群体消费心理和消费行为的基本特征。熟悉消费习俗,消费流行的概念、类别、形成原因、表现形式,掌握消费习俗对消费心理的影响,理解消费流行与消费心理的关系。

关键概念: 消费者群体(community expense) 消费习俗(consumer custom) 消费流行(consumer popularly)

引导案例:

男士护肤品

在2001年举行的第15届广东美容美发博览会上,约有10个品牌的化妆品标明"男士专用"。柔润爽肤水、保湿乳液、洁面乳等护肤品,如今被越来越多的男士大大方方地使用。打着"为男士设计"旗号的护肤品正成为市场新热点。在无锡八佰伴一楼化妆品销售区,男明星形象开始出现在销售男士护肤品的专柜上。男士系列护肤品的消费群体目前主要集中在25岁至35岁之间的白领男士。在一家外企市场部工作的王先生说,经常要面对客户,"面子"自然重要,适当地用些护肤品,可以让自己容光焕发。

就在几年前,男用护肤品市场几乎还是一片空白,可现在的男士特别是现代气息较浓的男士,他们的消费观念正在改变。王先生的话综合反映了这一类被称为"白领"的消费者群体消费心理的微妙变化。这类注重"面子"的男士们收入水平一般较高,工作环境中的现代气息很浓,工作性质对于个人形象的要求较高。因此,他们有很强的自信心与自尊心,非常重视他人对自己的评价与看法。这些表现在消费心理上,就是消费观念新潮、消费欲望强烈的体现。

在日常消费活动中,任何消费生活都离不开群体。不同的群体受其成员的影响,会形成不同的价值观、生活方式、群体规范和行为准则。消费者群体就是由具有某种共同特征的若干消费者组成的。面对纷繁复杂的产品,人们的需求虽然千差万别,但总会有具有某种共同特征的消费者存在,从而构成了一个个各具特色的消费群体。属于同一群体的消费者,在消费心理特征及购买行为、习惯等方面都有许多共同之处。不同的年龄群体的消费者其消费活动的侧重点是不同的,他们的需求特点也不尽相同。本章所要分析的是作为社会群体的消费者的消费行为及社会群体对消费行为的影响。

(资料来源:作者根据相关信息整理。)

第一节 消费者群体特征

一、消费者群体的一般特征

消费者群体是由某些具有共同消费特征的消费者组成的群体。同一消费者群体内部的消费者在购买行为、消费心理及习惯等方面有许多共同之处；不同消费者群体之间则存在诸多差异。

(一)消费者群体形成的原因

消费者群体形成的原因主要是消费者的内在因素和外部因素共同作用的结果。

1. 消费者因其生理、心理特点的不同形成不同的消费者群体

消费者之间在生理、心理特性方面存在诸多差异，这些差异促成了不同消费者群体的形成。例如，由于性别的差异，形成了女性消费者群体和男性消费者群体；由于年龄的差异，形成了老年消费者群体、中年消费者群体、青年消费者群体及少年儿童消费者群体。这种根据消费者自身生理及心理特点划分的各个消费者群体之间，在消费需求、消费心理及购买行为等方面有着不同程度的差异，而在本群体内部则有许多共同特点。

2. 不同消费者群体的形成还受一系列外部因素的影响

文化背景、生产力发展水平、民族、地理气候条件及宗教信仰等这些外部因素对不同消费者群体的形成也具有重要作用。例如，生产力的发展对于不同消费者群体的形成具有一定的催化作用。随着生产力的发展和生产社会化程度的提高，大规模共同劳动成为普遍现象，因而客观上要求劳动者之间进行细致的分工。分工的结果使得社会经济生活中的职业划分越来越细，如农民、工人和知识分子等。不同的职业导致人们的劳动环境、工作性质、工作内容和能力素质不同，心理特点也有差异，这种差异必然反映到消费者消费习惯和购买行为上来。久而久之，就形成了以职业划分的农民消费者群体、工人消费者群体和知识分子消费者群体等。地理气候条件对消费者群体的形成也有很大影响，同一地区的消费者在需求方面往往类似，尤其当信息沟通和供销渠道受到限制时，地区之间消费者的需求差异极为明显，这样就可以按地理气候条件把消费者划分为不同的群体，如我国可根据消费者的地理气候条件的差异划分为东北消费者群体、华北消费者群体、西北消费者群体、西南消费者群体、华南消费者群体、华东消费者群体和华中消费者群体等。

此外，文化背景、民族及宗教信仰等方面的差异，都可以使一个消费者群体区别于另一个消费者群体等。

(二)消费者群体形成的意义

消费者群体的形成对企业的生产经营和消费者的消费活动都有重要影响。

首先，消费者群体的形成能够为企业提供明确的目标市场。通过对不同消费者群体的分类，企业可以准确地细分市场，并根据自身资源和市场需求潜力选定目标市场，从而减少盲目性和经营风险。

其次，消费者群体的形成对消费活动的意义在于，有利于调节、控制消费，使消费活动向健康的方向发展。当消费活动以群体的规模进行时，不但直接影响个体的消费活动，还会对社会整体消费状况产生重大影响，进而影响国民经济的运行和发展。例如，大规模的抢购风潮会导致市场供不应求、物价上涨和通货膨胀；而群体性的抑制消费又会引起市场疲软、通货紧缩和经济增长趋缓。

此外，消费者群体的形成，还为政府部门借助群体对个体的影响力对社会消费加以合理引导和控制，使其朝健康的消费方向发展提供了可能。

(三)消费者群体的类型

消费者群体可以采用多种标准加以划分。划分标准不同，消费者群体也呈现出多种不同类型。

1. 根据自然地理因素划分

根据自然地理因素划分消费者群体，是企业经常使用的一个划分标准。具体又可分为：按国家地区划分，如国内消费者群体、国外消费者群体；按自然条件、环境及经济发展水平划分：山区、平原、丘陵地区消费者群，沿海、内地、边远地区消费者群体，城市、乡村消费者群体等。

由于地理位置的差异，各个地区的自然环境、社会政治经济环境不同，消费者的消费需要和习惯也不尽相同。因国家不同而形成的消费者群体，其消费水平、消费结构、消费习惯都有差别。例如，欧美人偏爱肉类食品，中国人则以粮食为饮食主体。由城乡差别而形成的城市消费者群体和农村消费者群体，消费需求也不尽相同。

2. 根据人口统计因素划分

人口统计因素是指人们的性别、年龄、职业、民族、经济收入、受教育程度等。以此类标准划分的不同消费者群，其消费心理和消费行为也有所不同。例如，按性别划分，可分为男性消费者群体、女性消费者群体；按年龄划分，可分为少年儿童消费者群体、青年消费者群体、中年消费者群体和老年消费者群体。

上述不同类型的消费者群体，在消费心理和消费习惯方面均存在着显著差异。例如，不同职业的消费者由于工作性质和工作环境的不同，必然产生不同的心理体验。农民素有勤劳简朴的美德，一般日常消费以节约为原则，但受传统风俗的影响，婚丧嫁娶等重大活动消费又很铺张，所以农民对日常消费品要求并不是很高，而在婚丧嫁娶等更大活动中经常超量消费；工人消费群体的消费比较均衡，吃、穿、用都有适度的计划，但用于智力投资、文化生活方面的消费相对较少。

3. 根据消费者心理因素划分

现实生活中，人们发现许多消费者尽管在年龄、性别、职业、收入等方面具有相似性，但表现出来的购买行为并不相同。这种差别往往是由于心理因素的差异造成的。可以作为群体划分依据的心理因素有生活方式、性格、心理倾向等。例如，按生活方式划分，可分为不同风俗民情的消费者群体、不同生活习惯的消费者群体、紧追潮流的消费者群体、趋于保守的消费者群体等；按性格划分，可分为勇敢或懦弱、支配或服从、积极或消极、独立或依赖等不同消费者群体类型；按心理倾向划分，可分为注重实际、相信权威、犹豫怀疑等不同消费者群体。

4. 根据消费者对商品的现实反映划分

消费者对商品的现实反映不同，购买行为表现也不尽相同。对商品的现实反映主要表现为购买商品的动机、对商品品牌的偏好程度、对商品的使用时间、对商品的使用量、对商品要素的敏感性等方面。

总之，上述因素都是导致不同消费者群体类型产生的原因。应该指出的是，这些因素相互关联、相互作用，共同对消费者群体心理与行为产生影响。企业必须针对多种因素共同影响下形成的不同消费者群体类型的特点，采取相应的营销对策，才能取得最佳效果。

二、消费者群体对消费心理的影响

我们研究消费者群体，主要是通过对消费者群体的分析，揭示消费者群体以什么样的形式及在哪些方面对消费心理产生影响。

1. 消费者群体为消费者提供有关购买信息

消费者做决策时的一个最重要的决定因素，便是有关产品及其供应者的知识，而群体的作用之一，正是可以给其成员提供大量的这种信息。虽然群体的影响随着产品种类和商标而变化，但若把群体作为一个信息来源，则在所有的产品和商标上都是一样的，而且，更重要的是，群体成员容易相信本群体提供的信息。

2. 消费者群体引起消费者的仿效欲望，从而影响他们对商品购买与消费的态度

模仿是一种最普遍的社会心理现象，在消费者的购买活动中，消费者对商品的评价往往是相对的，当没有具体的模仿模式时，他们就不能充分肯定自己对商品的态度。但当某些消费者群体为其提供具体的模式，而消费者又非常欣赏时，就会激起其强烈的仿效愿望，从而形成对商品的肯定的态度，产生购买欲望。

3. 消费者群体促使人们的行为趋于某种"一致化"

消费者对商品的认识、评价往往会受到消费者群体中其他人的影响。这是因为相关群体会形成一种团体压力，使团体内的个人自觉或不自觉地符合团体规范。群体内的规范可能不为局外人所察觉，但置身其中的成员却能明显地体验到这些规范的存在，并对他们的购买行为产生影响。例如，当消费者在选购某种商品时，不能确定自己选购这种商品是否合适时，如果群体内其他成员对此持有肯定的态度，就会促使其坚定自己的购买行为；反之，就会促使其改变自己的购买行为。

在市场营销中，各个企业在做广告宣传时常常运用群体对消费者的心理影响，常见的群体诉求人物有名人、专家和平常人等。

第二节　主要消费者群体的消费心理

一、少年儿童消费者群体

少年儿童消费者群体是由0～14岁的消费者组成的。这部分消费者在人口总数中所占比例较大。他们一般由父母养育和监护，自我意识尚未完全成熟，道德观念有待完善，缺乏自我控制力，没有独立的经济能力，因此，具有特定的心理和行为。这部分消费者又可根据年龄特征分为儿童消费者群体(0～11岁)和少年消费者群体(11～14岁)。

1. 儿童消费者群体的消费心理特征

儿童是指从出生婴儿到11岁。儿童的心理发展过程可分为婴儿期、幼儿期和童年期三个阶段。在这三个阶段中，儿童的心理出现三次较大的质的飞跃，即开始了人类的学习过程，逐渐有了认识能力、意识倾向、学习、兴趣、爱好、意志及情绪的心理现象，还学会了在感知和思维的基础上解决简单的问题。儿童的心理表现在消费活动中有以下几种情况。

1) 消费需求逐渐由本能的生理性的消费发展为有自我意识的社会性的消费

儿童在婴幼儿时期，消费需要主要表现为生理性的，且纯粹由他人帮助完成。随着年龄的增长，儿童的消费需求逐渐由本能发展为有自我意识加入的社会性需要。例如，虽然儿童的东西大都是父母代为购买，但随着年龄的增长他们也有了一定的购买意识，并对父母的购买决策产生一定的影响，并且学会了比较，如"因为其他的小朋友都有，我也要"成为购买的理由，有的还可以单独购买某些简单商品。

2) 从模仿型消费逐渐发展为带有个性特点的消费

儿童的模仿性很强，消费行为也是如此。但随着年龄的增长，这种模仿性的消费逐渐被带有个性的消费所替代。他们有了对所接触到商品的评价意识，也开始强调与众不同，要有比其他的小朋友更好的玩具。

3) 消费心理从感性逐渐发展为理性消费

儿童的消费心理多处于感情支配阶段，消费情绪极不稳定。以至于见什么要什么，父母不给买就大哭大闹，且多喜新厌旧。但随着年龄的增长，儿童接触社会环境的机会增多，有了集体生活的锻炼,意志得到了增强,消费情绪逐渐趋于稳定,消费心理也趋于理性。

总之,儿童的消费心理多处于感情支配阶段,购买行为以依赖型为主,但有影响父母购买决策的倾向。

【案例4-1】 中国少儿消费新趋势

近年来,随着中国独生子女家庭越来越普遍,小孩子在家庭消费中的地位日益突出,在涉及自身的消费活动中个性化色彩也变得更加浓厚。一位六年级小学生的母亲说:"我们小的时候,花钱买东西全听大人的。现在不是了,他们见多识广,什么牌子好、什么款式新比大人都明白。我要是自作主张给他买什么穿的用的,八成不对心思。"

专家指出,在这些少儿的消费倾向中,由于年龄的差别而造成的差异也是较为明显的。一般说来,年龄较小的孩子较注重感性的东西,如爱吃各种零食和麦当劳、肯德基等快餐食品,喜欢买漂亮的卡通,玩电子游戏以及各种新奇的玩具等。而对于年龄稍大的孩子,则更注重满足自己的精神需要,他们常买的东西是CD、偶像的画册、纪念章等。例如,他们买一双耐克鞋,并不在意这双鞋穿起来多么舒服,而在意这双鞋是国际名牌,是时尚的代名词。

(资料来源:罗中云,《中国少儿消费新趋势》,http://www.beijinggreview.com.cn.2006-12-7)

【分析】随着社会的进步,经济的发展,儿童的消费心理和消费行为有了很大的变化,正确分析研究儿童的消费心理对企业的经营活动有很大的意义。

2. 少年消费者群体的消费心理

少年消费者群体是指11~14岁的消费者。与儿童相比,他们的生理和心理都有了较大的变化,生理上呈现第二个发育高峰,心理上有了自尊与被尊重的要求。总之,少年期是依赖与独立、成熟与幼稚、自觉与被动性交织在一起的时期。在消费心理方面具有以下特征。

1) 与成人比拟,独立性强

有成人感,这是少年消费者自我意识发展的显著心理特征。在主观上他们认为自己已经长大成人,就应该有成人的权利与地位,反映在消费心理方面,则是不愿受父母过多干涉,希望按自己的意愿行事,要求自主独立地购买所喜欢的商品,喜欢在消费品的选择方面与成年人相比拟。

2) 购买行为的倾向性开始确立,购买行为趋于稳定

少年时期由于对社会环境的认识不断加深,知识不断丰富,兴趣趋向稳定,鉴别能力提高。随着购买活动次数的增加,购买行为趋于习惯化、稳定化,购买的倾向性也开始确立。

3) 消费观念开始受社会群体的影响

少年消费者由于参与集体学习、集体活动,接触社会的机会增多,受社会环境的影响逐渐增加,其消费观念和消费爱好由主要受家庭影响逐渐转变为受同学、朋友、老师、明

星、书籍及大众传媒等社会因素的影响。

少年儿童象征着未来，所以无论在哪个国家，少年儿童在家庭和父母的心目中都有着突出的地位，形成了一支庞大的消费大军。各种儿童服装、食品、智力玩具及其相关服务琳琅满目，且越来越精致、高档。厂商针对少年儿童的广告是铺天盖地，少年儿童消费品市场也被许多的厂商所看好，这是个不可忽视的、潜力巨大的市场。研究与掌握少年儿童的消费心理特征，对于开拓这方面的市场潜力，提高企业营销效益非常重要。

二、青年消费者群体

青年是指由少年向中年过渡时期的人群。处于这一时期的消费者，形成了青年消费者群体。不同国家和地区由于自然条件、风俗习惯、经济发展水平不同，人的成熟早晚各异，青年的年龄范围也不尽一致。根据我国情况，青年消费者群体的年龄阶段在 15～35 岁之间。

1. 青年消费者群体的特点

青年消费者群体人数多，是一支庞大的消费市场。

青年消费者群体具有很强的购买潜力。青年消费者已具备独立购买商品的能力，具有较强的自主意识。尤其是参加工作以后有了经济收入的青年消费者，由于没有过多的负担，独立性更强，购买力也较高。因此，青年消费者群体具有巨大的购买潜力。

青年消费者群体的购买行为具有扩散性，对其他各类消费者都会产生深刻的影响。他们的购买意愿大多为家庭所尊重，年轻的父母以独特的消费观念和消费方式影响下一代的消费行为，且对他们的长辈也会产生极大的影响。

2. 青年消费者群体的消费心理

青年消费者群体的消费心理特征具体表现为以下几个方面。

1) 追求时尚，表现个性

青年人思维活跃，富于幻想，勇于创新，渴求新知，追求新潮，积极向上。这些心理特征反映在消费心理方面就是追求新颖与时尚，力图站在时代前列，领导消费新潮流，体现时代特征。他们总是对新产品有极大的兴趣，喜欢更换品牌体验不同的感受。青年消费者往往是新商品或新的消费方式的尝试者、追求者和推广者。

2) 突出个性，表现自我

处于青春时期的消费者自我意识迅速增强。他们追求个性独立，希望形成完善的自我形象。反映在消费心理上，就是愿意表现自我个性与追求，非常喜欢个性化的商品，有时还往往把所购买的商品同自己的理想、职业、爱好和时代特征，甚至自己所崇拜的明星和名人等联系在一起，并力求在消费活动中充分表现自我。

3) 崇尚品牌与名牌

青年的智力发达，有文化，有知识，接触信息广，社交活动多，并且总希望在群体活动中体现自身的地位与价值。随着自我意识的发展和机能的成熟,青年人追求仪表美、个性美,表现自我、展示自我的欲望日益强烈。反映在消费心理与消费行为方面,青年人特别注重商品的品牌与档次。在他们看来,名牌是信心的基石、高贵的象征、地位的介绍信、成功的通行证,追求名牌要的就是这种感觉。因而,青年人在购物时,虽然也要求产品性能好、价格要适中等,但对商品的品牌要求却越来越高。据有关调查统计,有49.2%的青年认为"要买就买最好的,要买就买名牌"。

4) 注重情感,冲动性强

青年消费者处于少年到成年的过渡阶段,思想倾向、志趣爱好等还不完全稳定,行动易受感情支配。上述特征反映在消费活动中,表现为青年消费者易受客观环境的影响,感情变化剧烈,经常发生冲动性购买行为。同时,直观选择商品的习惯,使他们往往忽略了综合选择的必要,款式、颜色、形状和价格等因素都能单独成为青年消费者的购买理由,这也是冲动购买的一种表现。

三、中年消费者群体

中年消费者群体一般是指35岁至退休年龄阶段的群体。中年消费者群体具有人数众多、负担重的特点,大多处于购买决策者的位置,且购买的商品既有家庭日用品,也有个人、子女、父母的穿着类商品,还有大件耐用消费品。因此,了解和把握中年消费者群体的心理特征,对企业进行正确营销决策具有重要意义。

1. 中年消费者群体的特点

(1) 人数众多。由于20世纪60年代中国人口生育高峰的影响,进入21世纪,正是这些人步入中年消费者行列的时间。因此,在人数上中年消费者众多,且分布均匀、广泛,在消费活动中具有重要影响。

(2) 处于购买商品决策者的位置。中年消费者由于其子女尚未独立,父母已步入老年行列,无论是一代家庭(无子女)或是二代、三代家庭,中年消费者一般都处于购买商品决策者位置。他们不仅决定一般家庭生活用品的购买,还决定家庭耐用消费品以及子女衣食、教育用品和老年人(特别是没有任何经济来源的老年人)衣食、医疗保健用品的购买。因此,中年消费者群体不仅掌握着家庭生活消费品购买的决策权,同时还左右着未独立子女及老年人消费品购买大权,在消费活动中处于重要的决策地位。

(3) 负担重。中年消费者处于抚养子女、赡养父母、专业定向、事业既成的阶段,生活负担沉重,家庭所必需的支出多,而经济收入一般不高(尤其是下岗职工),因此,消费购买受到很大制约。

2. 中年消费者群体的心理

1) 理智性强,冲动性小

中年消费者阅历广，购买经验丰富，情绪反应一般比较平稳，多以理智支配自己的行动，感情用事的现象不多见。注重商品的实际效用、价格和外观的统一，从购买欲望形成到实施购买往往是经过多次分析、比较后才做出判断，随意性小。

2) 计划性强，盲目性小

中年消费者处于青年向老年的过渡阶段，大都是家庭经济的主要承担者。因此，生活经济负担重，并且经济条件受到限制，这使他们养成了勤俭持家、精打细算的消费习惯，以量入为出作为消费原则，消费支出计划性强，很少发生计划外开支和即兴购买。

3) 注重传统，创新性小

中年消费者正处于"不惑"和"知天命"的成熟阶段，青年消费者身上的一些特点在他们身上逐渐淡化，他们内心既留有青年时代的美好岁月，又要做青年的表率。因此，希望以稳重、老练、自尊和富有涵养的风度有别于青年。

四、老年消费者群体

老年消费者一般指年龄在60岁以上的群体。随着社会生活环境的改善和卫生、保健事业的发展，世界人口出现老龄化的趋势，老年人在社会总人口中所占的比例不断增加。老年人是一个特殊的消费群体，老年消费市场是一个全世界都在关注的市场。老年消费者在生理和心理上同青年消费者、中年消费者相比发生了明显的变化。

1) 消费习惯稳定，对商品、品牌的忠诚度高

老年消费者在几十年的生活实践中，不仅形成了自身的生活习惯，而且形成了一定的购买习惯。这类习惯一旦形成就较难改变，并且会在很大程度上影响老年消费者的购买行为。

2) 商品追求实用性

老年消费者一般退休后，收入有所下降，他们心理稳定性高，过日子精打细算，其消费已不像青年人那样富于幻想，重视感情，购买商品常常把商品的实用性放在第一位，强调质量可靠、方便实用、经济合理和舒适安全。

3) 消费追求便利，要求得到良好的售后服务

老年消费者的生理机能有所下降，他们总希望购买场所交通方便，商品标价和商品说明清楚，商品陈列位置和高度适当，便于挑选，购买手续简便，服务热情、耐心、周到；也要求商品能够易学易用、方便操作，减少体力和脑力的负担。

4) 消费需求结构发生变化

随着生理机能的衰退，老年消费者的需求结构发生了变化，保健食品和医疗保健用品的支出增加，在穿着类和其他奢侈品方面的支出大大减少。满足个人的嗜好和兴趣的商品支出有所增加。

5) 部分老年消费者抱有补偿性消费动机

在子女成家立业，没有了过多的经济负担后，部分老年消费者产生了较强的补偿性消

费心理,在美容、衣着打扮、营养食品、健身娱乐和旅游观光等商品的消费方面,有着与青年人类似的强烈消费兴趣,以补偿那些过去未能实现的消费愿望。

6) 注重健康,增加储蓄

对于一些身体状况较差的老年人来说,健康无疑是他们最关心的问题。这些人一般更加注重保养身体较多购买医疗保健产品。此外,老年人退休以后,他们的收入有所下降。因此,随着年龄的增加,为了保证以后有足够的医疗支出,他们会更加节省以增加储蓄,为以后治疗疾病做更多的准备。

【案例4-2】 我国养老服务质量亟待提高

2015年重阳节的到来,让养老问题受到大众广泛关注。当前,"老龄化"已成为中国未来发展必须直面的现实问题。据统计,目前全国60岁以上老年人口已超过2亿,同时,每年有3%的人口进入老年人行列,老龄化高峰将在10到20年后来临。然而,社会各方从物质到心理等方面都未做好准备,中青年赡养老人的压力不断增大,这就需要提高养老服务质量。

养老设施和服务供给短缺。数据显示,我国65岁及以上老年人口在2014年已达1.37亿,占全国人口的10.1%。据预测,到2050年,我国65岁及以上的老年人口数量将达到4亿,占总人口将超过30%。与如此庞大的老年群体相比,我国养老服务业的发展并不乐观,养老设施和服务在数量和结构上存在供给短缺。截至2015年3月底,全国各类注册登记的养老服务机构31833个;机构、社区等养老床位合计达到584万张,相当于每千名老年人拥有养老床位数27.5张。根据《中国老龄事业发展"十二五"规划》,到今年年底每千名老人拥有床位数量将达30张。这意味着,养老机构只能为3%的老人提供服务。而发达国家的平均水平是每千名老年人拥有养老床位数50到70张。

同样,在家政市场上,养老护理员供不应求。目前,养老机构护理人员不到30万人,缺口高达1000万。业内人士表示,造成这一现象的主要原因一是按照传统的观点,大多数人认为养老护理员就是伺候人的,不受人尊重。社会上对这个工作不够重视,养老护理员与护士所做的工作有很多相似的地方,但前者的社会地位却远不如护士。

护理工作的收入较低也是人员短缺的因素之一。在老人能自理、护理员不用驻家的情况下,目前初级养老护理员的工资每月约在3500元左右。若老人不能自理,费用也不过4000元左右。同样是做服务,相比养老护理员,育儿嫂的收入就算得上"可观"。据了解,从事育儿工作的,基本都是每月4000元起步,带孩子经验丰富的、从业时间久的高级育儿嫂,每月收入能达到6000元到8000元,甚至更高。这导致养老护理人员加速向育儿服务流动。

当前,北京市老年人口呈现增长快、空巢化、高龄化、失能化趋势,随着家庭户规模日趋缩小,家庭赡养老人负担日益加重。北京市老龄产业协会秘书长臧美华表示,按照《北京市"十二五"时期老龄事业发展规划》有关规定,到2015年养老服务和居家养老(助残)

人员就业岗位需求将达到 25000 个。其中，居家养老服务需求所占比例超过 90%。居家养老护理员作为新兴职业，伴随着老龄化社会的到来，将面临着前所未有的发展机遇。

北京市老龄产业协会常务副会长吴世民表示，居家养老护理服务队伍整体素质不高、专业化程度不足、人员流动性大等问题，一直困扰着养老服务质量和服务水平的提升。培训数量充足、素质优良、技能精湛的居家养老护理人员，建设具有职业素质、专业知识和技能的居家养老护理人才队伍，是满足居住在家老年人的社会化服务需求，提高老年人生活质量的必要前提和保障。

据了解，为贯彻落实《北京市居家养老服务条例》有关规定，推进北京市居家养老服务人员职业化、专业化建设，培养具有职业素质、专业知识和技能的居家养老服务工作者，北京市民政局、市人保局、市财政局、市老龄办等将进一步落实居家养老护理员培训试点工作。

吴世民介绍道，目前现有居家养老护理人员总量严重不足，绝大多数人员未经过专业技术技能培训。开展试点后，经过培训的职业养老护理员将持证上岗，未来这支职业护理员队伍将满足全市 90% 居家养老服务需求，很大程度上减轻中青年赡养老人的压力。

(资料来源：新浪博客，2015.10.27)

【分析】 老年群体有特殊的消费习惯和消费需求，随着我国"老龄化"社会的到来，老年人的养老需求与养老设施和服务供给短缺之间的矛盾越来越突出。满足这方面的消费需求，提高养老服务的供给和质量，成为各级政府所面临的亟待解决的问题。

五、女性消费心理

女性消费者在购买活动中起着特殊重要的作用，女性不仅对自己所需的消费品进行购买决策，而且在家庭中承担了母亲、女儿、妻子和主妇等多种角色，因此，也是绝大多数儿童用品、老年用品、男性用品和家庭用品的购买者。据有关资料表明，在家庭用品购买中，女性完全占支配权的占到了 51.6%，与家庭协商时意见占主导地位的有 44.5%，合计达到 96.1%。所以，聪明的厂家和商家都十分重视研究女性消费者的购买心理，"摸准女人的心思，赚女人的钱"。由于女性消费者在消费活动中处于特殊的地位，因而形成了独具特色的消费心理。

1. 爱美心理

爱美心理是女性消费者普遍存在的一种心理状态。这种心理反应在消费活动中，就是无论是青年女性还是中年妇女，都希望通过消费活动既能保持自己的青春美，又能增加修饰美。因此，在挑选商品时，格外重视商品的外观和形象，并往往以此作为是否购买的依据。

2. 情感性心理

女性消费者在个性心理的表现上具有较强的情感性特征，即感情丰富、细腻，心境变化剧烈，富于幻想和联想。这种特征反映在消费活动中，就是在某种情绪或情感的驱动下产生购买欲望从而进一步产生购买行为。这里导致情绪或情感萌生的原因是多方面的，如商品品牌的寓意、款式色彩产生的联想、商品形状带来的美感及环境气氛形成的温馨感觉等都可以使女性萌发购买欲望，甚至产生冲动性购买行为。在给丈夫或男友、子女、父母购买商品时，她们的这种心理特征表现得更加强烈。

3. 攀比炫耀心理

一些女性消费者希望比别人富有或有地位，因此，除了满足自己的基本生活消费需求或使自己更美、更时髦之外，还可能通过追求高档次、高质量和高价格的名牌商品或在外观上具有奇异、超俗、典雅和洒脱等与众不同的特点的商品，来显示自己的优越地位和某种超人之处。

4. 注重商品的实用性

由于女性消费者在家庭中的地位及从事家务劳动的经验体会，使她们对商品的关注角度与男性有所不同。她们在购买生活日常用品时，更关注商品的实际效用，关心商品带来的具体利益。

5. 注重商品的便利性

现代社会，中青年妇女的就业率很高，她们既要工作，又要担负家庭的大部分家务劳动。因此，她们对日常生活用品的方便性具有强烈的要求。每一种新的、能减轻家务劳动强度、节省家务劳动时间的便利性消费品，都能博得她们的青睐。

6. 有较强的自我意识和自尊心

女性消费者一般都有较强的自我意识和自尊心，对外界事物反应敏感。在日常消费活动中，她们往往以选择的眼光、购买的内容及购买的标准来评价自己和他人。她们希望得到他人的认可和赞扬，肯定自己的判断力和鉴别力。购买活动中，营业员的表情、语调介绍及评价等，都会影响女性消费者的自尊心，进而影响其购买行为，她们一般不能容忍营业员怀疑自己的购买常识和能力。

7. 购买商品比较挑剔

很多女性消费者视购物为自己的本分和专长，并以此为乐趣。由于所购买的商品种类繁多，选择性强，竞争激烈，加之女性特有的认真及细腻等特点，使她们在购买商品时往往千挑百选，直到找不出什么"毛病"了，才会下决心购买。另外，女性消费者通常具有较强的表达能力、感染能力和传播能力，善于通过说服、劝告和传话等方式对周围其他消费者的购买决策产生影响。

【案例4-3】 赚女人的钱

无论是逛街、购物、动嘴巴，还是休闲、健身、做SPA，总之，商家认准了一条，"三八节妇女"即"购物节"。于是，在这样的节日里，什么"美丽有约""浓情寄语""亲情无限"，放眼望去，商家在各种动人的词语上真是做足了文章。可谓"暖风熏醉三八妇女节，商家笑赚女人钱"。

此情此景，年复一年地上演。对于苦苦寻觅着创业方向的投资者而言，这无疑是一种商机——快来赚女人的钱！

1. 一个人花五个人的钱

国内首家专业女性消费指导机构华坤女性生活调查中心，于2005年11月开展了"2005年度中国(8城市)女性消费状况"抽样调查，调查结果显示，77.3%的已婚女性决定着家庭"吃""穿"以及"日常用品"的选择和购买。

为什么女性会在消费市场传来比男性更具有影响力的"声音"？如果从消费对象考虑，女性在消费市场中的地位比较特殊，她们不仅对自己所需的消费品进行购买决策，而且也是家庭用品的主要购买者。在家庭中，她们同时承担着母亲、女儿和妻子等角色，她们也是绝大多数儿童用品、老年用品和男性用品的购买者。

那么未婚女性是否同样如此呢？上海一家炙手可热的百货公司老板向记者透露，他将商场的目标消费群体锁定在25岁左右的年轻女性，原因很简单，这个年龄段的女性一个人花五个人挣的钱，从自己到父母，再波及男朋友和其父母，这么多人一起消费，生意能不红火吗？

对于中间层，也就是正在操办着结婚的女性而言，消费更是占据着绝对的主动权。从事婚庆礼仪工作的杨蕾告诉记者："在婚庆消费过程中，哪些该花，哪些不该花，花在哪儿，花多少，99%都是新娘说了算；抱着一辈子只有一次的心理，一般而言也都选择花多一点，办好一点。"

2. 花钱心细、手快、耳朵软

心理学专家认为，女性在消费市场上的绝对地位也有其心理根源，女性在支配家庭消费的过程中往往能感到一种个性的释放，她们会觉得在家庭和社会中具有较高的地位。

实际上，从女性固有的心理特征上分析，女性的消费习惯确实有根可寻，有理可据。例如，女人都希望对生活保有新鲜感，尝试不同的生活方式，而最常见的实现渠道就是在服饰、发型和装饰方面翻花样。于是，"生命不息、逛街不止"。这句话代表了时下许多女性的消费理念，这也为创业者提供了赚钱的机会。

由于女性自身的特点，通常在选择商品时比较细致，注重产品在细微处的差别，通俗地讲就是更加"挑剔"，从这点上看，女士的生意并不好做。但创业者如果能在产品的设计和宣传上注重突出某些特点，就会吸引有某些偏好的女性消费者。

女人多愁善感的本质决定了她们无法摆脱的"小女人"的情绪化心态，有人说，女人是感性动物，这话不错。女性在消费时，除了关注商品的质量和价格等硬性指标，还容易被许多能影响其情感的软性因素所左右。这就是所谓的耳朵软。所以，创业者在做女性生意的时候，如果能关注女性的情感需求，从人性化和人情味的角度出发，拉近与消费者的距离，生意就已经成功了一半。

3. 女性市场无限再扩张

在商家眼里，女人就是一座金矿，可挖掘无限商机。女人身上的商机无非与美丽有关，尽管听似狭隘，其中却有百般商机。从市场上所有的女性消费品看，这类产品是可以循环开发的。夏天到了，减肥产品又开始了新一轮大战。每年各类策划大师们都要弄出很多新概念出来。但是减肥产品往往只能让你在短时期瘦下来，不知不觉又胖回去。于是第二年夏天继续减肥。因此，减肥产品也有了一年胜过一年的市场。又好比化妆品市场，技术上的更新不易，概念却是越来越多。

与其他商机相比，大多数产业项目在经营业绩上呈此消彼长的态势，而美丽产业的差异在于，在新的商机出现时，对于原有结构的冲击并不明显。近二十年的女性消费热点从服装、化妆、美容瘦身到整容，新热点不断出现，对前者并不会产生冲击，甚至有着相辅相成的效果。曾经，国人不知瑜伽为何物，现在各地的瑜伽馆风生水起，生意何止一个好字了得。但这并不影响其他女性行业的生存与壮大，例如在女装这一领域，在人们大呼此行业已经趋于饱和的时候，从洋装到唐装到休闲装，"门槛精"厂家、商家却已找到一片荫凉地，等着顾客上门了。

可见，这一市场是一个无限扩张的市场，作为创业者而言，对后期经营能力考验胜于前期项目选择的判断。

(资料来源：www.amoney.com)

【分析】 女性消费者群体占整个消费群体的一半以上，消费范围广，消费力强，对企业的经营具有重大意义。如何去赚女人的钱，首先要准确地把握女性消费者的心理。

第三节 消费习俗

一、消费习俗的特点与分类

(一)消费习俗的概念

所谓的习俗就是指风俗习惯。消费习俗是人们社会生活习俗中的重要习俗之一。它是指一个地区或民族的人们在长期的经济活动与社会活动中，由于自然的、社会的原因所形成的独具特色的消费习惯，主要包括人们对信仰、饮食、婚丧、节日及服饰等物质与精神产品的消费习惯。

(二)消费习俗的特点

消费习俗作为社会风俗的重要组成部分，具有以下特点。

1. **长期性**

消费习俗是人们在长期的经济活动与社会活动中，由于政治、经济、文化及历史等方面的原因，经过若干年，逐渐形成和发展起来的。一旦形成就会世代相传地进入人们生活的各个方面，稳定地、不知不觉地并且强有力地影响着人们的购买行为。

2. **社会性**

消费习俗是在共同的社会生活中相互影响产生的，是社会生活的有机组成部分，带有浓厚的社会色彩。其中某些具有较强社会性的消费习俗，由于受社会环境、社会意识形态的影响，也会随社会的发展变迁而不断的更新变化。如，随着国际交往的增多，"圣诞节""情人节"在中国盛行，而中国的"春节"等在国外也开始流行。

3. **地区性**

消费习俗是特定地区产生的，带有强烈的地方色彩，是和当地的生活传统相一致的，是当地的地方消费习惯。例如，广州人有喝早茶的习惯，四川当地人有吃辣椒的嗜好，北方人喜欢喝花茶，南方人喜欢喝绿茶等，都反映了消费习俗的地区特征。随着经济的不断发展，科学技术的日益进步，信息沟通的手段、范围、速度和内容的变化，使人们的社会交往范围不断扩大、频率不断增加，因此，消费习俗的地区性有逐渐淡化的趋势。

4. **非强制性**

消费习俗的产生、流行，往往不是强制颁布推行的，而是一种无形的社会习惯。它通过无形的相互影响和社会约束力量发生作用，具有无形的但强大的影响力，使生活在这里的人们自觉或不自觉地遵守这些消费习俗，并以此规范自己的消费行为。

(三)消费习俗的分类

消费习俗的形成与沿袭，既有经济、政治及文化的原因，又有消费心理的影响。因此，不同国家、不同地区和不同民族的人们，在长期的经济活动与社会活动中形成了多种多样的消费习俗。

1. **物质类消费习俗**

物质消费习俗主要是由自然、地理及气候等因素影响而形成的习俗，而且主要涉及有关物质生活范畴。物质消费习俗与社会发展水平之间具有反向关系，即经济发展水平越高，物质消费习俗的影响力越弱，这类消费习俗主要包括以下 3 个方面。

1) 饮食消费习俗

在我国，除了各地人们的口味习惯外，还有北方人以面食为主、南方人以大米为主的饮食习惯。这些饮食习惯基本上是受供应条件限制而形成的，但近年来随着经济发展、科技进步以及运输业的发达，这种地域限制造成的习俗差异越来越小。

2) 服饰消费习俗

我国地域广阔，大多数少数民族按地域不同而聚居，因此也形成了各具特色的服饰消费习惯。东南地区与西北地区的服饰就有很大的不同，如西北地区人们包头、束腰的习惯其他地区就没有；各少数民族的盛装打扮也是汉族所没有的。

3) 住宿消费习俗

受不同地区生活环境及经济发展水平差异的影响，人们住房建造与住宿方式也有很大的不同，例如，在西北牧业地区，人们习惯于住蒙古包。随着经济的发展，可移动的蒙古包越来越少，但是人们在建造固定住房和室内装修时仍习惯于采用蒙古包的建造装修方式；又如，在陕北地区，人们习惯于把住房建成窑洞式；东北地区居民喜欢使用玻璃等。

2. 社会文化类消费习俗

社会文化类费习俗特指受社会、经济及文化影响而形成的非物质消费方面的习俗。这类消费习俗较物质消费习俗具有更强的稳定性。

1) 喜庆性的消费习俗

喜庆性的消费习俗往往是人们为了表达各种美好愿望而引起的各种消费需求。如，我国的春节、西方国家的圣诞节等，是消费习俗中最主要的一种形式。

2) 纪念性的消费习俗

纪念性的消费习俗是人们为了纪念某人或某事而形成的某种消费习俗。如：我国的清明节，人们以扫墓祭祀祖先或烈士；在农历五月初五吃粽子纪念战国时期爱国诗人屈原；还有在正月十五闹元宵、中秋吃月饼等都属于纪念性的消费习俗。纪念性的消费习俗虽然具有浓厚的地区和民族性特点，但也具有相当广泛的影响，是一种十分普遍的消费习俗形式。

3) 宗教信仰性的消费习俗

宗教信仰性的消费习俗是由于某种宗教信仰而引起的消费风俗习惯。这类消费习俗的形成都与宗教教义和教规有关，因此，有极其浓厚的宗教色彩，并且具有很强的约束力，如，由宗教信仰而引起的禁食习惯和服饰习惯等。

4) 社会文化性的消费习俗

社会文化性的消费习俗是社会文化发展到一定水平而形成的，具有深刻的文化内涵。能够流传至今的文化习俗一般与现代文化具有较强的相容性。在我国较有影响的文化消费习俗主要是各种地方戏演出以及各具特色的文化活动，如，以山东潍坊为代表的北方地区的放风筝习俗；南北地区风格各异的舞龙、舞狮活动等。

二、消费习俗对消费心理的影响

从消费习俗的类型可以看出，消费习俗涉及的内容非常广泛，虽然随着生产的发展，社会的进步，新的消费方式给消费习俗带来了冲击，但其固有的特点仍然对消费心理产生了一系列的影响。

1. 消费习俗促成了消费者购买心理的稳定性和购买行为的习惯性

消费习俗是由于人们消费方式长期习惯性而形成的，对社会生活影响很大的消费模式。据此而派生出的一些消费心理也具有某种稳定性。消费者在购买商品时往往会形成习惯性购买心理与行为。比如，春节是我国广大消费者合家团聚、喜庆新春的传统节日，互赠礼品、亲友聚餐、购物逛庙会等已成为大多数消费者的传统消费模式。

2. 消费习俗强化了一些消费者的心理行为

由于消费习俗带有地方性，很多人产生了一种对地方消费习惯的偏爱，并有一种自豪感，这种感觉强化了消费者的一些心理活动，如，广州人对本地饮食文化的喜爱；各民族人民对本民族服饰的偏好等。

3. 消费习俗使消费心理的变化减慢

在日常生活的社会交往中，原有的一些消费习俗有些是符合时代潮流的，有些是落伍的。由于人们消费心理对消费习俗的偏爱，使消费习俗改变比较困难；反过来，适应新消费方式的消费心理变化也减慢了，变化时间延长了。有时生活方式变化了，但是由于长期消费习俗引起的消费心理仍处于滞后状态，迟迟跟不上生活的变化。

正是由于消费习俗对消费心理有极大影响，企业在从事生产经营时必须尊重和适应目标市场消费者的习俗特点。尤其是在进行跨国、跨地区经营时，企业更应深入了解不同国家、地区消费者消费习俗的差异，以便使自己的商品符合当地消费者的需要。

第四节 消 费 流 行

一、消费流行的概念

按《现代汉语词典》释义，流行，就是"广泛传布，盛行"；时兴，是"一时流行"；时尚，是"当时的风尚"，时髦，含有入时的意思，常用来形容人的装饰衣着或其他事物。流行产生的原因往往十分复杂，可能是由于科技的进步，也可能是舆论媒体、影视娱乐业的影响，还可能是消费观念、消费环境的变化。消费流行是社会流行的一个重要组成部分，是指在一定时期和范围内，大部分消费者呈现出相似或相同行为的一种消费现象。

具体表现为大多数消费者对某种产品或消费时尚同时产生兴趣和购买意愿，从而使该产品或消费时尚在短时间内成为众多消费者狂热追求的对象，消费者通过对所崇尚事物的追求，获得一种心理上的满足，此时这种产品即为流行产品，这种消费趋势也就成为消费流行。

中国改革开放以来，曾经出现过几次大的消费流行，如"西服热""喇叭裤热""牛仔裤热""君子兰热""呼啦圈热"等。近年来，市场上的流行风潮越来越多，流行变化的节奏也越来越快，加上宣传媒体的推动作用，消费流行已成为经常性的消费现象，并对消费者的心理与行为产生越来越大的影响。

二、消费流行的特点

消费流行具有以下几方面的特点。

1) 突发性和集中性

消费流行往往没有任何前兆，令人始料未及，随后迅速扩张，表现为大批消费者的集中购买。但随着人们的热情退却，流行产品很快受到冷落，无人问津。

2) 短暂性

一般来说，人们对某种事物的热情很难持久不衰，因此绝大多数消费流行注定也是短暂的。从某种意义上讲，流行也就意味着短暂。因为人们对流行商品的追求除了功能的实用外，更主要的是获取精神上的满足。因此，追求流行，也就是感受新事物，获得新体验，消费者重复购买的可能性不大。

3) 周期性

曾经流行过的商品，经过一定的时间，又可能再度流行。这在商品世界是一种十分普遍的现象。这种情况可能是受到某些因素的诱导，也可能是人们审美观念的复古。如前几年电影《花样年华》上影后带来的"旗袍热"。

消费流行作为一种市场现象，在整个社会中随处可见。我国自改革开放以来，曾经出现过几次大的消费流行，如"西装热""彩电热""装修热"等。随着经济的发展，人民生活水平的不断提高及商业促销活动的推动，不仅使消费流行风潮越来越多，而且，也使消费流行的节奏越来越快。此起彼伏的消费流行为企业超前把握消费潮流与趋向提供了可能，从而有利增强企业营销活动的主动性。

三、消费流行的影响因素

一种商品或服务能否流行起来，要受多种因素的影响和制约。

1. 生产力发展水平

消费流行是一种席卷全地区、全国乃至全世界的消费趋势。它必然要求市场上有大量的可供购买的流行商品或服务。在生产力水平低下时，作坊式的生产产量有限，很难满足人们突然爆发的对某种商品的狂热需求。只有生产力高度发达时，先进的科学技术将生产力带入自动化、电子化、信息化时代。四通八达的交通可以使商品传送到世界的每一个角落,这时消费流行才成为可能。

流行信息的传播也需要相应的通信技术为载体。在科学技术高度发达的今天,无线通信、信息高速路的建立,使信息的触角无所不在。一个地区的流行趋势很快便可成为全球的流行趋势。例如,在美国刚刚上映的新片,国内的影迷们很快就可以从网上得知。此外,一种消费时尚的流行也与社会经济形势的发展变化及波动紧密相关。

2. 人们的消费水平

马斯洛在"需求层次论"中提出,人们只有满足了低层次的需求后才能转向较高层次的需求。消费流行是与消费者求新、求变、求美的心理紧密相连的,属于较高层次的需求。在消费水平比较低的情况下,人们还在为满足生存和安全等低层次的需求疲于奔命,即使有拥有流行商品的欲望,但出于囊中羞涩,往往无法构成有效需求。只要当人们不再担心"房子和面包",消费水平达到一定层次时,人们才开始关注流行趋势,购买流行商品。

此外,从群体的角度而言,消费流行形成的基础是存在大量竞相购买的消费者,所以商品只有处于大部分消费者的购买能力之内,才有可能大范围的销售,并成为流行商品。可见,全社会整体消费水平的提高是消费流行存在的必要条件。

3. 消费者求新、求变的心理

在一定生产力发展水平和消费水平下,为什么有些产品遵循正常的产品生命周期,而有些产品却经历大起伏成为流行商品呢?首先,消费流行同时是一种社会心理现象,它反映了消费者渴望变化、求新、表现自我的心理需要。如果某种商品不能给众多的消费者以新的刺激,不能达到消费者标新立异、赢得威望、自我彰显的目的,那么这种商品就很难得到消费者的积极响应和购买。

4. 销售者的宣传

某些消费流行的发生是出于商品生产者和销售者的利益。他们为扩大商品销售,努力营造出某种消费气氛,引导消费者进入流行的潮流之中。如法国巴黎是世界时装的窗口,这里发布的时装款式经常代表了下一季度世界时装流行的趋势。而这些流行趋势,主要是时装生产者和销售者为扩大经营,借助巴黎这一国际时装中心的"权威性"影响,引导和推动众多消费者追随形成的。

【案例4-4】 流行对消费者心理的影响

快过年了,家里该准备的东西还没准备好,艾艾有点着急。今天是星期日,正好全家都休息,所以艾艾决定带着丈夫和孩子去商场购置一些年货,顺便给孩子买身新衣。一个小时以后,年货就备齐了,艾艾全家来到商场的服装区。环视了一周以后,她对身旁的丈夫说:"看来今年的女装市场仍然是中式服装的天下。"艾艾这样说是有感而发的,因为

2000年电影《花样年华》中张曼玉身着旗袍的曼妙身姿，使具有小资情调的旗袍在服装市场上着实"热"了一把，凡是对自己的身材有点信心的女性，几乎每人都拥有一件。2001年的APEC上海峰会则又引发了"马褂热"，APEC领导人身穿"唐装"亮相，掀起了国人"穿中国人自己的服装"的热潮。去年春节艾艾就为全家一人买了一件"唐装"，算是赶了一回时髦。今年她本来只打算给女儿添置新装的，但是看到服装展示台上五颜六色、式样各异的绣花外套和盘扣小袄后，她突然改了主意，精心为自己和女儿挑选了一大一小两件绣花小袄，然后，一家人才满意而归。

(资料来源：耿黎辉，消费心理学，成都：西南财经大学出版社，2005)

【分析】促使艾艾临时改变主意的原因，是她作为消费者趋向于购买时尚产品的心理。在艾艾的心目中，凡是流行的、合乎时尚的，都是好的、美的、漂亮的、新颖的。正因为如此，商场具有复古风格的时装才会成为艾艾眼中的最爱。

四、消费流行的内容

消费流行的内容十分广泛，可以分为物质流行和精神流行。两者可同时进行，也可各自单独进行。从一般社会因素分析，消费流行的内容可以归纳为以下3个方面。

1. 物质的流行

物质的流行是指某种产品或服务的流行，它涉及消费生活中衣、食、住、行的各个方面。例如时装、发型、装饰品、化妆品、烟酒、保健食品、鞋帽、汽车、家具和耐用消费品、住宅等。在物质流行中广告宣传起着特别重要的作用。

2. 行为方式的流行

行为方式的流行表现为人们行为活动的各方面，如迪斯科舞、霹雳舞、太空舞、街舞等的流行。它受社会行为观念、文明程度等环境因素的影响较大。例如各种快节奏舞曲的流行，就与人们开始逐步习惯于高频率、快节奏的生活观相适应。

3. 观念的流行

观念的流行是指由某种共同心理取向所反映出的思想、观念、风气等的流行。流行歌曲、畅销书等就属于这一类。《富爸爸，穷爸爸》一书出版当年就创下300万册的销售奇迹，这与国人对财富的认同和渴求心理密切相关。近年来兴起的吉祥数字热，也是消费者观念的一大转变。过去分文不值的电话号码，如今由不同数字组成的所谓吉祥号码，现在竟可卖出几万元的高价。用吉利谐音直译出的"可口可乐""金利来"等商品的大量出现，也正是因为它们迎合了消费者的心理意识。

上述几方面的流行相互之间并不是独立存在的，而是互相影响、互相制约的。思想观念方面的流行，往往是物质流行和行为方式流行的基础，而物质流行与行为方式流行又是观念流行的直接表现。

五、消费流行的周期

无论何种方式的消费流行，都有其兴起、高潮和衰落的过程。这一过程常呈周期性发展，具体分为酝酿期、发展期、高潮期和衰退期，具体为：

(1) 酝酿期。流行商品由于其特色和优越的性能，开始引起有名望、有社会地位及具有创新意识的顾客的注意，进而演变为某种由心理因素形成的兴趣，直至采取购买行为，并对社会产生示范作用。这就是消费流行的酝酿期。

(2) 发展期。新商品由于早期被采用，加之企业的促销努力，引起大众的注意和兴趣，被一般的顾客所认同，许多追求时尚的顾客竞相仿效，迅速掀起一种消费流行浪潮，对市场形成巨大的冲击。这就是消费流行的发展期。

(3) 高潮期。当消费流行在一定的时空范围内成为社会成员的共同行为和最普遍的社会消费现象时，消费流行则进入了高潮期。

(4) 衰退期。当某一流行商品在市场上大量普及，缺乏新奇感时，就会使顾客的消费兴趣发生转移，使流行商品在一定时空范围内较快地消失，即进入消费流行衰退期。

消费流行的这一周期性现象，对企业而言有重要意义。生产经营企业可以根据消费流行的不同阶段，采取相应的策略。在酝酿期，通过预测洞察消费者的需求信息，做好宣传引导工作。在高潮期内，购买流行商品的消费者数量会大大增加，商品销售急剧上升，此时企业应大力加强销售力量。总之，企业应针对流行的不同阶段的特点采取相应的策略。另外，还应看到，随着技术和产品更新的加速，消费流行的周期会越来越短。为此，企业应及时调整营销策略，以适应流行变化节奏越来越快的要求。

六、消费流行与消费心理的交互影响

(一)消费心理对消费流行的影响

1. 个性意识的自我表现对消费流行的影响

渴望变化，追求新、奇、特，愿意表现自我等都是人对个性意识追求的具体表现。消费流行正是这种追求的结果。每当一种新商品或新的消费方式出现时，就会以它独特的风格引起顾客的注意，产生兴趣，形成消费流行。自我表现欲望越强的，求新、求变的愿望就越迫切。随着时间的变化，人们对原有的商品或消费方式开始产生心理上的厌倦，为了消除种种厌倦感，必然追求新的商品和消费方式，如此循环往复、永无止境。

2. 从众和模仿心理对消费流行的影响

任何一种消费行为要形成消费流行，必须在一定时空范围内被多数人认同和参与。而在社会实践活动中，人们往往认为凡是流行的、合乎时尚的，都是好的、美的，于是纷纷效仿，加入潮流中来。个体在行为上为服从群体并与群体中多数人保持一致的从众心理和个体自觉接受群体行为规范的模仿心理，是消费流行产生的重要心理条件。

(二)消费流行对消费心理的影响

1. 消费流行引起顾客认知态度的变化

通常情况下，当一种新产品或新的消费方式出现时，由于顾客对它不熟悉、不了解，往往会抱有怀疑和观望的态度，然后，通过学习、认知过程来消除各种疑虑，决定购买与否。由于消费流行的出现，大部分顾客的认知态度会发生变化，怀疑态度取消，肯定倾向增强，学习时间缩短，接受时间提前。

2. 消费流行引起顾客心理的反向变化。

在正常的生活消费中，顾客往往要对商品进行比较和评价后，再决定是否购买。但是，在消费流行浪潮的冲击下，常规的消费心理会反向的变化，如：一些流行商品明明价格很高，顾客却毫不计较，慷慨解囊；相反，原有的商品，尽管价格低廉，却无人问津。

3. 消费流行引起顾客心理驱动力的变化

就顾客的购买行为而言，直接引起、驱动和支配行为的心理因素是需要和动机。在通常情况下，这些购买动机是相对稳定的。但是，在消费流行的冲击下，顾客多对流行商品产生盲目的购买驱动力。

4. 消费流行引起顾客消费习惯与偏好的变化

由于顾客长期使用某种商品，对该商品产生特殊的好感，习惯地、反复地购买该商品，还会在相关群体中进行宣传，形成惠顾动机。但是，在消费流行的冲击下，惠顾动机也会动摇，"喜新厌旧"，转而购买流行商品。在消费流行的冲击下，顾客由于生活习惯、个人爱好所形成的偏好心理，也会发生微妙的变化，社会风尚的无形压力会使顾客自觉或不自觉地改变原有的消费习惯和消费偏好。

【案例4-5】 时尚消费

时尚作为一种社会心理现象，一直是驱动消费的重大商业元素，能够创造出大市场的商业价值。时尚消费是大众消费中最具生命力、最有情感因素参与的消费形式。而在当今中国，"时尚消费"已经蔚然成风，这对企业和商家来说，无疑是一个空前的机遇，如何针对消费者追求时尚的心理，在设计中，把握住流行的趋势，进行时尚化的设计，毫无疑问能吸引消费者的眼球。

时尚消费是一种消费行为，一种生活方式，更是一种消费文化。其中，蕴含着不同的审美心理。时尚消费是在消费活动中体现的大众对某种物质或非物质对象的追随和模仿，是人们对于消费活动的时尚张扬。它既是一种消费行为，也是一种流行的生活方式，是以物质文化的形式而流通的消费文化。因为，它的载体不仅是物质的，更多的是有深刻的文化内涵。时尚是思想上、精神上的一种享受，它不仅体现了个人的消费爱好，更主要的是体现了一个人的价值观念和审美心理。在消费活动中追求时尚是社会进步的一种表现。

许多消费者希望与众不同(尽管不一定要标新立异)。时尚的社会学模型认为，时尚在一开始被亚文化群体接纳，再在整个社会扩散。从接受周期长短比较，时尚(fashion)介于经典(classic)和时髦(fad)之间。

时尚往往发源于社会较高阶层，然后渐渐成为较低阶层的参照。而一旦完成了这种过渡，较高阶层就会放弃这种旧时尚，创造或采纳新的时尚，从而继续保持在消费形式上与较低阶层的区别和距离。时尚消费是"示同"和"示异"的结合。所谓"示同"，就是借消费来表现与自己所认同的某个社会阶层的一致性；所谓"示异"，就是借消费显示与其他社会阶层的差异性。时尚消费使消费者获得了一种"群体成员感"。它使消费者获得了一种具有了进入某个"时髦社会圈"的门票的感觉，从而摆脱了对"落伍""不合拍""乡巴佬"等"社会污名"的恐惧。对于那些天性不够独立但又想使自己变得有点突出不凡、引人注意的个体而言，时尚是真正的表演舞台。

在中国，更多的情况是由国外"吹"进时尚的潮流，时尚与"崇洋"往往关联。大众媒体将时尚信息传播到社会所有阶层，扩散过程则发生在群体之间，而与社会经济地位没有太大关系。时尚实质上是一种标签，通过物质消费来实现个人某种价值的一种体现。在中国城市居民参与的业余休闲活动中，消费类时尚活动(如玩网络游戏，去游乐场狂欢，泡吧，去美容院护肤等)的参与频率要远远高于具有文化内涵的时尚活动，(如看画展、参加博物馆、听音乐会等)。而前者则都是服务商通过商业宣传或商业活动传递出去的。比如，时尚服装的流行，崇尚优越的身份和地位、对新奇事物的追求、对方便生活的向往或是出于商业目的的人为创造等，都是产生流行的原因。但是，最根本的一点是由于人们心理上往往存在两种相反的倾向：一种是想与众不同，希望突出自我，不安于现状，喜新厌旧，不断追求新奇和变化的求异心理；另一种是不愿出众，不想随便改变自己，希望把自己隐藏在大众之中，安于墨守成规的从众心理。

随着经济的发展，生活水平的提高，以及西方社会思潮的影响，中国人自我意识不断增强。美容消费、时装消费、文化娱乐消费等等呈现关注自我、满足自我个性需求的时尚消费特点。时尚消费中个人情感色彩更加浓厚。商家营销策略必须更加迎合消遣性的特点，才能制定出与时尚消费相吻合的营销方案。如服饰文化中，从鞋的变迁可看出时尚消费的短期性，火箭式、方头式、马靴式、高跟式、风水轮流转，来去一阵风。这种短平快的时尚消费使企业不得不跟上形势，不断地开发出新产品以适应多变的市场需求。

在时尚消费中，广告是开路先锋，补钙补锌的大幅度宣传、送礼只送脑白金的无休止灌注等，它们都在刺激着、引领着大众时尚消费欲望。第二是自然欲望。皮鞋油广告将拥有油光可鉴的皮鞋与拥有少女的青睐相连；洗发露广告则将一头爽滑亮泽的乌发与众多男士的注视相连等。第三是群体欲望。这是指种族的群体经验经过代代相传成为某种历史积淀的集体无意识。例如对于健康和幸福的渴望，对于青春和生命的憧憬，对于力量和威望的崇拜。以上特点，为营销的心理战术提供了理论依据。消费者购物活动的过程，也是营销人员与消费者交往沟通的过程。营销人员要把握时尚消费的情感走向，自发调节心理状态和控制情绪，做好时尚消费的营销工作。

虽然媚俗是对时尚大众趣味的趋从和附合，但它并不是被动的，时尚流行是通过创造时尚消费者的需要和趣味而实现的。时尚是驱动消费的重大商业元素，能创造出很大的市场商业价值，所以，开发创造时尚之源是国际大公司追求目标，设计师必须牢牢掌握时尚的特点，才能赢得消费者。

(资料来源：百度百科)

本 章 小 结

本章主要介绍了消费者群体的消费心理及消费习俗与消费流行。不同年龄的顾客群体有着各具特色的消费心理及购买行为。儿童消费者群体消费心理：消费需求逐渐由本能的生理性发展为有自我意识的社会性的、从模仿型消费逐渐发展为带有个性特点的消费、消费心理从感性逐渐发展为理性消费。少年消费者群体的消费心理特征有：与成人比拟，独立性强、购买行为的倾向性开始确立，购买行为趋于稳定，消费观念开始受社会群体的影响。青年人经济上日渐独立，他们是时尚消费的主流，喜欢追逐新事物，消费心理特征有：追求时代、表现个性、突出个性、表现自我、追求实用、表现成熟、注重情感且冲动性强。中年消费者群体的消费心理特征有：理智性强，冲动性小、计划性强，盲目性小、注重传统，创新性小。老年消费者群体的消费心理特征有：消费习惯稳定，消费行为理智，商品追求实用性，消费追求便利，要求得到良好的售后服务，消费需求结构发生变化，具有较强的补偿性消费心理。女性消费者群体的消费心理特征有：爱美心理、情感性心理、攀比炫耀心理、注重商品的实用性、注重商品的便利性、有较强的自我意识和自尊心。农民的消费心理有实用性的消费动机较为普遍、求廉动机较强烈、储备动机比较明显、受传统习俗的影响深刻。

消费习俗是指人们在长期的经济活动与社会活动中约定俗成的消费习惯；消费流行是指在一定时间和范围内众多顾客追求某种商品或时尚的消费趋势。随着社会的发展，人们的消费观念不断变化，消费内容越来越丰富多彩，消费流行变化的节奏越来越快，生活方式也越来越现代化。

自 测 题

1. 简述消费者群体的概念与特征。

2. 简述少年儿童消费者群体的消费心理特征。
3. 简述中年消费消费者群体的消费心理特征。
4. 简述老年消费者群体的消费心理特征。
5. 简述女性消费消费者群体的消费心理特征。
6. 简述消费流行发展所经历的阶段。
7. 消费习俗有哪些类型?
8. 消费流行和消费习俗是如何影响消费者的行为的?

案 例 分 析

从"玫瑰婚典"看一个婚礼时尚品牌的走红

"玫瑰婚典"作为1998上海旅游街推出的一档大型主题活动,一度轰动沪上。而今在主办方和参与者的共同培育下,"玫瑰"越开越美,已逐渐成为一个颇受新人们欢迎的婚礼时尚品牌。

99玫瑰婚典更是走出上海,"开"到了南京、杭州、无锡、苏州、宁波、绍兴等地,在各地掀起了报名应征的热潮。为何会有如此的"玫瑰效应"? 在为新人带来值得回味的爱情见证的同时,它又给企业界怎样的启迪?

结婚是爷爷奶奶、爸爸妈妈代代相传的事,上海平均每年有8万对新人步入婚姻的殿堂。结婚是老传统,有许多老规矩,而现在的新人对如何结婚却有自己的想法。老式的婚礼太烦琐,光摆婚宴太单调,旅游结婚没方向,当然最头痛的就是婚事筹备太烦人,劳神伤财,能不能两全其美呢?

"玫瑰婚典"应运而生。它源于传统,又体现了时代特征,契合了现代新人们的心理,它既是对传统婚礼文化的继承,又是对新型文化的一种创造。

"玫瑰婚典"只有一个,但是它却带动了相当的关联产业。据估计,上海人的婚事市场每年潜藏着上百亿元的商机。由于婚礼需求的多面性,造成这一市场相当分散。"玫瑰婚典"推出后,分散的市场被集中起来。这一品牌后所蕴含的无限商机,成为吸引众多厂商竞相参与的重要原因。

介入其中的有与婚事直接相关的婚纱影楼、珠宝行、酒楼宾馆及出租车公司等,还有由此引发的旅行社、旅游度假区,乃至于财产保险公司等。浦东发展银行1999年与"玫瑰婚典"组委会联合推出的"世纪相伴"玫瑰婚典个人金融业务,向新人提供购房、装修、旅游、助学、综合消费等信贷业务,实现了婚礼文化与金融文化的全新结合。

"玫瑰婚典"正越开越"盛",但它也面临着新课题:如何满足新人们各自不同的需求,如何为新人们提高文化附加值。于是,又有了水上"玫瑰婚典""空中玫瑰婚典",……爱的路上有"玫瑰",一路上很美。

(资料来源:作者根据相关信息整理。)

思考题

1. "玫瑰婚典"为何受到青年人的追捧？
2. 从当今流行的一些时尚消费看青年人的消费心理具有哪些特点？

阅读资料

女性主宰消费，电商怎么赚女人的钱？

在移动互联网时代，各种各样纷繁复杂的平台化商业模式中，有一种非常基本的也非常有效的商业模式，那就是立足于一个垂直细分的客户群，给他们提供优质的、平台化的、支持性的服务，转化成企业的盈利，这样的商业模式深入而实在。面向女性群体的平台化商业模式，就是这样的例子。

事实上，女性消费群体在移动互联网的世界中将发挥越来越重要的作用。调研数据表明，第一，女性用户天生喜欢社交，微博中67%的用户是女性用户，而微博里80%以上的内容，都是女性消费者感兴趣的娱乐、情感、星座等话题。第二，女性用户对于移动互联网的一些付费业务，比如付费视频和付费阅读的兴趣明显强于男性用户；第三，女性用户更喜欢使用手机，而且她们更换手机的频率也明显要高于男性；最后一点也许也是最重要的一点，这个世界上80%的消费决策都是由女性做出的。《经济学人》甚至发明出了一个新的词汇"女性经济"来表明女性对商业世界的征服。

在中国家庭中，妻子掌握财务大权的约占40%以上，这些女性控制了国内60%的消费营业额，决定了76%的家庭购买力。进一步细分的资料显示，女性在购买家居用品、购房、度假计划等方面有90%以上的决策权；在银行开户、日常消费、保险、家庭装修等方面有80%以上的决策权；在家庭买车等方面有60%以上的决策权；在采购电子产品等方面有50%以上的决策权……简单地说，女性正在独揽消费大权。因此女性的消费市场的容量相当可观，仅以母婴市场为例，这个市场尽管是面向婴幼儿，但是，我们知道消费的决策权是在女性手里。这个市场规模接近1万亿元，并且保持着每年20%左右的复合增长，甚至超过了国内家电市场的规模。

考察一些更细致的女性消费行为，会对她们了解更多。据一项覆盖了1600名针对18岁到34岁的移动互联网女性用户的调研发现，其中过半的女性消费者花在网上聊天的时间比跟人面对面的交谈更多，她们中间有31%睡觉的时候会拿着智能手机，26%的人半夜会起来读短信或者微博，56%把短信、微博或者即时通信作为与人交流的主要方式，39%沉迷于社交网络，84%认为每天都应该更新状态，63%的人把社交网络用于工作上的沟通，78%每天多次刷新别人的页面，50%通过社交网络或即时通信工具告诉别人自己正在做的事情。所以总体而言，女性更容易沉迷于移动互联网的世界。

女性在社交网络和智能手机应用中的活跃性，说明女性与更多人存在共震的网络关系，一旦有消费的好消息会立刻地跟旁边的朋友、同事、亲人进行分享，进而通过这些受影响的人再去影响其他人。因此总体而言，以细分女性市场为目标，以社交、电子商务、移动互联网为载体的平台化商业模式也必然应运而生。在中国市场，女性群体已经成为电子商务最活跃的人群，女装、鞋包、化妆品、饰品、家纺、美食已经成为网购市场的最热门领域，各类女性网购联盟、电商平台以及网店的出现为女性社交化电子商务增添了各种活力，而女性社交化网站的发展也牵动着国内女性电子商务的命脉，成为女性电子商务发展中必不可少的力量。

面向女性群体这样的垂直专注平台，它的盈利模式包括三类。第一类我们叫作电商型盈利模式，非常典型的就是实现女性群体与电子商务网站的衔接，比如说化妆品网站天天网，就是一个以女性用户为主导的电子商务网站，它采用的是品牌代理模式，售卖主流的化妆品品牌，采用"网站+目录"的营销模式，每客单价接近300元，70%为女性用户。再比如说由知名主持人李静创办的"乐蜂网"。"乐蜂网"也是面向女性群体销售时尚、化妆品为主导的一个电子商务网站。第二类盈利模式则主要是广告性盈利模式。相较于男性，女性更容易受到商品的口碑、打折、质量承诺、朋友推荐的影响。女性用户更加喜欢点击自己的喜欢的网络广告，比男性要高出10%左右。那么在广告形式方面，女性用户也非常偏爱网络视频广告，而且在电视、路牌、公交车等传统线下广告的接受程度上也高于男性。在家庭中女性比男性拥有更多的电视机掌控权，她们也喜欢订阅页面精美的时尚画册，她们也有相当多的时间花在微博、SNS的渠道上，因此她们是企业广告主不可放弃的目标用户群。

广告投放的方式有很多种，当前面向女性群体的垂直性平台，越来越多通过交互型的模式来进行广告的投放。以"美丽说"为例，"美丽说"与一系列的化妆品品牌开展了线上的推广活动，平台帮助广告主建立官方账号，建立自己的美丽传播地盘，然后通过一系列的试用活动、达人分享、线下活动而激发女性群体对于新产品的兴趣。这一类的线上线下结合、互动性的广告模式也越来越成为这种垂直性平台主要的盈利模式。以腾讯女性频道为例，服饰类的凡客、食品类的蒙牛、交通类的宝马、网络服务类的九九健康网、化妆浴室用品的香奈尔、食品饮料的康师傅等，都成为这种垂直型平台的主要广告主。

VIP的增值服务主要面向女性群体，可以让她实现特权性的自持性服务，比如信息咨询或个人资料的美化等。那么这一类的增值服务的模式，不仅对于女性群体，在所有类似的垂直专注型平台中是非常常见的。比如面向婴幼儿幼教市场的摇篮树，会定向地向参与购买这种服务的家长，提供一些特定的评测和幼教的一些服务。此外，还可以看到比如像游戏类垂直平台，花钱购买VIP的用户往往可以拥有一些额外的特权，比如说一个尊贵的称号、头像、或者是更便利的一些参与游戏的条件等。

(资料来源：沈拓，《天下网商》，2013.08.19)

第五章

商品因素与消费心理

学习目标：通过本章的学习，掌握影响新产品购买行为的心理因素，熟悉商品命名的心理要求，熟悉商标和包装的心理功能；掌握新产品设计、商品命名、品牌、商标及包装设计的心理策略。

关键概念：新产品(new production)　商品命名(commodity naming)　商标(trademark)　商品包装(commodity packing)

引导案例：

<blockquote>

"反常思维"的创意

日本一造纸厂，每天都要产生大量的纸浆废液，如何处理掉这些废液，以避免污染环境呢？厂里召集职工开展了"头脑风暴"式的研讨活动，但大多数人提出的都是诸如"提高炉温""把废液烘干""加入燃油一同焚烧"等普通的提案，这些提案经试验后全都没有价值。后来有一位普通职员提供了一项"反常思维"的创意，就是"将砂子混入纸浆废液，从炉子下方喷入空气，使之燃烧"。这项创意，似乎非常荒谬，因为砂子并非易燃物，怎能助燃呢？该厂的科研人员抱着"试一试"的心理，进行了试验。结果却出人意料，废纸浆燃烧得非常充分，效果出奇的好。原来从下方喷入空气后，飞砂可使废浆化为细微的粒子，由于与空气的接触面积大，所以也易于燃烧。此后，这种新型的"流动炉"便告诞生，并很快地在全世界普及开来。兼营这种炉子的造纸厂当然也获利甚丰。

一种新的商品的出现及在市场上能受到消费的接受和欢迎，取决于该种新商品能否很好地满足消费者的心理要求，同时和商品有关的商品名称、商标和包装与消费者的心理需求也有一定的关系，本章要研究的就是这些方面的内容。

（资料来源：作者根据相关信息整理。）

</blockquote>

第一节　商品设计与消费心理

一、消费者对新商品的心理要求

新产品在生产制造、进入市场之前重要的是设计过程。从市场营销的角度来看，新产品设计是开发创新产品的第一步。而怎样设计、如何设计新产品，使新产品在市场上取得成功，则首先有赖于对新产品的认识。

1. 新产品的特点

新产品是一种笼统的说法，是相对于旧产品而言的。与旧产品相比，各种新产品的新异程度不同，存在较大的差异。一般来说，新产品具有以下特点：①新产品具有新的原理、新的结构，或者改进了原有产品的结构。②新产品采用了新的材料和元件，这些新的材料和元件在性能或经济方面优于原产品。③新产品具有性能方面的先进性。④新产品具有新的用途和市场需要，具有实用性，能向系列化及成套化发展。

2. 消费者接受新产品的心理过程

消费者主要通过购买和使用来完成对新产品的评价、认可和接受。消费者接受新产品的心理过程符合人的心理活动的一般过程，即包括认识过程、情感过程和意志过程。但是，这一过程也反映出一些特殊的、具体的心理活动的特点。消费者接受新产品的心理过程一般需要经历以下几个步骤。

1) 知觉新产品

作为一种新产品，首先必须要为消费者所知觉，这是消费者接受新产品的开始。消费者的知觉主要来自外界多种信息的刺激。大量有关新产品的广告宣传，可以增强对消费者的刺激。

2) 确立购买动机

消费者对新产品的渴望引起了需要心理，在一定强度的刺激作用下，就形成了购买新产品的动机。确立新产品购买动机会受到一定的阻力，这是因为使用新产品将意味着原来的消费方式和行为要发生某种改变。只有增强和唤起对新产品的需要，才能促使购买动机的形成。

3) 尝试新产品

消费者在购买产品前，往往希望亲自试用一下新产品，以取得亲身的体验。这种尝试一般有两种方式：一是尝试性的少量购买，取得经验后再作出是否大量购买的决策；二是对于不具备少量购买和试用可能性的产品，很多消费者会向已经使用过这种产品的人咨询，以分享他人的经验，并作出是否购买的决策。

4) 评价新产品

尝试之后是消费者对新产品的评价。评价是根据消费者的各种印象作出的，评价的结果直接关系到他对该产品的最终接受程度。评价过程同时也是消费者消除对新产品疑虑的过程。评价的结果可以是满意或不满意，也可以是基本满意或基本不满意。

5) 决定是否接受新产品

这是消费者接受新产品过程的最后阶段。消费者根据自己对新产品的评价，作出接受或拒绝该产品的决定。接受则可能随之发生购买，拒绝则可能暂时或永久不买。至此，整个过程结束。

3. 消费者对新产品的心理要求

消费者对新产品的需要是购买过程的第一步，所以新产品设计必须从消费者的需要出发。一般来说，消费者对新产品的心理需求主要有以下几种：

(1) 方便实用。此功能是指新产品具有可靠的功能，产品在使用过程中应当便捷，操作要简单，其基本效用有保障，在使用过程中省时、省力，维修、保养、移动位置都比较方便。

(2) 经济耐用。经济是指新产品的价格要合理，使用成本不高。如空调的经济性包括相同规格产品的价格最低、耗电量低、制冷量高等多种指标。耐用性是指产品要经久耐用，使用寿命要长，质量稳定性要好。一般来说，经久耐用的产品其价格较高，而价格低廉的产品耐用性较差，消费者所追求的经济耐用目标依产品不同而不同。

(3) 安全舒适。新产品要能够保证使用者的身心健康，要保证其无毒、无害、无污染等无任何副作用；在使用过程中能充分适应人体的生理结构和使用要求，减轻人体的劳动强度，同时增加心理上的快感和愉悦。例如：对书桌、椅子等家具的设计，要考虑适合使用者的年龄、身高；对服装的设计要考虑年龄、性别、体型等特点，设计出各种型号，使人穿着得体、舒适。

(4) 审美情趣。新产品要能引起消费者的审美情趣，对环境或人体起到美化作用。消费者选购产品不但重视它的使用价值，而且也关心它的美学价值，希望通过购买与使用产品能够获得美的感受，所以，他们对产品的外观、造型、款式、色彩、图案等都要进行评价，并直接影响到对产品的取舍。当然，审美情趣也会因人而异，同时具有时代特色。

(5) 突出个性。社会的进步使人们的个性得到了更加充分的解放，消费者希望通过具有独特个性的新产品来满足个体的个性心理需要。如用设计独特、使用巧妙的商品体现聪明智慧和创新精神；用价格昂贵、款式豪华的商品显示身份高贵和地位显赫等。

(6) 体现时尚。科学技术的发展以及消费者普遍具有的求新、求美、求变、从众、趋同等心理倾向，使时尚性商品层出不穷。追求时尚已经成为一种社会风气。如果某种产品成了时尚产品就会有众多消费者争相购买，但是流行期过去后，这种产品就会受到消费者的排斥。研制开发新产品的目的是为了满足消费需求，为了能使新产品适销对路，尽快为消费者所接受，就必须研究新产品设计中的消费心理。

【案例 5-1】 新产品——易捕器

一些投资者从专利发明人那里购买了一种改进的专利捕鼠器，成立了易捕公司。在参加芝加哥的家庭用具展销会的 400 多件新产品中，捕鼠器获得了第一名，而且一些大众媒介还对此做了报道，形势好像一片大好。可是从前几月的销量来看却并不理想。

易捕器的主要产品特点是清洁和安全，它的优点是：消费者不会夹手指；对孩子和宠物不会有伤害的危险；可以重复使用。缺点是：捕获后老鼠不死，叫声烦人；怎么处置老鼠是个棘手的问题；连男人也不适应。而公司的目标市场正是家庭主妇。

(资料来源：安徽工商职业学院营销精品课程网站)

【分析】易捕器作为一种新产品在开发及后续的工作中出现了问题，先进的产品不一定就是好用的产品，要想真正打开易捕器的销量，还要分析该新产品在哪些方面没有很好地满足消费者心理，并进行适当改进。

二、新商品设计的心理策略

成功的新产品必须能满足特定消费者的心理需求。消费者对新产品的心理追求是多样化的，应当针对不同差别的心理追求采用不同的心理策略。

1. 针对满足消费者基本需要的设计策略

消费者对产品的需要主要反映在对产品使用价值的需求方面，相应的设计策略主要有：

(1) 使用优化策略。使用优化是指针对原产品在使用、保养、维修、存放等环节的不便之处进行优化改进，使新产品更为消费者所接受。

(2) 性能提高策略。性能提高是指通过产品改进使新产品性能改进、质量更稳定，同时努力控制成本增长幅度，控制价格的上涨，使新产品受到消费者的欢迎。

(3) 功能多样化策略。根据消费者的需要，设计多功能的新产品，既满足了消费者使用的需要，又满足了消费者求新的心理。

(4) 人体力学策略。根据人体结构特征，对新产品的设计要科学，使新产品在使用过程中不至于产生疲劳感，尽可能使人感觉舒适、安逸，突出新产品设计以人为本的思想。

2. 针对消费者个性心理特征的设计策略

不同的消费者个性心理特征会导致对不同产品的需求，相应的设计策略主要有：

(1) 效用细分策略。针对不同消费者对同类产品的各自不同需要设计差异化的产品，以突出产品各自不同的效用，满足差异化的需求。

(2) 地位显示策略。社会地位不同的消费者通常在心理特征与消费习惯上都有明显的区别，消费者乐于借用某些产品来表明自己的地位和身份，对于这样的产品设计就要突出其地位标志的作用，如材料应昂贵，款式要豪华，装潢要精美，名称要高雅，采用高价策略，严格控制产销数量。

(3) 个性标榜策略。不同的消费者在兴趣、爱好、气质、价值取向、行为准则等许多方面都有所不同，而且他们还希望自己的个性特征能得到社会的认可，应当设计具有个性化的产品来满足他们的需求，比如体现奔放、沉稳、粗犷、严谨、纯真、老练等个性特征的产品。

(4) 情感寄托产品。在现代社会中，消费者往往会通过购买某种产品或消费某种产品来寄托或表达某种感受，如亲情、友谊、希望、追求等，可以寄托情感的产品以装饰品、工艺品、随身物品为主，设计这类产品，特别强调新奇别致、寓意深刻和构思巧妙。

(5) 目标追求策略。对于消费者为满足个人进步并不断提高自身社会地位价值而消费的产品，在设计时要突出产品的特定功能，使消费者的特定需求能尽快得到满足，从而巩固该产品的市场地位，如电子学习用品应当具有可靠且足够大的信息量；美容用品应当具有可靠和有效的美容功效等。

3. 适应消费需求发展变化的设计策略

消费者的需求是在一定的社会环境中形成的，因此环境因素的影响是不可忽视的，设计新产品时务必关注环境的变化以及因环境变化而引起的消费需求的变化，相应的设计策略主要有：

(1) 适应未来消费模式的设计策略。家务劳动社会化、公共交通私家化、健康美容大众化、国际旅游时尚化等都可以成为一个时期内我国居民的消费模式，新产品设计应适应这一变化趋势。

(2) 适应未来消费心理的设计策略。随着经济的发展和社会文化水平的提高，人们的消费心理也会发生潜移默化的变化，主动型消费、理智型消费、讲究格调情趣的消费、追求目标实现的消费将有较大的发展，新产品设计也应适应这一变化趋势。

(3) 适应未来消费决策模式的设计策略。社会的发展、经济的繁荣将会使目前的家庭消费决策模式发生重大变化，民主型决策、各自做主型决策将成为未来家庭决策模式的主流，新产品设计还应注意适应这一变化。

【案例 5-2】 草珊瑚牙膏的产品开发

草珊瑚牙膏正式投产是 1983 年 4 月。此前，南昌日用化工总厂生产的十几个牙膏品种，由于质量欠佳、缺乏创新，销路一直不好，大量积压使企业亏损严重。在这种情况下，工厂对市场进行了市场调查，发现广大消费者对药物牙膏的需求越来越强烈。我国人口众多，又有相当数量的消费者患有不同程度的各种口腔疾病。随着生活水平的提高，人们对牙膏品种的选择，已不仅仅满足于一般的清洁口腔，他们还希望牙膏能有治病、防病的作用，而无副作用的中草牙膏更受欢迎。

江西民间有一种俗称"肿节风"，学名"草珊瑚"的野生植物，当地群众总是喜欢用它泡开水，喝了预防口腔疾病。江西有丰富的草珊瑚资源，原料有保证，价格又低廉。他们决定开发草珊瑚的中草药牙膏。经过多次试验，新产品终于研制成功。新产品以中草药名称"草珊瑚"命名，以给人以清新、芬芳之感的果绿色为基调设计销售包装图案。产品投放市场后很受消费者的欢迎，很快就有 15 个省市向厂家订货。

(资料来源：《市场营销策划》(第一版)，中国商业出版社)

【分析】 新产品开发和命名要符合消费者的购买心理，草珊瑚牙膏能够受到众多消费者的认可，与厂家的新产品开发和命名分不开的。

三、消费者对新产品的购买分析

(一)新产品购买者的分析

一种新产品从投入市场到逐步为大多数消费者所接受的过程中，不同消费者由于受个体内部和外部因素的影响，对新产品的感受与行为反应均有差异。一些人对投入市场的新产品很快接受，另一些人则需要很长时间才能决定是否接受，如表5-1所示。

表5-1 新产品购买者分析

组别	比例	个性特征
革新者	2.5%	冒险性强
早期购买者	13.5%	受其他人尊重，经常是公众意见领导人
早期大众	34%	从众性强，愿意照他人的路子走
晚期大众	24%	怀疑论者
守旧者	26%	遵从传统观念，当事物失去新异性时才能接受

1. 革新者

任何新产品都是由少数革新者率先使用的，这部分消费者一般约占全部购买者的2.5%。他们极富创新和冒险精神，收入水平、社会地位和受教育程度较高，多为年轻人，交际广泛且信息灵通。他们人数虽少，但有示范和表率作用，因而是新产品推广的首要对象。

2. 早期购买者

早期购买者是继革新者购买之后马上购买的消费者。这部分消费者一般约占全部购买者的13.5%，他们追求时髦、渴望变化，有一定的创新和冒险精神。他们一般社会交际广泛，活动能力强，希望被人尊重，喜欢传播消息，常常是某个圈子的公众意见领袖。他们人数较少，但有一定权威性，对带动其他消费者购买起着重要作用。

3. 早期大众

早期大众一般约占全部购买者的34%。他们有较强的从众、效仿心理，乐于接受新事物，但一般比较谨慎。由于这类消费者数量较多，而且一般在产品成长期购买，因而是促成新产品在市场上趋向成熟的主要力量。

4. 晚期大众

晚期大众约占全部购买者的24%。这部分消费者态度谨慎，对新事物反应迟钝，从不主动接受新产品,直到多数人采用新产品且反应良好时,他们才会购买。他们对于新产品在市场上达到成熟状态作用很大。

5. 守旧者

守旧者约占全部购买者的26%,是采用新产品的落伍者。这部分消费者思想保守,拘泥于传统的消费行为模式,其社会地位和收入水平一般较低,当新产品过时后他们才会购买,或最终仍然拒绝购买。

(二)消费者对新产品拒绝接受的心理分析

对新产品的拒绝是指消费者决定不购买或不使用某种新产品。造成拒绝接受的原因是多方面的,主要有以下几方面。

1. 文化障碍

新产品与人们的消费观念冲突越大,被接受的可能性越小,尤其是与人们的基本价值观矛盾越大越不易被人们接受。例如,前几年法国的各种颜色的染发剂刚进入中国时就被很多人拒绝。

2. 社会障碍

个人总是生活在一定的社会关系中,而这种社会关系又是由错综复杂的群体所构成的,一般来说,群体间的关系越好,内部越团结,群体成员对外来新产品越可能持拒绝态度。群体内成员遵守常规的倾向越强,与常规要求不一致的新产品遭到拒绝的可能性也越大。如20世纪30年代,大量日本产品倾销中国市场,尽管其很多产品对中国人来说是具有优越性的新产品,但轰轰烈烈的抵制日货运动,对日本产品进行了全面的抵制。

3. 个人障碍

拒绝新产品的个人障碍主要有两个因素,即个人习惯和知觉到的风险。绝大多数人对客观事物的知觉和思考方式一般是维持而不是改变其行为,往往在很多事情上是按习惯办事。从认知角度考虑,按习惯办事对人的认知系统提出的任务比较简单,在这种情况下人感觉比较轻松,而新事物往往对人的认知系统提出新的要求,使人不得不对认知系统进行调整,这是比较困难的心理任务。

(三)新产品推广心理策略

要保证新产品在市场上获得成功,除了要设计出满足消费者生理和心理需求的产品外,还要运用正确的策略去推广新产品。有的新产品尽管有许多优点,但消费者未能充分感知和理解,这就需要进行各种方式的宣传,促使消费者意识到新产品满足其需求方面所具有的优越性,这样才能使消费者在短时间内认识、相信并接受新产品。

此外，新产品最初出现在市场上时，消费者对它还很陌生，因此在心理上缺少安全感。这种心理障碍会导致许多消费者采取等待观望的态度。针对这一问题，在新产品进入市场的初期，企业要采用各种方式和手段，大力宣传和介绍新产品的性能、特点、使用方法以及售后服务等，以消除消费者的心理障碍。这一阶段的宣传，对于具有强烈购买欲望的消费者影响很大，他们会因此而首先购买和使用新产品，起到消费带头人的作用。

进入成长阶段后，新产品在市场上已有了立足之地。这时的购买者已不仅仅限于最早期的购买者，一些热衷于跟随时代潮流的消费者也加入到购买新产品的行列中。但是由于新产品进入市场的时间并不长，大多数消费者还未完全消除心理上的障碍，有些消费者对新产品仍持怀疑或观望的态度。这一时期，企业的宣传策略是着重采用消费者乐于接受的形式，宣传使用新产品后形成的新的消费习惯、消费方式的优越性和科学性等，通过宣传使消费者清楚地了解到使用新产品后，能为自己带来何种新的利益，促使消费者对原有消费习惯、消费方式及价值观念产生动摇甚至放弃。这一时期，企业还要注意收集新产品的反馈信息。由于消费者的需求及个性特征不同，因而对新产品往往表现出不同的态度。企业应根据消费者的态度，有针对性地进行宣传，消除他们的各种心理障碍，使新产品在市场上的扩散面不断扩大直至普及，进而使新产品顺利进入成熟阶段。

第二节　商品名称、商标与消费心理

一、商品名称与消费心理

商品名称即生产企业赋予商品的称谓。在现实生活中，消费者对商品的认识和记忆不仅依赖于商品的外形和商标，还要借助于一定的语言文字，即商品的名称。在接触商品之前，消费者常常以自己对特定名称的理解来判断商品的性质、用途和品质。可见，商品名称具有先声夺人的心理效应。因此，有必要研究商品命名的心理特点，给商品起一个恰如其分的名字。

商品命名，实质上就是选定恰当的语言文字，概括地反映商品的特点、用途、形状和性能等。例如：山地车便是可以在山地骑行的自行车；三九胃泰是一种治疗胃病的药；乌发宝是使头发乌黑的洗发剂等。上述名称准确地传达了它所代表商品的基本用途和性能，从而使消费者能够迅速地获得有关商品的主要信息。

另外，商品名称也是消费者借以记忆和识别商品的重要标志之一。一个易读易记、言简意赅、引人注目和富于美感、符合消费者购买心态的商品名称，不仅能使消费者了解商品，还会给消费者带来美的享受，刺激消费者的购买欲望；相反，质量优良、包装精美的商品，而名称却庸俗不堪，使人听后生厌，则会大大减弱或抑制消费者的购买欲望。

因此，根据消费者的心理特点进行商品命名是极其重要的。

(一)商品命名的心理要求

在当今日益丰富的市场上,商品种类繁多,名称纷繁复杂,而消费者对不同商品名称的心理反应是截然不同的。美国一家著名的调查机构曾以商品名称与效果的关系为主题,对全美大大小小的商品品牌做了一次深入的研究。结果表明,有12%的名称对消费者产生了积极影响,另有36%的名称对消费者有消极影响,而未能给消费者留下印象的占52%。导致上述差异的主要原因,就在于商品名称与消费心理要求的吻合程度。为使商品名称对消费者产生积极影响,在命名时必须注意以下几个心理要求。

1. 名实相符

所谓名实相符,是指商品的名称要与商品的实体特性相适应,使消费者能够通过名称迅速地概括商品的主要特性,了解商品的基本效用,加速消费者认识商品、了解商品的过程。例如,"热得快"电加热器,使人一望而知其用途和特点是在短时间内迅速加热。名实相符是商品命名的基本心理要求,其他要求都以此为基础。

2. 便于记忆

一个易读易记、言简意赅的名称会减轻记忆难度,缩短消费者的记忆过程。为此,商品命名应力求以最简洁的语言文字,高度地概括商品的实体特性。为了便于消费者记忆,使用的名称字数不宜过长,一般以三个字为宜。此外,商品命名还要考虑商品的使用范围以及相关消费者的知识水平,此外,大众化商品的命名还应通俗易懂,不宜出现难字、怪字。一个难以发音和不易读懂的商品名称、企业名称,会使消费者产生畏惧心理,踌躇退缩,从而影响购买行为的发生。例如,某厂曾开发一种保健饮料,原料取自一种野生菌类植物,故名"蕈汁"。该饮料营养价值较高,价格也不贵,但这个极少出现的"蕈"字难住了消费者,不知道如何称谓,结果对购买行为产生了消极影响。

3. 引人注目

商品命名应对产品有恰当的形象描述,即根据商品适应范围内消费者的年龄、职业、性别及知识水平等所产生的不同心理要求,进行商品命名,使其产生良好的印象和兴趣。例如:女性商品名称应柔和优美,高雅大方;男用商品名称应刚柔并济,浑厚朴实;青年用品名称要具有青春气息;老年用品名称以朴素庄重为宜;而儿童用品名称则应体现活泼可爱,充满童真童趣。但命名不必拘泥于固定形式,独出一格往往令人过目不忘。因此,只要突出了商品的特点,考虑了消费者的心理特征,就可以做到为商品起一个引人注意且独具特色的商品名称,如狗不理包子、娃哈哈等。

4. 引发联想

商品命名的一项潜在功能是通过文字和发音使消费者产生恰当、良好的联想,从而刺激其购买欲望。例如，可口可乐公司的"SPIRITE"饮料，中文译名为"雪碧"，使中国消费者联想到纷纷的白雪，清凉的碧水，产生晶莹剔透、清爽宜人的感觉；"孔府家酒，叫人想家"这句温馨的广告语会让人不由自主地在脑海中闪现出合家欢聚的喜庆画面。

5. 避免禁忌

不同国家和地区的消费者因为民族文化、宗教信仰、风俗习惯及语言文字等方面的差异，可能会对一商品名称的认知和联想截然不同。例如，美国通用汽车公司给一款车取名为 NOVA(诺娃)，这是欧美许多国家妇女喜欢用的名字。但该车运到讲西班牙语的拉丁美洲以后，却很少有人买这种车。经调查后才发现，NOVA 一词在西班牙语中是"开不动"的意思。显然这种"开不动"的车唤不起消费者的购买欲望。

【案例 5-3】 让企业实现"一名惊人"，让品牌赢在起跑线上

名牌起名企业及企业产品的"牌子"对消费者的选购是有直接影响的，企业产品命名的好坏，与产品销售之间有极大关系。命名恰当，可以扩大影响，增加销售；起名不当，则可能减少销量。日本学者山上定也指出："现在销售商品的条件是什么？一是命名，二是宣传，三是经营，四是技术。"他把命名列为畅销商品的第一条件。他又说："一个能够表明制品的特征和使用方法、性能的命名，往往能够左右该商品是否畅销的大局。"

说到命名，不由得想起孔子的那句："名不正、则言不顺，言不顺、则事不成"，并且根据这句经典延伸出的一个成语：名正言顺！

国内知名命名专家宋派民指出一个好的名字，是一个企业、一种产品拥有的一笔永久性的精神财富。一个企业，只要其名称、商标一经登记注册，就拥有了对该名称的独家使用权。一个好名字能时时唤起人们美好的联想，使其拥有者得到鞭策和鼓励。

商品起名的策略，第一是传播力要强。成功的品牌拥有家喻户晓、妇孺皆知的知名度，消费者在消费时能够第一时间回忆起品牌的名称。因此，对于品牌的命名来说，首要的是要解决一个品牌名的传播力的问题。也就是说：不管你给产品取一个什么样的名字，最重要的还是要能最大限度的让品牌传播出去！要能够使消费者、尤其是目标消费者记得住、想得起来，只有这样，品牌的命名才算得上是成功的；否则，就算你给产品取一个再好听的名字，但传播力不强，不能在目标消费者的头脑中占据一席之地，只能白费心机。品牌的传播力强不强，取决于品牌名词语的组成和含义两个因素，两者相辅相成、缺一不可。在保健品里，脑白金就是一个传播力非常强的品牌名。脑白金这 3 个字朗朗上口，通俗易记，而且在传播的同时将产品的信息传递给了消费者，使人们在听到或者看到脑白金品牌名时，就自然而然地联想到品牌的两个属性：一个是产品作用的部位，一个是产品的价值。这个传播力极强的品牌名的广泛传播，脑白金能在一个月里卖掉 2 个亿也就不足为奇了。

所以说，给品牌命名，传播力是一个核心要素。只有传播力强的品牌名才能为品牌的成功奠定坚实的基础。第二，品牌名的亲和力要浓。品牌名不仅需要很强的传播力，而且要具有亲和力。同样是国际知名香皂品牌，同样有传播力很强的品牌名，舒肤佳的品牌知名度

和市场占有率与力士,就显现出了截然不同的差异。同样是治疗更年期综合症,太太静心口服液却异军突起,后来者居上,赢得了更多的市场分额。这是为什么呢?除了品牌名的传播力因素之外,这里面还有一个品牌名亲和力的问题。品牌名的亲和力取决于品牌名称用词的风格、特征、倾向等因素。力士这个品牌名虽然传播力强,但在亲和力上却远不如舒肤佳来得直接。力士给人的感觉生硬、男性化,但我们知道,一般情况下,在家庭中采购香皂的大多数是家庭主妇,因此力士这一名称和目标消费者的喜好显然是格格不入的。而舒肤佳则不同,这一名词首先给人的感觉是倾向于中性化的用语,它不但更广泛的贴合了目标消费者的偏好,而且,通过强调"舒"和"佳"两大焦点,给人以使用后会全身舒爽的联想,因此其亲和力更强。第三,品牌名的保护性要好。一直以来,我们的市场中都不乏处心积虑的市场追随者,"螳螂捕蝉,黄雀在后",就是所谓追随者的竞争策略。追随者有着敏锐的商业嗅觉,时时都在打探着钻营的机会,而企业不注意保护自己的品牌名恰恰就给追随者提供了这样的机会。因此,在给品牌命名时,企业有必要考虑品牌名的保护性,最好采用注册商品名来给产品命名。脑白金、泰诺、曲美这些成功的品牌,都是以注册商品名来给产品命名的,而一些商品,不但用注册商品名给产品命名,而且为了防止相似品牌的出现,还进行了与注册商品名的近似注册,以全面保护品牌不受侵犯。所以,给品牌命名不能只讲传播力、亲和力,能否不被仿效、侵犯也是品牌命名重中之重的问题。再好的名字,如果不能注册,则得不到法律保护,就不是真正属于自己的品牌。

(资料来源:作者根据网络资料整理摘写)

(二)商品命名的心理策略

1. 以商品的主要功能命名

这种命名方法直接反映商品的主要性能和用途,突出商品的本质特征,使消费者迅速了解商品的功效,以取得消费者的信赖。化妆品、医药产品和日用工业品多采用这种方法命名,如"胃必治"和"感冒清"等。这种命名方法迎合了消费者的求实心理。

2. 以商品的主要成分命名

这种命名方法突出了商品的主要原料和主要成分,多用于食品、药品和化妆品的命名。例如,"银耳珍珠霜""人参蜂王浆""鲜橙多"等。这样的命名方法可使消费者从名称上直接了解商品的原料构成,以便根据自己的实际需要选择商品。

3. 以人名命名

这是指以发明者、制造者或历史人物等名字命名。这种命名方法使特定的人与特定的商品相联系,使消费者睹物思人,引发丰富的联想、追忆和敬慕之情,从而使商品在消费者心目中留下深刻的印象。这种命名方法还可以给消费者以产品历史悠久、工艺精湛、用料考究且质量上乘等印象,以此诱发消费者的购买欲望。例如,"中山装"和"陈氏麻婆肉"等。

4. 以商品的产地命名

这种方法常用于颇具名气或颇有特色的地方土特产品的命名上，在商品命名前面冠以商品产地，以突出该商品的地方风情和特点，使其独具魅力。例如，"云南白药""金华火腿""北京烤鸭"等。这种命名方法符合消费者求名、求特及赏新的心理，可以增加商品的名贵感和知名度，使消费者感到买了货真价实的特色商品。

5. 以商品的外形命名

这种命名方法具有形象化的特点，能突出商品优美和新奇的造型，引起消费者的注意和兴趣，多用于食品、工艺品类商品命名。例如，"猫耳朵""满天星"等。采用这种命名方法，使名称与形象相统一，可以让消费者从名称联想到商品实体，从而加深对商品的印象和记忆。

6. 以商品的外文译音命名

这种方法多用于进口商品的命名上，既可以克服某些外来语翻译上的困难，又能满足消费者求新、求奇以及求异等心理需求，如，"COCACOLA"音译成"可口可乐"，该名称非常适合中国消费者的语言偏好，而且名称中流露着一种亲切和喜庆，让人联想到饮料可口，饮后会欢快喜悦。

7. 以商品的制作方法命名

这种方法多用于有独特制作工艺的商品。例如：二锅头酒、倒缸酒等是以酒的蒸制方法而命名；851口服液是以研制人的851次试验而命名的。

8. 以夸张性词语命名

这种命名是以形容词、褒义词、比喻词等来夸张商品的性能、使用效果或感情色彩，迎合消费者求全求美的心理，扩大宣传效果，从而引起重复购买。例如，长寿面、健美裤等。

以上只介绍了几种常用的商品命名方法，实际工作中还有许多其他的方法。例如，以数字命名920、五香粉等；以字母命名，VCD、DVD等；以颜色命名，绿茶、红茶等；以典故命名，叫化鸡等。

总之，商品命名的原则是：要从消费者的心理需求出发，讲究艺术，掌握技巧，简单扼要，具有特色，易于记忆与传播；避免故弄玄虚、哗众取宠，牵强附会，不着边际，使消费者产生反感情绪。只有坚持这些原则，其商品的命名才具有感染力，才能给消费者以美的享受，并激发消费者的购买欲望，促进商品的销售。

【案例5-4】 雪碧的高明

"雪碧"是可口可乐公司"SPRITE"饮料，在美国十分畅销，但译成汉语的意思"魔鬼""小妖怪"。为了推进中国市场,他们多方面征求意见,反复进行论证,经过几十个方案的筛选,最终决定将其直接音译为"雪碧"。意为纯洁清凉之意,具有雪的凉爽、水的碧绿,使人联想到在酷暑盛夏,碧波绿水,皑皑白雪,带给人们清爽舒适、怡然自得的享受,加之"晶晶亮,透心凉"的广告语,因而深受中国人的欢迎。

(资料来源:作者根据相关信息整理。)

【分析】可口可乐公司为什么最终将雪碧进行直接音译,就是因为雪碧本身符合该商品的诸多特征,让人产生积极的联想,进而能够促进商品的销售。

二、商标与消费心理

【案例5-5】 雀巢商标图案的几次更新

每当人们在商品包装袋上看到一只雌鸟站在巢边喂两只雏鸟的图案,立即会想到这是雀巢公司的产品,同时也对产品的质量产生信任感,毫不犹豫地打开钱包买走这个商品。三只鸟和它们的鸟巢已经成为了雀巢公司的代言人。

创建于1867年的瑞士雀巢公司早期生产以牛奶为基础的婴儿食品闻名,如今,已演变为遍及五大洲60多个国家,拥有20万名雇员,生产咖啡、饮料、奶制品、婴儿营养品、巧克力和糖果及烹调食品等名副其实的食品帝国。然而,就是这个小小的鸟巢还有一段不平凡的故事。

1860年,德国人亨利·耐斯利先生从法兰克福移居到瑞士沃维市。1867年他发现一些母亲不能用母乳喂养婴儿而导致婴儿夭折,于是研制出一种以牛奶为基础的婴儿食品,这在当时称得上是一场具有划时代意义的变革。耐斯利(NESTLE)这姓氏在德国南部的发音中同"雀巢"一词不论发音还是字形都一样,因此,不久这种新产品便以"雀巢"的名字享誉世界。最初,耐斯利为他的婴儿奶粉设计了一个四只鸟的商标图案——三只雏鸟站在鸟巢内,一只雌鸟嘴里衔着一只小木棒站在巢边,这个图案是母子亲情的象征,尤其是母鸟亲自喂养雏鸟,对于雀巢婴儿奶粉的促销活动再合适不过了。

1929年雀巢公司开始生产巧克力,耐斯利发现,他买下的几家巧克力厂均将原公司的名字与商标图案印在一起。因此,从1938年起,雀巢公司的商标图案发生了变化,即在鸟巢的正面加上了耐斯利家庭的名称,雌鸟嘴里的小木棒变成了一条小虫,但是黑字粗体的名称使图案显得杂乱无章。到了20世纪60年代,粗体字被改成正楷黑体,使小鸟从字体后面显露出来。

随着国际化的发展,雀巢公司从20世纪80年代起给已有100多年历史的传统商标赋予了新意,将鸟巢和小鸟置于公司名称之上,NESTLE 一词被摆放在图案下端,简化了图案造型,将字母"N"的上端向右延长成房屋状,三只雏鸟简化成两只,雌鸟嘴中的小虫消失,这个是结合目前西方家庭有两个孩子的统计数字而产生的新创意,与生活更贴近。

1995年,公司对图案再次进行"微调",鸟巢和鸟的造型更加简化,NESTLE 改为墨色实体字。

(资料来源:陈思,营销心理学,广州:中山大学出版社,2001)

【分析】 闻名于世的雀巢公司,从其商标图案的设计上经历了多次的更改,目的就是能够让其更具有寓意,更能符合顾客的要求、社会的发展潮流,这也是雀巢能够一直被消费者所喜爱的一个重要原因。

(一)商标的含义

商标是商品的标志。它是商品生产者或经营者为使本企业商品与其他商品相区别而采取的一种标记,一般由文字、字母、图形、数码、线条、颜色及其组合构成。经过法律注册后的商标,具有专利并受法律保护。

(二)商标的心理功能

1. 识别的功能

商标是商品的一种特定标志,它有助于消费者在购买商品过程中,辨识并挑选所需要、所喜好的商品。同时,消费者可以通过商标来了解、记忆商品的生产经营单位,以便得到相关的服务,例如售后服务和索赔等。在现实消费活动中,很多消费者都是根据商标购买商品的。一旦消费者认定了某一商标,就会产生偏好而习惯性地购买。

2. 保护功能

商标一旦在国家商标局注册后就受到法律的保护,任何假冒、伪造商标的行为都要受到法律的制裁。商标受法律保护的功能是非常重要的,它不仅仅维护了制造商和销售商的经济利益和企业形象,而且让消费者在购买和使用商品时有一种安全感和信赖感,从而可以促进商品的销售。

3. 提示和强化功能

当消费者存在某种需求时,商标的提示效应可以使消费者对商品产生偏好,从而影响消费者的购买决策,最终促成购买行为,这就是商标的提示功能。消费者使用该商品后如果感觉良好,那么这种好感觉就会加深消费者对该商标的印象,它会使消费者在以后对这种商品的购买变成一种理性的购买或习惯性的购买;反之,一个与消费者心理不符的商标,会强化消费者对商品的摒弃心理,这就是商标的强化功能。

(三)商标设计的心理要求

商标设计是商标发挥心理功能的基础。实践中,商标的设计具有很大的灵活性,可以采用文字、符号、图形及其组合等多种表现形式和手法。然而,精良的商标设计又不可随心所欲，而必须考虑到商品的特色和消费者的心理，将丰富的信息浓缩于方寸之间，最大限度地发挥出应有的感召力。为此，在商标设计中，必须注意以下几个心理要求。

1. 商标设计要个性鲜明，富于特色

商标是用于表达商品独特性质，并与竞争者产品相互区别的主要标志。为使消费者能从纷繁多样的同类商品中迅速找到自己偏爱的品牌，商标设计应注意强调个性、突出特色、显示独有的风格和形象，使之明显区别于其他同类产品商标。例如，"摩托罗拉"在商标设计上充分突出了个性和独特性，将其M设计成棱角分明，双锋突出的M形，再赋予"飞跃无限"的主题，令大众刮目相看。

2. 商标设计要造型优美，文字简洁

除了法律规定不能用作商标的事物外，商标的题材几乎可以取自宇宙万物。自然界中的飞禽走兽、花鸟鱼虫、名胜古迹、山川湖泊，以及人类创造的文学艺术成果，均可成为商标的题材。现代消费者不仅要求商标具有明确的识别作用，而且追求商标的美学价值。所以，设计商标时，应力求造型生动优美，线条明快流畅，色彩搭配和谐，富于艺术感染力，以满足消费者的求美心理，使其对商标及商品产生好感。例如，"雪花牌"冰箱采用富于艺术性的自然物象"雪花"作为商标，生动逼真，使消费者一目了然。为了便于消费者记忆，商标语言应做到简洁鲜明，容易记忆。

3. 商标设计要具有时代气息，反映社会发展的潮流趋向

商标的名称如果能结合特定的历史时期，反映时代的气息甚至赋予一定的社会政治意义，就更容易激起消费者的购买热情，顺应民心，从而赢得消费者的青睐。例如，天津毛纺厂生产的"抵羊"牌毛线，最初是因"抵制洋货"而得此商标；"盼盼"防盗门为迎接亚运会而得此名。由于符合时代潮流，顺应了特定历史时期消费者的民心民意，因而成为名牌，且历经数十年而不衰。

4. 商标设计应与商品本身的性质和特点相协调

商标既是对商品所要传达信息的提炼和精确表达，也是商品的代名词，又起到提示和强化的作用。这就要求商标要准确地体现所代表商品的性质，突出商品的特色。例如，"奔驰"商标可使消费者联想到高档轿车的性能卓越，奔驰如飞；当人们在炎热的夏季看到"北冰洋"的商标时，立刻会联想到降温解暑的汽水饮料，给人以凉爽舒适的感觉。相反，我国南方一鞋厂，把秀美别致的女鞋商标设计成"大象"牌，给女性消费者粗大笨重的感觉，自然影响对产品的印象。

【案例5-6】 "富士"和"美能达"商标

"富士"能成为名牌，商标也很有光彩。它由FuJi字母构成一个外形，外形极像胶卷

的外壳，字母组合方中带圆，疏密合理。商标放在包装盒上非常协调，红色商标圆形，白色底子，再配以大面积的绿色，充分传达出胶卷的性质特色。富士商标的绿色以其鲜艳悦目，成为名副其实人人皆知的"富士绿"。"美能达"的商标在同类商标设计中出类拔萃。它取"美能达"字母中的O字来创造摄影镜头镜片型，光感很强，体现出现代高科技的严密性和精确性，完整准确地传达了产品的性质和特点。商标图形应是高质量的、有象征性，而适度变形的拉丁字母字体，轮廓清晰、挺拔，很有机械制造感的显体变形，放置在照相机上非常协调。商标高度示意了光学产品的特性和时代感。

(资料来源：作者根据相关信息整理。)

【分析】商标设计要符合商品本身的性质和特点，"富士"和"美能达"就是成功的典范！

5. 商标设计要遵从法律法规，并顺应不同国家、民族、宗教和地域的消费者的心理习惯

各国商标法都明文规定了不允许注册为商标的事物，如国徽、国旗和国际组织的徽章、旗帜及缩写等。因此，在设计商标时，必须严格遵守有关法律规定。另外，由于不同的国家、民族、宗教及地域的消费者有着不同的心理习性，从而产生了很多不同的偏好和禁忌，在设计商标时也应予以充分考虑。例如，加拿大人忌讳百合花，澳大利亚人忌讳兔子等。

总之，优秀的商标设计应符合以上心理策略，使之成为商品乃至企业的象征，使消费者产生深刻而美好的印象。

(四)商标设计的心理策略

商标设计就是商标(文字或图案)的构思和创作，其构成是灵活多样的，既可以由词组、字母、数字、图形等材料单独构成，也可以由这些材料两项或几项组合构成，甚至可以由商品的包装和容器的特殊式样构成。如茅台、阿尔匹斯、浏洋河、一家眼镜店用"OIC"(Oh I see)等。商标设计的题材选择也很广，如山水风光、名胜古迹、历史传奇、花草树木、鸟兽鱼虫等均可构成商标的主体。然而要设计出一个构思巧妙，为消费者所喜欢和接受的商标就需要运用一定的设计策略。

1. 简洁性商标设计策略

一个人在单位时间内所接受的信息量是有限的。消费者在购买商品时，对商品的注意时间很短。如果商标的设计过于复杂难懂，消费者就不易辨别和记忆，从而影响消费者对商品和企业的认识。这就要求企业在进行商标设计时应注意：①单纯醒目，易于理解、记忆。②线条简明，色彩明快、单纯。③简短易懂、顺口悦耳的文字或字母，个性鲜明，让消费者在短时间内留下清晰的印象。

2. 富有感染力的商标设计策略

生动活泼的造型易于吸引消费者的视线，含义隽永的文字能激发消费者的美感，从而产生强烈的感染力，达到过目难忘的效果。其具体要求是：①运用主销对象熟知且喜爱的形象，进行图形设计。如："唐老鸭""三毛""奥特曼"等儿童用品，都是运用儿童熟知的卡通形象作商标。②专门设计新的生动形象。如："天鹅"牌电池以一只展翅腾飞的天鹅为商标。③运用寓意美好的文字作商标。如："旺旺"食品系列；"郁美净"儿童霜。

3. 形象一致的商标设计策略

这种策略要求商标与所代表的商品名符相实，能使消费者视标知物。或者说，商标应能使消费者联想到它所代表的商品或劳务，这样设计出的商标称为形意商标。如："精工牌"手表，显示商标所代表的商品经过精心制作而成。

4. 中性化商标设计策略

这种设计策略是采用公司的字母缩写而成的抽象的几何图形作为商标，这些字母或图案本身没有任何具体的意义，但经宣传后已被广大消费者所接受。这种设计多用于那些科技含量高，专业程度强的电子、化工、机械、西药等行业的产品。因这些商品的情感色彩很少，使用中性化商标比较合适。

> 【案例5-7】 金利来的由来
>
> 香港著名实业家曾宪梓创造了"金利来"驰名商标，它原本不叫"金利来"而叫"金狮"。一次曾宪梓将"金狮"领带送人，但对方却不领情，原来香港话"狮"和"输"读音相近。而香港博彩的人很多，因此很忌讳"输"字。曾宪梓受到很大的启发，经过一番绞尽脑汁的思索，他最终将"金狮"的英文"Goldlion"改为意译和音译相结合，即Gold意译为"金"，lion谐音读为"利来"，便有了今天无人不知的著名品牌"金利来"。
>
> （资料来源：作者根据相关信息整理。）
>
> 【分析】曾宪梓先生为什么要将"金狮"改为"金利来"，并深受人们的喜爱，主要是因为"金利来"更符合商标设计的原则和消费心理策略。

第三节 商品包装与消费心理

一、商品包装的含义

商品包装是指用于盛装、裹束、保护商品的容器或包装物。从包装物的形状看，它包括瓶、罐、盒、箱、袋、筐等；从包装物的用料看，它包括纸、木、竹、麻、草、藤、塑料、陶瓷、玻璃、金属等。商品包装的最初功能是用来承载和保护商品，以避免其损坏、散落、溢出或变质。但随着商品生产多样化和销售方式现代化的发展，新的包装观念已逐步形成。商品包装已由过去简单、粗糙、结实和实用的标准，发展到集实用艺术、新型材料、新加工技术于一身，商品包装手段和方法日趋多样化，人们对包装的研究也更加深入。美国销售心理专家路易斯·切斯金曾通过一次实验对包装进行研究，结果表明，包装对消费者心理有巨大的影响，甚至可以左右他们对商品的认识和感受，因而商品包装被冠之以"无声推销员"的美称，对企业销售和消费者行为发挥着越来越大的影响作用。

二、商品包装的心理功能

1. 识别功能

商品包装及装潢已经成为产品差异化的基础之一。一个设计精良、富于美感且独具特色的商品包装，会在众多商品中脱颖而出，以其独特的魅力吸引消费者的注意并留下深刻的印象。由此可以有效地帮助消费者对同类商品的不同品牌加以辨认。同时，包装上准确、详尽的文字说明，有利于消费者正确使用商品。

2. 安全功能

一个结实、实用的包装可以有效地保护商品，安全可靠的包装有利于商品的长期储存及延长商品的使用寿命，开启方便和能重新密封的包装便于消费者使用。总之，根据实际需要，设计合理、便利的商品包装，能使消费者产生安全感和便利感，方便消费者的购买、携带、储存和消费。

3. 美化功能

商品包装本身应具有艺术性，让消费者赏心悦目，得到美的享受。好的包装会使商品锦上添花，有效地推动消费者的购买；而制作粗劣、形象欠佳的包装会直接影响消费者的选择，甚至抑制购买欲望。

4. 联想功能

好的商品包装能使消费者产生丰富的想象和美好的联想，从而加深了对商品的好感。例如，"雪碧"饮料以绿色瓶装，配以绿色底色和白色浪花的图案，可以使消费者一看便产生凉爽怡人的感觉。此外，商品包装高雅华贵，可以大大提高商品档次，使消费者获得受尊重、自我表现等心理满足。

三、包装设计的心理要求

商品包装要获得广大消费者的认同和喜爱，不仅需要结合化学和物理学等科学原理进行设计，还必须结合心理学、美学、市场营销学等基本知识，特别要充分利用包装外观形象，满足消费者对包装及其内容的心理要求。

1. 方便、安全

包装设计必须考虑消费者适用的场合，力求具有科学性与实用性。例如，笨重物品在其包装上安置把手，以便于搬运；香水采用喷雾式包装，以方便使用；易受潮物品用密封包装；药品在包装上标明保管方法，安全使用注意事项，使消费者产生安全感等。

2. 形象

要让消费者满足"先入为主"的心理，商品包装必须形象突出。例如，独特奇异的包装容易与常规的包装形式形成对比和反差；开窗式包装往往能满足那些急于了解商品"真面目"的消费者的求知和好奇心理；系列式包装的商品陈列，具有统一格调，给人以集中、完整的印象，比零星点缀的商品更能吸引消费者的注意力并唤起购买欲望；用鲜明而真实的实物彩色照片做包装，可以形象逼真引人入胜。

3. 富于美感

力求从包装的形状、图案到色彩，浓缩欣赏价值和美感享受，以满足消费者的审美心理。实践证明，富于艺术魅力的商品包装，可以促进潜在的消费者变为实际的消费者，甚至变为习惯或长久的消费者。

4. 能诱发联想

包装中式样、构图、文字、数字、线条、符号、色彩各项中的任何一项设计，都会引起消费者的不同看法，产生不同的心理联想。比如，色彩，绿色宁静和平，给人以充满生机之感，适合用作保健品的包装。因此，包装设计必须高度注意这种心理现象，全面考虑消费市场的各种因素，充分掌握消费者的兴趣爱好与忌讳，力求包装的各项内容含义积极、健康、美好，符合消费者的心理愿望。

【案例5-8】 罗林洛克啤酒的独特包装策略

美国啤酒行业的竞争变得越来越残酷。像安豪斯•布希公司和米勒公司这样的啤酒行业巨人正在占据越来越大的市场份额，从而把一些小的地区性啤酒商排挤出了市场。

生产于宾夕法尼亚州西部小镇的罗林洛克啤酒在20世纪80年代后期勇敢地进行了反击。营销专家约翰•夏佩尔通过他神奇的经营活动，使罗林洛克啤酒摆脱了困境，走上了飞速发展之路。而在夏佩尔的经营策略中，包装策略则发挥了关键性作用。

包装在重新树立罗林洛克啤酒的形象时，扮演了重要角色。夏佩尔为了克服广告预算的不足，决定让包装发挥更大的作用。他解释道："我们不得不把包装变成牌子的广告。"

该公司为罗林洛克啤酒设计了一种绿色长颈瓶，并漆上显眼的艺术装饰，使包装在众多啤酒中很引人注目。夏佩尔说："有些人以为瓶子是手绘的，它跟别的牌子都不一样，独特而有趣。人们愿意把它摆在桌子上。"事实上，许多消费者坚持认为，装在这种瓶子里的啤酒更好喝。

公司也重新设计了啤酒的包装箱。夏佩尔解释道:"我们想突出它的绿色长颈和罗林洛克啤酒是用山区泉水酿造的这个事实。""包装上印有放在山泉里的这些绿瓶子。照片的质量很高,色彩鲜艳,图像清晰。消费者很容易从30英尺外认出罗林洛克啤酒"。

夏佩尔很喜欢用魅力这个词来形容罗林洛克啤酒的形象。"魅力,这意味着什么呢?我们认为瓶子和包装造成了这种讨人喜欢的感觉。看上去它不像大众化的产品,它有一种高贵的品质感。而且这种形象在很大程度上也适合啤酒本身。罗林洛克啤酒出品于宾州西部的小镇,它只有一个酿造厂,一个水源。这与安豪斯·布希啤酒或者库尔斯啤酒完全不同。我们知道,并非所有的库尔斯啤酒都是在科罗拉多州的峡谷中酿造的。

包装对罗林洛克啤酒的销量有多大的作用呢?夏佩尔说"极为重要,那个绿瓶子是确立我们竞争优势的关键。"

(资料来源:作者根据相关信息整理。)

【分析】罗林洛克啤酒销量的增加,包装在其中起到了很大作用,包装心理策略的正确运用,对企业的营销有着积极的意义。

四、包装设计的心理策略

在生活水平日益提高的条件下,消费者已不仅仅只是满足于高质量的名牌商品,他们对商品的包装装潢的要求也越来越高。因此,企业应抓住这一契机,潜心研究具有时代特色的、符合消费者心理要求的、具有超前意识的新的包装形式,满足消费者不断提高的新需要,从而吸引更多的消费者。

(一)包装装潢设计的四大要素

包装的心理功能很大程度上都体现在色彩、形状、字号、商标4大要素上。因此,在包装装潢设计的过程中,必须重视和突出这四大要素。

1. 色彩

色彩是指附着于包装外表的图案、文字等装潢颜色。色彩是最具吸引力的一大要素。首先映入消费者眼帘、使之产生视觉的就是色彩。从我国的消费习惯来看,消费者大都喜欢色彩艳丽、图案生动、寓意美好、对比度强烈的包装,而不喜欢那些色彩暗淡、图案模糊不清、主题表达不明的包装。因此,包装装潢应注意色彩的协调性,在色彩处理方面,应尽量少用冷基调色彩,多采用一些具有象征意义的色彩。例如,象征着青春、生命的绿色;象征着高贵、威严的紫色;象征着热情、喜庆的红色;象征着智慧、安静的蓝色;象征着纯真、洁净的白色等。

2. 形状

造型优美、独特的包装，往往最能吸引人的视线，并能给人以艺术享受，产生美的联想，还具有收藏价值。对于当代消费者来说，包装已不仅仅是只用于盛装、裹束商品的容器，而应该是一种具有一定科学性、时代性、艺术性的工艺品。有些包装之所以备受消费者的喜爱，就是因为其造型能符合消费者的审美心理需要，能产生较完美的心理效果。一般来说，包装的造型，在突出商品的基础上，主要是突出其实用性和欣赏性。这样，既可方便消费者携带和使用，又可美化生活环境。为此，包装形状可采用异常式、系列式、开窗式、便携式、仿古式、展开式、堆叠式、挂式等。

3. 字号

字号，即附着于包装外表的商品名称。包装装潢设计，除了必要的图案和文字外，最重要的就是对商品名称的设计。附着于包装表面的商品名称，其位置的高低、文字的大小、字体的选择以及颜色的调配等，都是非常讲究的。消费者认识商品时，总是习惯于从认识包装、字号开始。对货架上存放着的各种形状和颜色的商品，消费者的视线停留在每个包装盒上的时间仅仅是短暂的一刹那，在这稍纵即逝的一瞥之间，商品字号必须能迅速地吸引住消费者的视线，并留下鲜明的印象。商品包装货架冲击力的强弱，对商品的销售有着重要的影响。因此，包装上的字号设计一定要醒目，要用比较艳丽的、对比度鲜明的颜色和字体，以便吸引消费者的视线，引起他们的注意。

4. 商标

商标除了附着在商品的实体表面之外，还要附着在包装的表面。商标是消费者辨认商品和企业的重要标志之一，也是消费者获得应有服务的重要线索。在包装表面的恰当位置上印上商标，可使消费者在较短时间内从众多同类商品中找到所要购买的那个牌号的商品。因此，商标应设计在包装表面引人注目的突出位置上；是注册商标的，应在商标的右上角"TM"，或在商标的下方或两侧标上"注册商标"字样，以便于消费者识别和选购。商标的大小要适宜，一般不应大于商品字号。

(二)包装设计的心理策略类型

包装作为参与市场竞争的手段之一，其作用已越来越被人们所认识。企业如何通过包装的各种不同的表现形式来吸引消费者的注意，诱发他们的情感和激发他们的购买欲望，是企业必须予以足够重视的问题。根据消费者不同的心理要求，包装设计的心理策略一般有以下几种。

1. 按照消费习惯和实用需求心理设计包装

对包装的消费习惯是消费者在长期消费实践中逐步形成的，或者是由于传统风俗的沿袭、生理特点的适应等原因而形成的。这种习惯一旦形成，则有相对稳定性，甚至根深蒂固。因此，按不同消费者的消费习惯和实用需求心理设计包装就显得十分重要。属于这种设计策略的主要有以下几种包装方法：

(1) 惯用包装。这种方法是沿用长期以来所形成的并为消费者非常熟悉的商品包装。其好处是能够适应消费者的习惯或传统观念，便于识别和记忆商品。

(2) 分量包装。这是根据消费者购买或使用的习惯和特点，将商品按一定分量进行包装。其好处是给消费者的购买和使用带来方便，也能适应消费者尝试性购买新产品的心理，有助于新产品的推广。例如，白酒现在大都有二两小瓶包装，洗发露大都有一次性小包装等。

(3) 配套包装。这是将经常同时使用的几种不同类商品拼套、合成一体的包装，便于消费者购买和使用。如，一盒一套的化妆品、餐具、电工工具、玩具等。

(4) 系列包装。这是将同一企业的若干用途相似、品质相近的商品，设计图案、形状、色彩相同或相近的包装。这种方法的优点是可以节约设计费用，并且可使消费者从包装的共同性产生联想，一看就知道产品是哪一家企业的，能缩短认识过程。这种包装市场上十分常见，但需注意的是，这种策略只适用于企业所经营的同一档次的商品，否则可能增加低档商品的包装费用，或者对高档商品产生不良后果。

2. 按照消费者消费水平设计包装

由于经济收入、社会地位和生活方式的不同，消费者的消费水平存在很大差距，这种差距在市场经济条件下会越来越大。因此，不同消费水平的消费者，对商品包装的要求也不同，如有的喜欢豪华，有的喜欢实用等。商品的生产经营者可以根据商品主要销售对象的消费水平的差别，进行包装的设计，以适应不同购买者的要求。

(1) 等级包装。这种方法是按照商品的档次专门设计与商品身份相匹配的包装，以适用高、中、低档消费水平的需求，满足消费者购物的心理需求。因为消费者一般都有用包装的价值去衡量商品价值的习惯，即希望包装的档次能与包装内商品的档次相符。例如：在同类商品中，高档次的商品，配以高等级的精美包装，以突出商品的名贵与高雅；低档次的商品配以低档次的普通包装，以突出商品的经济和实惠，如图书等的精装与简装。

(2) 特殊包装。这是一种专门为那些市场稀缺、用途特殊、价格昂贵的商品设计的具有较高欣赏价值和专门用途的包装形式。例如，名贵药材、文物古董、珠宝首饰、艺术珍品等的包装。这种包装设计，构思奇妙独特、用料考究名贵、制作工艺精湛，既能显示内装商品的贵重特点，又能激励消费者的珍爱情感。因此，凡是贵重商品都应配以贵重包装，以满足消费者求名、求美、炫耀等心理需要；否则，贵重商品在人们心目中的贵重感就会降低。

(3) 礼品包装。这是一种专为用于赠送他人的礼品而制作的装饰华丽、富有欢庆情调和美好寓意的特殊包装形式。例如：用于新年祝贺的礼品包装，一般印上"恭贺新禧""年年有余""吉祥如意""岁岁平安"等红字彩贴；用于祝寿的礼品包装，印上"福""寿"

等字样和青松、仙鹤等图案。礼品包装不仅可以增强喜庆气氛，而且能增加礼品的价值。但一般商品包装不宜效仿。

(4) 简便包装。这是一种成本低廉、构造简单的包装，如利用塑料袋、纸袋包装，一般用于日用品和低值消费品。其目的是降低销售价格，以迎合普通大众的消费心理。

(5) 复用包装。这是指商品包装在产品使用完后，包装物可用作其他用途，使消费者在购买商品的同时，又得到另一件用具，如月饼盒、茶叶桶等。

3. 按照消费者性别、年龄设计包装

由于消费者性别和年龄的不同，生理和心理上存在差异，对包装的要求也不一样。为适应不同性别和年龄的消费者的心理，对商品分别设计适合的包装具有一定的促销作用。

(1) 女性化包装。对于女性用品采用女性化包装，重点体现女性温柔、雅洁的形象特征，突出艺术性和流行性，可采用优美的线条、艳丽的色彩、高雅的形象，以增强商品的女性魅力。

(2) 男性化包装。对于男性用品采用男性化包装，重点表现男性粗犷、豪放、刚劲、稳重的形象特征，突出实用性和科学性，可采用黑色为主的色调进行包装的设计。

(3) 少儿用品包装。针对少儿活泼好动、求知欲强的心理特点，利用生动的形象、鲜艳的色彩、趣味性知识性的画面设计包装，可以引起少年儿童的兴趣，激发购买欲望。

(4) 青年用品包装。针对青年人精力充沛、喜欢追求时髦、标新立异的特点，设计新颖、美观和具有流行性的包装装潢，能引起他们的好感，从而促进购买。

(5) 老年用品包装。根据老年人求朴实、庄重、便于携带的心理要求，设计具有实用性和传统性的商品包装，可以满足他们的需要，引起购买和重复购买的欲望。

总之，成功的商品包装设计，既能满足消费者的生理需要，又能满足其心理需要。这是一种复杂的艺术性、创造性劳动，需结合商品特点和主要销售对象的特点来设计，否则便不能发挥包装的心理功能，不利于提高商品的市场竞争力。

本 章 小 结

本章主要从消费心理的角度阐述新产品设计、商品的命名、商品的商标和商品的包装等方面的主要内容。消费者对新产品的心理过程：知觉新产品、确定购买动机、尝试新产品、评价新产品、决定是否接受新产品。新产品设计的心理策略有为满足消费者基本需要的设计策略、针对消费者个性心理特征设计策略和适应消费需求发展变化的设计策略。新产品购买者根据其特征不同有：革新者、早期购买者、早期大众、晚期大众和守旧者。商品命名的要求有：名实相符、便于记忆、引人注目、引发联想及避免禁忌。商品命名的心理策略主要有：以商品的主要成分命名，以商品的主要功能命名，以人名命名，以商品的产地命名，以商品的外形命名，以商品的外文译音命名，以制作方法命名和以夸张性词语

命名。商标的心理功能有：识别的功能、保护功能以及提示和强化功能。商标设计的心理要求有：商标设计要个性鲜明，富于特色；商标设计要造型优美，文字简洁；商标设计要具有时代气息，反映社会发展的潮流趋向；商标设计应与商品本身的性质和特点相协调；商标设计要遵从法律法规，并顺应不同国家、民族、宗教、地域消费者的心理习惯。包装设计的心理要求主要有：方便、安全、形象，富于美感且能诱发联想。商品包装的主要心理策略有：按照消费习惯和实用需求心理设计包装，按照消费者消费水平设计包装以及按照消费者性别、年龄设计包装。

自 测 题

1. 新产品有哪几种类型？
2. 新产品设计有哪些心理策略？
3. 新产品购买者有哪些类型和特点？
4. 商品命名的心理要求是什么？
5. 商品命名的心理策略是什么？
6. 商标的心理功能有哪些？
7. 商品包装的心理功能有哪些？
8. 你认为食品包装应采取哪些心理策略？

案 例 分 析

雅诗兰黛的魅力

这段时间王林为完成一个新项目每晚都加班到十点多才离开公司。明天就是女朋友的生日了，他还没有给她买生日礼物呢！但是他一点也不着急，因为他早有打算。吃完午饭后，王林来到附近的商场。一进大门，他就直奔一楼的雅诗兰黛专柜。因为他觉得这个牌子给人的感觉是高贵典雅，正适合自己的女友。他打算为心爱的人买一瓶香水。在听了售货员简短的介绍之后，他选择了一款标价为七百多元，淡雅香型、外形别致的香水。这样，不到二十分钟的时间，一切都解决了。

王林为女朋友选择的是他认为有价值的、符合她的个性的瑞典品牌。由于获得了心理上的认同，他才会毫不犹豫地花上七百多元钱购买一份礼物。这就是品牌的魅力在消费者心理上所产生的微妙作用。

(资料来源：耿黎辉，消费心理学，成都：西南财经大学出版社，2005)

思考题

1. 王林为什么要给他女朋友选择雅诗兰黛的香水？
2. 列举一个你所喜欢的或不喜欢的商品名称或商标，并说明原因。

阅 读 资 料

商品包装装潢中的色彩与图案心理

色彩是客观世界中的一种物理现象，是人们接受光的刺激而产生的一种视觉反映。所谓颜色，在日常生活中有广义和狭义两种：广义的颜色包括非彩色和彩色，非彩色指白色、黑色和各种不同程度的灰色等，彩色指红、橙、黄、绿、青、蓝及紫色等；狭义的颜色仅指彩色。红、绿、蓝是三种基本色，其他颜色由这三种基本色按一定比例混合而成。

颜色视觉是由不同波长的光线引起的，正常人在光波条件下能看见光谱的各种颜色。白光不是单色光，它是各种光的混合光线。色光通过三棱镜的折射，可以产生全部颜色，赤、橙、黄、绿、青、蓝、紫七种色光有规律地排列成光谱，有的吸收，有的反射，因此，在视觉上产生五光十色的反映。

色彩三要素是指色彩的色相、明度、纯度这三种基本性质或属性，它们是分析与比较颜色的标准和尺度。

色彩对人具有生理功能和心理功能。色彩的生理功能包括对人的眼睛的色相、明度和纯度等刺激作用。它主要有冷暖感、兴奋感、膨胀收缩感和轻重软硬感等。色彩的心理功能是指色彩对人的心理的刺激作用而激发种种不同的感情。一般来说，喜欢黄色、橙色和红色的人，大多是乐天派，他们热情，充满活力，但容易激动；喜欢灰色和蓝色的人，大多性格内向，多愁善感，不善于与人交往，但他们往往文静，办事认真周到。

我们生活在一个五彩缤纷的世界里，色彩是人类最敏感的一种信息，也是视觉神经反应最快的一种信息，不同的消费者对商品颜色有不同的倾向性，而不同的商品颜色会使消费者产生不同的心理感受，影响着消费者的购买行为。

一件好的商品使用合理的色彩，不仅能吸引消费者的注意，唤起消费者的兴趣，刺激他们的购买欲望，还能使消费者获得愉悦和美感，获得精神享受。而商品质量良好，但颜色不合适，往往容易造成消费者心理上的忧郁、厌烦和不安。例如，用红色设计的产品或包装在销售上往往是成功的，因为红色代表兴奋，能刺激人的脑子、脉搏和食欲等。事实上，商品颜色对消费有心理的影响，是通过商品颜色对消费者产生的心理感受而实现的。

1. 商品颜色的冷暖感

色彩对人的刺激可以使人对色彩产生冷暖的感觉，例如：赤、橙、黄称为暖色，使人感受到激情和兴奋；蓝、青称为冷色，绿、紫称为中性色，冷色和中性色会使人感到安定平静。消费者对商品颜色或色彩的要求是适度的。色彩的过度会影响人们的消费心理，如果暖色过分，会给人造成刺眼等不适感觉；如果商品的色调过冷，即使其显得清净高贵，也会使人感到不舒服。掌握商品颜色对消费者心理上产生的冷暖感受,应根据不同的商品设计使用不同的色彩这一基本原则。例如,一般电风扇、电冰箱及洗衣机等多用冷色,如浅蓝色。结婚用品多用红、黄色系的暖色,以烘托结婚喜庆、热烈、兴奋、快乐的气氛和表达对未来充满希望之情。

2. 商品颜色的轻重软硬感

轻重是物体的一种量感,软硬是物体的一种质感。明度高、色相冷的色彩感觉较轻;明度低、表面粗糙的颜色感觉凝重;纯度和明度中等的色彩感觉较软;单一色和灰暗色感觉较硬。

商品的颜色、软硬与商品本身的轻重、软硬特征以及所体现的商品质地相联系,在设计商品色彩时,应充分考虑商品颜色这一心理特征,例如,对于重量大的商品色彩,为了不显得过于笨重,表面色彩多用浅色;对于一些轻型商品,为了给人一种稳重感,表面色彩多用深色;对于一些轻型商品,如灯具、工艺品等,其表面多用浅色、明色,以显得和谐悦目。另外,服装颜色除随年龄、性别、季节不同而相异外,一般上衣多用浅色,下衣则多用深色,给人一种上轻下重的稳重感。

3. 商品颜色的空间感

色彩的明度不同可令人产生不同的面积感和空间感。明度高的色彩看起来有膨胀感,感觉面积大;明度低的色彩看起来有收缩感,感觉面积小。高明度的暖色,如红、橙、黄,会使人感到物与人的距离近些,凸出感也强些;低明度的冷色,如青、蓝、紫能让人感到物与人的距离远些,后退感也强些。

商品颜色与心理上空间感的关系将影响消费者的商品购买基准。不同消费者的心理要求是不一样的。空间感较强的消费者,他可能要求商品颜色的明度低,偏冷色;长期在宽松空间环境生活、空间感较弱的消费者,则可能要求商品颜色的明度高,偏暖色。所以,商品颜色的设计必须根据消费者的不同要求,利用色彩的空间感选择商品的颜色,如家具颜色应根据居民住宅面积大小加以考虑,房间较小的消费者,家具多采用冷色,这样会使狭小的房间感觉上显得宽敞些;反之,房间较大的消费者,家具宜选用暖色,避免房间给人空旷的感觉。

4. 商品颜色的舒适感

在人们的视觉中,色饱和度、对比度适中的颜色,能使人接触疲劳,产生一种舒适感,例如,在面积较大的橱窗里,如果长期陈列过于鲜艳的红、黄等颜色的商品或装潢,人们在观赏或选择商品时就容易引起疲劳,以至于对这类橱窗敬而远之,这就起不到橱窗宣传、美化商品的作用。根据商品颜色与人们视觉舒适感觉的关系,在进行日用品颜色的设计时,对那些人们长期接触的日用品和装饰品,一般应尽量避免或少用饱和度、对比度较强的颜色。

5. 商品颜色的明亮度

一般浅色系的色彩显得明亮,而深色系的色彩较暗淡。商品的色彩设计应根据商品的不同用途,选择商品色彩的明度。

6. 商品颜色的联想作用

商品颜色能引起消费者的联想,从而对商品产生好感,影响其购买决策,例如,绿色,不仅给人以清新、柔和、惬意之感,而且还能使人联想到生命和理想;红色、黄色使人联想美好的未来,并给人以希望和激情;蓝色使人联想到天空、海洋、湖泊、远山和严寒;黑色象征庄重和肃穆,也会使人联想到恐怖等。商品颜色对消费者的心理影响,为商品的色彩选择提供了依据;相反,消费者对商品颜色的选择,很大程度上决定于消费者的个性、文化及情趣等因素,它与人们的性格、生活习惯、爱好、情趣及审美心理等紧密相关。对于企业来说,掌握运用色彩的心理作用,从多方面、多角度加以审视,才能使消费者对产品有良好印象的目的,并使其产品在市场上拥有众多客户。

7. 商品颜色的味觉感

色彩在表现食品的味觉感上有重要作用,比如,人们一看到红色的糖果包装,就会感到甜味浓;一看到清淡的奶黄色用在蛋糕上,就会感到奶香味;乳白色的奶油、冰淇淋,橙色的鲜橘汁给人以芳香可口的美食感;而某些晦暗、陈旧的色彩则会引起食物的变质感、腐臭感。

(资料来源:王官诚,消费心理学,电子工业出版社,2004)

第六章

商品价格与消费心理

学习目标：通过本章的学习，应了解消费者的商品价格心理功能；掌握消费者的价格心理表现，价格变动对消费者心理和行为的影响；了解消费者心理中的商品价格的阈限；掌握商品定价的心理策略及商品调价的心理策略。

关键概念：心理定价(psychological pricing) 撇脂定价(marketing-skimming pricing) 渗透定价(marketing Penetration pricing)

引导案例：

> ### 美国的"九十九"商店
>
> 　　心理经营法今天已经成为营销中广为应用的策略。国外很多商人在经营活动中也很善于运用"心战为上"的策略。美国纽约有一家颇有名气的商店，取名"九十九"，它已成为当地老幼皆知的牌号。"九十九"是一家专营日用杂品、家用小五金、文教用品等的商店。这里出售的商品琳琅满目，品种齐全。更具独特之处的是：其定价从不用整数，均用"九十九"。如20根缝衣针装成一包，售价九十九美分；10支铅笔装成一盒，售价九十九美分；一个煎鸡蛋锅，售价九十九美分；一袋糖果，售价九十九美分等。"九十九"商店自开业以来，生意长盛不衰。究其原因，奥妙在哪里？商品价格对于大多数人来说是一个相当敏感的因素，企业的定价或调价会直接刺激消费者，激励或者抑制消费者的购买动机和购买行为；反之，消费者的价格心理也会影响企业的价格决策。这家商店正是巧妙地利用了这一点。
>
> (资料来源：作者根据相关信息整理。)

第一节　商品价格的心理功能

　　商品价格心理是商品价格这一经济现象在消费者头脑中的一种意识反应。研究价格心理，主要是研究消费者在价格问题上的心理现象，其目的是在制定各种商品价格时，懂得如何才能符合消费者的心理要求并为消费者所接受，从而达到促进销售、满足需要的目的。

　　消费者在购买活动中的各种心理反应都同商品价格密切相关，都受商品价格心理功能的影响。所谓价格的心理功能，是指在社会生活和个性心理特征的影响下，在价格一般功能的基础上形成的并对消费者的购买行为起着引导作用的一种价格心理现象。营销人员在研究价格心理，研究制定合理适当的商品价格时，首先就要了解和熟悉价格的心理功能。价格心理功能主要表现在以下几个方面。

一、商品价值认识功能

商品价格在一定程度上体现了商品价值的大小和质量的高低，是商品效用程度的一个客观尺度，具有衡量商品价值的功能。在现实生活中，人们用价格作为尺度和工具认识商品，通常情况下，商品价格高，其价值就大，质量就好，适用性就强。价格这种衡量尺度的心理功能，在现实生活中经常表现为消费者普遍具有"一分价钱一分货""便宜没好货，好货不便宜"的心态。在实际购买活动中，同样一件商品，质地看上去相似，款式也相近，但如果其中一件包装精美，标价200元，另一件只用塑料袋包装，标价168元，顾客的第一反应就认为200元的那件品质好、价值高，168元的相对品质差、价值低。

当科学技术飞速发展的今天，商品更新速度日益加快，新产品不断投放到市场上，一般顾客因商品专业知识不足，鉴别能力不强，难以准确分辨新产品质量的优劣和实际价值的高低，这时价格就成为他们衡量商品质地好坏与价值高低的尺度。例如，对汽车价格和质量关系的一项研究发现，消费者认为较高价格的汽车有较高的质量。只有当消费者能够通过检查产品或根据过去的经验对产品的质量进行判断时，他们才会较少依赖价格作为衡量质量的尺度。而当消费者由于缺乏信息或技术而无法判断质量时，价格就成为一种很重要的质量信号。

二、自我意识的比拟功能

从心理学看，自我意识是意识的形式之一，是个人对自己心理、行为和身体特征的了解、认识的过程，它表现在认识自己和对待自己的统一。商品价格的自我意识比拟是商品价格人格化的心理意识，即借助于商品价格来反映消费者自我的一种心态。

价格不仅体现商品的价值，还象征着消费者的社会经济地位。消费者在购买商品时，往往还通过想象和联想，把商品价格与情趣爱好、生活品质、价值观、文化品位等个性化特征联系起来，以满足自身的社会心理需求。这就是商品价格的自我意识的比拟功能。商品价格的自我比拟功能有着多方面的内容。

1. 社会地位比拟

有些人在社会上具有一定的地位，服装、鞋帽、箱包、手表，甚至于领带、皮带等服饰用品都追求高档、名牌，认为穿着一般服饰会有失身份。即使经济收入有限，宁可在其他方面节俭一些，也要保持自己良好的社会形象，并以此为心理满足。

2. 经济地位比拟

有些人收入颇丰，追求时尚欲望强烈，是社会消费新潮的倡导者。如，许多白领、高收入阶层的人往往是高档名牌服装的忠实购买者，经常出入高档酒店、咖啡馆、茶馆，热衷于国外旅行的他们往往以率先拥有高价的私人轿车、高档的商品住房等为消费追求的目标，对低价商品不屑一顾，把商品价格与自身的经济地位联系在一起。也有一些消费者在购买活动中总是喜欢选购廉价商品或是削价商品，认为价格昂贵的商品只有那些有钱人才能买得起，这也是消费者将自己的经济地位与商品价格联系起来的具体表现。

3. 生活情操比拟

有些消费者以具有高雅的生活情趣为荣，即使不会弹钢琴，也要在起居室里摆放一架钢琴；即使不会欣赏，也会经常听音乐会、歌剧等，以获得心理上的满足。也有些消费者对古典文物知识并不通晓，却心甘情愿地付出巨资去收藏一些古董作为家中摆设，以拥有这些稀奇的古物为巨大的心理满足，希望通过昂贵的古董来显示自己崇尚古人的风雅，这也是一种生活情操的比拟。

4. 文化修养比拟

有些消费者尽管对书法和字画没有什么研究，但仍愿意花一大笔钱去购买一些名人字画挂在家中，以拥有这些名人字画为自豪和满足，并希望通过拥有这些字画来显示自己对文化的重视。也有些消费者虽然并不经常阅读，但是却喜欢大量购买图书，摆放在家中，这些都是一种文化修养上的比拟。

三、调节需求的功能

商品价格对消费需求量的影响甚大，价格的高低对需求有调节作用。一般来说，在其他条件既定的情况下，消费需求量的变化与价格的变动呈相反的趋势。即价格上涨时，消费需求量减少；价格下降时，消费需求量增加。所以，价格和需求相互影响、相互制约。价格调节需求的功能要受到商品需求价格弹性的制约。需求价格弹性是指因价格变动而引起的需求量的相应变动率，它反映了需求变动对价格变动的敏感程度。需求价格弹性的大小，会因为商品种类的不同和消费需求程度的不同而有所差别。有些商品价格稍有变动，其需求量就发生大幅度变化，即需求价格富有弹性，奢侈品等即属于这一类；有些商品价格变动很大，而需求量变化很小，即需求价格缺乏弹性，如食品、日用品等生活必需品就属于这一类。

第二节 消费者价格心理

一、消费者价格心理特征

消费者的价格心理是消费者在购买活动中对商品价格认知的各种心理反应和表现。它是由消费者的个性心理及其对价格的知觉判断共同构成的。此外,价格心理还会受到社会、生活各方面因素的影响。消费者的价格心理主要表现在以下几个方面。

(一)习惯性心理

习惯性心理是指消费者根据以往的购买经验和对某些商品价格的反复感知,来决定是否购买的一种心理定势。特别是一些需要经常购买的生活消费品,在顾客头脑中留下了深刻的印象,更容易形成习惯性价格心理。虽然商品价格有客观标准,但是在现代社会里,由于科学技术的飞速发展,决定商品价值的社会必要劳动时间变化莫测,消费者很难清楚地了解商品价值量,在多数情况下他们只能根据自己反复多次的购买经历对商品价格进行判断。因为消费者对商品价格的认知,是在多次的购买活动中逐步体验的,长期、多次的购买和消费活动,会使消费者在头脑中渐渐形成某种商品需要支付多少金额的习惯价格,并把它当作衡量商品价格高低、质量好坏、合理与否的标准。

消费者对价格的习惯性心理影响着购买行为。这是因为消费者往往从习惯价格中去联想和对比价格的高低涨落,以及商品质量的优劣差异。消费者在已经形成的习惯价格的基础上,一般情况下对商品的价格都会有一个上限和下限的概念。一旦某种商品价格超过了消费者心目中的价格上限,则会认为其太贵;如果价格低于消费者心目中的下限,则会对商品的质量产生怀疑。也就是说,某种商品的价格如果违背了习惯价格,消费者就会产生舍不得买或是拒绝购买的心理。如果商品价格恰好在购买者的习惯价格水平上,就一定会博得他们的信赖和认同。

商品的习惯性价格一旦形成,就被消费者认可而不容易改变。一旦变动,就会对消费者的价格心理影响很大,对企业甚至对于整个社会经济生活都会造成一定的影响,因此,若要进行调整则必须十分谨慎。

(二)感受性心理

感受性心理是指消费者对商品价格及其变动的感知强弱程度。它表现为消费者对于通过某种形式的比较所出现的差距,对其形成的刺激的一种感知。

商品价格的高与低、昂贵与便宜都是相对的,消费者对商品价格高低的判断,总是在同类商品中进行比较,或是在同一售货现场中对不同种类商品进行比较而获得的。但是,消费者的价格判断常常会出现错觉。如某种单价为 60 元的商品,分别摆在不同组合的柜台上，放在高价系列柜台就会畅销，而在低价系列柜台就会滞销。同样，这种价格错觉也会表现在商品价格的标价上，如 9.80 元和 10 元的价格感受是不一样的。

消费者一般通过三种途径感受商品价格高低的：一是消费者对同一购买现场、同一价格，不同组合商品的价格感受不同，如同一商品价格在高价格系列中显得较低，在低系列价格中显得较高；二是消费者对同一商品，由于销售地点的不同，其价格感受也不同，如 100 元的服装，放在自由市场和放在时装精品屋出售，给人的感觉是完全不同的；三是消费者对同样使用价值的商品，由于商品的商标、式样、包装、色彩不同，从而引起不同的价格感受。

(三)敏感性心理

敏感性心理是指消费者对商品价格变动做出反应的灵敏和迅速程度。消费者对商品价格的敏感性是相对于商品价格稳定的习惯心理而言的。因为商品价格的变动直接影响消费者自身的利益，影响到消费者需求的满足程度，所以，消费者对价格的变动一般都比较敏感。

衡量消费者价格心理敏感性的常用指标是消费需求价格弹性，即用消费者购买量变化的百分率与价格变化的百分率之比来测量。如果购买量减少的百分率大于价格上升的百分率，说明消费者对价格反应比较敏感；如果购买量减少的百分率小于价格上升的百分率，说明消费者对价格反应不敏感。

消费者对价格的敏感性因人而异，还会因商品种类或档次的不同而表现出程度上的差异性，对与日常生活关系较为密切的商品价格敏感性高，对耐用消费品价格的敏感性较低。但是，消费者对价格变动的敏感心理是因人而异、因商品而异的。一般来说，如食品、蔬菜、肉类等生活必需品需要程度高，购买频繁，敏感度就强；如家用电器、名酒、高档化妆品以及奢侈品等，购买频率低，敏感度相对较弱。学校师生每天在餐厅就餐，即便饭菜价格只变动了 0.5 元，他们也会议论纷纷，而市场上空调价格就是上涨了 500 元，他们也不会太注意。

(四)倾向性心理

倾向性心理是指消费者在购买过程中对商品价格选择所呈现出来的趋势和意向。商品一般都有高、中、低档之分，不同档次分别标志商品的不同价格与质量。不同类型的消费者，出自不同的价格心理，对商品的档次、质量和商标等都会产生不同的倾向性。

消费者对商品的价格倾向性大致可以分为两大类：一是不同消费者对同一类商品价格的选择具有不同的倾向性。如果消费者对不同价格的同类商品的性能、质量、外观造型及所用材料等方面没有发现明显的差异，那么求廉务实的消费者往往倾向于选择价格较低的商品。如，超市中牛奶类制品品牌较多，大多数消费者往往选择价格低的那种品牌购买。但是，那些慕名求新的消费者就会倾向于购买价格较高的品牌。二是同一消费者对不同种类的商品的价格选择也具有倾向性。一般来说,对于那些耐用品、礼品或高档商品、时令商品,消费者会倾向于选择价格较高的购买。而对于那些日用品,选择倾向一般是低价。

由于消费者在经济收入、文化水平、价值取向以及性格等方面的差异,使得他们在购买所中表现出来的价格倾向不尽相同。消费者会根据自己对商品价格的认知程度来做出判断。

(五)逆反心理

正常情况下,消费者总是希望买到价廉物美的商品,对于相同价值的商品总是希望其价格越低越好,但是在某些特定的情况下,商品的畅销性与其价格会呈反向表现,即并非价格越低越畅销。出现"买涨不买跌"的情况,这就是由于消费者对价格的逆反心理所致。

【案例6-1】 消费者为何买涨不买跌?

某粮店开张,顾客并没有老板所预想的那样多。当老板看到满街的商店降价促销的吆喝声不绝于耳,打折出售的招牌随处可见,而这确实招徕了许多顾客时,这些红红火火的顾客盈门的场面,让老板意识到"薄利多销"是很有道理的。

于是,老板将贴在外面的价目表改了一下,在原来的"1.8元/斤"上用红笔划去了"1.8"换成了"1.7",即"1.7元/斤"。价格便宜了1角,但是效果并不理想,并没有吸引多少顾客。老板想,可能是因为降价的幅度不大,于是将"1.7"改为了"1.5",变成了"1.5元/斤",这已经是非常便宜的价格了。可是老板奇怪地发现,吸引的顾客还是不多。等到晚上算账的时候,销售收入几乎没有增加。

这使粮店老板十分纳闷:为什么降价幅度如此之大了,销售收入却丝毫没有增加?第二日,店里来了一个经济学家买面,老板愁眉苦脸地和经济学家说了这事,并请教原因。经济学家笑着对老板说,想扭转局面?很简单,明天你再挂一块牌子,上面写上:今天面每斤又涨了5分钱。

数天之后,经济学家再到这家粮店,粮店前已经排起了长龙。

为什么粮价便宜无人问津,而涨价却供不应求了?人们常听一句话"买涨不买跌",这是市场上大多数消费者的写照。经济学家写上涨5分钱的道理,这在于他摸透了消费者的心理预期——人们通常买涨不买跌。当粮店打出要涨5分钱时,就从心理上对消费者起到了某种暗示:面粉涨价了。消费者预想"再不买还要涨",于是就一窝蜂地涌到粮店了,这才是能刺激到消费者的涨价预期。

其实,买涨不买跌的现象随处可见。例如,2008年金融危机横行时,我国一线城市房地产价格大多在打折促销,但多数人看到"跌跌不休"的房价,始终不肯出手;短暂的降价后,房价再次飙升,此时买房的人却多了起来。又如,在股票市场上,某一种股票价格上扬的时候,人们都会疯狂抢购这种股票。而当一种股票价格下跌的时候,购买这种股票的人反而很少,拥有的人也希望尽快抛出去。人们越高越买,是为了最大限度地获取利润。

145

买涨不买跌的消费者购买心理也是造成房价现状的推手之一。房子价格下跌时，买房人观望等待，希望再跌一点，尽量减少购房费用，但伴随着房价飙升所引发的不仅不是房子涨价后的无人问津，门可罗雀，恰恰相反，而是各个楼盘的热销和门庭若市，一房难求，都匆匆出手跑去买房。

这反映了中国人普遍存在的跟风消费的心理误区。那些跟风消费的买房者，既有急需住房，必须购买的刚性需求者，又有改善性购房者，还有投资房产的人，他们把所有积蓄和多方筹措的资金，甚至养老钱全都用在购买商品房上，孤注一掷，期待更大的升值空间。

(资料来源：《大好财富》网，2015-11-03)

【分析】每个人都是理性人，凭借自己的心理预期做出判断，当商品降价时，他们预期未来价格会再跌，因此保持观望状态，以期得到商家更高的让利。而价格上涨，则预期是以后价格还要，购买成本的不断加大，越早购买就越节省付出成本。消费者在遇到大多数人买涨不买跌时，应该从成本收益的角度去分析和判断，作出理性的选择，防止盲目跟风。

二、价格变动对消费者心理和行为的影响

当企业进行价格变动的时候，首先考虑的是价格调整后消费者能否接受，对消费者的行为会产生什么影响，消费者将如何理解商品价格调整的行为。企业调低商品价格，向消费者让利的行为可能会被理解为商品销售不畅，或企业面临经济困难，有时，企业以一个良好的动机变动价格却相反的会产生对自己不利的结果。因此，企业变动价格时必须关注消费者对价格调整的反应。

(一)消费者对价格变动的直观反应

1. 消费者对原产品降价调整的反应

消费者对原产品降低价格的心理反应，一般有以下几种：企业薄利多销；该产品低价销售是企业竞争的结果，企业打价格战，消费者可以低价购买高品质的产品，厂家、商家减少库存积压；该产品质量下降或出现质量问题；该产品市场销售不畅；该产品将被新产品替代；该产品货号不全；该产品式样过时；该产品为季节性较强的商品；企业财务困难，不能继续生产经营等。

【案例6-2】 "一角钱"促销

在一个菜场有几家卖豆制品的摊点，可总是只有A店主的生意火暴，大家宁可排队等也不到旁边的店里买同样的东西。是A店的价格比旁边店铺的价格低许多吗？不是，他卖的价格和别人一样。是所卖产品的质量比别人好很多？也不是，质量差不多，很多东西估计是和别的摊主在同一个地方进的货；"是有买赠促销的手段吗？更不是，小本生意不可

能有这么大的利润。原来只有一个非常简单的原因:这个店主无论顾客买什么东西都主动地少收一角钱。例如顾客问好豆腐是1元一斤,挑了块豆腐,他把豆腐放到电子秤上一称显示1.7元,他就会说:"就收1.6元吧。"就这小小的一角钱让他获得了顾客的信赖,使他的生意越来越红火。

(资料来源:《"一角钱"成功促销的奥妙》,中国企业管理文库,数据编号:K7-F152896)

【分析】豆腐属于生活必需品,价格不高,经常购买,消费者对价格的敏感度相对较强。在品质基本相同的情况下,虽然只让利一角钱,却让消费者感到真实可信。在价格变动的时候应将幅度控制在合理的范围以内,如果摊主卖一块豆腐可以便宜0.5元,不光自己不赚钱,顾客更要怀疑这个豆腐肯定有问题,要不怎么可能这么便宜?

2. 消费者对原产品提价调整的反应

消费者对原产品提高价格的心理反应,一般有以下几种:该产品数量有限,或供不应求,或产品稀少;提价说明该产品畅销,质量已经得到消费者的认可;该产品有特殊的用途,或产品能增值,或产品有收藏价值;该产品生产成本上升;该产品广告宣传费用较高;卖方以为购买者的急需程度高、经济承受能力强而漫天要价;受到通货膨胀的影响。

(二)消费者对价格变动的理性反应

消费者随着消费经验的不断积累,有关商品的专业知识及对商品的一般常识,也在不断地增长,消费日趋理性化。由于消费者的需求既存在同质性又存在异质性,所以,对购买的总支出与对产品成本的关系有着不同的理解,这就造成了购买者对价格调整的变动反应也存在着差异。一般情况下,消费者对于那些价值较高、经常购买的生活必需品的产品价格调整变动较敏感,而对于那些价值较低、不经常购买的小商品,即使单位价格调整幅度再大,消费者也不会太在意。成熟理智的消费者在关注产品价格调整变动的同时,更注重产品的核心价值、形式价值和附加价值。消费者不仅仅是为产品的价格而去购买产品,而是在购买产品的使用价值、服务价值以及企业的保证和承诺。

【案例6-3】 家电消费不迷"概念"迷"实效"

随着中国式的ROSH指令的出台,环保成为中国各家电企业不得不考虑的因素之一。欧盟正式开始执行WEEE指令(《关于报废电子电气设备指令》)之后,从2006年7月1日开始,欧盟的ROSH指令(《关于在电子和电气设备中禁止使用某些有害物质的指令》)又将正式实施。

随着生活水平的不断提高,伴随着追求健康、节能、环保的消费心理,消费者对家电产品的选择呈现多元化的消费趋势,更注重个性的张扬和产品的内涵,追求的是健康与享受,而不再单纯地考虑价格因素。家电产品的质量、性能已经取代价格成为消费者首先关注的要素。正是这种消费需求的变化,使当前许多家电厂商措手不及,导致整个市场出现真空,恰好也促使当前高端家电市场的旺销。

以冰箱为例,大容量的冰箱逐渐成为消费热点。对于刚刚结婚的新人来说,平日繁忙的工作,使得他们购买食品的次数减少,数量增多。市场上现有的大冰箱普遍都带有小吧台和自动制冰功能,功能更加人性化。变频技术的投入使用,也使得空调、冰箱等家电的生产成本增加,价格提高。然而,由于消费心理的转变,这种高价格是消费者能够认可的,这些高端产品都备受消费者的青睐,逐渐成为消费的主流。

(资料来源:中国家电商务网,www.jydq.net,2006-1-23)

【分析】面对家电产品,我国的消费者变得更加成熟理智。消费者在关注产品价格调整变动的同时,更注重产品的核心价值、形式价值和附加价值。家电产品的质量、性能已经取代价格成为消费者首先关注的要素。消费者不仅仅是为产品的价格而去购买产品,而是在购买产品的使用价值、服务价值以及企业的保证和承诺。

第三节 消费者心理中的价格阈限

一、绝对价格阈限

消费者的感觉存在阈限,商品价格也有阈限,但其含义不同。价格阈限是指消费者心理上所能接受的价格界线,即所谓的绝对价格阈限。绝对价格阈限可分为上绝对阈限和下绝对阈限两种。绝对价格阈限的上限是指可被消费者接受的商品的最高价格;绝对价格阈限的下限是指可被消费者接受的商品的最低价格。在日常生活中,消费者根据自身感受的传统价格印象、自身的价格评价标准,加之消费者之间的相互影响,对每种商品都有一个心目中的价格范围。商品价格若高得超过上限,就会抑制购买,使消费者感到销售者在漫天要价而却步;价格若低得低于下限,则会引起消费者的负反应,导致对该商品的种种疑虑心理。例如,如果有人愿意以10元钱的价格卖给你一颗钻石,你肯定会认为这是赝品或是来路不明的商品。

绝对价格阈限的上限或下限会因不同的因素作用而不同,也可能因为消费者的不同而不同。这两种阈限虽然在一定条件下处于相对稳定,但又都可以通过市场力量加以改变。例如,大量的广告宣传可以使消费者觉得某种品牌的商品更值钱,于是价格的上绝对阈限便会因此而提高;消费者假如遇到一种低于下限的不平常的价格,常常需要经过紧张的思考,加以分析判断。如果此时消费者把商品价格的降低归为销售情况而不是质量问题,即认为是市场需求所造成的,则可能会降低下限,接受这一价格。于是价格的下限就会因此降低。

在现实生活中,价格阈限是一个随着时间变化而变化的动态心理因素。因为随着经济的发展,商品中技术成本含量在增大,资源减少造成供求紧张,因而价格上升;由于工资提高造成的成本费用增加，价格刚性及生活水平的提高等，都会促使商品价格呈稳步上升的趋势。特别是在通货膨胀时，价格上限会全部向上移动，今天的正常价格，可能会成为明天美好的记忆。20 世纪 50 年代，街头小贩沿街叫卖的"5 分钱一只"的茶叶蛋，在今天消费者心中早已成了遥远的"神话"。随着价格的不断上涨，消费者在价格再次上涨前会产生一种抢购的"通货膨胀心理"。从价格意识上看，通货膨胀会增加消费者的价格意识，但会降低价格敏感性及其对高价的抵抗力。商品价格的轮番上涨最初会遭到消费者的强烈反应，但久而久之，则可能使部分消费者变得麻木起来，反应迟钝。这可能是由于消费者适应了价格上涨的缘故。此时，消费者反而会对价格下降表现出高度的敏感性，由此可见，价格绝对阈限的概念实际上只有相对的意义，因为在市场条件下，这种"绝对价格阈限的界线"是可以波动的。

二、差别价格阈限

即使商品的两种价格在客观上不一样，也不能假定消费者实际上知觉的价格也不同。据有关研究表明，只有当价格差别达到某一定水平时，消费者才能知觉到两种价格刺激之间的差别。刚刚能够引起消费者差别感觉的两种价格刺激之间的最小强度差称作差别价格阈限或差异阈(differential threshold)。这一改变称为最小可觉察差异(jnd)。根据韦伯法则(Weber's law)，激发差异阈或者获得 jnd 取决于改变的量。假设一种产品一般售价 2 元，现在以 1 元出售，大部分消费者都会认为这是一种降价。现在假设一种产品一般售价为 200 元，现在以 199 元出售。虽然节省的数量绝对值相同，但消费者不会同样地对待这两种降价措施。

研究表明，消费者对价格上涨要比下降更为敏感(这里不包括通货膨胀时期)，并会因商品的不同而不同。而对于某些商品(如威信商品)，则在涨落两方面的较大的价格变化可能都没有多少影响。价格的适应水平理论则认为，消费者价格知觉的基础是最后所付的实际价格，即可接受的价格或公平的价格。由此，学术界提出了价格适应水平理论关于价格知觉的有关结论，即价格知觉与别的价格和使用价值有关；对于每一商品种类、每一可辨质量水平，都存在一个标准价格；标准价格是判断其他价格的基准；存在一个标准价格的中性区，在此区内价格变化不引起知觉变化；标准价格是一些相似商品的平均价格；购买者并非单一判断每一个价格，而是把每一价格同标准价格或价格系列中的其他价格作比较进行判断的；标准价格无须同任一实际价格或者名牌商品的价格相符。

例如，以饮料为例，红牛的定价显然有失误。一般人对小容量饮料能接受的价格为 2～4 元，连可口可乐、百事可乐都只卖 3 元，而红牛定价却超出 6 元，显然高得离谱了。如果红牛的产品定位不是饮料而是保健品，其价位则可能被消费者接受。由于消费者对许多商品往往不注意它们的精确价格，因而，在许多情况下，就会存在一个可接受的价格范围。

如果商品价格落入这个范围，价格就有可能不被作为一个尺度。然而，若价格超出可接受范围的上限或下限，价格就变得很重要，同时，有问题的产品将被拒绝。

第四节　商品价格的心理策略

一、商品定价的心理策略

价格是企业竞争的主要手段之一，企业除了根据不同的定价目标选择不同的定价方法外，还要根据复杂的市场情况，采用灵活多变的方式确定产品的价格。商品定价的心理策略主要有以下几种类型。

(一)撇脂定价策略

撇脂定价策略是指如同在鲜牛奶中撇取奶油，在新产品上市初期，价格定得很高，利用消费者"求新""猎奇"等心理，在短时间内获得最大利润。当最初的销量下降时，或者产品竞争者纷纷出现时，企业就会逐步降低价格，以便吸引对价格敏感的新顾客。比如，1992年春，呼啦圈开始出现在北京市场，由于舆论宣传的力量，人们认定呼啦圈有着健美身体的奇妙作用。于是成本1元左右的产品，价格提高7、8元，但还是吸引了许多早期使用者，并通过他们使呼啦圈广为流行。单靠这小小的产品，北京有30多家工厂挣足了钱。

撇脂定价策略只在一定的条件下具有合理性。其一，新产品有明显的、突出的优点，产品的质量和形象必须能够支持产品的高价，并且有足够的购买者。其二，企业在生产方面有专利技术，竞争者不能轻易进入该产品市场和压下高价。其三，宜采用这种策略的产品，一般都缺乏价格弹性，制定高价也不会减少需求，小批量生产的成本也不会提高很大。

这种策略的优点有：高价能获取高利润，可以尽快收回成本；新产品刚上市时，消费者缺乏对其理性的认识，较高的定价塑造了优质产品的形象；扩大了价格的调整余地，增强了价格的适应力，提高了企业的赢利能力。这种策略的缺点是：价格大大高于价值，不利于市场的开发与扩大。

【案例6-4】　农夫果园高端价格决胜果汁市场

农夫果园在终端的销售价格为3.5~4元,明显高于同类果汁饮料,开辟PET高端市场,自觉回避同类产品的价格纷争，选择这一道路的农夫果园对果汁市场目前的价格体系有深入的分析。农夫果园实行差异化的价格，走高端市场，还必须经受消费者认可、经销商接受两大考验。如果没有一套完整的策略，是不可能取得成功的。

对于消费者来说，能够接受农夫果园这样的高端价格，是由于一系列的差异化策略已经增强了对产品的认同。混合果汁的产品形态、"摇一摇"的宣传诉求、包装与众不同、容量多一些、浓度高一些，这些都支持了农夫果园的高端市场定位，物有所值，使产品更具亲和力。

(资料来源：《农夫果园：差异化营销决胜果汁市场》，中国营销传播，http://www.emkt.com.cn，2003.6.11)

【分析】在竞争激烈的果汁饮料市场，农夫果园定价策略可以避免陷入价格战的旋涡，对于农夫果园来说，在上市之初也有利于保障新品价格体系的稳定性。

(二)渗透定价策略

渗透定价策略与撇脂定价策略相反，是指在新产品投放市场时，价格定得较低，只求保本或微利，迎合消费者求廉、求实的消费心理，让消费者很容易接收，从而使产品在市场上迅速渗透，提高市场占有率，快速占领市场。较高的销售额能够降低成本，使企业能进一步减价。20世纪50年代初，美国市场上的手表是一种贵重的物品，价格自然不会便宜，也不能人人都戴。根据当时市场价格和消费水平，太麦克斯公司确立"薄利低价"的手表营销策略。把手表目标成本和售价确定在10美元左右，以薄利多销争取顾客，占领市场。太麦克斯(TimeX)手表以低价上市，立即受到消费者的欢迎。至20世纪50年代末，在美国手表市场上50美元以下的手表中，太麦克斯公司的产品已占了1/3。

适合采用这种低价策略的情况有：市场必须对价格高度敏感，才能使低价促进市场的增长；生产和销售成本必须随着销量的增加而减少；低价能帮助企业排除竞争对手，否则价格优势只能是暂时的。

这种定价策略的优点有：低价能迅速打开市场，提高市场占有率，扩大销量，从多销中增加利润；低价薄利，可以阻止竞争对手的加入，有利于控制市场。这种定价策略的缺点是：投资的回收期限较长。因此，生产能力较小的企业不宜采用。

【案例6-5】 戴尔直销999元打印机

戴尔宣称其在中国市场的第一款专门针对个人用户的激光打印机，价格是999元，让打印机行业的巨头们倒吸了一口凉气。戴尔中国公司打印机市场经理章越称，此次推出的个人激光打印机型号为1100，主要针对家庭以及SOHO办公人士，每分钟最快可以打印15张，每个墨盒可打印的数量为2000张。目前市场上同类打印机的价格普遍在1500元左右。由于戴尔在打印机领域坚持了直接销售模式(即消费者直接通过免费电话或者网站订购，没有中间经销商环节)，因此戴尔能够给消费者提供更优惠的价格和更好的服务，同时，戴尔的耗材也是全部通过直销模式销售的。

(资料来源：《戴尔直销999元打印机 为家电产品进中国探路》，全民业务网，http://study.qmvip.com)

【分析】目前国内入门级打印机市场其实已经在萎缩，爱普生、惠普等品牌的市场占有率也已经比较稳定，戴尔想要进入这个市场，低价是最有效的手段。

(三)声望定价策略

声望定价策略是根据消费者对某些商品的信任心理或"求名"心理而制定的高价策略。多数消费者购买商品时不仅看重质量,更看重品牌所蕴含的象征意义,如身份、地位、名望等。该策略适用于知名度较高、广告影响力大的名牌或高级消费品。消费高价商品是现代人身份地位的象征,如戴劳力士手表、使用 LV 的包等,被认为是有地位的成功人士。用于正式场合的西装、礼服、领带等商品,且服务对象为企业总裁、知名律师、外交官等职业的消费者,则都应该采用声望定价策略,否则,这些消费者就不会去购买。微软公司的 Windows 98(中文版)进入中国市场时,一开始就定价 1998 元人民币,便是一种典型的声望定价。因此,企业可利用名牌、极品的声望,制定出能使消费者在精神上得到高度满足的价格。另外,声望定价策略还被广泛运用在零售业、餐饮、娱乐、维修服务等行业。

当然,声望定价和其他定价方法一样,也有其适用范围和界限。正确使用必须明确其适用条件,而不能照抄照搬。在使用声望定价策略时应注意以下两点:首先,必须是具有较高声望的企业或产品才能适用声望定价策略;其次,声望定价策略的价格水平不宜过高,要考虑消费者的承受能力,否则,顾客只好"望名兴叹",转而购买替代品了。

(四)零头定价策略

零头定价策略又称非整数定价策略或尾数定价策略。这种定价策略是企业将进入市场的产品制定一个带有零头数结尾的非整数价格,是企业针对消费者的求廉心理,在商品定价时有意定一个与整数有一定差额的价格。这是一种具有强烈刺激作用的心理定价策略。如,宝洁公司将其日常护理的飘柔洗发水价格定为 9.9 元,而不是 10 元,意味着更便宜的价格。这是一种适应消费者愿意购买便宜货的心理而使用的价格策略。因为在消费者看来,零头价格是经过细心计算的最低价格,甚至于使一些高价商品看起来也不太贵。另外,尾数定价还会给人们一种定价精确的感觉,从而使消费者产生信赖感,激起购买欲望。

心理学家的研究表明,价格尾数的微小差别,能够明显影响消费者的购买行为。一般认为,5 元以下的商品,末位数为 9 最受欢迎;5 元以上的商品,末位数为 95 效果最佳;百元以上的商品,末位数为 98、99 最为畅销。

由于受到民族习惯、社会风俗、文化传统差异的影响,各个国家或地区在实际使用此法时会有所不同,某些数字还会被赋予一些独特的含义。如,美国市场上零售价为 49 美分的商品,其市场占有率比 50 美分和 48 美分要多。在我国,尾数为 8 的价格较为多见,"8"与"发"谐音,人们往往乐于接收这个有吉祥意义的数字。采用零头定价策略时,可有意识地选择消费者偏爱的数字,则其产品因而也得到消费者的喜爱。

【案例 6-6】 笔记本电脑的尾数定价

最近笔记本电脑市场上刮起了 X999 元的风暴。一时间,满天飞舞的全是 X999 元的广告。

(1) 3999元的笔记本电脑。很多朋友会对这个级别笔记本电脑有一种鄙视的眼神。

(2) 6999元的笔记本电脑。这个级别的笔记本电脑是目前市场上大品牌商家的最低价位了。在这个价位，我们也可以买到国际品牌的产品。

(3) 9999元的笔记本电脑。这个价位，属于高不成低不就的局面。从配置上讲，比6999元的笔记本电脑是要强劲许多。但这个强劲许多只是表现在数字指标上，在具体的应用中并没有能让人们感到它的差距有多大。

(4) 12 999元的笔记本电脑。选择这类笔记本电脑的都是市场上的高薪一族。这个价格的笔记本电脑和9 999元的笔记本电脑的差距就不再是简单的数字游戏了。这类笔记本电脑除了在处理器上的强劲外，一般都配有独立的显卡，可以满足用户对3D方面的应用。

(5) 15 999元以上的笔记本电脑。选择这类笔记本电脑，如果不是一个电脑疯子，就一定是一个大老板级的人物。他们对笔记本电脑的要求趋向两极化。疯子对它的要求近乎于变态，而大老板们呢？要求的好像是价位一定要高。

(资料来源：《利用消费心理价格战术——X 999元笔记本电脑充斥中国》，计世网，Ccw.com.cn，2005-3-3)

【分析】尾数定价可以使消费者感觉商品价格比整数要便宜，但笔记本电脑的各档次产品都采取X999定价策略，显然没能达到厂家所预期的效果。

(五)整数定价策略

这种定价策略是把商品的价格定成整数，不带零头。整数定价策略又称方便价格策略，是指企业有意识地将商品价格的尾数去掉，适用于某些价格特别高或特别低的商品。如，一台计算机的价格定为5000元，而不是4999.9元。高档服装将价格定为300元，而不是298元，尽管只相差2元，但是心理差异却是相当大的。298元看起来更像是一个较便宜的价格，而300元则可以给商品赋予高档、优质的形象，意味着更多的价值。而对于某些价值低的日用品，如采用1元、2元定价，较之0.99元、1.98元，在付款时消费者更方便。

(六)习惯定价策略

这种定价策略是按照消费者的习惯心理来制定价格。对于某些已经进入市场成熟期的产品，由于长期以来市场上这些产品的价格一直维持在某个水平上，消费者心目中已经形成了一个习惯性的价格标准。这些商品价格稍有变动，就会引起消费者的不满，如降价易引起消费者对品质的怀疑，涨价则可能受到消费者的抵制。因此，对这类商品企业可采用消费者习惯的价格定价。日常生活中的饮料、食品一般都适用这种定价策略。

(七)招徕定价策略

这种策略是指多品种经营的企业将一种或几种商品的价格定得特别低或特别高，以招徕消费者。如，超市出售 1 元一只烧鸡，或是卖出天价月饼、极品茶叶等。这种策略的目的是吸引消费者在来购买招徕商品时，也购买其他商品，从而带动其他商品的销售。这一定价策略常为综合性百货商店、超级市场甚至于高档专卖店所采用。例如，日本创意药房在将一瓶 200 元的补药以 80 元超低价出售时，每天都有大批人潮涌进店中抢购补药，按说如此下去肯定赔本，但财务账目却显示出盈余逐月骤增，其原因就在于没有人来店里只买一种药。人们看到补药便宜，就会联想到其他药也一定便宜，促成了盲目的购买行动。

采用招徕定价策略时，必须注意以下几点：

(1) 降价的商品应是消费者常用的，最好是适合于每一个家庭应用的物品，否则没有吸引力。

(2) 实行招徕定价的商品，经营的品种要多，以便使顾客有较多的选购机会。

(3) 降价商品的降低幅度要大，一般应接近成本或者低于成本。只有这样，才能引起消费者的注意和兴趣，才能激起消费者的购买动机。

(4) 降价品的数量要适当，数量太多商店亏损太大，数量太少容易引起消费者的反感。

(5) 降价品应与因残次而削价的商品明显区别开来。

高价招徕与低价招徕恰恰相反，它是利用人们的好奇心理将产品标以高价来吸引顾客的。与低价招徕的出发点相同，这种策略也是通过"特价"产品来推动普通产品的销售量的。人们总是有着探寻新奇事物的倾向，当市场上推出一种"高价"的商品，而这种商品又为人们所熟悉时，人们总会产生这样的疑问：为什么这件商品会以这样高的价格出售？他们会在心中作出种种猜测，并希望一探究竟。例如，珠海九州城里曾经出售过一种价格高达 3000 港币的打火机，引起了许多人的兴趣，慕名而来，大家都想看看这种"名贵"的打火机究竟怎样特别。当然，购买此种高价打火机的人寥寥无几，但是它旁边柜台售价 3 元一只的打火机却因此打开了销路。

在使用高价招徕策略时，应当注意：①所使用的商品应当是顾客所熟悉的，这样才可以引起他们的好奇心理。②这种高价商品应当确实有其与众不同之处，否则这种定价策略不免有些"哗众取宠"。

(八)折价定价策略

这是利用货币错觉的增值效应，在制定商品的折价价格时，采取"花低价格买高价的商品"的宣传手段，而不是"高价商品卖低价的钱"的宣传手段。这种定价方法针对的是消费者"降价没好货"的购买心理。例如，日本三越百货公司就利用了"货币错觉"，实行"100 元买 110 元商品"的推销术，第一个月就增销 2 亿日元，这是一种高超的折价术。

(九)折扣定价策略

这种策略是指在特定条件下，为了鼓励消费者及早付清货款，大量购买或淡季购买，企业酌情调整商品的基本价格，以低于原定价格的优惠价格销给消费者。这一定价策略的理论基础是利用消费者求廉、求实、求新的心理。例如，日本东京银座美佳西服店为了销售商品，采用了一种折扣销售方法，颇获成功。具体方法是这样的：先发一公告，介绍某商品品质性能等一般情况，再宣布打折扣的销售天数及具体日期，最后说明打折方法——第一天打九折，第二天打八折，第三、四天打七折，第五、六天打六折，以此类推，到第十五、十六天打一折，这个销售方法的实践结果是，第一、二天顾客不多，来者多半是来探听虚实和看热闹的。第三、四天人渐渐多起来，第五、六天打六折时，顾客如洪水般涌向柜台争购。以后连日爆满，没到一折售货日期，商品就已售缺。这是一则成功的折扣定价策略。妙在准确地抓住顾客购买心理，有效地运用折扣售货方法销售。人们当然希望买质量好又便宜的货，最好能买到二折、一折价格出售的货，但是有谁能保证到你想买时还有货呢？于是出现了前几天顾客犹豫，中间几天抢购，最后几天买不着者惋惜的情景。

(十)分级定价策略

这种定价策略是指把不同品牌、规格及型号的同一类商品划为若干个等级，对每个等级的商品制定一种价格。这种定价策略的优点在于不同等级商品的价格有所不同，能使消费者产生货真价实、按质论价的感觉，能满足不同消费者的消费习惯和消费水平，既便于消费者挑选，也使交易手续得到简化。在实际运用中，要注意避免各个等级的商品标价过于接近，以防止消费者对分级产生疑问而影响购买。

二、价格调整的心理策略

根据消费者对商品降价和提价的心理反应，企业可以采用相应的降价和提价策略。

(一)降价的心理策略

企业要达到预期的降价目的，应当注意了解消费者的心理，准确把握降价时机和调整的方式。

1. 企业降价的条件

企业降价的条件大致有以下几种：生产成本下降后，为了扩大产品市场占有率，企业可以采取降价策略；市场上同类商品供过于求，经过努力仍然滞销时，企业可以考虑降价销售；当竞争激烈时，如果竞争对手采取降价措施，则企业应进行相应的调整，以保持较高的竞争能力；产品市场占有率出现下降趋势后，降价竞销是企业对抗竞争的一个有效办法；需求弹性较大的商品，提价后会失去大量顾客，总利润也将大幅度减少，相反，降价则会吸引大批顾客，实现规模生产和销售；商品陈旧落后时，企业应该降价销售，以收回占用资金；残损商品更需要采取降价措施，实现其利用价值，最大限度地减少现有损失。

2. 降价调整的时机

确定何时降价是调价策略的一个难点，通常要综合考虑企业的实力、产品在市场生命周期所处的阶段、销售季节、消费者对产品的态度等因素。比如，进入衰退期的产品，由于消费者失去了消费兴趣，需求弹性变大、产品逐渐被市场淘汰，为了吸引对价格比较敏感的购买者和低收入需求者，能维持一定的销量，降价就可能是唯一的选择。由于影响降价的因素较多，企业决策者必须审慎地分析和判断，并根据降价的原因选择适当的时机，制定最优的降价策略。

一般认为，日用消耗品可不定期地进行低价调整，如洗化产品、食品等；季节性较强的产品可选择节令相交之时进行低价调整；弹性较小的产品可不定期地进行低价调整，如超市的时令新鲜果品蔬菜，经常从高价到低价进行一次调整，以防止因新鲜果蔬商品品质下降而造成经济损失；与节日相吻合的产品可选择节日的前后进行低价调整；时尚和新潮的商品，进入模仿阶段后期就应降价；接近过期的产品、滞销品，要在最短的时间内进行低价销售。

3. 降价调整的方式

降价最直截了当的方式是将企业产品的目录价格或标价绝对下降，即产品价格明降；但企业更多的是采用各种折扣形式来降低价格，即产品价格暗降。如采用数量折扣、现金折扣、回扣和津贴等形式。此外，变相的降价形式还有：赠送样品和优惠券，实行有奖销售；给中间商提取推销奖金；允许顾客分期付款、赊销、免费或优惠送货上门；提供技术培训、维修咨询；提高产品质量，改进产品性能，增加产品用途。由于这些方式具有较强的灵活性，在市场环境变化的时候，即使取消也不会引起消费者太大的反感，同时又是一种促销策略，因此在现代经营活动中运用得越来越广泛。

应当注意的是，商品降价不能过于频繁，否则会造成消费者对降价的心理预期，或者对商品正常价格产生不信任感。降价幅度要适宜，应以吸引消费者购买为目的，幅度太小不能刺激消费者的购买欲望；幅度过大则企业可能会亏本，或者引起消费者对商品质量的怀疑。

【案例 6-7】 奥克斯空调降价策略分析

2003 年 4 月，在空调行业有黑马之称的奥克斯空调宣布：从 4 月 10 日起，其 60 余款主力机型将全线降价 30%。按照奥克斯公布的价格，目前在消费市场占 90% 份额的 1p、1.5p 挂机降到 1700 元以下，2p 柜机也降到 2000 元以下，对比空调市场上的售价，奥克斯打出的价格比几大传统老品牌同等机型价格要低 30% 以上。一向以价格杀手著称的奥克斯空调此次降价似乎没有什么悬念。为了实现自己的目标，自 2000 年以来，奥克斯就以一匹黑马的身份频频挑起价格战。在空调行业的竞争中实力本不太强的奥克斯不断举起价格大旗以对抗强有力的竞争对手，如美的、格力、海尔、LG 等。我们不禁要问：奥克斯发动空调价格战的优势在哪里？

空调行业经过多年的发展，出现了两个极端：高质高价和低质低价。高质当然是消费者所推崇的，但是高昂的价格使得消费者望而却步，只能望"价"兴叹。低价纵然是大势所趋，但低价导致低劣的质量似乎有点不尽如人意。这样导致空调行业处于鱼龙混杂的状态，影响空调行业的健康发展。奥克斯走出了一条优质平价的"民"牌路线，采取优质平价的超值战略符合消费者的心理和需求。

（资料来源：《奥克斯空调价格策略分析》，http://study.qmvip.com/198/93782.html）

【分析】价格战的发动是企业综合实力的体现，是综合分析企业成本、公司目标、竞争对手定价和消费者行为等条件下所制定的策略，只有当几大部分成熟时，价格战的发动才有可能取得预期的效果。奥克斯空调发动价格战与其区隔的产品定位——中低端(优质平价)定位是分不开的。消费者最需要的、最受欢迎的当数优质平价的空调产品。采取优质平价的超值战略符合消费者的心理和需求，这才是其取胜的关键。

(二)提价的心理策略

一般来说，提价确实能够增加企业的利润率，但却会导致竞争力下降；商品价格的提高会对消费者利益造成损失，引起消费者的不满。消费者对产品提价一般持观望、等待态度，在短期内不会实施购买行为。消费者的不满、经销商的抱怨，甚至还会受到政府的干预和同行的指责，这些都会对企业产生不利影响。虽然如此，在实际中仍然存在着较多的提价现象。

1. 企业提价的条件

企业提价的条件一般有以下几条：大多数企业因成本费用增加而产生提价意向时，企业可以适当提高产品价格；当市场上商品供不应求时，企业在不影响消费需求的前提下可以采取提价措施；需求弹性较小的商品，由于代用品较少，企业适当提价不但不会引起销售的剧烈变化，还可以促进商品利润的提高和总利润的扩大；当企业改进生产技术，增加产品功能，加强售后服务时，可以在广告宣传的辅助下，以与增加费用相适应的幅度提高产品价格；市场上品牌信誉卓著的产品，如果原定价格水平较低，可以考虑适度调价。

2. 提价的时机

应准确把握商品提价的时机：产品进入成长期；季节性商品达到销售旺季；一般商品在销售淡季；商品在市场上处于优势地位；竞争对手提价等。

3. 提价调整的方式

产品价格明涨，即直接把产品价格调高；产品价格暗涨，即在不改变原产品价格的基础上，减少附加产品、取消优惠条件，如减少部分产品的功能或产品服务，降低产品折扣、折让的幅度，减少部分产品的重复包装等。

那些因商品价值增加而造成的商品提价，企业要尽量降低提价幅度，同时要努力改善经营管理，减少费用开支，尽量让利于民。属于因商品短缺、供不应求而造成的商品提价，企业要在遵守国家政策的前提下，从维护消费者利益出发，积极发掘商品货源，努力减轻消费者的负担，在充分考虑到消费者心理承受能力的前提下，适当提高商品价格。切忌利用供求紧张的机会，大幅度提价，引起消费者的不满。属于国家政策需要而提高商品价格时，企业要多做宣传解释工作，尽快消除消费者的不满情绪，同时积极做好替代商品的经营，更好地满足消费者的需求。对于那些属于供货渠道、进货环节而造成的商品提价，企业要积极说明原因，并热情周到地做好消费者的服务，以取得消费者的信任和谅解。属于企业为获利而提高销售价格的，严格地说是应该禁止的。如果是征得了上级主管部门的同意，也必须搞好销售服务，努力改善售货环境，增加服务项目，要靠良好的商店声誉来适量提价，应使消费者切实感到去商店买东西，虽然贵些，但心情舒畅，钱花得值。

应当注意的是，提价幅度不宜过大，速度不宜太快，否则会失去大批消费者。提价幅度要有统一的标准，一般视消费者对价格的心理承受能力而定。为使消费者接受上涨的价格，企业还应做好宣传解释工作，组织替代品的销售，提供热情周到的服务，尽量减少消费者的损失等，以求消费者的理解和支持。

总之，消费者对价格的心理反应是纷繁多样的，企业应针对不同商品、不同消费者群体的实际情况，在明确消费者心理变化的趋势下，采取切实可行的定价和调价策略，以保证企业营销活动的成功。

【案例 6-8】 西门子欲实施涨价市场策略

从 2005 年 1 月起，西门子家电产品全线涨价 3%～5%。"如果把损失产品品质作为价格战的代价，家电业的未来将成为泡影。"在中国家电市场上，"价格战"是一个提及率很高的词。很多企业希望通过降低价格的方式来扩大市场占有率，扩大生产规模，从而进一步降低成本，如此循环不已。虽然西门子家电近年来也在不断地扩大规模，但价格一直维持平稳，这曾经被不少业内人士称奇。

在追求行业平均利润的过程中，企业要不断地推出新产品，运用新科技来满足市场的需求，要在研发方面不断地投入，"这才是真正的市场行为"，以降价来扩大市场占有率赢得的是一种短期利益，西门子会生产不同的产品来满足消费者不同的需求，但不会因应部分消费者对低价产品的需求而去生产低价质劣的产品。"不是没有能力生产出最低价格的产品，而是因为西门子的竞争策略是倡导消费、引导需求，坚持走技术路线。"

(资料来源：《西门子欲实施涨价市场策略》，http://study.qmvip.com/198/93783.html)

【分析】 以损失起码利润为代价的价格战，已经使家电业的竞争步入了恶性循环，最终失去的将是企业长期树立起的品牌和市场的信任。在中国家电市场有着举足轻重地位的西门子家电此次涨价之举，必然引起众多家电企业的思考，进而引发市场波动。

本 章 小 结

　　商品价格的心理功能有商品价值认识功能、自我意识的比拟功能、调节需求的功能。消费者价格心理有消费者的习惯性心理特征、消费者的敏感性心理特征、消费者的倾向性心理特征、消费者的感受性心理特征。当企业进行价格变动的时候，必须关注消费者对价格调整的反应，包括消费者对价格变动的直观反应和消费者对价格变动的理性反应。消费者对价格变动的直观反应又包括消费者对原产品降价调整的反应以及消费者对原产品提价调整的反应两方面。

　　价格阈限是指消费者心理上所能接受的价格界线，即所谓的绝对价格阈限。绝对价格阈限可分为上绝对阈限和下绝对阈限两种。即使商品的两种价格在客观上不一样，也不能假定消费者实际上知觉的价格也不同。据有关研究表明，只有当价格差别达到一定水平时，消费者才能知觉到两种价格刺激之间的差别，即差别价格阈限。

　　针对消费者的价格心理，商品定价的心理策略主要有撇脂定价策略、渗透定价策略、声望定价策略、零头定价策略、整数定价策略、习惯定价策略、招徕定价策略、折价定价策略、折让定价策略、分级定价策略。企业调整商品的价格也要遵循消费者的心理反应，商品降价时要做到降价的幅度要适宜，准确地选择降价时机；提价时应充分考虑消费者的心理承受能力，严格控制提价幅度；不能造成对消费者心理的伤害，引起消费者的不满。

自 测 题

1. 价格的心理功能有哪些？
2. 简述消费者的价格心理特征。
3. 变动价格会影响消费者哪些心理反应？原因是什么？
4. 商品定价的心理策略有哪些？
5. 商品调价的心理策略有哪些？

案 例 分 析

低成本定位——美国西南航空成功的秘诀

　　"9.11 事件"及经济衰退使美国航空业遭受了沉重打击，众多航空公司收入锐减，亏损猛增，裁员不断。2001 年，美洲和联合两家美国航空公司创下了亏损 38 亿美元的最高纪录。然而，在同样严峻的条件下，美国西南航空公司却仍保持着盈利记录。在被认为经营环境最为恶劣的2001年第4季度，西南航空毛利润为2.46亿美元，净利润6350万美元；2002年2月，公司正式宣布，计划新招聘4000名员工，这与美国各大航空公司2001年裁员达10万人的记录形成了明显对比。长期以来，西南航空一直在美国航空行业独领风骚。有关记录显示，西南航空自从1973年公司首次盈利以来就一直保持着良好记录，至2002年已有29年，其中有9年的利润都比上一年度有所增长。无论是在机票价格战或是经济衰退的年份，还是在遇到石油危机或其他意想不到的灾难之时，西南航空都没有亏过一分钱。

西南航空成立之初主要经营得克萨斯州内的短途航线，后来逐步开通美国州际航班，业务范围扩展到美国30个州的58个城市。西南航空目前约有85%的航班飞行时间少于2小时，飞行距离少于750英里，其目的地多为不太拥挤的机场，这样可以减少机场使用费。此外，西南航空还通过不提供饮食等多种方式降低成本，并且通过提高飞机使用率来最大限度地获得利润。为节省费用，西南航空开业初期就采取了一些与众不同的经营方式：一是公司不设立专门的机修后勤部门，所有机修包给专业机修公司；二是使用单一机型，全部采用波音737机型，以适应西南航空市场定位的需要，同时节约了飞机维修费用；三是视飞机为公共汽车，不设头等舱，全部皮坐椅，登机不对号入座，以此满足乘客急于上机的心理，缩减等候乘客的误点率。这样一来，西南航空的登机和下机时间只有20分钟，明显提高了飞机使用率。西南航空公司的登机等候时间比其他各大航空公司要短半个小时左右，而等候领取托运行李的时间也要快10分钟左右。这样，西南航空公司的飞机日利用率30年来一直名列全美航空公司之首，每架飞机一天平均有12小时在天上飞行。此外，西南航空主要经营短途航班，其飞行计划是全行业最简单的，班机从一个城市飞到另一个城市，不像其他大型航空公司那样将飞机集中飞到某个航空中心然后再从该中心起飞。西南航空现有358架飞机，以非常复杂但安排紧凑的时间表在全美飞来飞去，飞机利用率在全行业中是数一数二的。所有这一切使西南航空每天都能让更多的飞机投入运营，吸引更多的乘客，从而能够大大降低运营成本和有能力与竞争对手展开低价竞争。西南航空以向顾客提供最便宜的机票而著称，比如从纳什维尔到新奥尔良的单程机票只要56美元，而其他航空公司的同等票价却要100美元甚至更高。正是由于这种薄利多销的经营战略，使西南航空成为美国经营最好的航空公司。

据美国运输部统计，美国航空业90%的价格战都是由西南航空发起的。面对西南航空的低价竞争，其他航空公司也采取了多种应对手段，如向乘客送食品券、宝丽来相机以及各种各样的纪念品等。有的则提供各种机票优惠，甚至向乘客免费赠送机票。然而，在价格竞争中，西南航空往往是胜者。因为在实施低价竞争战略时，西南航空并非一味硬拼价格，而是采取一些奇招，让对手难以招架。西南航空投入运营后不久，就与布兰尼夫航空公司展开了一场激烈的票价大战。有一段时间，布兰尼夫航空将其从休斯敦到达拉斯的单程机票从26美元打对折至13美元。西南航空的应对之策是让乘客自己进行选择：购票时可以付13美元，也可以付26美元，但同时免费获得一瓶威士忌酒。由于美国的公务旅行者数量不少，这部分人乘飞机不用自己花钱买票又可白得一瓶威士忌酒，当然求之不得。

结果西南航空吸引了不少乘客,也因此在当时成为德州最大的威士忌酒批发商。

低价竞争并非无限度。西南航空董事长凯莱赫始终认为,如果过度地低价竞争,最终会导致赔钱,因此应该赶快放手,绝不可意气用事,更不能让自负情绪蒙住自己的眼睛。西南航空公司还避免与各大航空公司正面交手,专门寻找被忽略的国内潜在市场。在《北美自由贸易协定》签署后,人们普遍认为总部位于德克萨斯州的西南航空公司最有条件开辟墨西哥航线,但最终,西南航空公司还是抵御了这一"诱惑"。西南航空公司遵循"中型城市、非中枢机场"的原则,在一些公司认为"不经济"的航线上,以"低票价、高密度、高质量"的手段开辟和培养新客源,取得了巨大成功。

(资料来源:作者根据相关信息整理。)

讨论题:

1. 美国西南航空公司为什么能在美国航空业处于危机之中仍保持盈利?

2. 结合我国实际,说一说"价格大战"是不是在任何行业、对任何产品都适用,且都能获得成功?

阅 读 资 料

零售企业如何制定让消费者心动的价格

近年来药妆业的屈臣氏或零售业的家乐福等企业之所以能够快速建立"低价"形象,不外乎其运用丰富、动人与灵活的定价策略成功所致。我们都知道,消费者对高质量、低价格商品的追求是永恒不变的。然而,经深入研究后,我们就会发现这些知名企业的低价策略并不仅是在低成本上直接反映出低价格那么简单。我们不难发现,他们的许多商品价格与我们经营的店并无多大区别,但却能让消费者形成低价的深刻印象。其中的奥秘乃在于他们除了切实奉行"低费用、低毛利、低价格"的经营法则外,更重要的是他们着眼于消费者心理感受所形成的效应,大量运用定价艺术与高超的价格策略来实施完善的价格管理。以下笔者将提出部分拙见,希望对读者有所帮助。

一、"高低价"原则

所谓的"高低价"的定价原则,即将店内销售商品分为高价、低价与市场同一价等三类。读者应该记得近年来某连锁店常打着"保证最便宜"的口号。其实他们的低价并非包括所有商品,而是巧妙的采用了"高低价"的价格策略罢了。

1. 日常消费品的价格策略

对于日常消费品,通常应采取低价策略。这是因日常消费品,由于购买率高,消费者对其价格波动十分敏感,容易藉由与别家店的比较,而迅速形成价格便宜的口碑。例如,对于某品牌的洗发精,多年来的零售价都保持在160~165元,并且已经成为消费者认可的心理价位,然而,某连锁店却只卖125元,促销期间甚至只卖99元,而这样的价格几乎是等于或低于其他药妆店的成本价。

2. 限时价格策略

为提升市场占有率,提高企业知名度,在逢年过节或大规模的主题促销活动中,大型连锁店通常会藉由一些极低价格的商品来刺激消费者的购买冲动。常见的做法是在本来就比较低的价格基础上,与厂商协商在限定时间内推出超低价格商品以刺激消费、带来人潮。

3. 一般商品价格策略

对于那些消费者并不敏感、同类品牌较多、短期内又很难进行价格比较的商品,一般大都采用正常成本加上适当的毛利进行定价销售,但这种定价通常是以不高于市价为原则。

4. 冲动性商品价格策略

对于一些以追求时尚新潮年轻人为主要消费对象的商品,如保健品、护肤品、生活精品与休闲娱乐商品等,往往随机购买率较高,消费者对商品价格并不是特别在意。因此,通常可以将这类商品的价格订得较高一些,以获取高额利润,同时又可提升卖场的高格调整体形象。

二、差别毛利率定价法

低价策略并不意味着所有商品都实行最低毛利和最低价格。对不同商品采取差别毛利率定位,既能保证较高的利润水平,又能达到低价促销的效果。美国超级市场之父——迈克尔·卡伦,他首创的差别毛利率定价法。就是依据不同品类商品来订出不同的毛利率,以商品的进价加上某固定的毛利率作为售价。这种定价方法的特点是既维持了商店的正常盈利水平,又能让消费者感觉卖场的低价策略。

常见的做法是将27%的品类按进价出售,18%的品类以进价加上5%来定价,27%的品类以进价加上15%来定价,剩下的28%的品类以进价加上20%来定价,在此公式下所有商品的平均毛利率约在9%。

例如在某大型卖场,其商品价格的毛利率分布如下:饮料、食品、日用品类为3%~5%,生鲜食品为17%,服装类为30%,百货商品类为15%~30%,家电类为7%。这种毛利率设计下的商品零售价格比一般超市都要低5%~10%,再加上从各个品类商品中,每天都会抽出一部分商品做为特卖,这部分商品的销售价格都是以进价,甚至比进价还低上20%来销售,这是他们提升来客数的最有力手段之一。此模式下其总体商品毛利率却都能控制在7%左右,远低于同业9%的平均水平,因此实现了低价商店的定位。

三、竞争导向定价法

竞争导向定价法,就是根据竞争对手的定价策略,采取不同的定价方法来取得竞争优势。一般而言,在商店开业初期,竞争导向定价方法最为常用。因为只有在比竞争对手更低的价格上进行销售,才能吸引到更多竞争对手的目标顾客。所以说,低价策略是成功打开一个市场的万能钥匙也不为过。

实行竞争导向定价法,必须根据竞争对手目前的销售价格和采购价格,估计对手可能做出的价格变动,在销售高峰期(如星期四晚上或假日前一天晚上)到来之前,对价格进行调整,以比竞争对手平均售价稍低的价格进行销售,以争取更多的顾客。另外,已可以运用"某类价格区域最低策略法",如每隔一段时间选定一两类低价消耗品、需求量大、周转快、购买率高的商品作为先锋特价商品,其价格一般要比竞争对手低 20%～30%,以吸引顾客。

然而每家店都有其相对的竞争优势,很难在所有商品价格上都做到比竞争对手低,因此在与竞争对手竞争过程中,要注意把握自己的商品优势,并结合成本定价策略,适当、实时的调整价格。对于需求价格弹性较强的商品,尾数定价策略往往会促成需求量大幅度增加的状况。因为非整数价格虽与整数价格相近,但它带给消费者的心理信息是不一样的。标价1000元的商品,通常要比标价991元的商品更难以出售,原因就在于消费者不相信产品的成本与合理利润之和正好等于1000元;而991元却能让消费者产生 "看来这家商店的标价很诚实喔,不然为什么不写个990元,还加个1元干嘛呢?" 的想法。

四、企业定价的其他有效方法

1. 分割定价法

绝大多数的消费者对价格都非常敏感,对于高单价的商品,若要让顾客感觉不贵,就可以应用这种技巧,来造成买方心理上的价格便宜感。价格分割的做法:用较小的单位报价:例如,一盒1800元(90颗)的保健食品,若把他分割成可服用90天则每天仅需花费20元而已,用较小单位商品的价格进行比较,消费者就不会觉得贵。更能有效说服消费者购买。

2. 习惯定价法

所谓"习惯定价法",就是按照消费者习惯价格定价。如日常消费品的价格,通常在消费者心中己形成一种习惯性标准,符合其标准的价格被顺利接受,偏离其标准的价格则易引起疑虑,因此高于习惯价格常被认为是不合理的涨价,若低于习惯价格又使消费者怀疑是否货真价实。因此,这类商品价格要力求稳定,避免价格波动带来不必要的损失。在必须变价时,应同时采取改换包装或品牌等措施,避开习惯价格对新价格的抵触心理,引导消费者逐步形成新的习惯价格。

3. 均一价定价法

也就是说只每样商品不论大小都是10元或者20元,这样就很容易抓住顾客的好奇心。最近也有些均一价商店为迎合消费者对高质量的需求,也推出了199元与399元的超值商品来提升高质量价格带。药妆店也不仿参考此定价模式,推出均一价专柜,或许能吸引更多的来客以提升营业额。

4. 不定期的轮流折扣定价法

所谓的 "不定期的轮流折扣定价法" 就是A商品在一定周期内以优惠折扣价销售,然后恢复原价,接着将B、C商品依次轮流折扣销售。此方法迎合了消费者贪便宜的消费心理,在频繁的价格变动中,让顾客不时感受到降价的趋势,促使消费者提前消费。

5. 严格控制敏感商品价格水平

低价策略虽然是吸引顾客、提升销售额的好手段，但是没有利润是不能生存的，所以商店并不能仅仅依靠这些低价商品来维持。因此，建立一个良好的价格系统管理流程，才是根本之道。如针对不同区域的竞争程度和消费习惯，制定不同的价格弹性指数以及敏感商品的分类标准，并制定不同的竞争调查频率，才能保有商店在商圈内的"超低价格"形象。

调查显示，有70%消费者其购买决定是在卖场做出的，而他们只对部分商品在不同卖场的价格有记忆，这部分有记忆的商品称为敏感商品。敏感商品往往是消费者使用量大、购买频率高、最受欢迎、省时、便利的商品，对这些敏感商品实施低价销售策略，可在市场上拥有绝对的竞争优势，并树立价格便宜的良好形象。例如选择有市场开拓能力的少数品牌去实现多数的销售，才能大幅地提高商品销售额，以降低滞销品及管理成本。总之，只有细心研究消费者的购买心理，选择合适的定价策略，商家才能立于不败之地。

(资料来源：许崧庭，http://sme.moeasmea.gov.tw/SME/modules.php，2014.08.04）

第七章

营销场景与消费心理

学习目标：通过本章的学习，应了解营销环境的作用，掌握营业场所外部环境与消费心理间的关系；掌握营业场所内部环境与消费心理间的关系。

关键概念：营销场景(market scene)　选址(selected location)　招牌(advertisement)　商品陈列(commodity exhibition)

引导案例：

"宜家"营造的购物环境为什么吸引人？

我们经常会看到这样的现象，在购买服装时，如果一家服装店不能让顾客试穿的话，有很多顾客就会马上离开；购买品牌电脑时如果消费者不能亲自试试性能感觉一下质量，大多数消费者就会对其质量表示怀疑；购买手机时如果销售人员不太愿意让顾客试验效果，顾客马上就会扬长而去……

分析一下这些现象背后的原理，我们会发现消费者在购买很多产品的时候，如果有"体验"的场景和气氛，那么对消费者的购买决策就能产生很大的影响。因此，对于企业来说，提供充分的体验就意味着能够获得更多消费者的机会。当然，不是所有的产品和服务都能够让消费者亲身体验的，就拿家具来说，尽管我们在购买沙发时都想坐上去试一试，买衣柜都想检验柜门是不是好用等，而很多家居市场并没有这样的氛围和环境，我们常常看到的是样品上的"勿坐"字样或者是销售人员"不能坐，别坐坏了"的留言。

但是，来自于瑞典的宜家家居却在这方面做起了文章，主张并引导消费者进行随意全面的体验，以至于刚进中国市场没多久，就吸引了众多消费者的眼球，其体验营销的操作方法，给企业提供了精彩的范例。

1. 销售现场的精心设置刺激消费者感官

宜家鼓励消费者在卖场进行全面的亲身体验，比如拉开抽屉、打开柜门、在地毯上走走、试一试床和沙发是否坚固等，宜家出售的一些沙发、餐椅的展示处还特意提示顾客："请坐上去！感觉一下它是多么的舒服！"宜家的店员不会像其他家具店的店员一样，你一进门就对着你喋喋不休，你到哪里她们跟到哪里，而是非常安静地站在另一边，除非你主动要求店员帮助，否则店员不会轻易打扰你，以便让你静心浏览，在一种轻松、自由的气氛中做出购物的决定。

宜家所实施的现场体验方式，其实是通过对人们的感官刺激，从而改变了人们行为过程的方式，因为在人们日常的购物行为中，很多消费者都会被现场的感性信息所吸引，因此现场的体验就会影响到人们的购物决策。可以看出，对于体验营销来说，如何创造一种不同寻常的体验场景，是影响人们购物决策的核心要点。

体验是从产品开始的。仅仅有好的场景设置，没有好的产品，那么带来的体验也不会是好的，宜家的工作也不仅仅只把功夫花在现场的体验氛围之上，在产品的设计方面也付出了很多努力，宜家的产品设计充分考虑了消费者日常使用的习惯，一个产品是否适合消费者使用，宜家的开发人员、设计人员都和供应商之间进行非常深入的交流，作过非常深入的市场调查。宜家通过卖场深入了解消费者需求，并及时将信息反馈给产品设计人员，设计人员会结合消费者的需求对产品进行改进和设计。在这个以消费者为导向的时代，谁为消费者想得更多，谁就能够成为市场的赢家。因此，按照消费者的使用需要和习惯设计人性化的产品，是体验营销的前奏和有力的保障。

2. 体验背后包含了强大的品牌文化符号

宜家的出现，为喜欢变革的中产阶级们提供了一个温暖的支撑。在自己的私人空间里，宜家的家具是为生活中的不断变动而设计的——一个新公寓，一段新恋情，一个新家……即使仅仅随意的逛逛，宜家的商场都会让许多人振奋起来。宜家的许多空间都被格成小块，每一处都展现一个家庭的不同角落，而且都拥有自己的照明系统，向人们充分展示那可能的未来温馨的家。几年的运作，宜家成了一个文化符号，让长久以来渴望自由消费主义的中国新兴中产阶级趋之若鹜。

当消费者将自己的人生主张、价值观、生活态度藉由某种商品传达时，就表明他对该品牌的感官享受超过了临界点，开始形成对这一品牌的价值主张，这是品牌体验的最高境界。这给我们带来的启示是，能不能挖掘出吻合目标消费阶层的文化符号，并创造出品牌体验的氛围，是建立强势品牌的重要工作。

3. 全程体验加深顾客印象

消费者购买家居还会有一些疑虑，那就是害怕不同的产品组合买到家之后不协调，宜家在这一点上也给予了充分的考虑，它把各种配套产品进行家居组合设立了不同风格的样板间，充分展现每种产品的现场效果，甚至连灯光都展示出来，这样让消费者可以体验出这些家居组合的感觉以及体现出的格调。而且，宜家的大部分产品都是可以拆分的，消费者可以将部件带回家自己组装，宜家还配备有安装的指导手册和宣传片和安装工具等。

随着消费者消费意识的成熟，消费者对于消费的过程体验需求越来越强烈，宜家提供的正是一套全程体验参与的流程，让消费者不仅仅在现场体验，而且回到家后还可以享受自己动手的安装体验，加深了消费者对产品和品牌的印象。

从宜家我们可以看出，体验营销是一切都围绕着消费者这个中心点来进行设计的营销方法，运用体验营销的关键是在产品设计一直到营销推广整个过程的每一个环节，企业都必须始终站在消费者的体验角度来构思，要考虑消费者看到它、使用它时，会产生什么样的感受，因此广义的体验营销是指通过系统的消费者购买前、中、后的信息掌控、产品和场景设计和品牌传播，建立和消费者长久的顾客关系，并带来目标消费群体忠诚度的过程。

在消费者对某种产品表示出兴趣并到卖场来了解的时候，销售现场的情景设置就非常关键，这将直接影响消费者的最终购买决定。体验式场景设置需要创造自由、并与产品属性关联的气氛。企业开展体验营销，使营造一种氛围、制造一种环境、设计一种场景、完成一个过程，做出一项承诺紧密结合在一起，让消费者参与进来，帮助消费者做出正确的购买决策。体验营销一旦实施，就必须更加关注消费者在购物的前、中、后的全部体验，让消费者感觉到品牌是那么鲜活、多样化，而且是可以看得到和伸手可及的，并超越他们的预先设想。温馨环境与体验营销，这就是"宜家"吸引顾客蜂拥而来的密诀。

目前，体验营销已经运用到IT汽车、家电、房地产、旅游、休闲娱乐、酒店服务等行业。

(资料来源：市场研究协会零点研究集团 肖明超)

第一节 营销外部环境与消费心理

一、商店选址的心理分析

商场的选址是从市场营销的角度出发，权衡顾客需求与商业利益的商业布局安排。它与消费者的购买心理密切相关，直接关系到经营能否成功。要实现企业的经营目标，商场选址需要综合考虑所选定区域、经营商品种类、商场类型及消费者的需求心理等诸多因素，并要以发展的眼光，既研究形状，又预测未来，从长计议。

(一)区域与选址心理

商场选择区域要综合考虑所在区域的人口因素、地理环境因素、地段因素，并掌握与此相关的顾客心理。

1. 商场集聚心理

商场选址首先要了解人口是否密集，顾客人数是否足以形成市场，规模性的目标顾客群是否存在。而商店林立的商业街，由于商家聚集，就会造成一个规模大、密度高的顾客群。商业经营中具有明显的"马太效应"，即当消费者在一处营业环境购买商品或消费时，他们可能同时会在附近的营业场所游览、观光或消费，并可能产生购买行为。很多顾客有浓厚的从众心理，人越多，认为商品越吸引人，购买兴趣就越高。但营业环境形成马太效应的条件，一般是这些营业单位的地理位置接近、营业性质比较接近或者相互兼容，消费者才有可能在这个营业圈内保持持续消费的动机。所以，人口密集，商家聚集，是设置商场理想的区域。

2. 购买便捷心理

购买便捷主要取决于交通条件。公共交通条件无疑是影响营业环境最重要的外部因素。交通条件越方便，消费者购买商品越方便；交通条件越差，消费者购买商品的难度越大。当前，很多经营单位已为购买大件商品的顾客提供了免费送货上门的服务，但是经营单位要为所有的顾客解决商品运输问题较为困难。所以选址要选择交通比较便捷、进出道路比较畅通、商品运输安全省时、主要顾客购买路程不远或乘坐公共汽车站数不多且不必换车的地方。

3. 最佳地段心理

在一条商业街内，其两端购物的人要明显少于其他地段，其他一些地段则相对比较优越。如上海十里南京路上的第一百货商店生意兴隆、享誉全国，云集了来自各地的顾客。从外滩到静安寺的十里南京路，它正好处在 1/3 距离处，接近黄金分割。有人从顾客心理角度分析，认为人们从外滩到达此地，购物的欲望恰好达到了最高潮。

(二)商品与选址心理

商场选址除考虑地理区域等因素以外，还要分析商品性质、顾客的消费习惯等特点，准确选择面向目标区域顾客的商品门类或商品价格定位。

1. 商品性质与消费心理

商品性质与人们的消费心理密切相关，选址应充分考虑这一点。销售日常生活用品的超市应设在靠近居民区中间的地段，以方便居民日常购物消费的需要；黄金饰品、钢琴等贵重物品应设在与高档商店相毗邻的地段，以适应顾客购头高档物品时对商场档次、商场信誉、外部环境的心理要求。

2. 商品价格与消费心理

商品价格的高低与其周围居民的消费品位、消费水平有直接的联系，应根据顾客对商品价格的需求心理选择店址。高档文化艺术类商品、豪华生活消费品的商场应设在高收入顾客群生活地或商业街。

3. 消费习俗与消费心理

不同地区、不同民族的人们消费习惯各不相同。商场选址要根据商品的特性，考虑人们消费习俗的不同，因地而异。如北方毛皮商店兴盛，南方则不宜开设；西部地区的贵州、四川等地广设辣味专营店，而在其他地区则不宜多设。

(三)商场类型与选址心理

在商业发达的地区，顾客购物除考虑商品因素以外，商场类型往往是重要的选择因素，可从以下几个方面进行分析。

1. 业态分布与消费心理

业态是服务于某一顾客群或某种顾客需求的销售经营形态，是目标市场进一步细分的结果。必须依据顾客对不同业态的需求心理来选择店址。标准食品超市应贴近居民区，以居民区的常住居民为主要顾客群，并与大型超市保持一定距离，最好选址离大型超市5km以外，这一距离可使自己处于对手边际商业圈以外；仓储式会员店应优先考虑交通方便，不必以靠近居民区为第一选择目标，因为它可以以低价吸引人。

2. 竞争环境与消费心理

商场周围竞争环境是影响顾客心理的重要因素，是商场选址心理的重要组成部分。商场选址要考虑业种、业态分布，或与其周围的其他商品类型相协调，或能起到互补作用，或有鲜明特色。同类小型专业化商家接壤设店，可形成特色街，吸引人气。这可以满足顾客到特定商业街购物时持有的特定心理预期。如果一家珠宝玉器商店孤零零地开在汽车配件一条街中，则谁也不会相信它能够招徕购买的顾客。例如，某地有一段时间，经营者看见有大型百货商店生意兴隆，便竞相攀比，搞大而全的百货商店，结果千篇一律，缺乏特色，吸引不了顾客，开业不久便不得不停业或转业。

3. 配套场所与消费心理

顾客在商场购物中要求获得配套服务，因此商场在选址中要同时考虑配套场所。比如，仓储式会员店一般停车场面积与营业面积之比为1：1，以方便频繁的进货与顾客大批量购物后的用车停放；以低廉价格销售商品的大卖场可设在市郊结合部，以便在配备与营业面积相适应的宽敞的停车场的同时，承受较低的地价。尽管路远一些，但它可以低价取胜，满足顾客的求廉心理。

【案例7-1】 万客隆的选址策略

万客隆创办于1968年，是世界著名的零售集团之一，主要采用会员制销售。万客隆在荷兰语中是"Makr."，本意是"宏大""远大"，它也是世界上第一家仓储商店。1997年万客隆被麦德龙集团收购，欧洲的万客隆全部改名为麦德龙。

万客隆于1996年进入中国内地。1996年9月29日，由泰国正大集团、荷兰万客隆和广州佳境公司三家共同投资兴建的正大万客隆佳境仓储商店在广州三元里开业。1997年11月8日，由中国中土畜产品进出口总公司、荷兰万客隆和中国台湾丰群投资公司三家合资经营的北京万客隆也正式开业。1998年12月11日，万客隆在北京的第二家店——酒仙桥店开业，该店营业面积1万多平方米，商品品种约14 000种，并配有可容纳500多辆汽车的大型免费停车场。截至2001年6月底，万客隆在中国共有5家店开张。

万客隆作为仓储商店的最早创建者,在中国的选址策略有其独到之处。国外传统的仓储式商场选址通常在租金低廉的城乡结合部,这是以发达国家交通便利、私家车普及为前提条件的。但是在中国,万客隆并没有选择这种传统的选址方式。因为中国的国情不同于西方发达国家,简单照搬外国经验肯定行不通。

万客隆认为,在中国开仓储式商场选址既不能太偏,又不能在繁华的闹市区。闹市区固然客流量大,但地价也昂贵,成本过大,不符合万客隆这样的仓储商场的经营模式。万客隆在北京的第一家店选了洋桥地区。尽管南城是北京历史上消费水平较低的地区,并远离市中心繁华地带,但随着北京市老城区改造的深入,众多的拆迁户会逐渐迁到远离闹市的郊区。而洋桥地区已发展得颇具规模了,交通的便利,克服了由于地方远而必须有汽车购物的弊端。

从万客隆在全球的选址策略来看,有一条选址原则是:尽量选在城市边缘的高速公路附近。万客隆在北京的第二家店(酒仙桥店)和第三家店(大钟寺地区),由于有机场高速公路和京昌高速公路,交通更加便利,这也迎合了北京汽车家庭化的趋势。如果第三家店开业成功,在北京的万客隆就构成了一个等边三角形的形状,这是城市销售连锁的稳定状态。万客隆的另一选址策略是:注意商场的辐射作用及商圈战略。以广州正大万客隆为例,该店建在广州三元里地区绝非偶然。除了地价因素外,广东省作为我国改革开放的龙头,经济发展在全国是首屈一指的,当地的购买力非常强,广州市的人均年消费在万元以上(1997年统计数据),加之广州是全国陆路交通的中心,公路四通八达,将万客隆设在广州三元里地区不仅对广州市民具有吸引力,对广州市周边地区消费者也具有吸引力。这就产生了"万客隆商圈"。由于广州以北地区的经济相对落后,目标顾客相对较少,所以这一"万客隆商圈"是呈扇形的,绝大多数的目标顾客在广州市及其以南地区。该商圈又分成3个层次,其核心商圈是广州地区,次级商圈包括广州、周边地区的花都、南海、佛山等地,边缘商圈涉及顺德、番禺、东莞等地。这一商圈的形成大大地超过了辐射方圆 5 公里的范围,为万客隆的知名度打下了基础。北京第一家万客隆洋桥店也是辐射作用和商圈战略的体现。洋桥店的顾客除了北京市顾客之外,郊区的门头沟区、房山区、河北省的廊坊、涿州都有客人光顾。万客隆的设店投资,不像其他商家那样追求廉价地租,而是采取购买土地使用权的方式。这样做,虽然一次性投资较大,看起来是增大了成本,不易尽快收回投资,但实际上,这样有两方面因素对于投资商更为有利:

(1) 一次性投资完毕后,必然省去了今后每年的土地租金,对投资各方的实力是很好的检验,并且省去了今后的再投资。从企业长远发展考虑,尤其在我国,这样做可以避免投资商的短期行为。

(2) 万客隆投资的重点基本上为发展中国家的大中城市,选址的地段都是很有发展前景的。各地的地价上扬,几乎是无可争议的事实。若是用租地方式,租金的多少几乎是每年谈判的惯例,这必然会耗费相当的人力、物力和财力,并且不稳定;而买地投资,谈判只需一次，省人省力不说，今后地价上涨，就会增加固定资产，即降低经营成本。即使万客隆将来不在此地开店，仅仅靠土地出让的手段，它也不会亏本。

(资料来源：《商界中国经营模式经典》)

【分析】万客隆的选址策略可以归结为：在经济较发达地区的中心城市的出口位置。这种选址策略的有利之处在于可以降低经营成本，辐射面广，拥有大量的目标顾客。当然，此种选址策略也有弊端，即对顾客的交通工具有一定要求，这必然成为对商场目标顾客范围的限制；在广告宣传方面，由于商场不处在商业密集地区，不具有商业的"扎堆效应"，也会给其他企业业主带来众多机会。

二、商店建筑与购买心理

商店建筑是企业的营销要素之一，是企业进行营销活动不可缺少的物质设施条件；主要是指商业企业营销场所，包括出售商品和对顾客进行服务的营业场所；保管商品和进行出售前准备工作的辅助场所；企业行政管理人员执行管理职能的行政办公场所，以及职工的活动场所等。

商店建筑如何直接关系商品实体运动的畅通和效率，也直接关系商品使用价值的保持状况是否完好无损，更关系消费者是否愿意经常惠顾。对商店建筑进行科学决策和合理使用，对于美化环境，改善营销人员的劳动条件，提高劳动效率，加快商品出售过程，提高服务质量，吸引更多的消费者前来购买，提高企业营销效益，有着十分重要的作用。

商店建筑的基本要求是：适用、坚固、经济、美观，具体内容：

(1) 适用。适用是指商店的建筑和设计应最大限度地满足为广大消费者服务的需要。一个商店的建筑和设计，从采光到通风都必须适应最合理布置营业现场的要求，这样，既便于消费者参观和选购商品，又可为职工创造良好的劳动环境。当然，在不同的经济发展水平的条件下，不同规模的商店建筑和设计的适用标准有所不同，各种类型的商店在建筑和设计上也存在着较大的差异。

(2) 坚固。首先是提供安全的购物场所，保障购物者及行销人员所处的环境安全。其次，坚固和适用是一致的。因为商店的建筑和设计如果不坚固，就达不到适用的要求，而坚固的标准是按照适用的要求来确定的。所以，坚固是适用的一个不可分割的方面，与适用是密切联系的。

(3) 经济。商店的建筑和设计还必须符合经济原则。经济，是指在建筑和设计中花钱要少，收到的效果要大。当然，不同类型商店的建筑和设计，应该有不同的建筑标准和设计的规格，对经济合理的要求也不相同。

(4) 美观。在适用、坚固、经济的条件下，商店的建筑和设计还要美观。商店的建筑和设计比一般建筑物更要注意美观。因为一个商店的外观造型、建筑形象、各个部分是否保持一定的比例，是否均衡对称，色彩是否协调等，都会给消费者以不同的感觉。一座好的建筑会给人们以美的、协调的、生气蓬勃的感觉，从而能在消费者心中产生一种好的印象，吸引消费者前来购买，有利于扩大销售。同时，商店建筑设计的美观与否，不仅直接反映国家基本建设、建筑业的发展水平、市政建设水平，而且也反映人民的生活面貌和精神面貌。

三、门面装潢的心理分析

门面装饰就像人的脸一样重要，美好的面孔使人越看越喜欢。

1. 门联

我国的商业门面装饰自古以来就有悠久的历史，常常利用精练的对联作门面装饰。"客上天然居，居然天上客"，天然居是北京海淀区的一个餐馆，对联的上句较为通俗易懂，而对联的下句用了一个极有震撼性的回文句式，把上一句的每一个字从尾向头倒过来，"居然天上客"充分体现了对用餐客人的尊敬。

2. 招牌

这里特别显示了商店形象策划和环境设计的重要性。同一条街上，经营同一类商品的商店有很多，一般顾客是不记门牌号码的，但设计独特的商店标识与门面、橱窗摆放，广告宣传都给消费者留下了深刻的印象，因此，正是商业环境设计的新颖性、独特性和可识别性，才形成了整个商业街区五彩缤纷的景象。

(1) 要鲜明、醒目和言简意赅，字迹醒目、规范，颜色对比突出，便于顾客识记。这里要避免字数过多，读起来拗口，名称意义费解、怪僻俗气。招牌在晚上可安装霓虹灯或灯箱，并迎向"人流"方向。

(2) 要突出主营业务。有的酒店招牌除企业名称外，把经营项目列出许多。其实顾客并不在意那些繁杂的项目，反而认为这是宣传广告手段，其结果是酒店的特色和主营项目被淡化了。

(3) 企业名称要有行业特点，且寓意祥和温馨。如武汉的福庆和酒楼、祁万顺酒楼、北京的"全聚德"，沈阳经营川菜的"荣乐园"，经营东北菜的"鹿鸣春"等。有的名称还体现企业经营风格，如武汉曾经有家饭馆起名为"好再来餐馆"，此名即表现店主的自信，又委婉地表达了对顾客邀请之情。好的名称既可给顾客留下深刻的记忆，也能调动顾客美好的情感，现在还有一种倾向，新式酒店多起洋名称，如"拉斯维加""波顿"等。虽然它们适应部分顾客求新奇心理，但如果过滥甚至，出现"拿破仑酒店""罗浮宫酒店"，则使人有媚"洋俗"之感。

四、橱窗设计与消费心理

具有特色的、美轮美奂的橱窗设计，不但能令人驻足观赏，更能烘托出所售商品的卓越品质，有助于推销橱窗中所展示的商品。美观得体的橱窗设计能即时地提高顾客的购买欲望，是影响零售业绩的主要因素之一。戴比尔斯进行的调查结果显示，80%成功出售的钻戒都是顾客直接从橱窗中挑选出来的，这足以证明橱窗的促销作用不容忽视。

众所周知，不少人逛商场，旨在观赏橱窗，并没有预算花钱购物，但设计出色的橱窗往往能让货品与顾客相互接触，令顾客对货品产生好感，直接刺激顾客的购买欲，让他们改变只看不买的初衷。此外，橱窗设计在商场整体的装饰中也发挥着重要的作用。因此，橱窗布置从设计策划到着手陈设均不能掉以轻心。

1. 橱窗的结构与种类

1) 橱窗的结构

不同店铺会采取不同种类的橱窗，但总体来说，橱窗的性质一般取决于所陈列货品的种类。以钻饰为例，橱窗陈设的高度必须以顾客平均视平线为标准，陈设的位置尽量避免过低，令顾客难以接近细看货品。

橱窗的构成部分一般分为：顶部、底部、背板、侧板及灯光。五个部分都具备的橱窗称为"密封式橱窗"。可是并非所有的橱窗都具备五个不同部分，不少橱窗只有其中的某些部分，例如只有底部，这类橱窗称为"开放式橱窗"。

2) 橱窗的种类

按店铺中橱窗的位置来划分，可分为：①前向式橱窗——橱窗面向街外，与铺面方向一致。②对向式橱窗——橱窗平排相对伸展至店铺入口或设于通向店铺入口通道一边或两边体积较小的橱窗。③多面式橱窗——设于店铺入口通道中央，顾客能从3个不同的入口看到商品。

2. 橱窗的心理功能

1) 唤起消费者注意

随着新产品不断推向市场，商品品种越来越多，人们面对琳琅满目的商品，不免要眼花缭乱，视野被淹没在商品的海洋中。橱窗既是装饰商场店面的重要手段，也是商场直接向顾客推介商品的不可或缺的广告宣传形式。当一个人漫无目的地走在商业街上时，一个醒目的、色彩绚丽的橱窗很容易吸引住消费者的视线。

2) 引发消费者兴趣

橱窗的最大特点是以商品实物的形态向顾客展示，商品以此推介，形象而又生动。在吸引人们视觉的同时进而激发消费者情绪上的兴趣，使顾客产生想要进一步对商品进行了解的愿望。

3) 激发消费者的购买动机

橱窗展示具有特殊的丰富表现手法，光线、色彩、造型手段全方位的运用可以淋漓尽致地将商品的形象、性能、功用加以渲染，让人产生这是一种无与伦比的美妙商品的感受。

消费者的购买动机从注意到兴趣的积累，往往会逐渐形成一种欲望，想象中的自己也变成了画面中的主角，身临其境般潇洒自如，于是忍不住产生"心动不如行动"的焦虑，促使人们最终想要掏钱购买。

3. 橱窗的设计

橱窗的设计要体现下面的特点，才能具有上述的功能：

(1) 陪衬美。产品设计在橱窗内必须有适当的陪衬，才能更好地衬托出主体产品的美。橱窗广告的陪衬美是指橱窗从造型设计、背景画面、色彩运用到道具的摆设等各方面都迎合消费者的审美心理。

(2) 立体美。橱窗广告具有三维空间，设计的仿真就是造就立体美的重要手法。仿真的橱窗布局给人以身临其境的感觉。如德国一个节日橱窗广告，主题是"美酒佳肴"，整个橱窗被布置成一个真实的"厨房"。

(3) 真实美。广告的真实性就是广告的信誉度。橱窗广告以它的陈设现身说法，以高质量的事实让消费者增加对产品的信任感。

(4) 个性美。一种产品自有其特色和风格，这被称为产品"个性"。个性是让消费者被吸引，以致对产品产生好感的要素。橱窗广告的设计必须把握这点，把产品的式样、花色、质量等方面的优点显示出来。

(5) 功能美。渲染产品特有的功能是广告表现策略的基本概念之一。橱窗广告通过背景的布置，道具的运用，构思奇妙的立体画面，突出产品的功能，更具有橱窗广告的艺术魅力。如旧金山一家商店的雨具橱窗广告别具一格。橱窗的黑色背景前，排着队的白色模特儿，穿着各种样式白色的时装，撑着伞在风雨中艰难前行。白色的伞在黑色背景的映衬下，构成复杂的图案，错落有致。斜披在橱窗前玻璃上和模特儿身上的白色透明针织品的帐幔表示像洪流一样的倾盆大雨，透明的针织品构成橱窗地面上的"水坑"。所有的模特都穿着白色的雨靴，与狂风暴雨搏斗着。雨伞和雨靴在狂暴恶劣的"大自然环境"中经受考验。灯光、道具、背景都帮助显示雨伞和雨靴的功能美。

【案例7-2】 巧妙的橱窗

一家位于美国纽约繁华的第五大街上的服装店，橱窗中身着时装的模特身边仅用几件家具陪衬，但模特身后的背景却是摩天大楼和古教堂，背景中的景物不但清晰逼真，甚至还可以看见云影和阳光的变化。静立不动的模特在这"天然景色"的陪衬下，显得生机勃勃。走进橱窗仔细观看，你会惊奇地发现，模特身后的背景只是白色的壁板，橱窗设计者在橱窗玻璃的材料和安装角度上颇具匠心，将街对面的高楼大厦"借进"橱窗内，使其收到良好的艺术效果。

(资料来源：作者根据相关信息整理。)

【分析】橱窗的设计如能迎合消费者的心理，做到虚实结合，便能达到良好的效果。

第二节　营销内部环境与消费心理

就消费者心理而言，商场内部环境在整体购物环境中起到主导决定性的作用。理想的商场内部环境，应该尽可能地为顾客购物或消费提供方便，使顾客获得最大限度的满意，并且在顾客购物或消费后，还能吸引他们再一次光顾这个场所，让他们把满意的体会转告给其他顾客，为这个商场传播美誉。要达到这样的效果，商场内部的总体环境对于吸引顾客并留下良好的印象具有十分重要的意义。商场内部环境是商场总体布局、内部建筑、设施、柜台摆放、装饰风格、色彩、照明、音响、空气质量等状况的综合体现。

一、营销场所的心理要求

营销场所的心理要求主要是营业场所内部环境的总体布局的心理要求，总体布局是指营业环境内部空间的总体规划和安排。良好的总体布局不仅方便顾客，减少麻烦，而且在视听等效果上给人们产生一定的美感享受，这是吸引回头顾客、保持顾客忠诚度的因素之一。

总体布局的原则是视觉流畅、空间感舒畅、购物与消费方便、标识清楚明确、总体布局具有美感。

> 【案例7-3】　特高价咖啡
>
> 当坐落在东京滨松町的一家咖啡馆首次推出5000日元一杯的咖啡时，轰动了社会。闻者无不为之震惊，连那些一掷千金、出手阔绰的大亨也惊呼"太贵了！"可是让好奇心所驱使的顾客还是纷纷前来，一时间竟应接不暇。
>
> 5000日元一杯的咖啡，事实上与敲诈或攫取非法利润不相连或不沾边。原因在于该店盛咖啡的杯子名贵而豪华，而且是正宗的舶来品——法国货，每只杯子价值4000日元；当你享用咖啡之后，店员就将它包好送给你。这里的每杯咖啡均由名师当场炮制而成，味道纯正，又可口，店堂里的装潢更是奇特豪华，赛过宫殿。身着古代皇宫服饰的侍女，把顾客当作帝王一样来侍候。许多被好奇心所动的客人，起初只是想前来光顾一下，作为谈话的资料或炫耀于人的资本；然而一旦来过之后，便被这里令人顿感身价百倍的气氛所吸引，对5000日元的高价也就不以为然了。他们不但不会退缩不来，反而会带着女伴或朋友、家人再度光临。
>
> 声名大振的咖啡馆形成了独特的风格，豪华、高雅、令人难以忘怀的气氛，被那些流连忘返的客人所称道。然而，该店的森元二郎老板头脑却十分清楚，开店还得赚钱，当然不能仅仅靠出售5000日元一杯的咖啡，还要靠每杯100日元的咖啡、果汁、汽水之类的廉价饮料！

"树起招兵旗,自有吃粮人",被昂贵的 5000 日元一杯咖啡吸引来的人会认为货真价实而光顾再至,他们喜欢这里的气氛,气氛也是商品!而那些被声名吸引而来又囊中羞涩的人又做成了老板其他饮料生意,这样,老板的意图也达到了。

(资料来源:《世界商战》,红旗出版社)

【分析】营业场所内部的装饰风格、设施、柜台摆放、商品陈列、色彩、照明、音响、通风等状况的综合体现,构成了商店的内部环境。就对消费者购买心理与购买行为的作用而言,内部环境在整体购物环境中起着主导的决定性作用。

二、商品陈列的心理要求

商品陈列是指柜台及货架上商品摆放的位置、搭配及整体表现形式。商品陈列是商店内部陈设的核心内容,也是吸引消费者购买商品的主要因素。虽然商品陈列因行业不同、经营品种不同、营业场所构造不同而有所差异,但有一点是相同的,即商品陈列本身就是商品广告,摆放得体的商品本身就是激发消费者购买欲望的有力手段。消费者进入商店,最关心的自然是商品,商品陈列是否得当,往往影响消费者的购买心理。实践证明,商品陈列必须适应消费者的选择心理,习惯心理,并努力满足其求新、求美的心理要求。

1. 商品陈列的一般要求

商品陈列应符合以下基本要求。

(1) 商品陈列要能引起消费者的兴趣与注意。这就要求商品的陈列必须做到:醒目;形象突出;有美感。尤其是商店经营的主要商品,陈列时一定要吸引消费者的注意力,通过布置和其他陪衬的烘托能引起消费者的兴趣。

(2) 商品陈列要给消费者以洁净、丰满的感觉。商品陈列不仅要讲究造型美观新颖,还要摆放整齐,错落有致,给消费者以品种齐全、数量充足、丰满的感觉,但又不能显得拥挤或杂乱。

(3) 商品陈列要使消费者一目了然。商品陈列要尽可能做到裸露摆放,同时要有价格、货号、产地、规格、性能、质量等级说明,便于消费者观看、触摸和比较,以增强对商品的感性认识。使消费者心明眼亮,可增强消费者对商店和商品的信任感和安全感。如果消费者不能直接看到或触摸商品,陈列中只有价格,而较少有其他说明,这样容易使消费者产生怀疑或不信任,导致购买欲望下降、转移或消失。消费者购买中有 2/3 的购买决定是在通道里作出的。如果商品陈列合理,那么可以增加 10%的冲动型购物。

2. 商品陈列的基本形式

不同的零售业,因其经营特点、出售商品和服务对象的不同,在商品陈列上也表现出不同的形式。总的来说,针对顾客的消费心理,商品的陈列可采用以下的方法。

1) 醒目陈列法

它是指商品摆放应力求醒目、突出，以便迅速引起消费者的注意的方法。为此应做到：

(1) 合理调整摆放高度。一般情况下，消费者进入商店后，首先会有意或无意地环顾商店内的货位分布、商品陈列等，获得一个初步印象。而商品摆放位置的高低会直接影响消费者的视觉注意和感受范围及程度。据瑞士学者塔尔乃教授的研究，消费者进店后无意识展望高度为 0.7～1.7 米，上下幅度为 1 米左右，与人的视线本身大约成 30°角以内的物品最容易被消费者感受到。因此，商品摆放高度要根据商品的大小和消费者的视线、视角来综合考虑。一般来讲，商品摆放高度应以 1～1.7 米为宜，与消费者的距离为 2～5 米，视场宽度应保持在 3.3～8.2 米。在这个范围内摆放商品可以提高商品的能视度，使消费者较易清晰地感知商品形象。

(2) 保持商品量感。量感是指陈列商品的数量要充足，给消费者以丰满、丰富的印象。量感可以使消费者产生有充分挑选余地的心理感受，进而激发购买欲望。

(3) 突出商品特点。商品的功能和特点是消费者关注并产生兴趣的中心点。将商品独有的优良性能、质量、款式、造型、包装等特性在陈列中突出展示，可以有效地刺激消费者的购买欲望。例如，把名牌和流行性商品摆放在显要位置；把多功能的商品摆放在消费者易于观察、触摸的位置；把款式新颖的商品摆放在最能吸引消费者视线的位置；把气味芬芳的商品摆放在最能引起消费者嗅觉感受的位置，都可以起到促进消费者购买的心理效应。

2) 分类陈列法

它是指先按商品的大类划分，然后在每一大类中，再按价格、档次、性质、产地等进行二次划分所采取的不同方法。如可先将商品划分为食品类、服装类、纺织品类、箱包类、化妆品类等几大类，在纺织品中，可再按毛料、化纤、纯棉、丝绸等划分。这种分类陈列法便于消费者集中挑选、比较，也有利于反映商店特色。因此，分类陈列法是一种广泛使用的形式，大、中、小型的综合商店均可采用这种形式。它适应一般消费者的购买心理和购买习惯。

3) 敞开陈列法

它是指商店采用自选售货形式时，商品可以敞开陈列的方法。消费者可以直接从陈列的商品中选购商品。这是一种现代的无柜台陈列方式，把商品陈列与商品销售合二为一。商品全部敞开摆放在货架上，允许消费者自由接触、挑选、试穿，甚至可以品尝、试用，以减少其心理疑虑，降低购买风险，坚定购买信心。这种陈列方式既方便消费者，又使消费者感到亲切和随意。敞开陈列法适用于普通日用商品或大件耐用消费品，如服装、化妆品、袋装罐装食品、大件家用电器、家具等商品，而不适用于金银首饰、珠宝等贵重商品。

4) 专题陈列法，又称主题陈列

它是指结合某一特定事件、时期或节日，集中陈列应时适销的连带性商品的方法，或根据商品的用途在一特定环境中陈列某些系列商品。例如：中秋节食品店中的月饼专柜；

或时逢中小学开学初，商店开设的中小学生用具专柜等。这种陈列形式适应了消费者的即时消费心理，往往能引起某类商品的购物热潮。这种陈列方式既适用于综合商场，也适用于特色商店。

  5) 季节陈列法

  它是指根据季节变化，把应季商品集中起来作即时陈列的方法。这也是商店中常见的陈列形式。尤其是季节性强的商品，必须随着季节的变化不断调整陈列方式和色调，尽量减少店内购物环境与自然环境变化的反差。这样不仅可以促进应季商品的销售，而且使消费者产生与自然环境和谐一致、顺畅愉悦的心理感受。

  6) 连带陈列法

  许多商品在使用上具有连带性，如牙膏和牙刷，香皂和香皂盒等。为引起消费者潜在的购买意识，方便其购买相关商品，可采用连带陈列方式，即把具有连带关系的商品相邻摆放。

  7) 重点陈列法

  现代商店经营商品琳琅满目，种类繁多，少则几千种，多则达几十万种。要使全部商品摆放得都引人注目是相当困难的。为此，可以把消费者日常购物中大量需要的商品作为陈列重点，同时附带陈列一些次要的、周转缓慢的商品，使消费者在选购重点商品时，附带关注到其次要商品，这就是重点陈列法。

  8) 艺术陈列法

  它是指通过商品组合的艺术造型进行摆放的陈列形式。各种商品都有其独特的审美特征，例如：有的造型独特；有的色泽艳丽；有的款式新奇；有的格调高雅；有的气味芬芳；有的包装精美等。在商品陈列中，应在保持商品独立美感的前提下，通过艺术造型使各种商品巧妙组合，相应生辉，艺术布局，达到整体美的艺术效果。为此，可采用直线式、立体式、图案式、对称式、折叠式、形象式、均衡式、艺术字式、单双层式、多层式、斜坡式等多种方式进行组合摆布，赋予商品陈列以高雅的艺术品位和强烈的艺术感染力，以求对消费者产生较强的吸引力。

  在实践中，上述方法经常可以灵活组合，综合运用。同时要适应环境的需求变化，不断调整，大胆创新，使静态的商品摆放充满生机和活力。

【案例 7-4】 家乐福的商品陈列

  商场里的商品极其丰富，而顾客首先接触的就是商品，如果没有一个良好的商品陈列，就不会有温馨舒适的购物环境。其商品陈列的适当与否，直接关系到商品销售量的多寡。而商品陈列的最大原则就是要促使产品产生"量"感的魅力，使顾客觉得商品极多而且丰富。家乐福的商品陈列一般从以下几个方面进行考虑：

  (1) 视野宽度：视野一般是指消费者站在一定的位置，其所看到的范围。根据医学报告，人的视野宽度可达 120 度左右，但看得最清楚的地方却是在 60 度左右。

(2) 视野高度：一般消费者视线的高度，男性是165～167cm，女性则是150～155cm，因此，黄金陈列位置即为视线下降20度左右的地方，也就是70～130cm之间的位置。

(3) 粘贴标价重点：价格标签粘贴位置，一定力求固定，但绝对不宜贴在商品说明或制造日期标示处上。

因此，为了方便顾客挑选，家乐福在货品的陈列上下工夫：一是有效利用陈列空间。依据销售量来决定每类商品的陈列面，而不同商品的摆放高度也不同，一切以方便顾客为原则。如家电的最佳位置为1.25～1.65m，这样选看起来方便，而货架下层多用于放包装箱。二是陈列上具有量感。家乐福信奉"库存尽量放在卖场"的原则，堆头、端头、货架顶层均安放货品。三是尽力打破陈列的单调感。卖场内每隔一段，货架就有不同的高度，有时还用吊钩、吊篮来调剂陈列样式。四是展示商品诱人的一面。通过主通道沿线设计和副通道的搭配，使顾客巡行所经之处，有大量的存放和不断显示的"特价"品等，凸现商品的色、香、味，给人以强烈的视觉、味觉、嗅觉等多方面的冲击。

家乐福陈列商品的货架一般是30cm宽。如果一个商品上了货架销售得不好，就会将它的货架展示缩小到20cm，以便节约货架位置，给其他商品用。如果销售数字还是上不去，陈列空间再缩小10cm。如果还是没有任何起色，那么宝贵的货架就会让出来给其他的商品用。

家乐福还将卖场中的每种商品的陈列面积夸张地加大，利用突出陈列将卖场的气氛发挥到极致。每类商品的尽头都有特价商品，顾客不仅能一饱眼福，而且也容易寻找到自己需要买的东西。家乐福大卖场的特卖商品都陈列于商场十分显眼的位置上，如端头、堆头和促销区，为了更好地吸引消费者注意，在商品的标价签上用旗形、矩形或者是一些有创意的设计，以显示其有别于其他的促销商品。此外，特卖商品在标价签上还用各种不同的颜色来突出其特卖价格。

另外，在家乐福的商品陈列中也遵循本土意识，按当地的消费习惯和消费心理进行摆设，在中国市场上，为了迎合消费者有挑选比较的习惯，家乐福在货架上专门增加了同类商品的供应量，以方便顾客的选购。在成都家乐福卖场内，有不少的装饰品都采用四川特有的竹器及泡菜坛子等本地特有的容器。这充分地显示出家乐福为了顾客的方便而别出心裁的商品陈列。

在家乐福超市里，糖果被放在两排有近2米高的竖筒式透明钢化塑料容器里，每一竖筒里堆同一种颜色的糖果，远远看去就像两排不同色彩的竖灯。这样顾客就很容易被诱惑近前，而一走到两排竖筒容器中间，那鲜亮的糖果马上激起食欲，只要有钱，谁都会忍不住往购物篮(车)里抓的。而国内许多商家就很不重视糖果区的陈列布置：家用水桶一样的容器上面，糖果如谷堆一般垒成小山，靠在场内一根柱子周围，如果消费者不仔细寻觅，恐怕难以发现这种甜蜜之源。家乐福非常清楚，顾客在商场的冲动购物远大于"计划购物"，因此，如何刺激消费者的购买欲望，让其忘乎所以地、不看钱袋地购买则是家乐福生意兴隆的关键。

家乐福还将水果、蔬菜全部摆放在深绿色的篮子里,红黄的水果和绿的、白的蔬菜在绿篮的映衬下,让消费者有种环保卫生的感觉,潜意识会认为这些果蔬都是来自大自然的新鲜的东西,对身体健康很有好处;再加上挂在篮子上空的照明灯的灯罩也是同一绿色,消费者徜徉其中,仿佛回到大自然。此种刻意营造的氛围树立了生鲜卖场环保新鲜的形象,消费者自然开心、放心地在此采购生鲜食品。这种迎合了当今消费者进超市买生鲜食品以保干净、卫生、安全心理的措施,受到欢迎是理所当然的。

(资料来源:趁广著,《家乐福超市攻略》)

【分析】随着现代市场经济的发展,消费者购物越来越理性化,他们要求在购买商品的同时,也要有良好的购物体验,所以说现代的商业经营不只出售商品,同时也出售温馨的感觉、愉快的体验、得心应手的满足感。这就对店内的商品陈列提出更高的要求,家乐福所有的陈列很好地实现了讨顾客欢心、激起顾客购买欲望的目的,其不断更新的陈列方式也是家乐福发展到现在的必要保证。

三、购物场所微环境与消费心理

购物场所微环境一般指购物场所的音响、温度、湿度、照明和色彩,这些微环境对消费者心理都会产生一定的影响。

1. 音响与消费心理

用音乐来促进销售,可以说是古老的经商艺术。旧中国一些商号用吹号敲鼓或用留声机放歌曲来吸引顾客,小商小贩利用唱卖或敲击竹梆、金属器物等音乐形式招徕生意。

心理学研究表明,人的听觉器官一旦接受某种适宜音响,传入大脑中枢神经,便会极大地调动听者的情绪,造成一种必要的意境。在此基础上,人们会萌发某种欲望,并在欲望的驱使下而采取行动。这是因为人体本身就是由大量振动系统构成的。优美、轻快的音乐能使人体产生有益的共振,促使体内产生一种有益健康的生理活性物质,这种物质可以调节血液的流量和神经的传导,使人精神振奋。但是,并不是任何音响都有利于唤起消费者的购买欲望。相反,一些不合时宜的音响会使人产生不适感。所以,现代企业在利用音响促销时应当注意以下原则。

1) 音响要适度,即音响度高低要合适

人对音响高低的反应受到绝对听觉阈限的限制。音量过低,难以引起消费者的听觉感受;音量过高,会因刺激强度过大形成噪音污染,给消费者带来身心不适,产生不良效果。

2) 音乐要优美,并尽量体现商品特点和经营特色

运用音乐或广告音响,一定要优美动听,并与所销售的商品及企业经营特色相结合,促使消费者产生与商品有关的联想,激起消费者对商品及商店的良好情感,从而诱发购买欲望。

3) 音响的播放要适时有度，播放音乐与不播放音乐相结合

人们对任何外界刺激的感受都有一定的限度，超过限度便会产生感觉疲劳，进而产生抵触情绪。所以，音乐的播放要适时有度，切忌无休止、无变化地延续。

2. 购物场所照明与消费心理

营业环境的内部照明分为自然照明、基本照明和特殊照明三种类型。

1) 自然照明与消费心理

自然照明是商场中的自然采光，通过天窗、侧窗接受户外光线来获得。自然光柔和、明亮，使人心情舒畅，是最理想的光源。商场设计中应考虑最大限度地利用自然光，增加玻璃顶面、玻璃墙面的面积，但自然光要受季节、营业时间和气候的影响，不能满足商场内部照明的需要，因此要以人工制作的其他照明作为补充。

2) 基本照明与消费心理

基本照明是为了保证顾客能够清楚地观看、辨认方位与商品而设置的照明系统。目前，商场多采用吊灯、吸顶灯和壁灯的组合，来创造一个整洁、宁静、光线适宜的购物环境。基本照明除了给顾客提供辨认商品的照明之外，不同灯光强度也能影响人们的购物气氛。基本照明若是比较强，人的情绪容易被调动起来，这就好像在阳光普照的时候或在阳光明媚的海滩上一样令人心旷神怡。如美国麦当劳或肯德基的连锁店，其基本照明都很充足，人们一进入营业环境里立即感到一种兴奋。基本照明若是比较弱，人不容易兴奋起来，可能让人产生平缓安静的感觉，也有一定程度的压抑感，商品的颜色看起来有些发旧。所以销售古董一类商品的场所可以把基本照明设计得暗一些，但在日用品营业场所的设计中应该避免这样做。

3) 特殊照明与消费心理

特殊照明是为了突出部分商品的特性而布置的照明，目的是凸显商品的个性，更好地吸引顾客的注意力，激发起顾客的购买兴趣。特殊照明多采用聚光灯、实行定向照明的方式，常用于金银首饰、珠宝玉器、手表挂件等贵重精密而又细巧的商品，不仅有助于顾客仔细挑选、甄别质地，而且可以显示商品的珠光宝气，给人以高贵稀有的心理感受。国外有的商店还用桃红色作为女更衣室的照明。据说在这种灯光的照射下，女性的肤色更加艳丽，试衣者感觉这件衣服穿在身上能使自己更显美丽，大大增加了服装的销售量。如在橘子、哈密瓜、电烤鸡等食品的上方采用橙色灯光近距离照射，可使被照食品色彩更加红艳，凸显新鲜感，激起顾客购买食用的心理欲望。

3. 温度与消费心理

温度是评价营业场所室内环境的主要因素，对人们的影响最为直接。商场的温度受季节和客流量的影响。温度过高或过低都会引起人们的不舒适感。在骄阳似火、汗流浃背的夏天，人们无心在闷热的店堂里多留片刻，除了急需的特定购买目标以外。打不起精神来

浏览商品，自然无法形成购物冲动。在寒冬腊月、滴水成冰的霜刀与风剑里，人们在哆哆嗦嗦之际，也不会有挑选商品、耐心购物的兴趣。现在，商场里安装冷暖空调已不是奢侈之举，它是满足人们生理和心理双重需要的基本设施，适宜的温度对购物情绪和欲望有着良好、直接的影响。

4. 湿度与消费心理

湿度是表明空气中水分含量的指标。人们一般对湿度的注意程度要远远低于对温度的注意程度。湿度与季节和地区有密切的关系，南方在夏季时气候异常潮湿，北方的冬季气候出奇地干燥。如果是在高温季节里，再加上潮湿的空气，会使人更加觉得不舒服，购物情绪将荡然无存。空调制冷过程中，可以有效地降低空气中的水分，提高人们的舒适度。

5. 色彩与消费心理

色彩是指商场内壁、天花板和地面的颜色。在商场内部环境设计中，色彩可以用于创造特定的气氛，它既可以帮助顾客认识商场形象，也能使顾客产生良好的回忆和深刻的心理感受，激发人们潜在的消费欲望，同时还可以使顾客产生即时的视觉震撼。

一般而言，商场内部装饰的色彩以淡雅为宜。例如，象牙白、乳黄、浅粉、浅绿色等，会给人以宁静、清闲、轻松的整体效果；反之，配色不适或色调过于浓重，会喧宾夺主，使人产生杂乱、沉重的感觉。

本 章 小 结

商场场景包括商场类型、商场地理位置、商场外部形态及商场内部布置在内的商场外部环境与内部环境，它对消费者购买心理有直接的影响。商店选址要注意商场集聚心理、购买便捷心理，最佳地段心理，商品种类与选址的关系，商店性质与选址的关系。商店建筑与购买心理主要考虑建筑物的适用、坚固、经济和美观。橱窗设计要体现：陪衬美、立体美、真实美、个性美和功能美。商品陈列的基本形式有：醒目陈列法、分类陈列法、敞开陈列法、连带陈列法、重点陈列法、专题陈列法和艺术陈列法。店堂内背景音乐是音响设计的重点，在播放背景音乐时切忌音量过大和过于强劲，音乐要优美，音响的播放要适时有度。基本照明光度一般应较强，以让顾客有兴奋的心情，特殊照明是为了凸显商品的个性，应视具体的商品而定。商场的气温和湿度适宜对购物情绪和欲望都有着良好、直接的影响。一般而言，商场内部装饰的色彩以淡雅为宜。

自 测 题

1. 商场选择区域有哪些选址心理？

2. 橱窗设计的心理策略有哪些？
3. 商品陈列的要求有哪些？
4. 商品陈列的方法有哪些？
5. 音响促销时应注意些什么？

案例分析

洋快餐巨头纷纷"为中国而变"

在餐饮不景气的大背景下，"鸡肉门"等食品安全事件对麦当劳、肯德基等"洋快餐"的影响尚未完全消除。在由此所带来的业绩压力下，他们不得不加速"为中国而变"的步伐，从店面设计、营销手段到开店节奏，都采取了更为积极变化的行动。

麦当劳中国在广州宣布中国内地的第2000家餐厅在4月底开业的同时，也发布"Eatery"全新中国风主体店面设计，并正式对外公布全新的特许经营策略。而就在上个月，肯德基也对外公布了全新的餐单调整结果和明星代言策略。德克士虽然近期尚未采取新动作，但在过去几年中，通过大规模特许经营、本土化菜品等策略已经获得了高速的发展。

业内评价认为，三家"洋快餐"的代表性企业不约而同地选择了"为中国而变"，一方面固然是其在业绩压力之下的提振之策，另一方面也凸显出了中国餐饮市场的某种趋势：中国的消费者正日益回归对"中国味道"和"中国文化"的追求，餐饮市场也不例外。"洋快餐"品牌敏锐地追随变化趋势，而刚刚出炉的主要相关公司一季度财报所显示出的中国市场业绩贡献也更进一步印证了这一转变的必要性和有效性。

1. 店面设计：兼顾中国传统与国际审美

尽管中国第2000家麦当劳餐厅尚未正式揭幕，但先期亮相的麦当劳"Eatery"中国风主题餐厅却已经先让人眼前一亮。4月18日，记者在位于广州天河商圈中心地带的全球首家麦当劳Eatery旗舰餐厅看到，不论是蒸笼元素的吊灯，抑或算盘造型的隔断，扑面而来的都是浓郁的中国元素。

"Eatery 在中文的意思是小饭堂、小食堂，其给人一种轻松休闲、把人聚集在一起的感觉，很好地体现了品牌理念：简单、轻松、享受。"麦当劳中国首席市场官须聪表示，这是麦当劳首开先河专为中国而设计的旗舰餐厅。据透露，接下来，Eatery 概念店即将在深圳等地推出，之后还会在北京、上海等五大主流城市接连复制，并将延伸到二线城市。具体的餐厅设计将会与不同城市及选址环境相结合有所微调，不同的餐厅会呈现不同风格，但总的来说Eatery 系列店面都将采用中国传统与国际审美相结合的理念，要在"接地气"的同时"国际化"。

麦当劳中国首席执行官曾启山也提到了麦当劳在产品方面的本土化策略，本土化的产品就包括麦辣鸡腿堡、麦辣鸡翅等。此外，为提升品牌与中国消费者的相关性，麦当劳还推出了有豆浆、油条、煎饼的早餐，以及以米饭为主打的晚餐。"我们品牌自身的历史传承性与本土相关性都很重要。"曾启山说。 除了麦当劳之外，其他几大"洋快餐"品牌也都多少在产品方面进行了本土化改良，但在店面设计方面如此彻底地引进"中国风"，麦当劳则尚属首家。

2. 特许经营：开店节奏更适应本土化需求

如果说店面设计的本土化尚属表面功夫，那么对特许经营的加码则无疑是从根本上更进一步耕耘本土市场。曾启山对外表示，未来几年麦当劳中国的业务扩张将更加专注于特许经营。麦当劳于2008年首次在中国开展特许经营业务时只有三位被特许人，至2013年底，这一数目已增至46位。麦当劳的未来目标是将特许经营的比例从2013年的12%提升到2015年的20%到25%。

"麦当劳对被特许人有非常严格的要求：我们希望他们是能亲身投入营运、深入社区的本土企业家，而不只是投资者。六年前，我们在中国的外围城市开始尝试特许经营模式；现在，我们会向一线城市推进。"曾启山指出，特许经营模式利用麦当劳品牌激发中国本土创业精神，同时也借助其自主权和自豪感，麦当劳正在构建其品牌和业务的可持续发展。

4月底，即将于天津开业的第2000家餐厅，也将成为麦当劳发展的里程碑。据透露，去年麦当劳在中国创下了275家新开店记录，使得中国内地地区一跃成为麦当劳系统内开店增速最快的市场。今年麦当劳将延续这样的开店趋势，全年计划开设约300家新餐厅。曾启山坦言，麦当劳正在实现"从全球化到本地化的转变"，加速发展特许经营业务也同样是为了更进一步地开发本地项目。

"我认为要在中国取得成功，我们必须大胆，我们很大胆抓住了中国城市化大趋势下的机遇，启动了中国的发展，我把它称为'更大，更好，更快'之旅。要实现雄心，我们必须稳扎于中国。"的这番表述，其实在其他几大"洋快餐"品牌那里也得到了异曲同工的呈现，德克士正是以极低的特许经营加盟门槛在过去三年换得了火箭般的开店速度，肯德基更是在2000年便已开放特许经营，在业内看来，麦当劳在特需经营方面的策略还有失于保守了。

除了在店面设计和特许经营等方面下功夫，抓住消费者心理做营销也是企业所看重的。"让我们好在一起。"这是麦当劳在全国范围内最新启用的品牌传播主题。

曾启山表示："多年来作为一个在中国发展的国际性品牌，我们不断扩大品牌与中国的相关度，希望打造一个契合中国消费者的现代生活方式和追求的品牌，一个深入消费者内心的品牌，一个长期稳固、能够成为人们生活一部分的品牌。这个意味着我们的品牌必须超越自我，每一部分都反映中国的荣耀与发展。"而与此异曲同工的是，就在3月，肯德基也刚刚发布其2014年的最新品牌战略，重金启用了张亮、柯震东、吴莫愁等明星代言，紧紧把握中国最年轻一代消费者的喜好，也是"为中国而变"的极佳诠释。

3. 洋快餐业绩倚仗中国市场

近日，麦当劳、肯德基相继公布一季度财报，数据显示，新兴市场国家的销售额对百胜餐饮和麦当劳的贡献越来越重要，特别是中国；而美国本土市场的销售业绩却持续低迷，甚至拖累麦当劳一季度整体业绩。

而百胜餐饮的 2014 年第一季度财报则显示，公司实现净利润为 3.99 亿美元，较 2013 年同期的 3.37 亿美元上涨 18.39%，实现利润超预期。对此，其财报分析认为主要得益于肯德基和必胜客在华销量反弹，特别是肯德基第一季度中国同店销售增长 11%，必胜客则增长 8%。百胜集团董事长 David Novak 声明表示："展望未来，我们在中国市场有着坚实的基石，每个部门都在拉动今年以及之后的销售和获利增长。"

(资料来源：《南方日报》记者 赵新星，实习生 戴雪娟，2014.04.25)

【分析】 在餐饮不景气的大背景下，在由此所带来的业绩压力下，洋快餐纷纷在店面设计，食品口味，，开店节奏，销售方式等方面，都采取了更为积极变化，以便进一步扩大其在中国的市场占有率。你对他们采取的这些举措感觉如何？这些变化对吸引消费者有什么影响？

阅 读 资 料

改善营销环境，满足"上帝"的感情需求

20 世纪 90 年代的广大消费者，再也不满足以往进商场仅仅是为了购物的单纯需求，他们开始对商场的环境美化提出更高的要求。诸如希望商场提供憩息之地，建议商场摆设花卉草木，渴望商场增添文化氛围……如此看来，商场环境美化对顾客心理的影响作用之大。顾客逛商场，不仅要和营业员进行有声的直接交流，还要进行一种无声的间接交流。这就是通过商场美化向顾客进行心理服务，以满足顾客对商场多功能、全方位的较高要求。因此，无论大小商场，都可根据顾客这一心理变化，展开新的经营战略、讲究环境景观，商场设施和场内气氛等有形、无形的机能，从而为顾客提供高品位的心理服务。

顾客对商场美化的大致要求，表现在商场的趣味化、科学化、公园化、舞台化、复合化和生活化 6 个方面。

(1) 商场的趣味化是指商场的环境应满足顾客轻松、愉快的心理要求。由于现代人生活节奏的加快，时间观念的加强，神经整日处于紧张绷紧的状态，即使逛商场，也大多带有明确目的，时间一长，难免疲倦困乏，为了消除顾客的疲惫感，商场不妨安排些幽默风趣事宜，以缓和顾客的紧张心理。目前在国外的一些大商场，决策者们在场内的果皮箱上设置感应器。每当垃圾丢进箱内，感应器就会自动启录音机，播出一则故事或笑话，内容可定期更换。这样做可谓一举两得，既保持了商场环境卫生，又使顾客开怀大笑，心情舒畅，解除劳累，以至于流连忘返。

(2) 商场的科学化是指商品摆放位置有利于顾客观看欣赏。细心观察的人们会发现，顾客进入商场，眼睛会不由自主地首先射向左侧，然后转向右侧。这是因为人们看东西是从左侧转向右侧的，即印象性地看左边的东西，安定性地看右边的东西。凡是注意到人类工程学的这个特点的商场，总是将引人注目的物品摆在商场左侧，以吸引顾客的目光。

(3) 商场的公园化为了让顾客走进拥挤的商场也能享受到大自然的温情，消除购物时的压力，并使整个商场气氛显得舒适温馨，注重商场的公园化已不可或缺。比如在商场大厅修建喷泉，楼层阳台摆放花卉、树木等，使顾客如置身于公园，能在精神和物质上获得充分的享受。

(4) 商场的舞台化是指顾客对商场的又一心理愿望。从某种意义上讲，商场就是一个剧场，商品就是这个剧场的主角，因此灯光的投射直接打在商品上，犹如舞台上的表演者，而光顾的顾客就好比观众。商品在灯光的照射下，或色彩明亮，或神秘朦胧，从而具有舞台效果，为"观众"带去美的熏陶。深知这一关系的商场，无一不投入大量的财力，安装灯具，以变化多端的灯光效果，赢得广大顾客的青睐。

(5) 商场的复合化同样是为了满足顾客的心理需求，而今顾客进入商场大都希望用较少的时间取得较多的收获，而不愿频繁地往返走动。根据这一心理特点，商场不妨为顾客提供更多的商品服务，在商品结构层次上，增加其他业种，如将饮食、服饰融为一处，玩具和文具相应的摆放一店，使之成为复合型、立体型、多层次的一条龙或配套服务，以招徕更多的顾客，扩大销售量，实现商场的复合化。

(6) 至于做到商场生活化，对目前的商场来说，已属区区小事。相当多的商场都注意到了将所出售的系列商品组成一个生活场景，给顾客以完整的、全面的、系统的直观印象。如销售厨房用品，便可将抽油烟机、炊具、锅碗瓢盆等一一陈列，让顾客一目了然地看出这些商品与设备是厨房所必需的，进而产生购买欲望。

商场美化，并非易如反掌之事，它涉及心理学、人类工程学、美学、行为学、社会学等多方面的知识。但愿更多商场的经营者们，悉心研究顾客心理，精心美化商场环境，为顾客提供优质的心理服务。

(资料来源：引自新浪网，2005-4)

第八章

营销服务与消费心理

学习目标：通过本章的学习，应掌握营销服务的特点与心理效应，掌握营销服务售前、售中、售后三阶段的心理及策略；理解营销人员对顾客心理的影响；了解消费者的权益与保护情况，掌握消费者投诉心理及消费者投诉的沟通与处理方法、技巧。

关键概念：营销服务(marketing service)　顾客满意(customer satisfaction)

引导案例：

海尔空调的服务理念

海尔空调的服务承诺：只要您拨打一个电话，剩下的事由海尔来做。服务宗旨：用户永远是对的。服务政策：海尔集团公司郑重向消费者推出海尔"全程管家365"服务新概念，将海尔服务直观地传达到消费者。海尔家电"全程管家"服务人员一年365天为用户提供全天候上门服务，海尔"全程管家365"的具体内容包括：售前，上门设计；售中，咨询导购、送货到位；售后，安装调试、电话回访、指导试用、征询用户意见并及时反馈到生产开发部门，不断提高产品的设计。另外，根据用户的预约为用户提供上门维护、保养等服务。消费者只需直接拨打海尔24小时服务热线，即可预约海尔"全程管家"为消费者提供的先设计后安装、保养、清洗、维护家电的全方位服务。同时通过在全国售后系统建立"一站到位、一票到底"的服务流程，树立起"我代表海尔集团、我就是海尔服务"的意识，实现"一次服务，用户全部产品受益"的服务目标。海尔"全程管家365"这种深入人心、饱含亲情化星级服务的推出，不仅会带动国内同行业服务水平的提升，更会在国际上较好地树立起中国家电企业的新形象。

（资料来源：根据海尔集团官方网站信息整理。）

营销服务在企业核心产品中起着什么作用？营销服务对消费者心理有什么影响？这就是本章将要探讨的内容。

第一节　营销服务心理

营销服务是指各类企业为支持其核心产品所提供的服务。企业的营销服务是由售前、售中、售后服务构成的体系。营销服务在功能营销的基础上,通过加强"服务"这一手段来达到扩大销售的目的。这是企业越来越认识到服务在销售中的重要作用而必然采取的措施。营销服务在整个营销体系中显得越来越重要。

一、营销服务的特点与心理效应

(一)营销服务的特点

在营销服务活动中,营销人员与消费者的关系本应该是对等的。由于营销人员的特定角色以及消费者所处的特定地位,在双方的交往过程中二者的关系却又是迥然不同的,由此决定了营销服务活动具有一系列的特点,具体表现为以下几方面。

1. 服务性

服务性是营销人员的重要职业特征。营销人员所从事的是不仅与物打交道、而且与人打交道的服务性工作。因此,营销服务是一种劳务交换,是一种信息传递,是一种感情交流,是一种心理沟通,是在服务过程中实现的商品向消费领域的转移。

2. 短暂性

营销服务中的人际交往是一种短暂性和公务性的交往。在一般情况下,营销人员与消费者的接触只限于满足消费者购物活动的服务需要。双方都立足于各自眼前的利益,完全是一种商品买卖关系。

3. 主导性

营销人员服务活动的对象是人,消费者有着千差万别的消费行为与心理,营销人员不可能采用单一的标准模式进行接待。在双方交往过程中,营销人员要注意观察消费者的行为,揣摸分析消费者的心理,了解消费者的需要,解答消费者关心的问题,并对消费者进行提示与诱导,这些活动使营销服务工作具有主导能动作用。

4. 不对等性

营销服务中的人际交往通常是一种不对等的交往过程。"顾客是上帝"的特定地位,决定了营销人员必须服从和满足顾客的意愿。只有顾客对服务人员提出要求,而不存在服务人员对顾客提出要求的可能性。这是对特定职业角色的要求。因此,营销服务人员要正确理解双方之间的"平等""不平等"的含义,不能与顾客争输赢,要接受"顾客总是对的"这一观点。

(二)营销服务的心理效应

在营销服务中,营销人员与消费者的关系是一种双方相互作用的人际知觉关系,营销人员的主体形象对消费者的行为和心理将产生一定的影响。这种影响作用所产生的心理效应表现在以下几个方面。

1. 首因效应

首因效应又称优先效应，是指在某个行为过程中，最先接触到的事物给人留下的印象和强烈影响，也称第一印象，是先入为主的效应。首因效应对人们后来形成的总印象具有较大的决定力和影响力。在现实生活中，先入为主和首因效应是普遍存在的，例如，消费者到某商场购物时，第一次和某位销售人员接触，由于双方的首次接触，总有一种新鲜感，都很注意对方的仪表、语言、动作、表情、气质等，并喜欢在首次接触的瞬间对一个人做出判断，得出一种印象。如果这种印象是积极的，则会产生正面效应；反之，则会产生负面效应。市场营销活动中，如果商品展示陈列丰富多姿，购物环境舒适宜人，销售人员礼貌热情，则会使消费者产生"宾至如归"的积极情感。良好的第一印象为营销沟通和消费行为的实现创造了条件；反之，则会使消费者产生消极的情绪，影响消费者购买行为的进行。消费者许多重要的购买决策和购买行为，都与对服务人员的第一印象有关。

2. 近因效应

近因效应是指在某一行为过程中，最后接触到的事物给人留下的印象和影响。消费者完成购买过程的最后阶段的感受，离开零售点之前的所见所闻和印象及评价，最近一次购买行为的因果等都可能产生近因效应。与首因效应类似，近因效应也有正向与负向之分，对下次购买行为也会产生积极或消极的影响。优质的服务所产生的近因效应是促使顾客经常光顾的动因。

3. 晕轮效应

晕轮效应也称为光环效应或印象扩散效应，是指人们在观察事物时，由于事物所具有的某些特征从观察者的角度来看非常突出，使他们产生了清晰、明显的知觉，由此掩盖了对该事物其他特征的知觉，从而产生了美化或丑化对象的印象。人们常说的"一俊遮百丑""一好百好，一坏百坏"的知觉偏差，即是晕轮效应的典型例子。晕轮效应发生在消费者身上，表现为消费者根据对企业某一方面的突出知觉做出了对整个企业优劣的判断。如企业对售后服务的承诺兑现程度如何、接待顾客投诉的态度及处理方式是否认真负责等，这些都会使消费者产生晕轮效应，使之形成对整个企业的总体形象的知觉偏差。

4. 定势效应

定势效应是指人们在社会知觉中，常受以前经验模式的影响，产生一种不自觉的心理活动的准备状态，并在其头脑中形成固定、僵化、刻板的印象。消费者对不同的营销人员的个体形象及其评价也有一些概念化的判断标准。这种印象若与消费者心目中的"定势"吻合，将会引起消费者的心理及行为的变化。例如，仪态大方、举止稳重的营销人员，给消费者最直观的感受是"真诚""可信赖",与消费者的心理定势相吻合,消费者则愿意与其接近,征询他们的意见和接受他们的指导,容易促成交易。反之,消费者对于闪烁其词、解答问题含糊不清、急于成交的营销人员的最直观感受是"不可信赖",与消费者的心理定势相吻合,消费者则会产生警觉、疑虑、厌恶的情绪并拒绝购买。

二、营销服务三阶段的心理

【案例8-1】 摩托罗拉公司营销服务的三阶段

市场运作是全方位地为顾客创造更多的优质服务,包括售前、售中和售后各个环节上的服务运作。进入新世纪,摩托罗拉在营销新观念的支持下,在市场运作的各个层面更进一步创新。

在售前服务方面,摩托罗拉特别重视做好向新闻界朋友、经销商及消费者的宣传服务工作,最近又在宣传服务的创新上大动脑筋。以近两次的新品牌手机新闻发布会为例,一次是采用了交响乐的形式推出的,一次是采用室内剧的形式推出的,这些创新的表现手法不仅显示了摩托罗拉对于每个新品牌浸注的全部热情和力度,而且表达了摩托罗拉对于新闻界朋友与经销商的服务热情,进而也表达了摩托罗拉倾力为消费者做好售前服务工作的热情。因为只有让新闻界朋友及经销商首先清楚准确地认识和理解摩托罗拉新品牌和新产品所表达的理念,并产生认同感,才能更迅速、更有效地帮助广大消费者清楚准确地了解摩托罗拉所要传递的信息。

在售中服务方面,摩托罗拉不仅重视对其专卖店的服务和支持,同时,也注意支持移动通信公司或联通公司的营业厅以及逐渐成为主流的手机零售店。为了提高摩托罗拉手机在售中的服务质量,摩托罗拉对专卖店的店主和店员做了大量的培训工作,并且在店面装潢上给予很多实在的支持。比如摩托罗拉为各专卖店制作了灯箱、招牌,这样即使是一家很土的专卖店,顾客一走进店铺也会感受到很专业的气氛。这样做能够帮助顾客消除其在质量与服务水平上的顾虑,让顾客感受到这是一家由摩托罗拉支持的零售网点。通过对这些专卖店的服务和支持,也间接地向广大消费者提供了良好的售中服务,使他们能够在更方便的地点选购到称心如意的手机。

在售后服务方面,摩托罗拉早在1998年就成立了全面质量服务中心,使消费者能同时享受到手机、寻呼机的高质量维修服务。目前摩托罗拉已在上海、沈阳、广州、成都、北京、天津等地建立了全面质量服务中心,以支持遍布全国的各类维修中心和特约快速连锁店。摩托罗拉在推广"全面质量服务"过程中,又对广大手机消费者做出承诺:所有摩托罗拉手机的保修,在其特约全面质量服务中心,从受理到完成,可在1个小时内进行完毕。

(资料来源:《摩托罗拉公司》,http://wiki.mbalib.com/)

【分析】一个完整的销售流程应当至少包括售前服务、售中服务和售后服务三个部分。

在当前市场环境下，售后服务被放到特别突出的位置。而实际上，在整个营销和销售系统链条中，售前服务是营销和销售之间的纽带，作用至关重要，不可忽视。

(一)售前服务心理

1. 售前服务与顾客心理

售前服务是整个商品交换过程的重要活动，是争取顾客的重要手段，因此，售前服务对顾客的心理影响是非常重要的。它是指产品从生产领域进入流通领域，但还没有与顾客见面的这段时间里的各种服务，主要包括货源组织、商品的运输、储存保管、再加工，零售部门的广告宣传、拆零分装、柜台摆布、橱窗陈列、商品卫生等。在这一过程中，为顾客服务的工作主要体现在为顾客买好、用好商品所做的准备与预先控制上。顾客购买商品的心理活动，首先总是从对商品或商店的注意开始的，进而逐步对商品产生兴趣，产生购买欲望。而售前服务的心理影响正是要达到引起顾客注意，并对商品产生兴趣和购买欲望的目的。售前服务心理主要体现在利用售前广告引起顾客的注意，商品陈列力求使顾客产生兴趣，以及货源准备、商品质量检验等各项工作上。

2. 售前顾客心理分析

顾客由于需要产生购买动机，这种购买动机受时空、情境等因素的制约，有着各种各样的心理取向。

1) 顾客认知商品的欲望

售前，顾客最关注的是有关商品的信息。他们需要了解商品的品质、规格、性能、价格、使用方法，以及售后服务等内容。这是决定是否购买的基础。

2) 顾客的价值取向和审美情趣

随着社会经济的发展，人们的价值取向和审美情趣往往表现出社区消费趋同的现象。所以，通过市场调研了解社区顾客的价值取向和审美情趣，并以此作为标准来细分市场，对销售大有帮助。

3) 顾客的期望值

顾客在购买以前，往往对自己要购买的商品有所估量。这种估量可能是品牌，可能是价格，可能是性能，也可能是其他因素。这种估量就是所谓的期望值。随着时代的发展，人们对产品的要求越来越高，企业生产与销售产品，一方面要满足顾客的物质需要，另一方面要满足顾客的心理需要。顾客的购买从生理需求占主导地位正逐渐转变为心理需求占主导地位，心理需求往往比物质需求更为重要。因此，服务除了要考虑产品的质量等各项功能外，还要考虑人们引申的需求。营销人员在售前服务中应根据顾客的心理特征，有效地把握顾客的期望值。

4) 顾客的自我意识

自我意识并非与生俱来，它是个体在社会生活过程中与他人相互作用、相互交往、逐渐发展所形成的。所以，要了解顾客的自我意识，为进一步开展营销活动奠定基础。

3. 售前服务心理策略

了解掌握了顾客的心理需要及特征之后，就可以有针对性地采取相应的心理策略。

1) 建立目标市场服务档案，把握顾客心理需要

市场经过细分之后形成多个子市场，相同的细分市场具有相同的性质，不同的细分市场具有异质性。企业可以通过建立数据库，储存目标市场顾客的心理特征、购物习惯等方面的信息，为做好更有针对性的服务提供依据。

2) 最大限度地满足顾客的相关需求

顾客的需求往往不是单一的，有时除了主要需求以外，还有许多相关需求。最大限度地满足顾客的相关需求，会让顾客产生一种意外惊喜的感觉，从而促使其购买商品。

3) 促使顾客认知接受商品

这也是售前服务中最为重要的策略。顾客认知接受商品需要一个过程，消除顾客的戒备心理，使顾客认知企业所销售的商品，需要通过三个途径来解决。

(1) 提供情报。它具有双重性，一方面沟通企业和顾客的联系，为企业提供目标市场的顾客的有关情报，引导企业开发新产品，开拓新市场，另一方面，通过沟通企业和顾客的联系，企业可以为目标市场的顾客提供有关情报，让顾客更好地了解企业的产品或服务，诱导消费。

(2) 利用广告宣传与咨询服务等手段突出特点，增强顾客注意力。在同类产品竞争比较激烈的情况下，许多产品只有细微的差别，消费者往往不易察觉。企业通过富有特色的一系列售前服务工作，一方面可以使自己的产品与竞争者的产品区别开来，树立自己产品或服务的独特形象；另一方面可以使消费者认识到本企业产品带给消费者的特殊利益，吸引更多的消费者。此外，企业还可以印制一些有关产品的小册子或单页资料，分发给前来咨询的消费者。

(3) 解答疑问，引发需求。企业要在激烈竞争中，不断开拓新的市场，吸引更多的顾客，就要解除顾客的后顾之忧。一般的顾客在决定购买某一种产品而尚未决定购买某种品牌之前，在很大程度上取决于顾客对某种品牌熟悉的程度。因此顾客在购买决策之前，就要搜集该品牌产品的性能、结构、技术、功能等情报，甚至要求掌握产品的操作使用规则或技巧。企业只有满足了顾客的这些供其决策之用的信息需要，才能使他们从准顾客转化成现实的顾客。

【案例 8-2】 辉瑞制药公司的售前服务

从理论上说，美籍拉美人最有可能是辉瑞制药公司的胆固醇药物利皮特天生的消费群体。因为辉瑞公司的调查显示，美籍拉美人的胆固醇含量普遍过高，并且大多数都没有得到治疗。同时，研究人员还发现了一个问题，很多美籍拉美人并不认为胆固醇含量过高是

个问题——他们并没有意识到它的危害性。看来传统的广告策略在他们身上不起作用。

"在我们谈论利皮特之前，我们必须让人们相信胆固醇含量过高是不好的。"辉瑞营销部副总裁桃乐茜·维采尔说。

所以，作为一体化营销战略的一部分，辉瑞公司决定首先投资一个健康教育项目——Sana La Rana。他们首先搜集关于高胆固醇危害方面的资料，然后通过电视、报纸、广播和网络等方式把它们传递给美籍拉美人。为此，他们还专门设立了针对拉美人的网站(www.sanalarana.com)。同时，公司还与拉美人全国委员会(NCLR)建立了合作关系。

"在美籍拉美人社区中，人们一般从社区的非专业健康工作者那里寻求医药卫生知识。"维采尔说："所以我们就和拉美人全国委员会合作，派专业医务人员深入各个拉美人社区，一对一地向他们解释胆固醇含量过高的危害。"

"这种做法极大提高了降胆固醇类药物的销量，当然也包括利皮特的销量，所以水涨真的能使船高。"辉瑞发言人称，自2003年6月这项活动在迈阿密和休斯敦发起以来，Sana La Rana帮助三万多名患有高胆固醇症的美籍拉美人完成了检测，占患有高胆固醇症美籍拉美人总数的10%。

(资料来源：《药品销售新方法》，中国服务营销网，2006-2-5)

【分析】售前服务在很多情况下，被大多数的企业所忽视。但是售前服务在帮助顾客认知接受商品，消除顾客的戒备心理，使顾客认知企业所销售的商品有着重要的作用。售前服务应帮助顾客树立新的消费观。随着科学技术的飞速发展，新产品不断地涌现，商品中的科技含量越来越高，顾客通过自身认知较为困难，这就需要不断地引导顾客学习新的知识和技术，帮助消费者树立新的消费观，准确选购和使用商品。

(二)售中服务心理

1. 售中服务与顾客心理

售中服务是指在商品买卖过程中，直接或间接地为销售活动提供的各种服务。现代商业销售观念认为，销售过程既是满足顾客购买商品欲望的服务行为，又是不断满足顾客心理需要的服务行为。服务的好坏不但直接决定买卖成交与否，更重要的是为顾客提供了享受感，从而增加了顾客购买的欲望，在买卖者之间形成相互信任、融洽而自然的气氛。售中服务在更广泛的范围内被企业家们视为商业竞争的有效手段。售中服务主要包括介绍商品、充当参谋、交货与结账。

2. 售中顾客心理分析

顾客在接受售中服务的过程中，大致有以下期望希望得到满足。

(1) 希望获得详尽的商品信息。顾客希望营销人员能对顾客所选购的商品提供尽可能详细的信息，使自己准确了解商品，解决选购的疑惑与困难。期望主要表现在：营销人员提供的信息是真实可靠的，不能为了推销而搞虚假信息；提供的信息够用、具体、易于掌握。

(2) 希望寻求决策帮助。当顾客选购商品时，营销人员是他们进行决策的重要咨询和参与者。特别是在顾客拿不定主意时，非常希望营销人员能提供参谋建议，帮助顾客做出正确的购买决策。期望主要表现在：营销人员能站在顾客的角度，从维护顾客利益的立场出发帮助其做出决策；能提供令顾客信服的决策分析；能有针对性地解决顾客的疑虑与难题。

(3) 希望受到热情的接待与尊敬。顾客对售中服务的社会心理需要，主要是能在选购过程中受到营销人员的热情接待，能使受人尊敬的需要得到满足。这种期望主要表现在：受到营销人员的以礼相待；营销人员满怀热忱，拿递商品不厌烦，回答问题耐心温和；在言谈话语之间，使顾客的优势与长处得到自我表现。

(4) 追求方便快捷。顾客对售中服务期望的一个重要方面是追求方便、快捷。这种期望主要表现在：减少等待时间，尽快受到接待，尽快完成购物过程，尽快携带商品离店；方便挑选，方便交款，方便取货；已购商品迅速包装递交，大件商品能送货上门。

了解顾客心理对于售中服务至关重要，只有顾客对他们在销售过程中受到的接待完全满意，销售活动才算成功。如何使接待工作符合顾客的心理需要，将在下一节中具体阐述。

(三)售后服务心理

1. 售后服务与顾客心理

售后服务是指生产企业或零售企业为已购商品的顾客提供的服务。传统观点把成交或推荐购买其他商品的阶段作为销售活动的终结。在市场经济条件下，商品到达顾客手中，进入消费领域以后，企业还必须继续提供一定的服务。因为这样可以有效地沟通与顾客的感情，获得顾客宝贵的意见，以顾客亲身感受的事实来扩大企业的影响。它不是一种简单的形式，而是把顾客的利益看成是自己的利益，竭力为顾客提供完美的服务，促进销售的手段。

售后服务作为一种服务方式，内容极为广泛，目前愈来愈受到企业的重视，服务的范围也在不断扩大。售后服务主要有两个方面：一是提供知识性指导及咨询服务，通过实行"三包"服务使顾客树立安全感和信任感；二是帮助顾客解决安装与运输大件商品服务等常常使顾客感到为难的问题，为顾客提供方便。

企业需要熟悉了解顾客对商品使用后的感受和意见。业内专家分析，面临激烈的市场竞争，维持一个老顾客所需的成本是寻求一个新顾客成本的 0.5 倍，而要使一个失去的老顾客重新成为新顾客所花费的成本，则是寻求一个新客户成本的 10 倍。维持当前的消费者的成本远小于得到新的消费者。一个 5 年来一直忠诚不变的消费者对于商家来说，产出了 7.5 倍的利润(相对于第一年的消费)。因此，在营销的环节中，保持或培养顾客的忠诚度至关重要。良好的售后服务有助于维持和增加当前顾客的忠诚度。

2. 售后顾客心理分析

顾客在进行购买以后，无论是要求退换商品，还是咨询商品的使用方法，或是要求对商品进行维修等，他们的心理活动是各不相同的。其心理状态表现为以下几个方面：

(1) 评价心理。顾客在购买商品后，会自觉不自觉地进行关于购买商品的评价，即对所购商品是否满意进行评估，进而获得满意或后悔等心理体验。

(2) 试探心理。由于主观和客观的多种因素，顾客对所购商品的评价在购买的初期可能会出现不知是否合适的阶段，尤其以大件和新产品居多，甚至有些顾客希望退换商品。但他们来到商店提出要求退换商品的问题时，往往具有试探的心理状态。先来试探商店的态度，以便进一步做出决断。

(3) 求助心理。顾客在要求送货安装、维修商品、询问使用方法和要求退换商品的时候，多会表现出请求商场给予帮助的心理状态。

(4) 退换心理。当购买的商品被顾客确定为购买失误或因产品质量出现问题时，顾客就会产生要求退换商品或进行商品维修的心理状态。

3. 售后服务心理策略

随着市场由卖方市场向买方市场的转变，售后服务必将成为企业竞争的关键因素之一，从而对顾客的心理产生深远的影响。完美的售后服务能同顾客建立起亲密的关系，其心理策略就是要针对售后顾客的心理状况，调节顾客的心理平衡，努力使其建立起信任感与满足感。

1) 提供优良的售后服务

许多顾客挑选商品，在其他条件相当的情况下，售后服务的优劣往往成为决定是否成交的关键。对于高档耐用品而言，尤其如此。企业应当提供下列传统的售后服务项目包括：

(1) 提供情报，它具有双重性，一方面沟通企业和顾客的联系，为企业提供目标市场的顾客的有关情报，引导企业开发新产品，开拓新市场，另一方面，通过企业和顾客的沟通联系，企业可以为目标市场的顾客提供有关情报，让顾客更好地了解企业的产品或服务，诱导消费。

(2) 利用广告宣传与咨询服务等手段突出特点，增强顾客注意力。在同类产品竞争比较激烈的情况下，许多产品只有细微的差别，消费者往往不易察觉。

(3) 包装服务。产品包装是为消费者提供的服务当中不可缺少的项目。产品包装的形式多种多样，如单独产品包装、组合产品包装、散装产品的小包装、礼品包装等。企业对礼品的包装应格外重视，要讲究包装的精美。同时，企业可以使用印有本企业名称、地址的包装物，这既满足了消费者求美的心理需求，又是企业无形的广告宣传形式，不失为两全其美的包装服务策略。

(4) 送货服务。对购买较重及体积庞大的产品，或一次购买量过多、自己不便携带的物品，对有某些特殊困难的消费者，企业均有必要提供送货服务。其形式包括自营送货和代营送货。

（5）"三包"服务。"三包"服务是指包修、包换、包退。包修是指对消费者购买的本企业的产品，在保修期内实行免费维修，超过保修期限则收取维修费用；有的企业对大件产品还提供上门维修服务。包换是指消费者购买了不合适的产品时可以调换。包退是指在消费者感到不需要购买的产品时，能保证退货。

（6）安装服务。消费者购买的产品，有的在使用以前需要在使用地点进行安装，由企业派人上门服务，免费安装并当场试用，以保证出售产品的质量，这也是售后服务的一项主要内容。

（7）提供知识性指导及产品咨询服务。消费者在购买之后使用产品的过程中，可能会遇到这样或那样的问题，企业应当负责解答、指导，以保证产品的正确使用，延长其使用寿命。

【案例 8-3】 售后服务将成汽车竞争胜败关键

据新华信市场研究咨询公司的一份市场调查显示，服务对于准备购车或换车的消费者的影响正在不断提升，它将接替价格成为消费者购车首要考虑的因素。

广州本田在推出雅阁和飞度 08 款车型的时候，都运用了同一个理念：就是加大售后服务的力度。雅阁 3 年或 10 万公里的保修承诺，让广州本田的新车销售无形中增加了更多筹码。北京现代决定从 2008 年 7 月 4 日起，规定在 2008 年 1 月 1 日以后售出的非营运车辆，其发动机、变速箱总成的保修期从 2 年 6 万公里延长至 5 年/10 万公里，将是他们对于市场与成本的一次较量。不过，更为令市场关注的是，北京现代对于一些汽车消耗品配件，包括 12 类零部件，也推出了 3 个月/5000 公里的保修政策，而此前业内其他厂商大多采取不保修或有限保修的政策。

以服务促市场，历来是现代品牌的制胜法宝。1999 年，现代在美国推出所谓的"现代优势"，对其所有新车免费提供 10 年/10 万英里动力系统保修计划，计划一出，市场哗然。但是市场效果却远超预期，到 2003 年，现在在美国的市场销售已超过 40 万台，5 年中平均年增长率高达 35%，现代也从此走出了困境。

(资料来源：张志勇，《售后服务将成汽车竞争胜败关键》全球品牌网，2008.7.18)

【分析】对于高档耐用商品来说，顾客在购买时在其他条件相当的情况下，售后服务的优劣往往成为消费者决定是否购买的关键。售后服务不但可以减少顾客的后顾之忧，还可以维持老顾客的忠诚度，并进一步争取到更多的潜在顾客。

2）提升 CS 经营理念，进一步完善企业服务工作

CS 是英文"customer satisfaction"的缩写，译为顾客满意。作为现代企业的一种经营手段，常被称为 CS 战略，或顾客满意战略。其基本指导思想是：企业的整个经营活动要

以顾客的满意度为指针,从顾客的观点而不是企业的观点来分析考虑顾客的需求,针对顾客需求个性化、情感化的发展趋势,尽可能地全面尊重和维护顾客的利益。

美国市场营销大师菲利普·科特勒在《营销管理》一书中指出:"企业的整个经营活动要以顾客满意度为指针,要从顾客角度,用顾客的观点而非企业自身利益的观点来分析考虑消费者的需求。"科特勒的观点,形成了现代市场营销观念的经典名言。顾客的满意对企业来讲至关重要。良好的产品或服务,并最大限度地使顾客满意,成为企业在激烈竞争中独占市场、赢得优势的制胜法宝。只有让顾客满意,他们才可能持续购买,成为忠诚的顾客,企业才能永远生存,财源滚滚。所以,顾客满意是企业战胜竞争对手的最好手段,是企业取得长期成功的必要条件。可以说,没有什么其他的方法能像让顾客满意一样在激烈的竞争中提供长期的、起决定作用的优势。

在 CS 理论中,顾客满意代表了如下含义:顾客满意是顾客在消费了企业提供的产品和服务之后所感到的满足状态,这种状态是个体的一种心理体验;顾客满意是以顾客总体为出发点的,当个体满意与总体满意发生冲突时,个体满意服从于总体满意,顾客满意是建立在道德、法律、社会责任基础上的,有悖于道德、法律、社会责任的满意行为不是顾客满意的本意;顾客满意是相对的,没有绝对的满意。顾客满意有鲜明的个体差异,因此不能追求统一的满意模式,而应因人而异,提供有差异的满意服务。

热情、真诚为顾客着想的服务能带来顾客的满意,所以企业要从不断完善服务系统,以便利顾客为原则,用产品所具有的魅力和一切为顾客着想的体贴去感动顾客。谁能提供消费者满意的服务,谁就会加快销售步伐。在我国,越来越多的企业——尤其是大公司,都以积极的行动,开展营销服务。例如,长虹公司的"阳光网络"服务工程宣言,海尔公司的"三个服务";小天鹅公司的"一、二、三、四、五"独特服务规范;武汉中商集团的个人服务品牌;格兰仕服务的"三大纪律,八项注意"等。有一位成功的企业家曾写下过这样一个颇具哲理的等式:100-1=0,其寓意是:职员一次劣质服务带来的坏影响可以抵消 100 次优质服务产生的好影响。在服务型经济社会中,消费者变得挑剔、精明,其消费行为也日趋成熟,平庸的服务再也不能赢得消费者手中的货币选票,优质服务正成为企业走向成功的一把金钥匙。海尔集团总裁张瑞敏在推行星级服务工程后深有感触地认为:"市场竞争不仅要依靠名牌产品,还要依靠名牌服务"。

3) 与消费者保持长久联系

在商品成交之后,销售人员应继续不断地关心消费者,了解他们对产品的满意程度,虚心听取他们的意见;对产品存在的问题,采取积极的弥补措施,防止失去消费者。与消费者保持密切的关系,可以战胜竞争对手。因为在市场景气时,这种关系能将生意推向高潮;在市场萧条时,它又能让企业维持生存。

美国著名推销大王乔·吉拉德每月要给他的 13000 名顾客每人寄去一封不同大小、格式、颜色的信件,以保持与顾客的联系。与消费者保持联系应有计划性,以下几条建议可供销售人员参考:

(1) 对于一次新的交易,在交易达成后的第二天寄出一封短函或打一个电话表示感谢,向消费者确认你答应的发货日期,并感谢他的支持。在货物发出后再进行联系,询问消费者是否收到货物,以及产品是否正常使用。

(2) 记住消费者的生日,并寄上一张生日贺卡,这是一种非常有效的接触方法。

(3) 建立一份消费者和他们购买的产品的清单,当产品用途及价格出现任何变化时,及时通知消费者。有的推销员在免费维修期满之前,会及时通知消费者,告诉他们带着产品来做最后一次检查。

(4) 做好路线计划,以便能够在访问老顾客的途中,去访问那些不经常购买的顾客。

(5) 如果消费者不是经常购买,可进行季节性访问。总之,销售人员应当记住永远不要忘记消费者,也永远不要被消费者忘记。

第二节 营销人员对顾客心理的影响

一、营销人员对顾客心理的影响力

在零售营销活动中,营销人员所承担的商品销售工作,是在与顾客的双向沟通中完成的,这是营销活动的关键部分。因为在顾客眼中,营销人员是生产企业的代表,是销售企业的窗口和形象的化身,营销活动的成败,在很大程度上取决于他们的工作效率与行为规范。随着现代零售业的发展,营销人员的内涵也在发生改变。他们包括所有与顾客直接交流沟通的各类人员,如营业员、收银员、理货员、生产企业的终端促销人员等。营销人员对顾客的心理有着较强的影响力。

(一)营销人员影响力的表现

商品的陈列和营销人员的作用,是影响零售营销活动的两个重要因素,它们会引发消费者的不同态度情感,从而最终影响顾客的购买行为。作为在购物场所中为顾客提供服务、推动顾客购买行为进行的营销人员,在服务中的影响力表现在以下几方面。

1. 营销人员是信息的沟通者

当顾客进入零售场所后,营销人员亲切的服务态度会使顾客产生良好的信赖感,有利于两者之间的交流与沟通。同时,通过与顾客的接触,可以成功地了解顾客。对于零售企业来说,营销人员是代表企业收集顾客信息最有效的途径。

2. 营销人员是商品的推介者

营销人员可以通过对顾客施加良好的影响来引导顾客观看商品,向他们展示商品,表现商品的特殊性。有些营销人员太急于展示商品,往往适得其反吓走顾客,就是因为不能准确理解顾客的心理。反之,顺应顾客的心理展示动作,是增进顾客信赖感的有效方法。

3. 营销人员是选购的指导者

营销人员不仅是商品的出售者，优秀的营销人员还应该是顾客购买商品的指导者，在商品介绍中可以为顾客提供全面的有关商品消费的知识，能正确解答消费中的问题，能正确评价不同商品品种之间的优缺点等。这样，对顾客的影响是增强了其购买商品的决心。

4. 营销人员是感情的融通者

营销人员优良的服务还可以化解销售中的许多矛盾与冲突。在这里，营销人员自然、诚恳的微笑代表这位营销人员真心实意地欢迎顾客的到来。希尔顿饭店的创始人纳·希尔顿说："如果我是顾客，我宁愿住在只有破地毯，但处处充满微笑的旅馆里，而不愿意走进有一流设备却不见微笑的地方。"

> **【案例8-4】** "巴西烤肉"服务感想——细节出营销
>
> 在太原，巴西烤肉服务礼貌用语之多堪称之最。但凡去那里消费过的人，都能感受到其贴身细心的服务，上菜时，服务生每出现一次都会问："先生需要么？"每切一片肉都会问："先生可以了么？"有几个人服务生就会问几次，直到每个人都说："不用了，谢谢！"。当结账遇排队时，收银小姐每隔5秒就会微笑着向你说："先生请稍等！"在这样的服务环境里你还会因等候而生气吗？我想我们非但不会，反而会受到感染，不时地向服务生回应"不用了，谢谢！"或"没关系，谢谢！"。我与朋友说笑从巴西烤肉出来……让你感觉不仅文明多了，更感觉自己仿佛成了明星，看到人就想说"谢谢！谢谢！"。
>
> 巴西烤肉能让顾客做到自己掏腰包还得说谢谢。
>
> (资料来源：周学伟，全球品牌网，《"巴西烤肉"服务感想——细节出营销》，2007.6.14)
>
> **【分析】** 我们看到巴西烤肉"让"顾客说谢谢！这并没有增加成本，而顾客却很乐意去做，仿佛自己不是在消费，而是在实现或体验一种价值，顾客在实现或体验价值的同时从内心深处感激为其提供价值的品牌服务。其实往往打动顾客的不是产品本身，也不是我们所谓的广告概念，更多的是与顾客沟通时的服务细节。

(二)顾客、营销人员、商品三者关系的8种情况

美国心理学家从顾客、营销人员、商品三者的关系上来解释营销人员在销售中的影响力，通过研究，可以把三者之间的关系分为以下8种情况。

(1) 顾客遇到自己满意的商品，营销人员也十分热情诚恳、服务周到，能够耐心地帮助顾客挑选商品，营销人员本人对于商品也持肯定的态度。在这种情况下，顾客的心理是处于平衡的状态，愿意配合购买。

(2) 顾客看中了某一商品，而营销人员对这种商品持否定态度。顾客虽然不满意营销人员的态度，但是内心仍然以能买到让自己满意的商品而感到安慰，顾客的心理也处于平

衡状态，完成购买。

(3) 顾客对商品不满意，营销人员能体贴顾客的这种心情，不勉强顾客购买，也不刻意地推荐。顾客对营销人员产生较好的信赖感，心理上处于平衡状态，对零售企业产生好感。

(4) 顾客不喜欢的商品，可是营销人员还要费力地向他推销。由于顾客心理的保护作用，不会被营销人员的行为所打动，而会形成我行我素、并对此零售企业产生警惕的心理状态。

(5) 顾客有意要购买商品，营销人员的服务也很热情周到，但对商品的评价与顾客有分歧，使顾客原来的购买愿望出现动摇，变得犹豫起来，产生不平衡的心理状态，影响购买行为的继续进行。

(6) 顾客与营销人员都对商品持肯定态度，但可能因为营销人员的服务方式或顾客的言行等行为方面的原因使双方发生不愉快，使顾客的心理出现不平衡，形成拒绝购买的态度。

(7) 顾客对商品持否定态度，而营销人员仍然坚持推荐商品甚至出现强卖商品的现象，令顾客心理很不平衡而出现坚决否定的态度。

(8) 顾客在商店没有买到自己满意的商品，商店的营销人员对顾客态度较差，令顾客心中十分反感，甚至后悔来此购买，产生不平衡的心理状态，这是最差的结果。因为顾客在这里受了气，或是买到了不满意的商品，他们会以更强烈的消极情绪来传播他们不愉快的心情，把购物环境的恶名传得更远，造成更加严重的不良后果。

二、营销人员仪表行为对消费心理的影响

仪表是指人的外表，包括人的容貌、姿态、衣着、修饰、风度和举止等各方面。营销人员的仪表在与顾客的相互交往中有着重要作用。营销人员的仪表不仅是个人的喜好，而且体现了对顾客的礼貌和尊重；体现了营销人员的精神状态和文明程度。心理学认为，客观事物给人的视觉的第一印象是形式感。人们总是从感知事物的外部形态开始，再逐渐认识其本质的。人们在初次接触中，仪表是一个重要的吸引因素，这通常称为"第一印象"或"首因效应"，它影响了人们之间以后的相互关系的发展。营销人员的不同仪表，会给顾客不同的心理感受和情绪体验。

(一)营销人员的服饰穿着与顾客心理

不同的历史阶段，人们对仪表美尽管存在认识上和程度上的差异，但往往有着大体一致的基本标准。在现代商业活动中，对营销人员的仪表要求尽管各有不同，但也有符合现阶段人们对仪表美的大体一致的标准和民族习惯，适合消费者对仪表的一般心理要求，从而能给消费者良好的心理感觉，以引起消费者积极的购买情绪，促进购买行为。

一般来说，营销人员的服饰着装应该整洁大方、美观合体、端庄舒适，并能与特定的营业环境相和谐，与接待顾客的需要相适应，给顾客以清新明快、朴素稳重的视觉印象。营销人员舒适端庄的服饰衣着，对顾客的购买行为具有积极的影响，它可以使顾客联想到零售企业的经营成就和尊重消费者的服务精神，使顾客感到诚实、忠实的营业作风，从而产生信任感，促进购买活动的进行和完成。如果营销人员衣着式样古怪或是皱褶不堪、污渍满身；或是男营销人员蓄须留长发，女营销人员化浓妆等，则会引起顾客对营销人员个人品质的怀疑，因而不愿与之接近，更不愿请其协助选购，这就必然抑制了顾客的购买行为，甚至影响企业的信誉与形象。营销人员的形象规范为：统一着装，佩带工号、衣着整洁、仪表大方。

(二)营销人员的言语运用与顾客心理

语言是人们交流思想、增进感情的工具。营销人员的语言十分重要，它不仅用来宣传、出售商品，也用于沟通营销人员与顾客之间的感情。

礼貌文明、诚恳、和善的语言表达，能引起顾客发自内心的好感，起到吸引顾客的作用。售货员、收银员在同顾客交谈时，尽量多用"请""麻烦您""抱歉，久等了""谢谢"等词语，并结合文明的举止，往往能给顾客以好感。营销人员说话时要注意顾客的情感，使顾客乐于接受。对消费者的称谓要恰当、准确，这样能缩小与消费者的距离感。要善于把握消费者的情绪变化，对个性不同的消费者要采用不同的语言，避免让消费者感到难堪。营销人员在询问顾客时要注意自己的态度，要做到言、表一致。

总的来说，营销人员的接待语言应做到：一要和气，说话冷静，平等待人，有耐性，说话口气使人感到和蔼可亲，赏心悦目。二要用词简练明白、抓住要领、语调亲切，温和，客气。既要口语化，又要形象化，能吸引顾客、影响顾客，使顾客有良好的心理感受。三是不失口，营销人员要注意该说的和不该说的话。俗话说"良言一句三冬暖，恶语伤人六月寒"。营销人员应该多说商量的话、委婉的话、关心的话；不该说顶撞的话、粗话、脏话，不要声色俱厉、压人取胜。

(三)营销人员的行为举止与顾客心理

营销人员的行为举止主要指其在接待顾客过程中的站立、行走、表情、动作等。行为举止能体现人的性格、气质，也最容易引起消费者的注意。营销人员首先要给人以健康向上、精神饱满的感觉。这对顾客有着一定的积极影响，乐于与之交易。其次，营销人员的脸上要时时面带笑容，这不仅是所有企业的服务信条，也是营销人员努力追求的目标。微笑应具备三个条件：开朗、热情、真诚。微笑应是发自内心的微笑，要求销售人员不要把自己的烦恼带到工作中去，更不可以将怒气发在顾客身上，必须时时刻刻保持轻松的情绪，并露出开朗的笑容。

营销人员的举止应该做到适应顾客心理需要，与人相交，贵在诚意。在销售工作中要真诚地对待顾客，向顾客介绍商品，推测顾客的需要，推荐其所适合的商品。介绍商品要诚实，切不可弄虚作假。在销售过程中对顾客热情接待，并注意倾听顾客的要求，了解掌握顾客的需要、偏好，提供各种方便条件。如在洽谈中主动、积极、热情地为顾客提供产品情况，为顾客选购提供方便，为顾客解决各种购买手续。方便、周到、优质的服务不仅可以吸引更多的顾客，而且能增加用户的依赖感，提高企业的竞争能力。

例如，知名的利兹-卡尔顿酒店把倾听作为营销努力的核心要素。任何人得知客人的偏好，就可以通过前台服务人员记录到"客人偏好表"中，然后客人偏好就会进入所有分店的名为"客人历史"的计算机文件中。这样，根据酒店的预定名单察看客人偏好的文件，工作人员就能采取各种必要的措施迎接客人的到来。这种倾听的"小把戏"还包括由前门迎宾人员从行李标签上收集到达顾客的姓名，并迅速传递到服务前台，给酒店其他员工使用。客人投诉由引起投诉的酒店员工负责。问题解决后，此次投诉被记录到"客人事件表"，并立即进入数据库，可以使酒店其他人员了解到当天客人有不幸的经历而去投诉，可能需要特别的照顾和关心。

利兹-卡尔顿酒店的倾听方式从几个方面来说很有指导性，它是酒店战略的核心。尤其是带来大量的口头广告替代了连锁酒店传统的巨额营销开支。更重要的是整个系统相对简单、易于使用。这样，每个人都被融入日常的数据收集和使用中，这可以让认为此项工作是额外负担的人增强对信息收集工作重要性的认识。

【案例 8-5】 你今天对客人微笑了没有？

美国希尔顿饭店创立于 1919 年，在不到 90 年的时间里，从一家饭店扩展到 100 多家分店，遍布世界五大洲的各大城市，成为全球最大规模的饭店之一。80 多年来，希尔顿饭店生意如此之好，财富增长如此之快，其成功的秘诀是牢牢确立自己的企业理念并把这个理念贯彻到每一个员工的思想和行为之中，饭店创造"宾至如归"的文化氛围，注重企业员工礼仪的培养，并通过服务人员的"微笑服务"体现出来。希尔顿十分注重员工的文明礼仪教育，倡导员工的微笑服务。每天他至少到一家希尔顿饭店与饭店的服务人员接触，向各级人员(从总经理到服务员)问得最多的一句话，必定是："你今天对客人微笑了没有？"

1930 年是美国经济萧条最严重的一年，全美国的旅馆倒闭了 80%，希尔顿的旅馆也一家接着一家地亏损不堪，一度负债达 50 万美元，但希尔顿并不灰心，他召集每一家旅馆员工向他们特别交待和呼吁："目前正值旅馆亏空靠借债度日时期，我决定强渡难关。一旦美国经济恐慌时期过去，我们希尔顿旅馆很快就能进入云开日出的局面。因此，我请各位记住，希尔顿的礼仪万万不能忘。无论旅馆本身遭遇的困难如何，希尔顿旅馆服务员脸上的微笑永远是属于顾客的。"事实上，在那纷纷倒闭后只剩下的 20%的旅馆中，只有希尔顿旅馆服务员的微笑是最美好的。

经济萧条刚过，希尔顿旅馆系统就领先进入了新的繁荣期，跨入了旅馆经营的黄金时代。希尔顿旅馆紧接着充实了一批现代化设备。此时，希尔顿到每一家旅馆召集全体员工开会时都要问："现在我们的旅馆已新添了第一流设备，你觉得还必须配合一些什么第一流的东西使客人更喜欢呢？员工回答之后，希尔顿笑着摇头说："请你们想一想，如果旅馆里只有第一流的设备而没有第一流服务员的微笑，那么旅客会认为我们供应了他们全部最喜欢的东西吗？如果缺少服务员的美好微笑，就好比花园里失去了春天的太阳和春风。假如我是旅客，我宁愿住进虽然只有残旧地毯，却处处见到微笑的旅馆，也不愿走进只有一流设备而不见微笑的地方……"当希尔顿坐专机来到某一国境内的希尔顿旅馆视察时，服务人员就会立即想到一件事，那就是他们的老板可能随时会来到自己面前再问那句名言："你今天对客人微笑了没有？"

(资料来源：《希尔顿的宾至如归》，中国服务营销网，2004.12.2)

【分析】在售中服务中，营销人员的行为举止礼仪，最容易引起消费者的注意。企业礼仪是企业的精神风貌的体现。它包括企业的待客礼仪、经营作风、员工风度、环境布置风格以及内部的信息沟通方式等内容。企业礼仪往往形成传统与习俗，体现企业的经营理念。它赋予企业浓厚的人情味，对培育企业精神和塑造企业形象起着潜移默化的作用。希尔顿的成功正是十分注重员工的文明礼仪教育，倡导员工的微笑服务。

三、营销人员的接待步骤与服务方法

营销人员的接待步骤与服务方法是与消费者的购买活动中的心理活动阶段相适应的。大体可以分为以下几个步骤，并采取相应的服务方法。

1. 观察分析进店的各类消费者，并判断其购买意图

1) 根据消费者的穿着打扮，判断其身份和爱好

不同的消费者从事不同的职业，即使从事同一职业也有可能处于不同的地位，加之每个人不同的个性心理特征，这些都能从人的外表、穿着打扮表现出来。营销人员在接待服务中，正确判断消费者的职业、年龄是很重要的。因为不同职业、年龄的消费者对商品有不同的需求与爱好。

2) 善于从消费者的言行举止分析判断其个性心理特征

个性心理特征影响消费者的言行举止，使购买过程染上独特的色彩，显示出较大的差异性。有些性格外向的消费者，往往一进店就向营销人员询问，喜欢讲话评论，反应灵活，动作迅速。对这类消费者，营销人员要尽量主动接触，热情回答他们的问题，积极展示其所需要或感兴趣的商品，发表自己的意见，为顾客当参谋。而对性格内向、表情平淡的消费者，售货员不要过早接触，提前发问，但要随时做好接待准备，注意回答问题简明扼要，除了顾客有明确表示，尽量少发表或不发表自己的见解。

2. 根据消费者的购买目标，展示介绍商品

不同的展示方法，可以从不同方面介绍商品的不同特点，满足不同消费者对商品的不

同选择要求，引起不同消费者积极的心理反应。常用的展示方法有以下两个方面。

1) 根据商品的性能、特点展示介绍商品

各种商品都有不同的性能特点，以满足人们多方面的消费需求。具有不同使用价值的商品，其展示方法也应不同。

2) 根据消费者的特点，展示介绍商品

消费者的性别、年龄、职业、个性特征不同，其购物时的表现就会有很大的差异，对选择商品的标准也十分不同。这就要求销售员在展示商品时要根据不同消费者的审美情趣来展示介绍商品。另外，展示商品时，还要尊重顾客的自尊心，一般要从低档到高档逐步展示，使消费者在价格方面有足够的考虑余地，又不伤其自尊心。

3. 启发消费者的兴趣与联想，刺激其购买

在消费者进行联想、想象，甚至产生购买欲望和动机的阶段，销售人员应将有关商品的性能、质量、价格、使用效果等，全面清晰地介绍给消费者，并力求诉诸多种感官的刺激，强化消费者的心理感受，促进其产生丰富的联想和想象，进而诱发购买欲望。一般情况下，销售员要诱导消费者的心理活动，主要采取以下方法。

1) 启发式

营销人员注意到消费者选择商品拿不准主意时，可以提示启发消费者，解除他们的疑虑，从而形成购买动机。

2) 比较法

比较法也是在服务中经常采用的一种方法。特别是在消费者出现动机冲突，往往不知道选择哪种品牌时，这就需要销售员帮助顾客分析不同品牌的特点，权衡利弊，促使其早下购买决定。

3) 提供经验数据法

提供经验数据法是证明商品使用性能、内在质量最有效的方法，并且最具有说服力。

4) 实际操作法

实际操作法也是十分有效的推销方法。它形式多样，内容广泛，可以是营业员操作表演，也可以是顾客操作试用，以加深消费者对商品的感官刺激，消除其对商品的不信任心理，有效地促进销售。

4. 诱导说服

消费者产生购买欲望后，还会对已掌握的商品信息进行思索和评价比较。通过评价选择坚定购买信心，作出购买决策。此时，营销人员的任务是充当消费者的参谋和顾问，为消费者提供建设性的、富有成效的意见和建议，帮助和促成消费者作出购买决定。此外，还应根据不同消费者的需求特性和主观欲望，有针对性地进行重点说服和诱导。例如，对注重商品审美价值的消费者，可以突出显示商品外观的美观别致；对求廉务实的消费者，

可以着重说明商品价格低廉。这里需要指出的是，劝说诱导应当从消费者角度出发，围绕消费者利益进行。惟有如此，才能使消费者切实感到劝说者是在为自己的利益着想，从而增加心理开放程度，增加对销售人员的信赖感，主动接受说服。

5. 促进消费者的购买，结束交易行为

通过营销人员的一系列服务，消费者对其所选商品有了较深刻的体会，会激起他们的购买欲望，但购买欲望并不等于购买行为。在这种情况下，销售者要把该商品在市场流行的状况和畅销的程度，其他顾客对该商品的评价意见，或者把售后服务情况，商店经营传统、服务宗旨、经营保证等介绍给消费者，解除消费者的最后疑虑。

当消费者作出购买决策后，便进入了实施购买行动和进行购买体验的最后阶段。此时消费者虽有明确的购买意向，但仍需销售人员巧妙地把握时机，促成交易达成。销售员应主动帮助其挑选，在适当的情况下，还可以对消费者的选择给予适当的赞许、夸奖，以增添交易给双方带来的喜悦气氛，但切不可过分，否则会给消费者留下虚伪、不真实的感觉。若能及时巧妙地抓住时机，辅以恰当的语言和递拿动作，即可迅速成交。当交易达成，货款结算后，应妥善包扎商品，并尽量采用适应消费者携带习惯、使用习惯和特定心理需要的包装方法。同时向消费者表达感谢购买、欢迎惠顾的语言和情感，使消费者体验到买到商品满意和享受良好服务的双重满足感。

第三节　营销服务中的冲突及处理

一、消费者的权益与保护

(一)消费者权益受损问题的出现

因瑕疵商品(包括服务)以致生命、身体健康或财产之安全受到侵害，或因不公正契约导致所从事之交易不能获得公平合理待遇等消费者被侵害的问题自古以来即已存在，但偶发的、个别的消费者被侵害的问题，尚未形成社会问题。然而自1950年以后，经济发展迅速国家的消费者被侵害问题，已不是偶发的、个别的消费者被侵害问题，而是多数消费者经常被侵害的社会问题，此等问题，一般称之为消费者问题。消费者问题的发生原因甚多，而且错综复杂，并相互影响，究其主要原因，简述如下：随着科学技术的进步，企业生产了许多高科技新商品，为消费者带来许多便利，但商品的复杂性与危险性亦随之与日俱增，消费者的危险也随之而来；经营扩大化；产销过程与流通机构的复杂化；不正当竞争行为多样化；消费者信用低质化；消费者团体意识淡薄化，且由于经营者互相结合成为商会或同业公会，具有完善的组织及丰足的财力，形成压力集团及利益团体，强力影响政府的决策及立法。尽管消费者愿意争取并维护自己的正当利益，但因为消费者多属零散群众，欠缺共同利益及权利意识，再加上未具有丰足的财力，因此不足以与作为压力集团及利益团体的经营者对抗。最后一点是，法律制度不健全。从世界各国市场经济的发展史来看，消费者问题是伴随市场经济的发展而产生并日益尖锐化的。尤其是在市场经济发展的早期阶段，消费者利益的损害是世界各国经济发展所共有的一种突出现象。中国长期实行计划经济，直至20世纪80年代，才开始着手逐步建立社会主义市场经济。因此，中国的市场经济，可以说，直到目前为止，仍然属于初创阶段。在这一阶段，损害消费者利益的问题显然十分严重。

(二)我国消费者保护运动及其立法发展

我国从1979年开始实行经济体制改革和对外开放政策，促进了市场经济的极大发展。各种家用电器、化学化纤制品、美容化妆品、各类饮料、食品和药品的大量生产销售，在满足消费者生活需要的同时，却发生了损害消费者利益的严重社会问题。因产品缺陷对消费者人身、财产安全造成危害的情况日益突出，饮料瓶炸裂、燃气热水器煤气泄漏、食品中毒等事件时有发生；一些不法厂商大肆粗制滥造，生产伪劣商品，严重损害了消费者利益；不少地方发现制造、贩卖假药，劣药和有毒食品，用工业酒精兑水作为饮用酒销售等严重危害消费者人身财产安全的犯罪活动。由此而引发了一系列的社会问题，在这种背景下，逐渐地形成了全国性的消费者保护运动。

1. 消费者保护组织的不断发展

改革开放前，中国的市场经济不发达，消费者保护运动起步较晚。1981年春，中国外交部接到联合国亚洲太平洋经济社会理事会将于1986年6月在泰国曼谷召开"保护消费者磋商会"的会议通知。中国派朱震元同志以中国商检总公司代表的名义参加此次会议。这次会议开阔了中国代表的眼界，了解了保护消费者运动是市场经济条件下消费者为维护自身的权益、争取社会公正自发成立的有组织地对损害消费者利益行为进行斗争的社会运动。1983年3月21日河北省新乐县维护消费者利益委员会成立，1983年5月21日正式定名为"新乐县消费者协会"，率先成立了中国第一个消费者组织；1984年8月广州正式成立广州市消费者委员会，1985年1月12日，国务院正式发文批复同意成立中国消费者协会；之后，各省市县相继成立各级消费者协会。消协组织的成立和发展，为中国保护消费者运动的发展奠定了组织基础。

2. 消费者保护相关法律法规的不断完善

我国的消费者保护立法采用一般法律模式，其优点在于："消费者保护"观念通过一部单独的消费者权益保护法予以强调和倡明，明确规定了消费者和经营者之间的相互地位，具体规定了经营者的法定义务及其法定职责，其中某些规定可以作为裁判规范加以适用，并与其他单行法规中有关消费者保护的规定相互衔接，可以发挥保护消费者利益的重要作用。1994年1月1日实施的《中华人民共和国消费者权益保护法》规定了消费者的9项权利,具体包括安全权、知情权、选择权、公平交易权、求偿权、结社权、获知权、受尊重权和监督权。目前,国家颁布的有关经济方面的法律法规 400 余件,其中消费者保护的相关法律法规多部,逐步形成了以《民法通则》为基础、《产品质量法》《反不正当竞争法》《广告法》《食品卫生法》《价格法》《合同法》等一系列法律法规组成的消费者保护法律体系,使消费者权益在法律上有了切实的保障。

(三)我国的消费者权益保护法

消费者权益保护法是维护消费者利益、保护消费者合法权益的基本法律,是国家对基于消费者的弱势地位而给予的特别保护,是维护真正的公平交易市场秩序的法律。

消费者权益保护法是有关保护消费者在有偿获得商品或接受服务时,免受人身、财产损害或侵害的法律规范的总称。消费者权益保护法是对居于弱势地位的消费者提供特别保护的法律,是以保护消费者权利为主要内容的法律。消费者权益保护法有广狭义之分,广义上的消费者权益保护法是指所有涉及消费者保护的各种法律规范所组成的有机整体。如由消费者保护基本法和专门的单行消费者保护的法律和法规,以及其他法律和法规中的有关消费者保护法律条款的规定组成的有机整体即为广义上的消费者权益保护法。狭义上的消费者权益保护法是指国家有关消费者权益保护的专门立法。在我国广义上的消费者权益保护法包括《广告法》《价格法》《食品卫生法》《产品质量法》等的诸多有关消费者权益保护的法律,法规,而狭义上的消费者权益保护法则仅指 1993 年 10 月 31 日第八届全国人大常委会第四次会议通过,1994 年 1 月 1 日实施的《中华人民共和国消费者权益保护法》。

之所以说消费者权益保护法是基于消费者的弱势地位而给予的特别保护,是由于消费者的弱势性而决定的。消费者的弱势性,是指消费者为满足生活消费需要在购买、使用经营者所提供的商品或服务的过程中,因缺乏有关知识、信息以及人格缺陷、受控制等因素,导致安全权、知情权、自由选择权、公平交易权、求偿权、受尊重权、监督权等在一定程度上被剥夺而造成消费者权益的损害。

依照我国 1994 年 1 月 1 日颁布实施的《中华人民共和国消费者权益保护法》的规定,消费者享有九项基本权利。具体包括:

(1) 安全权,即消费者在购买、使用商品和接受服务时享有人身、财产安全不受损害的权利。

(2) 知情权,即消费者享有知道其购买、使用商品和接受服务的真实情况的权利。

(3) 自由选择权,即消费者享有自主选择商品或服务的权利。

(4) 公平交易权,即消费者享有公平交易的权利。

(5) 求偿权,即消费者因购买、使用商品和接受服务时受到人身、财产损害的,享有依法获得赔偿的权利。

(6) 结社权,即消费者享有依法成立维护自身合法权益的社会团体的权利。

(7) 获得有关知识权,即消费者享有获得有关消费和消费者权益保护方面的知识的权利。

(8) 人格尊严和民族风俗习惯受尊重权，即消费者在购买、使用商品和接受服务时，享有其人格尊严、民族风俗的习惯得到尊重的权利。

(9) 监督权，即消费者享有对商品和服务以及保护消费者权益工作进行监督的权利。

【案例8-6】 更加善待消费者——解读修订后的消费者权益保护法

距1994年首部《消费者权益保护法》颁布实施，已经过去了整整20年。2014年3月15日，修订后的《消费者权益保护法》(下文简称新"消法")正式实施。经过大修的新"消法"增加了很多新内容，这些修改，进一步体现了平等善待消费者与经营者的原则，在权益保护上更加鲜明地向消费者适度倾斜，并对网络购物、权益诉讼、惩罚性赔偿等有关消费者权益保护方面的热点问题作了明确规定。

1. 退一赔三"促进维权

消协法律顾问邱宝昌律师认为，新"消法"将消费欺诈的赔偿额度增加至"三倍赔偿"，目的之一就是加大对违法经营的打击力度。过去经常有消费者和法律界人士指出，一些黑心商家之所以销售假冒伪劣商品或提供有瑕疵的服务侵害消费者的合法权益，就是法律对违法经营者的惩罚力度不够。新"消法"将消费欺诈的赔偿额度提高到"三倍赔偿"，就是进一步增加违法经营者的违法成本，对违法经营者起到震慑作用。

2. 虚假广告代言明星难逃干系

近年来，借助明星作为代言人来宣传自己的产品或者服务，已成为一种潮流。一位业内人士称，针对虚假广告充斥电视节目、明星代言产品质量参差不齐等损害消费者权益的情况，新"消法"做出相应规定：一是强化虚假广告发布者的责任。二是规定虚假代言者的责任。社会团体或其他组织、个人在虚假广告中向消费者推荐商品或服务，造成消费者损害的，与经营者承担连带责任。

3. 网购七天无理由退货

新"消法"规定：网络、电视、邮购等方式销售的商品，消费者可以在七日内无理由退货，且无须说明理由。北京的张家华法官介绍，新"消法"的一大亮点，就是赋予消费者在一定时期内单方解除合同的权利。但消费者需要为"反悔"埋单，承担退货运费。按照国际惯例，这七日在业内叫冷静期或反悔期。为了平衡经营者的利益，法规也限定了4种不适用无理由退货的情形。

4. 商家须保密消费者信息

新"消法"首次将保护消费者的个人信息确认为经营者的一项义务。新"消法"规定，经营者收集、使用消费者个人信息，应明示收集、使用信息的目的、方式和范围，并经消费者同意。经营者及其工作人员对收集的消费者个人信息必须严格保密，不得泄露、出售或者非法向他人提供。新"消法"还针对现实中个人信息泄露、骚扰信息泛滥的情况，规定了经营者收集、使用消费者个人信息的原则，对所收集个人信息的保密义务，商业信息的发送限制等，对于保护消费者权益具有积极意义。

5. 让"霸王条款"霸不起来

禁止自带酒水、物品丢失本店概不负责、商家保留最终解释权……一直以来,合同格式条款中备受诟病的"霸王条款"屡被投诉。在2014年3月15日施行的新"消法"中,明确规定了"霸王条款"无效,在维护消费者权益的同时,对个别不良商家的行为进行了规制。北京市工商局合同处一位负责人介绍,新"消法"要求经营者不得以格式条款、通知、声明、店堂告示等方式作出排除或者限制消费者权利、减轻或者免除经营者责任、加重消费者责任等对消费者不公平、不合理的规定。

6. 职业打假进入黄金期

"细读新'消法'条款后,发现以往存在法律认定的灰色地带——'知假买假'今后将变得更加明朗,新'消法'并没有将职业打假人排除在消费者范畴之外,而是更关注是否具有接受服务或是购买商品的行为。"有位打假人对本报记者说。

职业打假人王海上个月曾公开表示,"今年将会大干一场,重点是食品、药品领域,计划投入200万元,争取挣回2000万元"。关乎民生的食品领域一直是打假的重要领域。过期食品、标签是否规范、添加剂含量等食品安全问题都是他和团队成员关注的重点。北京地区的职业打假人目前不少于三四百人,其中外地人占2/3。

(资料来源:记者:陆培法,《人民日报海外版》,2014.03.15)

【分析】 经过修改的新"消法",在权益保护上更加鲜明地向消费者适度倾斜,并对网络购物、权益诉讼、惩罚性赔偿等有关消费者权益保护方面的热点问题作了更加明确的规定。

二、消费者投诉心理

1. 期待问题尽快解决的心理

对企业来说,如果顾客期待问题尽快解决,这意味着顾客心理没有达到信任危机的状态,只要企业的相关部门能密切予以配合,在顾客可以容忍的时限内解决了问题,那么顾客的满意度和忠诚度不会受到影响。所以,把握住顾客期待问题尽快解决的心理后,应立即采取措施。如果是常见的可控问题,那么应该给顾客承诺,提出一个解决问题的期限,以安抚顾客。如果是不可控的问题,或者需要进一步确认的问题,那么应更灵活地对顾客表示企业会尽力尽快地解决问题,并会及时与顾客联系,也欢迎和感谢顾客主动来进一步沟通。

2. 渴望得到尊重的心理

人们通过各种途径表达自己丰富的情感,在接受企业的服务时,情感的力量往往超过理性的力量。如果他们在接受企业营销人员直接提供的服务过程中发现有令人不满意的地方,是不愿意隐瞒的。事实上,顾客投诉服务质量问题,对于企业来说并不是坏事,通过自我审视才能提高服务质量，但只有顾客满意才是最终标准，所以顾客对营销人员服务的监督和投诉能有效地提供客户服务的改进点。

任何顾客自我尊重的心理都非常强，他们在服务过程中的不愉快绝大多数情况都是由于营销人员的失误而表现出对顾客不够尊重，所以需要把握住顾客渴望得到尊重的心理处理服务类的投诉事件。顾客总希望他的投诉是对的和有道理的，他们最希望得到的是同情、尊重和重视，处理投诉的工作人员应及时向其表示歉意，承诺进一步追查，并感谢顾客的建议和支持，这是化解顾客因为自尊心理受损导致不满的有效途径。

3. 希望得到适当补偿的心理

在许多投诉事件中，特别是关于费用的投诉事件中，顾客投诉的目的在于得到补偿。这是顾客意识到自己权益受到损害后的要求，有很多情况是属于误解，也有一些是有理投诉。例如在电信服务中，顾客反响最强烈的短信息服务业务中的知情权问题，建立和终止短信息服务业务的条件、方式的不透明，特别是短信息服务的收费标准模糊不清、乱收费等。这不但给顾客造成了财产上的损失，而且无法知道如何终止短信息服务的方式，有持续蒙受损失的可能。因此，在这类投诉处理的过程中，接待人员必须给顾客合理而规范的解释，给予其知情权，并且在有理投诉中提供补偿。

一般地说，顾客希望得到适当补偿的心理越急切，而又无法得到补偿，投诉升级的可能性就越高。投诉升级后，顾客的满意度和忠诚度都会急剧下降，因而，要从一开始把为什么没有补偿，在何种情况下可以得到补偿，怎样补偿等问题一一解释明白，远比处理投诉升级来得快捷有效。

4. 发泄不满情绪的心理

顾客在带着怒气和抱怨进行投诉时，有可能只是为了发泄不满情绪，使郁闷或不快的心情得到释放和缓解，来维持心理上的平衡。直接发泄不满情绪的情况多见于重复投诉。在处理这类心理的顾客时，接待人员的耐心尤为重要，以恰当的语词和和善的态度安抚顾客，并需要及时与相关部门联系确认问题所在，分清责任，给予合理解释。顾客有过投诉行为且投诉较多的情况下，极易流失顾客，对此应加强顾客回访，充分地沟通。

5. 和他人交流投诉经历的心理

任何顾客都有和他人交流投诉经历的心理，所谓好事不出门，坏事传千里。调查表明，当顾客无法从企业那里得到满意的投诉处理结果时，他会同 10 个以上的人说起此事，对企业的品牌形象绝对不利。据统计，在不满意的顾客中，只有 4%会正式提出投诉，其余的人没有表示出不满，但大约有 90%感到不满意的顾客不再光顾那家企业。从数字上看，每一位通过口头或书面直接向企业提出投诉的顾客，就会约有 26 名保持沉默并感到不满的顾客。更重要的是，这 26 名顾客每人都会对另外 10 名亲朋好友宣传对这家企业的不满，造成消极影响，而这 10 名亲朋好友中，约有 33%的人会把这一坏消息再传递给其他 20 个人。

这样：26+26×10+26×10×33%×20=2002，即每一名投诉的顾客背后，有 2002 个潜在顾客对企业不满，他们的消费意愿有可能转向竞争对手，从而削弱顾客对企业的忠诚度。

三、消费者投诉的沟通与处理

消费者的抱怨是每个营销人员都可能遇到的情况，即使你的产品再好也会受到挑剔的消费者的抱怨。营销人员不应该粗鲁地对待消费者的抱怨，其实这种消费者有可能就是你产品的永久的买主。正确地处理消费者的抱怨，能够提高消费者的满意度，增加消费者认准品牌购买的倾向，并可以获得丰厚的利润。

松下幸之助说："消费者的批评意见应被视为神圣的语言，对任何批评意见都应乐于接受。"正确处理消费者抱怨，具有吸引消费者的价值。美国一位销售专家认为：正确处理消费者抱怨，能够提高消费者的满意程度；增加消费者认准品牌购买倾向；获得丰厚的利润。倾听消费者的不满，这是销售过程的一个部分，而且这一工作能够增加销售人员的利益。对消费者的抱怨不加理睬或错误处理，将会使销售人员失去消费者。美国阿连德博士 1982 年在一篇文章中写道："在工商界，销售人员由于对消费者的抱怨不加理睬而失去了 82%的消费者。"感谢消费者的抱怨，消费者向你投诉使你有机会知道他的不满。设法解决这些抱怨，不仅可以赢得一个消费者，而且可以避免他向亲友倾诉，造成更大的伤害。仔细倾听，找出抱怨所在。销售人员要尽量让消费者畅所欲言，把所有的怨愤发泄出来。这样，既可以使消费者心理平衡，又可以知道问题所在，从而对目前存在问题做及时修正，避免以后出现类似的问题招致消费者不满。如果销售人员急急忙忙地打断消费者的话，为自己辩解，则无疑是火上浇油。

倾听消费者的不满，这是销售过程的一个部分，而且这一工作能够增加销售人员的利益。对消费者的抱怨不加理睬或错误地处理，将会失去顾客。

要想维护顾客利益，企业必须正确处理顾客的意见。有时即使你的产品和服务非常好，也会受到爱挑剔的顾客的抱怨。粗暴地对待顾客的意见，将会使顾客远离企业而去。根据美国学者的调查，一个企业失去的顾客中，有 68%是由于售货员态度冷漠，使顾客没有受到礼貌的接待所致。有人可能认为，企业失去一两名顾客是正常现象，不值得大惊小怪，然而，这种情况所造成的影响却是难以估量的。所以，日本松下幸之助说："顾客的批评意见应视为神圣的语言，任何批评意见都应乐于接受。"倾听并恰当地处理顾客的意见，可以产生积极的效果，对此，可以用这样一个公式来说明：处理好顾客抱怨=提高顾客的满意程度=增强顾客的认牌购买倾向=丰厚利润。

【案例8-7】 宏图三胞广告遭质疑 顾客投诉退货难

"买电脑、买数码，请到宏图三胞！""七日不满意退货，三十天有质量问题包换。"一时之间，宏图三胞的广告铺满大街小巷，人们总是在无意之中就能看见宏图三胞的广告。然而，就在宏图三胞准备在北京大展拳脚的同时，消费者对宏图三胞广告的质疑声不断传出，令业界哗然。

DoNews 网站曾报道了一篇题为《浙江宏图三胞遭投诉 7 日包退广告涉嫌欺诈》的文章，对宏图三胞"七日包退"广告提出质疑。该报道中称，DoNews 的网友闵先生在浙江省嘉兴一家宏图三胞店内购买了一款宏基 3684 型号的笔记本电脑，回到家后却发现该笔记本连最基本的操作系统都没有，根本就无法正常使用。三天后，闵先生来到宏图三胞店，希望能加钱再换台性能较高的电脑，但却遭到销售人员的拒绝。对此，销售人员给闵先生的解释是："没有操作系统，可以给安装个盗版的操作系统，但是加钱换货是绝对不可以的。"随后，闵先生以"七日内不满意可退货"为由，再次找到宏图三胞的相关人员，但仍没有得到一个满意的答复。"宏图三胞有欺诈消费者之嫌"，闵先生气愤地说，"宏图三胞店内贴满了七日内不满意包退的广告，但退货却是困难重重。"

无独有偶，据《江南时报》报道，江苏扬州市民梅先生在当地的宏图三胞店内买了两台某品牌的笔记本电脑，但由于某些特殊原因，准备退货。梅先生打好了小算盘，认为宏图三胞店里有"七天不满意可以退货"的承诺，自己退货肯定是没什么问题。但是，让梅先生没有想到的是，宏图三胞方面却以不是"宏图品牌"为由，拒绝了梅先生。随后，梅先生跑了两趟宏图三胞江苏扬州总部，最终得到的处理结果是："同意退货，但是每台笔记本要付 500 元钱的'系统安装费'。"

对宏图三胞店内"宏图品牌七日内不满意就退货"的广告，记者采访了几位在宏图三胞店内的消费者，不少消费者对此提出了质疑，"'宏图品牌七日内不满意就退货'，这不就是跟消费者玩文字游戏吗？在宏图三胞内买东西，看中的不是就宏图三胞的品牌吗？谁能仔细去看广告语中的含义啊？""你不问我们还真没注意，我们都以为是在宏图三胞店内所购买的东西都可以享有七日不满意就退货的权利呢，看来买东西的时候都要多长个心眼，以防商家和你玩游戏啊……"

(资料来源：《宏图三胞广告遭质疑 顾客投诉退货难》，睿商在线，http://info.ebdoor.com 2007.7.3)

【分析】退货的潜在后果很清楚：它能粉碎消费者对一个品牌或一个公司的信心，能破坏销售渠道和供应商之间的关系；能使一个公司在一直寻找机会的竞争对手面前变得脆弱；退货可能导致管理部门的干预；甚至可能使本来坚实的机构变得不稳定。目前，IT 连锁企业所打出的价格战、折扣站等促销方式，已经无法吸引消费者的购买心理，而对企业的售后服务提出了更高的要求。所以，IT 连锁企业要发展壮大，就一定要赢得消费者的"三心"，即：安心、放心、称心。

(一)分析消费者抱怨产生的原因

顾客产生抱怨的原因有多方面，一般来说，多是因为营销人员对顾客不尊重、态度不好、疏于说明、工作不负责任而导致客户的不满；也可能是由于顾客错觉或误解所导致的购买；或是卖方在手续上的错误；或是产品质量上存在缺陷；也可能是顾客的不习惯、不注意或期望太高。准确分析抱怨产生的原因，将有助于与消费者沟通和解决问题。

(二)处理消费者投诉的方法

(1) 绝对避免辩解，立即向消费者道歉。可以对消费者说："感谢您提出意见。我们一向很重视自己的信誉。发生您所说的事情，我们深感遗憾，我们一定要了解清楚，加以改正。"

(2) 耐心地聆听消费者的意见直到最后一句，不要打断对方的话。即便顾客的言语用词不当，也不要说出来，要等顾客说完以后再以诚恳的态度加以说明，求得其谅解。

(3) 询问顾客提出抱怨的原因，并记录重点。对一些情绪激动的消费者，把他们的讲话记录下来，可以使他(或她)冷静下来。

(4) 迅速采取措施，解决问题，消除抱怨。如果同意顾客处理的意见，就要迅速、爽快地做出处理，不要有不甘愿的表现，更不能拖延。拖延处理抱怨的时间，是导致消费者产生新的抱怨的根源。要有勇气面对顾客的投诉与抱怨，积极加以处理，这也是赢得消费者信任的最好方式。

(三)处理消费者投诉的技巧

(1) 感谢顾客的投诉；仔细聆听，找出投诉的问题所在。表示同情，决不争辩。

(2) 对顾客投诉问题的回应一定要迅速，正视顾客的问题，不回避问题。销售部门在接到顾客以电信或书面方式投诉的通知时，采取登记事由并以最快的时间由经办人到现场取证核实。如有必要可以让顾客接触到主管。

(3) 搜集资料，找到事实，汲取教训，立即改善。尊重客观事实，对顾客投诉进行多方面的调查和区分，确因销售方原因给顾客造成的直接或间接损失，要根据具体情况按约定进行果断赔偿。对事实的调查，不能浮在表面，要深入到所有和索赔有关联的方面。了解造成事故的真正原因，不要回避真相，是什么就是什么，不能扩大也不能缩小。全面收集造成问题的各种因素，包括时间、数量、金额和特性等都要现场确认，要给顾客一个明确的答复。

(4) 既成事实的赔偿，一般是在双方友好协商的基础上达成共识。征求顾客的意见，提供补偿的措施与方法，并立即采取补偿行动。在表述理由时，要不卑不亢，不要因拒绝了对方的过分要求而怕业务受到影响。让顾客明白，损失的超限赔偿是基于双方的合作关系，吃亏也吃在明处，不能让顾客感到企业处理问题不严肃，可有效地防止顾客的再次过分苛求。要注意给顾客一个台阶下，永远别让顾客难堪。

(5) 建立完整的顾客投诉处理的流程与记录。设立专门独立权威的处理顾客投诉的售后服务机构，有利于加强问题的处理力度。一般企业在这方面的机构设置和人员配置都比较完善，在权限上采取层层审批核实的程序，一个报告有业务、销售、生产、技术、营销和质量等五、六个部门签字批示意见，最后经总经理审批生效。但要注意各部门之间的协调，不能只走形式。若没有真正做到一一核实，一旦责任牵扯许多部门，就不敢对顾客表态，最终导致不负责的现象出现。

【案例8-8】 清华同方根据实践修正制度

2000年5月7日，重庆市黄先生购买清华同方真爱2000E计算机一台，5月9日在使用时出现死机现象，立即与经销商和维修服务部进行了联系，在以后的20多天里，维修站四次派人上门维修，清华同方计算机技术服务中心北京总部也通过电话对维修人员进行技术指导，经过仔细检查，软件系统一切正常，不存在使用不当的问题，却确实存在死机现象且无法排除。6月3日，上一级分销商重庆华方公司为用户更换了同型号的计算机，但仍然出现类似的故障。于是，用户要求退货，但是经销商重庆赛达计算机经营部坚持进行维修，遂与用户产生分歧。

在进行了几次维修无法排除故障的情况下，用户黄先生向清华同方计算机北京总部进行投诉，北京总部于当天致电重庆经销商，要求立即给用户办理退机手续，并将货款退给黄先生。按照同方计算机的退货流程，需要在北京检测之后才能给经销商办理货款冲抵手续，存在着时间差，经销商担心北京检测后如果没有确认故障，可能不办理货款冲抵，因此，重庆赛达计算机经营部坚持先给用户打一张欠条，要等北京确认之后再退给用户钱，这样黄先生退机时不能马上从经销商那里拿回货款。

黄先生在十分无奈的情况下给清华同方股份有限公司总裁写了一封信，在叙述了他的遭遇之后，说到："如果你了解了我的遭遇，购计算机还会选择清华同方吗？……我认为，这种退货办法是极不公平的，试问顾客能仅凭一张欠条就从商店拿走东西吗？清华同方的这种做法，显然违背了公平交易的原则，若不是亲身经历，我真难以相信在这样一个全国有名的上市公司及其销售网络中会存在这样的问题。我不但未能体会到清华同方高科技产品和服务带来工作上的方便和生活中的乐趣，反而在精神上和经济上增加了很大的负担。"

由于气愤和焦虑，黄先生在投诉信寄出后第3天未等到回音的情况下，在7月3日下午向《重庆晚报》反映了情况，并于7月4日在《重庆晚报》"读者之音"栏目刊登出："退货不给钱，清华同方岂有此理"。报道说黄先生反映清华同方计算机有质量问题，经多次维修无法解决，经销商拖延很长时间才答应退货，但在黄先生将有质量问题的计算机送到公司时，得到的答复竟是不能马上退款，要等北京厂家把货款退还给他们以后，才能将钱还给客户。请问，哪有这样的道理？

同方总裁在收到来信后(此时尚不知道《重庆晚报》即将曝光)，立即做出以下批示："计算机事业部：这是一起很严重的事件，要从管理上查清制度、程序、思想上的原因，并提出解决办法。另外，要立即与客户联系，解决客户的困难，在合理的范围内给予赔偿，并感谢他对我们的批评，事情查清之后向我报告，由我去向客户道歉。"

同方计算机事业部接到总裁批转的投诉信后，主管客户服务的副总经理立即给黄先生打电话了解情况，转达了同方总裁对此事的关注，对用户在购买同方计算机后的一系列遭遇表示极为关注，并保证一定在 3 天之内查清此事，处理有关责任人，并对用户的损失进行赔偿，将问题彻底解决。

黄先生对同方总部的态度表示满意，说没想到有如此迅速的反应和这么好的处理，原以为这封投诉信寄出以后，还会像以前经销商的做法一样，会拖延很久，所以他已经向新闻媒体做了反映，可能在当天的报纸上报道。如果问题能够圆满解决，他愿意向新闻媒体表示他对此事的满意态度。

在从用户那里得知新闻媒体即将对此事曝光的消息之后，同方计算机事业部总经理立即给《重庆晚报》编辑部打电话，表示对这件事十分关注，感谢晚报在保护消费者权益方面所做的工作，并保证尽快处理此事，给用户和新闻媒体一个满意的答复。

经过调查，在同方计算机事业部最近出厂的一批真爱 2000E 计算机中，确实存在质量隐患，主板的 BIOS 管理程序存在缺陷，在一般检测环境下一切正常，但在某一特定使用条件下会出现死机现象。因此，尽管维修服务站多次提供上门服务，更换主板，但由于是同一批货，并且使用通用的检测手段，所以不能从根本上解决问题。

在充分调查的基础上，临时小组决定立即对此事进行处理：

(1) 为黄先生立即办理退款手续，并赔偿用户的损失。

(2) 立即通过售后服务体系对已经购买这批计算机的用户进行联系，上门更换 BIOS 程序，如果用户有顾虑，可以为用户更换其他批次的计算机或者办理退货手续。

(3) 对有关经销商进行处理，责成他们向用户道歉，挽回影响。

(4) 派清华同方西南大区总经理登门拜访《重庆晚报》编辑部，代表同方总裁和计算机事业部总经理，感谢新闻媒体的监督和关心，并通报清华同方对此事的处理措施和结果。

(5) 7 月 5 日晚，清华同方总裁给黄先生打电话，对此事表示十分抱歉，感谢他对清华同方的关心和批评，并表示这件事对于同方改进工作起到了很好的促进作用，请他继续监督清华同方的工作。

(6) 7 月 6 日，《重庆晚报》在接到了黄先生的电话之后，在"回音壁"栏目中登出了"问题已经圆满解决，黄先生对清华同方的态度和处理结果表示满意，并对本报表示感谢"的消息。

(资料来源：吴维库，张永路，《[清华同方案例]根据实践修正制度》，中国服务营销网，2006-1-22)

【分析】服务已经成为竞争获胜的关键，企业必须在附加服务上把文章做足做细。21 世纪的竞争等于质量的竞争、服务的竞争。如果企业不能够对顾客的投诉迅速做出反应，会产生谣言，给对手以可乘之机。一个部门管理者要主动地工作，把事情想在前头。当发现公司现有的某些方面会产生潜在问题时，要以提案的方式向总裁提出。这就是把自己从一个管理者变成领导者。人们制定出各项规章制度，是为了使企业的核心价值观得到贯彻。但是实际发生的事情会复杂多变，其出现的方式可能会超出制度所规定的范围，对这类事情的处理，就需要企业的核心价值观来指导。如果企业的员工对企业的核心价值观认同，并根据价值观的要求行动，那么他会把事情处理到最好，使公司、个人和顾客都满意。一流的质量胜过一流的服务，顾客并不希望因为质量问题而得到公司周到的服务，公司要努力减少由于质量问题而导致的售后服务，目标应该是"零质量问题售后服务"。

本 章 小 结

营销服务是指各类企业为支持其核心产品所提供的服务。营销服务活动具有一系列的特点，具体表现为：服务性、短暂性、主导性和不对等性。营销服务的影响作用所产生的心理效应表现在以下几个方面：首因效应、近因效应、晕轮效应和定势效应。营销服务由售前、售中、售后服务三阶段构成。售前顾客心理主要表现为：顾客认知商品的欲望、顾客的价值取向和审美情趣、顾客的期望值、顾客的自我意识等，企业可采取相应的售前服务心理策略。售中顾客心理表现为：希望获得详尽的商品信息、希望寻求决策帮助、希望受到热情的接待与尊敬、追求方便快捷等。售后顾客心理表现为：评价心理、试探心理、求助心理、退换心理。售后服务策略要求提供优良的售后服务，要提升 CS 经营理念，进一步完善企业的服务工作。

营销人员在服务中的影响力表现在以下几方面：营销人员是信息的沟通者、营销人员是商品的推介者、营销人员是选购的指导者、营销人员是感情的融通者。美国心理学家从顾客、营销人员、商品三者的关系上来解释营销人员在销售中的影响力。营销人员的仪表、语言、行为举止都会对消费者的心理产生影响。营销人员的接待步骤与服务方法是与消费者的购买活动中的心理活动阶段相适应的。大体可以分为以下 5 个步骤，并采取相应的服务方法：观察分析进店的各类消费者，并判断其购买意图；根据消费者的购买目标，展示介绍商品；启发消费者的兴趣与联想，刺激其购买；诱导说服；促进消费者的购买，结束交易行为。

消费者投诉时的心理有以下几种：期待问题尽快解决的心理、渴望得到尊重的心理、希望得到适当补偿的心理、发泄不满情绪的心理、和他人交流投诉经历的心理。分析消费者抱怨产生的原因，采取恰当的方法、运用合适的技巧处理消费者投诉，是解决双方冲突和维护企业形象的重要工作。

自 测 题

1. 举例说明营销活动中的心理效应。
2. 顾客对售前服务有哪些心理需要？应采取怎样的心理策略？
3. 售中服务中顾客有哪些心理期望？
4. 举例说明顾客购买商品后有哪些心理？应采取什么心理策略？

5. 举例说明营销人员的仪表、语言、行为举止是如何影响顾客心理的？
6. 消费者投诉有哪些心理特点？如何处理消费者投诉？

案 例 分 析

SK-Ⅱ退货10日无解：消费者抗议宝洁霸王条款

12款被查含铬、钕违禁物质的化妆品，引发了SK-Ⅱ在全国空前的退货浪潮。但继质量问题曝光已经10天了，宝洁公司并没有找到有效的退货机制。

不少消费者都拿到了一份简易协议书，内容是："XX小姐或先生就使用SK-Ⅱ产品的问题与专柜联系。尽管产品本身为合格产品，不存在质量问题，本着对消费者负责的态度，我们决定为您作退货处理。"协议规定，SK-Ⅱ退的产品款为一次性终结处理。至于款项，通过汇款方式给消费者。

2006年9月21日，通过SK-Ⅱ的免费服务热线800-830-3365，工号为3号的陈先生接受记者电话采访时说，这份协议是全国统一的，消费者退货必须符合条件：购买的SK-Ⅱ产品是一年以内的；有会员卡和购物小票；要保证是9种产品中的一种(后增加3种)，且剩有至少1/3的用量。退款在20个工作日以内通过银行账号或邮局汇款给消费者。对此，很多消费者表示强烈抗议。消费者袁琳说："退货条件相当苛刻。凭什么要规定1/3量才能退？用完的产品也是掏钱买的，况且整瓶都擦到脸上了，万一出了问题，没找厂家索赔就算便宜了。"

"这是霸王条款，没有任何法律效应。"北京市律师协会消费者权益保护专业委员会主任、中消协法律顾问邱宝昌说，国家已经认定了其产品有质量问题，而宝洁却拒绝承认产品问题。而且，宝洁单方面制定条款，企图通过"一次性终结"来免责是行不通的。根据我国法律，如果因产品问题造成人身伤害，厂家不仅要进行退货处理，还要给予赔偿。他建议消费者拒签该协议。他说，SK-Ⅱ理应在接到退货时就将货款交给消费者，推迟付款，未对违约责任做出承诺，这些行为都涉嫌违反我国《消费者权益保护法》和《合同法》。上海市工商局也表示，该协议书，属于违法。

SK-Ⅱ至今毫无召回迹象。SK-Ⅱ品牌公关经理汪骏曾对媒体说："召回就表示产品有问题了。"上海市消协秘书长赵皎黎说，国家质检总局检测到SK-Ⅱ的几款产品不合格，宝洁公司就应该主动实施召回，无条件退货。

在国外，很多化妆品企业都是在主动召回之后赢得了市场的信任，度过了危机。上海大学国际工商与管理学院博士孙继伟认为，我国还没有建立所谓的化妆品主动召回的机制。目前的市场环境让企业在观望之后，不会主动采取得不偿失的"自主召回"，而是不可避免地选择用拖延战术来面对危机。

(资料来源：《SK-Ⅱ退货10日无解：消费者抗议宝洁霸王条款》，
http://finance.yinsha.com/，2006.9.26)

讨论题

1. 宝洁公司对 SK-Ⅱ 产品出现问题后是怎样进行处理的？对消费者的心理有哪些影响？
2. 你认为该公司的处理方式存在什么问题？从消费者心理的角度考虑，你有什么建议？

阅 读 资 料

中国营销服务脉象透视

记得一位营销大师曾说："不要老是向客户叫卖你的产品，要不断为他们创造价值"。其实，不断创造价值的过程也就是"附加价值"产生的过程，附加价值可使品牌溢价，使品牌增值。所谓品牌增值就是指与消费者相关的、被消费者感知的、超出和高于产品基本的功能性作用的那些价值。我们知道，使品牌增值主要有几个措施：一是通过包装增值；二是通过服务增值；三是通过代言人增值；四是通过忠诚消费者带动增值等。实践证明，通过服务使品牌增值的操作空间更大，极具现实性和可操作性，还可为企业长远发展提供动力。

服务营销也进入整合时代，那种小打小闹、四面出击、缺乏规划的服务营销，只会增加运营成本、降低服务效率、增加客户叛离机会，企业必须学会像营销产品那样营销服务。在品牌竞争和服务竞争时代，生产商欲成功操作服务营销，就必须洞悉并把握服务营销的趋势与脉搏。

脉象一：服务品牌化

生产商不但要打造企业品牌、产品品牌，还要打造服务品牌，并且三者之间相辅相成、相得益彰，如 IBM(IBM 就是服务)、海尔(真诚到永远)就是打造服务的最大受益者。对于很多行业，尤其是高科技产业(诸如家电、IT、汽车等行业)，打造服务品牌已成为一种当务之急，这是获得长远竞争优势的"必修课"。客户不仅要关注产品的综合素质，更要看销售服务，优质的、品牌化的销售服务已经成为产品附加值的重要组成部分，已成为市场竞争的角力点。对此，国内企业掀起了一股打造服务品牌的热潮，如 PLUS(普乐士)投影机的"贴心 24"、解放卡车的"感动服务"、浪潮服务器的"360°专家服务"、联想的"阳光服务"、EPSON 打印机的"EPSON 服务"等。同时，PLUS(普乐士)、EPSON(爱普生)、创维集团等企业还针对服务品牌成立了专业服务机构，导入了形象识别系统，建立了多元的销售平台，并进行了系统的、整合化的品牌推广，服务品牌渐成气候。

脉象二：服务产品化

对于服务产品化，在电信、邮政、银行、保险等服务行业领域表现尤为明显，或者说服务就是一种产品。在生产制造领域，同样有此苗头。作为生产商，应该清楚产品包括实质产品、形式产品和延伸产品，产品包装为形式产品，服务即为延伸产品。然而，服务产品化潮流正在使服务的"产品"涵义超越"延伸产品"这一范畴。服务看似无形，却具有产品的某些特征，诸如品牌、质量、成本、价值等特征，并可针对市场需求量身打造。通过服务产品的提供，使客户从中得到满足，进而实现从对品牌信任、满意到忠诚的飞跃。很多企业针对市场需求推出的"服务套餐"，本质上就是服务的"组合产品"，诸如某汽车厂商针对新4S店开业推出的系列服务活动：免费检测空调发动机；免费洗车；免费赠送打折卡等。

脉象三：服务全程化

销售服务已经不局限于售后服务，从售后开始向售中、售前前移，已进入全程化服务阶段。在我国知名企业中，在2003年提出"全程服务"品牌及理念，科龙集团"全程无忧"的服务品牌及服务理念。随着销售服务全程化进程，服务宗旨也由 CS(顾客满意)发展为TCS(全程顾客满意)。服务理念深受营销理销理念的影响，目前备受企业界推崇的整合营销主张把产品营销全程化，诸如推广前期(预热)、推广期(升温)、强推期(沸腾)、巩固期(恒温)……其实，这是一种销售全程化理念，注重每一阶段的信息传播、沟通和消费者教育，这需要需要服务的跟进，不同的阶段提供不同的服务。服务全程化是销售服务战略化的重要体现，通过服务战略规划，建立全程服务体系已成为时代的旋律。

脉象四：服务模式化

目前，生产商注重打造自身特定、个异的模式，展现自己的服务特色。在实现服务渠道快速扩张的同时，注重以模式稳定服务质量、服务队伍。在这方面，有很多企业都形成了个性化的服务模式，主要有几种类型：自行投资建设服务网络、直接外包模式、打造具有服务职能复合型经销渠道等。不管哪种模式，"服务围着营销转"，这才是唯一的考量标准。在此有一典型案例：在2000年年初，立邦漆经过系统的产品规划与流程再造，设计出了具有战略意义的新产品推广方案——CCM产品及"个性配色中心"。在"CCM个性配色中心"这种技术型渠道的背后是立邦系统化、个性化的"渠道协同式服务"模式。目前，其自营的以区域市场管理和渠道服务为职能的"立邦漆服务中心"，几乎渗透到每一个大城市，为立邦漆营销奠定了坚实的基础。

脉象五：服务概念化

概念早已走进科技产品营销，如保暖内衣、功能饮料、化妆品、保健品，现已开始走进服务营销。通过概念提升服务的"含金量"，塑造传播的"新闻点"，这已成为生产商开展服务营销的主打牌之一。只不过开展概念行销要注意的一点，那就是不能打"空壳概念"，概念背后要有实际内容支撑，而不是虚张声势。在房地产行业服务概念频出，诸如"管家式服务""无人化服务"等。在生产制造领域，较为典型的就是摩托罗拉提出的"全质量服务"，这是在"客户完全满意"的宗旨下提出的，即为客户提供"专业快速服务"。再有，联想在2003年6月提出了"阳光服务"概念，在6月7日联想通过遍布全国的260多个城市的阳光服务站、3000名阳光服务师，为联想的各类IT产品提供名为"七彩阳光"的免费服务。

脉象六：服务承诺化

尽管服务无形，但生产厂商正在努力使服务变得有形，那就服务承诺。尤其那些正在极力打造服务品牌的企业，因为品牌本身就是一种信誉，一种承诺。服务承诺包括两个层面：一是向客户公开的产品、技术及服务标准；二是想客户公开的利益性承诺，包括因产品质量、服务质量等问题导致客户利益(包括物质和精神)而予以赔付的公开约定。通过承诺，使服务质量有形化，降低客户的购买风险，并换得客户的放心。放眼销售服务市场，很多产品尤其耐用消费品(尤其地产、汽车、家电等)服务比拼的一个重心就是承诺，并且承诺愈发具体、明确，客户成了最大的赢家。诸如联想提出了"三年保修，一年免费上门，48小时排除故障"的承诺，已成为其市场售后服务的一个标准。

脉象七：服务外包化

实践证明，不但生产、销售、研发、物流等业务可以外包，服务也可以外包，通过外包可以降低服务运营成本、提高服务的专业化程度。"让专业的公司来负责自己不专业的业务"是生产商把服务外包的根本动机，尤其那些摒弃业务"大而全"而追求"专业化"的大企业，服务外包成为应对竞争的最佳选择。根据统计资料显示，2003年全球IT系统服务外包业务市场达1500亿美元，可见企业很钟情于外包市场。根据服务业务外包的出发点不同，可以把服务外包分为两种情况：一种是计划性外包，根据企业既定的外包选择合作伙伴，建立服务渠道，包括IBM在内的跨国公司都推崇外包理念，诸如其在香港的服务业务外包给香港电信，运作十分成功；另一种是特约外包，主要是经销商为实现销售、服务业务一体化，而向生产商要求负责销售服务业务。诸如2004年2月14日国美电器宣布全面启动"彩虹服务"工程，与海尔、海信等家电企业签订协议，这些家电企业把在国美门店售出商品的维修服务全权委托国美负责(保修期内)。

脉象八：服务渠道化

营销不但要建立产品流通渠道、信息渠道，还要建立服务渠道，并且产品渠道建到哪里，服务渠道就要建到哪里。服务与终端销售网络的距离越来越近，服务网络越来越密集，服务半径越来越小，这是一个必然趋势。虽然有些企业正在合并销售渠道与服务渠道，但更多的企业正在努力建设专业化的服务渠道，如创维、PULS(普乐士)等创服务品牌的生产厂商。服务渠道化主要有三种情况：第一种是服务渠道与产品流通渠道整合，形成复合型渠道，如联想对其经销商要求具备"渠道、服务"职能，以及汽车行业兴起的3S店、4S店，就是集展示、销售、服务、配件供应四大功能于一身；第二种就是生产商自有化销售服务渠道；第三种是生产商把服务外包给拥有服务网络的专业服务商，利用专业服务商的渠道购置销售服务平台，或特许那些小型、零散的终端服务商，这都是很潮流化的做法。

脉象九：服务主动化

很多生产商已经实现由被动服务向主动服务转变，服务工作不再是为了应经销商和消费者要求而展开，这主要由企业"一大战略""两大利益"驱动所致。所谓"一大战略"即品牌战略；"两大利益"即：一是很多生产商已认识到"服务即销售"；二是一些企业已经把服务作为企业新的利润源。如今搞不搞服务已不再由企业说了算，而是由市场决定，主动服务者能获得更多的市场机会。一汽集团汽车销售公司提出"忠诚一汽，主动销售；忠诚客户，主动服务"这一理念，这是对中国汽车市场深刻解读。其实，很多产品如果不能主动地提供销售服务，尤其售前服务、售中服务，对客户消费起不到教育、引导作用，要想实现销售是很困难的。尤其那些客户认知程度低、缺乏体验的新产品；产品功能性强的产品，如药品、保健品；知识、科技含量高的高科技产品；家电、汽车、房地产等耐用消费品。惠氏作为婴幼儿营养食品市场上领导品牌，组织专家编写《中国婴幼儿营养指南》向消费者赠送，同时还派婴幼儿专家到全国17个城市面向基层医务人员进行婴幼儿喂养讲座，并且还开通了免费服务热线：8008201826，通过服务带动销售。

脉象十：服务个性化

市场消费需求越来越个性化，服务也要随之个性化，否则企业就会被动于市场。有这样一个故事，曾经为一位左撇子用户向联想反映使用鼠标不习惯，结果联想很快就为其特制了左撇子鼠标。联想并不是想从这个左撇子客户那里赚钱，关键是一种态度，这对服务来说意义重大。看来，企业不但要进行产品市场细分，还要进行服务市场细分；甚至不但要"一对一"销售，还要"一对一"服务。通过把客户进行细分，针对不同类型客户量身提供差异化服务，这是服务营销的未来准则。企业要严格区分客户质量与客户规模，制定不同的服务政策，满足不同的客户各异的需求，这是客户管理之道。企业若以"一刀切"的服务政策管理客户，必然会导致关键客户、重点客户的流失，给企业造成致命性的损失。随着软件技术发展，为数据化管理客户创造了条件，也为细分客户、满足客户的个性化需求创造了条件。戴尔计算机(DELL)以直销闻名，DELL服务理念是与客户建立直接的联系，从与客户的第一次接触起，直到随后的服务与指斥，都通过为客户提供单一责任点来实现戴尔公司的客户体验。通过直销模式，无论是最终用户、小型企业客户或是大客户，DELL对客户在服务和技术支持方面的要求都了如指掌，并针对每个客户的具体要求提供全方位的满意服务。

脉象十一：服务多元化

服务平台多元化、立体化，为客户创造最大的便利，这是4C理念下服务的总体指导思想。很多生产商已建立了店面服务接待(销售服务中心)、平面服务载体(自办服务指导性刊物、宣传品等)、语音服务载体(设有电话中心或呼叫中心)、移动服务载体(服务交通工具)、网络服务载体(建设互动网站)等多元化服务平台，使客户拥有了更多的接受服务的机会。同时，在"被动"接受客户提出的服务要求的同时，也在主动地利用多种沟通渠道进行客户访问，提供计划性、制度化、流程化的销售服务，诸如电话、传真、电子邮件、信函、上门访问等多种渠道提供服务。因为生产商知道，必须给客户创造一个便利、通畅的服务通道，否则可能会给企业带来很多麻烦，如质量得不到及时处理就会失去客户忠诚，甚至被客户投诉到消协、媒体等部门，给企业带来负面影响。

脉象十二：服务增值化

营销历经生产导向时期、销售导向时期、营销导向时期而进入社会营销时期，不但要提供基本服务，还要提供增值服务，这是使品牌持续吸引客户并形成客户忠诚的基础。对于"增值"的涵义可以从以下3个方面去理解：一是长期或阶段性提供比国家法律、法规、行业规范规定期限更为优越的服务；二是针对不同消费群体特征，提供更加精细化服务；三是提供更多的、适合客户的服务项目。其实，企业之间打服务战，其重心在增值服务上，而不在于基本服务上。目前，不少家电厂商在打服务战时，承诺保修期外的免费增值服务，诸如对所售产品保修5年、10年，甚至是终身免费保修。事实上，如果厂家真的这么做的话，那么，从根本上讲是无钱可赚的，就基本服务每个大型家电企业在配件、维修、服务管理等方面每年都耗资超亿元。对此，在科龙则倡导"全程无忧"中，只是对顾客承诺在保修期内高质无偿完成标准服务，但针对顾客个性需求的一对一增值服务，科龙明确地提出收费的要求，因为服务像产品一样是需要成本的，任何企业都不可能无休止地承诺下去，打服务战也要考虑成本。

脉象十三：服务差异化

在产品、技术日趋同质化的今天，唯有在品牌和服务上下工夫，于是生产商开始做服务差异化的文章。服务差异化体现在很多方面，如服务品牌差异化、服务模式差异化、服务技术差异化、服务概念差异化、服务传播差异化等诸多方面。对于"差异"，可以从3个角度去理解：一个是竞争对手没有而企业自己独有；二是竞争对手虽有但本企业更优越；三是完全追求有别于竞争对手的做法。如"IBM就是服务"，这句话被从国外传到国内，事实上IBM确实存在差异于竞争对手的绝对竞争优势：IBM全球服务部自20世纪90年代初第一次将"服务"的理念带入中国以来，在为中国客户提供全方位的技术服务方面，展现了其全面的技术水平和专业的服务能力。IBM全球服务部不仅可为客户提供基于软硬件维护和零配件更换的售后服务，这是很多企业都能也必须提供的服务，更重要的是，还能提供诸如独立咨询顾问、业务流程与技术流程整合服务、专业系统服务、网络综合布线系统集成、人力培训、运维服务等信息技术和管理咨询服务，从而满足客户日益复杂和个性化的需求，这才是差异化的服务优势。

脉象十四：服务事件化

企业通过把销售服务事件化，制造传播"热点"，以此产生强大的传播效应，并产生良好的促销效果。目前，利用服务"造势"，再实施媒体公关、进行新闻传播，已成为生产商"一箭双雕"的新玩法。服务事件本身并不算什么，关键是其传播价值和传播效应。企业欲把服务事件化，要注意以下几点：一是企业要有新闻眼，所"制造"的服务新闻必须具有传播价值；二是服务事件要具有原创性、关联性和震撼性；三是服务事件要主题化；四是事件要具有实操性、实效性，并具有实际意义。下面是一则典型服务事件化案例：2004年7月13日，金山在北京"天鸿科技园酒店"宣布展开一次通用软件历史上最大型的服务活动"十面埋伏——围剿特洛伊木马"大行动，从而拉开2004年杀毒大战的序幕。从7月

14日起的一个月时间里，在北京、上海、广州等40多个城市都有反病毒工程师为全国1000多家小区、1000多万用户上门清除木马病毒。结果，包括《中国经营报》在内的很多媒体都对此予以高度关注。

在德国大众汽车流传着这样一句话：对于一个家庭而言，第一辆车是销售员销售的，而第二、第三辆乃至更多的车都是服务人员销售的。看来，结论可以下了：服务的本质是销售。在营销背景下，服务已不再是一种被动应对，而是一种主动迎合，是一种战略性的销售工具和赢利工具。

(资料来源：中国路面机械网市场部整理，中国路面机械网，http://www.lmjx.net，2007.6.5)

第九章

营销信息传播与消费心理

学习目标： 通过本章的学习，应了解广告的作用机制与心理功能；掌握广告创意、策划和实施的心理策略；掌握营销信息沟通的形式及对消费者心理与行为的影响。

关键概念： 广告诉求(advertising appeal)　广告媒体(advertising media)　营销信息传播(marketing information communication)

引导案例：

> **"牛奶香浓，丝般感受"**
>
> 德芙巧克力的"牛奶香浓，丝般感受"的广告语可以说够得上经典。之所以经典，在于能够把巧克力细腻滑润的感觉用丝绸来形容，意境高远，想象丰富。"丝般感受"的心理体验，充分利用了联想感受，把语言的力量发挥到极致。德芙巧克力的"漩涡篇"广告更是配合了"丝般感受"的广告语。当低沉、感性的旁白，配合优美的吟唱音乐，渐渐引出缓缓旋转的巧克力漩涡，它有丝般润泽的质感，如清泉般流畅的律动，又如巧克力色的丝绸形成好看的皱褶，让人想起跳舞时旋转的裙摆。这个地地道道的巧克力漩涡不停地旋转，加上纯美的牛奶、巧克力加牛奶的美妙结合，犹如跳着一首慢板爵士舞一般的优美动人，它渲染出的美妙感受吸引你进入一个纯粹牛奶巧克力的世界。之后成型的巧克力块从香浓诱人的漩涡中飞出，使人想先尝为快的冲动再也按捺不住。这则广告将视觉与味觉的诱惑带到最高点，宛如经历了一场美好的巧克力饕宴，这就是德芙想呈现给观众的巧克力体验与全新的感觉。
>
> 在当今社会，企业为了有效地促进销售，通过公开宣传的形式，将其产品和服务的信息利用适当的营销信息沟通方式传递给消费者，其中最主要的就是广告这种方式。我们大多数人几乎每天都会接触到各种各样的广告：电视、广播节目中，杂志、报纸上，车厢内外，还有满大街的广告灯箱、手机短信等，铺天盖地，随处可见。有的广告我们能注意到，有的我们却视而不见、听而不闻；有的广告能让我们喜欢、记住，而有的广告却让我们厌烦。这些，都和广告活动的组织策划水平、广告设计制作水平及对消费者心理的把握有密切关系。不同的营销信息的沟通方式要取得良好的沟通效果，也依靠对人们心理活动的把握。
>
> （资料来源：作者根据相关信息整理。）

第一节　广告的作用机制与心理功能

一、广告的作用机制

(一)广告的心理机制

广告的心理机制是指在广告通过其特有的手段作用于人们的心理活动过程中，心理活动的反应方式和发展环节，以及各环节之间的互相联系和相互影响。有关广告心理机制的模型，影响比较大的主要有以下几种。

1. AIDA 模型

这一模型是由路易斯(Louis)于 1898 年提出的，他认为广告作用于人们心理的过程由四个步骤组成：注意(Attention)、兴趣(Interest)、欲望(Desire)和行动(Action)。路易斯认为 AIDA 既是消费者接受广告的心理过程，又是广告作品创作时应遵循的原则。

A 代表注意，指广告吸引了受众的注意力，使得消费者开始关注广告中的产品或品牌。I 代表兴趣，指广告成功地使受众对广告和广告中的商品或品牌有兴趣，愿意了解相关信息。D 代表欲望，指受众开始产生购买商品的欲望和动机。A 代表行动，指消费者在动机和欲望的驱使下，实施购买商品的行动。AIDA 模式是广告人最常用的反应模式，简单明了，清晰易懂。例如，"咦，那是什么？"——Attention：注意到商品广告信息。"嗯，还不错。"——Interesting：产生进一步研究商品的兴趣。"真想把它买下来。"——Desire：产生拥有商品的欲望。"好吧，买！"——Action：采取行动。

后来，人们注意到广告效果的累积性，特别是迟效性和延续性的特点。消费者的购买行为在多数情况下不是在广告暴露后立即进行，而是在之后的某个情景中，受到一定的刺激后才发生的。在此过程中，消费者对广告的记忆是产生迟效和延续的心理基础。于是，在 AIDA 的基础上，加进了 Memory(记忆)因素。广告的心理过程就成为 AIDMA：注意—兴趣—欲望—记忆—行动。

AIDMA 说于 19 世纪末提出，处于绝对卖方市场时期，这一理论忽略了人对刺激反应的主动性，没有充分考虑消费者本身的需要所起的作用。一个人只有有了某种需要，才可能在环境中寻找可以满足需要的对象。如果没有潜在的需要，则广告的一系列过程所起的作用是难以完成的。

2. DAGMAR 模型

DAGMAR 是美国学者柯里(R.H.Colley)于 1961 年发表的著名文章《为测试广告效果而确定广告目标》(Defining Advertising Goal for Measured Advertising Results)标题首字母的缩写。文中将广告作用的心理过程分为 5 个阶段：未察觉某商品或企业—觉察到该商品或企业—理解(如理解商品的用途、价值等)—信念(引起购买商品的意向或愿望)—行动(即购买行为)。

DAGMAR 模型认为，广告纯粹是对限定的受众传播信息并刺激其行动，广告的成败应视其是否能有效地把要想传达的信息与态度在正确的时候，花费正确的成本，传达给正确的人。他认为，没有一种广告做一次就能打动一位潜在的顾客，促使他从对品牌名称一无所知一下子走到采取购买行为。

AIDMA 把广告视为作用者，受众为广告的作用对象，受众受到广告影响，被动地产生一系列心理活动。而 DAGMAR 则把受众视为作用者，广告为作用对象，消费者主动地对广告作一系列的信息加工。DAGMAR 模型持"以买方为中心"的市场观。

3. 六阶梯说

这一模型又称 L&S 模型，由 20 世纪 60 年代社会心理学家勒韦兹(R.J.Lavidge)和斯坦纳(G.A.Steiner)提出。该模型注意到了情绪因素在决策中的作用，认为消费者对广告的反应包括 3 个部分：认知反应、情感反应和意向反应。因此在广告作用过程阶段，增加了"喜欢(Liking)"和"偏好(Preference)"两个过程。如图 9-1 所示。

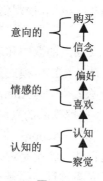

图 9-1

在六阶梯中，前两个阶梯即察觉与认知为相联系的信息和智能状态。中间两个阶梯涉及对广告商品的积极态度和感受，即喜欢与偏好。最后两个阶梯即信念与购买联系到行动，即购买广告商品。在这些阶梯之间并不一定是等距离的。对于某些商品来说，可能存在明显的风险因素，另外一些商品也许凭借对品牌的忠诚性或其他因素，无须作自觉的决策就去购买了。

(二)广告心理过程的重要环节

1. 引起注意

注意是心理活动或意识对一定对象的指向与集中。注意不是一个独立的心理过程，而是弥散性的，伴随着各种心理过程。注意具有两个特点：指向性和集中性，是广告整个心理过程的起点。在一般情况下，只有产生了对某一商品的注意，才有可能进而引起一连串的心理反应过程，形成购买欲望，最终导致购买行为的发生。

11）消费者注意广告的形式

根据产生和保持注意的有无目的和意志努力的程度不同，在心理学上把注意分为无意注意和有意注意两种形式。研究注意的这两种形式，对于广告人员来说，搞清楚人们如何注意，怎样引起人们的注意，有莫大的价值。

无意注意指事先没有预定的目的，也不须作任何意志努力的注意。无意注意是一种定向反射，是由于环境中的变化所引起的有机体的一种应答性反应。当外界环境发生的变化作用于有机体时，有机体把相应的感觉器官朝着变化的环境。借助于这种反射通常可以全面地了解刺激物的性质、意义和作用，使有机体适应新的环境变化，并确定活动的方向。

引起无意注意的原因，可分为客观刺激物的本身和人的主观状态。在设置广告时，这是必须考虑的两个因素。其中，刺激物的特点包含有几项内容：刺激物的绝对强度和相对强度，同时起作用的各种刺激物之间的对比关系，以及刺激物的活动、变化和新异性。人的内在主观状态，则包括人对事物的兴趣、需要和态度，人的精神状态和情绪状况，以及人的知识经验等。凡是能够使刺激物在这些方面迎合消费者的广告创意，几乎都能取得利用人们的无意注意的功效。

有意注意是一种自觉的、有预定目的的、在必要时还需要付出一定的意志努力的注意。有意注意是根据人的主观需要，把精力集中在某一事物上的特有的心理现象。其特点是，主体预先有内在的要求，并把注意力集中在已暴露的目标上。有意注意是一种主动服从于一定的活动任务的注意，它受人的主观意识的自觉调节和支配。相对而言，有意注意对于广告刺激的要求，没有无意注意要求的那么高。

2）广告能否引起人们的注意

所提供的信息应具备以下因素：

① 信息的刺激性。心理物理学研究表明，刺激要达到一定的强度才能引起有机体的反应。刺激性强的广告信息的特征除了与广告大小和强度有关外，还具有变化性、活动性、新异性和悬念性等特点。例如，德国的拜耳公司为了做阿司匹林的广告，把一座高达 122m 的大楼整个用布包了起来，为此还动用了直升机和登山运动员。有些网络广告采用 Flash 动画循环播放，比一般的普通平面广告更吸引人们的注意。悬念广告一般是指通过系列广告，逐步将广告信息充实、完整的广告。运用欲言又止、欲扬先抑的手法制造悬念，引发受众的好奇心，使得他们对广告从被动的状态转变为主动的状态，让他们主动去注意，广告效果更好。

② 信息的趣味性。人们倾向于注意有趣的、自身感兴趣的信息。例如，有人调查了美国一份刊物上的广告读者，结果显示，男性阅读汽车广告比阅读妇女服装广告多出 4 倍，大约是其阅读化妆品广告、保险广告、建材广告的两倍；而对于女性来说，阅读的广告类别最多的是电影和服装，比阅读旅游广告和男式服装广告多出 1 倍，比阅读酒类广告、机

械广告多出 3 倍。

③ 信息的有用性。在某一个特定时期，消费者往往有自己的特定需要。广告可以提供给消费者相应的产品信息，如果这些信息是消费者需要的，那他们自然非常关注。例如，还没有买房的消费者，会很关注报刊中日益增多的房地产广告，而对于大多数已经买了房子的消费者来说，这些印刷精美的彩页广告已经没有太多的吸引力。

2. 增强记忆

记忆是在头脑中积累和保存个体经验的心理过程。人们在日常生活、工作或社会实践中，凡是感知过的情绪、演练过的动作都可以成为记忆的内容。记忆有助于人们加深对广告商品的认同。广告能否在受众心目中留下深刻的记忆，受以下因素的影响。

1) 广告的简洁性

米勒用实验证实：短时记忆的容量大概为 7 ± 2 个组块，即在刺激快速呈现的条件下，大脑能短时记住的数量最多是 9 个组块，最少是 5 个组块。当然这是平均水平，大脑对于不同的记忆材料，其记忆量是不同的。因此，我们在设计广告时就必须考虑到大脑的记忆能力，注意广告的简洁性，易于记忆；不要一次性陈述过多的信息，人们对过多信息不仅无法加工，而且还会因为超过记忆负荷而引起记忆疲劳。脑白金的"送礼就送脑白金！"飘柔洗发水的"今天，你洗头了吗？"可口可乐的"要爽由自己！"雪碧的"晶晶亮，透心凉！"这些广告词字数都在 7 ± 2 范围内，在消费者的短时记忆容量内，减少了他们的记忆负担，从而提高了消费者对广告的记忆效果。

2) 重复程度

心理学研究表明，人的感觉记忆时间很短暂。要增强记忆效果，克服遗忘，一种常用的策略就是重复学习。在广告传播中，不断地重复广告，在一定程度上说明该产品仍是富有竞争力的，能够给消费者以信心，同时，能够帮助消费者识记广告中的信息，并且保持对这些信息的记忆。因此，即使是著名的品牌也需要运用广告重复策略，一方面给老顾客以信心，另一方面又可以吸纳新生代消费群体。当新产品问世时，如果想尽地快打开市场，可以采用在一段时间内密集播放广告的策略；如果希望产品销售有后劲，则可以采用广告频率稍低但延续时间长的方式。广告重复并不等于广告没有更新。对某一产品，用具有不同创意的广告加以介绍，可以达到广告重复的效果，帮助增强记忆。

【案例 9-1】 脑白金广告中隐含的广告传播理论

耶鲁学派提出，由于时间间隔，人们容易忘记传播的来源，而只保留对内容的模糊记忆。显然，倘若广告内容不源于现实世界和实际生活，就不能感动受传者而容易被遗忘；相反，传播内容真实且有道理，即使人们忘记了传播来源，同样也能最终改变人们的态度而且被接受。在信息的实际传播和流动中，媒介以传播内容取胜的例子并不少见。与短期效果相对照的是长效"睡眠者效应"。经过一段时间，由广告引发的情感反应会与产品名称发生分离。因此，一则通过不愉快的情绪而使人集中注意力的广告也会产生记忆的效果。

脑白金送礼广告中那些可爱的老头和老太太边舞边唱，一次一次出现在电视的各个频道，毫无美感，甚至还有些滑稽。观众就在怒气冲冲的情绪中记住了这个产品的名称：脑白金。随着时间一天天过去，记忆渐渐淡化，留在脑海中的也就只有产品的印象，而由广告引起的不愉快情绪早就忘记了。

20世纪60年代晚期由罗伯特·再因茨发现的"反复曝光"效应。指反复暴露在哪怕没有意义的符号面前，也会让观看这些符号的人产生熟悉感和愉快的反应。在广告中，产品品牌和标识简单的反复曝光，哪怕没有合理的解释和费时费力的辩论，也会使观看它的人产生动摇。广告就能超越态度改变而直接诱发购买行为。

(资料来源：《脑白金广告中隐含的广告传播理论》，http://www.brandgoo.com/html/95/t-1695.html)

【分析】脑白金广告的策略之一就是反复传播，其广告内容十分单调：简短的广告词，没有深意的画面。但就是这样一个简单的创意，反复出现，却能在让受众感到枯燥乏味甚至反感的同时，记住了"脑白金"这三个字。

3) 信息编码组块

信息的组块是指比较独立的、有一定意义的信息加工基本单位，信息的组块化指的是把零散的信息组织为组块。在广告信息编码组块中，需要结合大众已有的文化知识或习惯。在一些产品或服务行业的广告中，常常向消费者提供电话号码，枯燥无味的号码很难记住，但如果我们可以提供利用人们已有的文化知识加以组块化的电话号码，将有助于人们的记忆。例如，62580000叫车电话以谐音"老让我拨4个零"作顺口溜，可帮助人们容易记忆。

4) 利用汉语特点组织编码

当广告中的信息用汉语表示时，汉字的形音义均可以成为利用的对象，对广告信息进行有效的编码，使其容易被记住。如著名的饮料品牌"可口可乐"，它的英文商标为"COCACOLA"，在引入中国时需要有一个汉语名称，即将其翻译成"可口可乐"，它大致体现了英语语音，更重要的是这一汉语名称本身表达了一定的含义。蚊香广告语"默默无(蚊)闻的奉献"利用了汉字之间的谐音。这些都有利于促进人们对广告的记忆。

【案例9-2】 伊利纯牛奶的平面广告

伊利纯牛奶的平面广告用了三则系列广告，这些广告主要由画面中心的象声词构成，再配以角落里的品牌标识及产品包装，以及下方的广告文案说明。分别是：

第一则"咕咚咕咚、呼噜呼噜、滋溜滋溜"。文案为"无论怎么喝，总是不一般的香浓！这种不一般，你一喝便明显感到。伊利纯牛奶全乳固体含量高达12.2%以上，这意味着伊利纯牛奶更香浓美味，营养成分更高。"

第二则"嘎嘣嘎嘣、咔嚓咔嚓、哎哟哎哟"。文案为"一天一包伊利纯牛奶，你的骨骼一辈子也不会发出这种声音。每1100ml伊利纯牛奶中，含有高达130ml的乳钙。别小看这个数字,从骨骼表现出来的会大大不同!"

第三则"哗啦啦,啾啾啾,哞哞哞"。文案为"饮着清澈的溪水,听着悦耳的鸟鸣,吃着丰美的青草,呼吸新鲜的空气。如此自在舒适的环境,伊利乳产出的牛奶自然品质不凡,营养更好!"。

(资料来源:《中国广告作品年鉴》,2001年版第241页)

【分析】伊利牛奶广告中的象声词,分别表现了人们迫不及待地喝牛奶的声音,因为缺钙而导致的骨骼碎裂的声音,以及乳牛在舒适的环境中惬意地吃草鸣叫的声音。通过这些象声词,结合品牌标识和产品包装的视觉形象,以及广告文案说明,充分调动受众的想象和联想,似乎让人闻到了牛奶诱人的浓香,感受到其纯真精美的品质和饮用后的效果。

3. 产生联想

广告在人们心理活动过程中的作用还表现在联想上。联想是由当前感知的事物回忆起另一种有关的事物,或者由想起的一种事物联想到另一种有关的事物。许多事物之间存在着不同程度的共性,人们对于事物之间存在着某种认识上的关联性,这些构成了联想的客观基础。例如,雪碧汽水的广告词"晶晶亮,透心凉"; 又如,"滴血的太阳"是一幅日本广告招贴画,画面上是一个略呈椭圆的太阳,血淋淋不断地往下淌着血,说明是:"日本应付出更多来抵御艾滋病。"一般来说,联想包括4种类型。

(1) 接近联想。在时间或空间上接近的事物形成接近接想。比如,由计算机显示器联想到主机,由火柴联想到香烟、煤气灶等。

(2) 对比联想。由对某一事物的感知或回忆引起对与它性质或特点上相反的事物的联想,称为对比联想。例如,金纺柔顺剂广告,画面以"使带硬刺的仙人掌变成柔软的毛袜","使长满硬刺的刺猬变成蓬松柔软的帽球"作对比。

(3) 类似联想。对某一事物的感知或回忆引起的和它在外形或内涵上相似的事物的联想。比如,飞雪与杨花;看到排球联想到足球等。例如,西班牙反种族歧视电视公益广告用一双手在黑白两色琴键上弹奏悦耳动听的曲子,表达"黑与白也能够和睦相处"。

(4) 因果联想。在逻辑上有着因果关系的事物产生的联想。比如,由太阳想到温暖,由咖啡联想到提神、醒脑,由下雨想到路滑等。例如,曾获戛纳平面广告全场大奖的奔驰的"刹车痕":因为它是辆过于惹目的跑车,同行的车辆都要"急刹车"停下,往后看个究竟。久而久之,刹车痕一度又一度地留在了道路上。

一个事物可能引起多种联想,但广告受众会引起什么样的联想,受联想的强度和个人特点的制约。比如,年龄、文化程度、职业等方面各有不同,引起的联想也会有所不同。儿童受思维发展水平的制约,其联想大多是身边的具体事物,在时间和空间上接近的东西联想得比较多,而成年人的联想则能以抽象的形式表现出来。由于职业的关系,各行各业的人接触面不同，对各种事物的熟悉程度也不相同，所以不同的人对同一事物有不同的联想。

> 【案例9-3】 联想律在广告设计中的运用
>
> 不用吞服的安眠药(舒眠乐)获得了全国第五届广告作品展全场大奖。广告画面的焦点集中在两只造型有别的枕头上，一只是皱巴巴的枕头，借喻主人辗转反侧的情形，失眠的痛苦；一只是平整饱满的枕头，借喻主人使用舒眠乐后可以获得舒畅、安详的睡眠。两只普通的枕头，简单对比，联想自然，理解容易，不失含蓄委婉的味道，对失眠者而言，确有引起共鸣的震撼力。
>
> (资料来源：转载青年记者2006年第6期《联想律在广告设计中的运用》，http://www.arft.net)
>
> 【分析】这则广告运用了接近联想，即由某一刺激而想到在空间上与该刺激相接近的刺激，由此达到"情理之中，意料之外"的创意效果。

4. 诱发情感

顾客在购买活动中，情感因素对最终购买决策起着至关重要的作用。情感是客观对象与主体需要之间关系的一种反应。情感可表现为多种相反的形态，如愉快与不快、轻松与紧张、喜爱与厌恶、理智与冲动、美与丑等。广告在引起注意、增强记忆、产生联想的过程中，注重艺术感染力，讲究人情味，能诱发人们积极的情感，压抑消极的情感。

一般来说，积极的情感有利于强化购买的欲望，坚定购买的信心。顾客对不同的广告所作的文字、图像和内容介绍，抱有一定的态度，认知也不尽相同，并总是以某种带有特殊感情色彩的体验形式表现出来。符合自己需要的，会感到喜欢；不能满足自己愿望的，会感到失望。这里的态度以广告商品能否满足顾客需要为中间环节。只有那些与顾客需要有关的、能满足顾客需要的商品，才能引起人们积极的情感体验，然后成为产生购买行为的动力。

二、广告的心理功能

广告的心理功能是指广告对消费者所产生的作用和影响，是借助信息的传递来产生影响以唤起消费者的注意，在激发消费欲求的过程中对消费者的心理活动产生影响和整体心理效应。广告作为促成企业与消费者之间联系的重要媒介，具有以下几方面的心理功能。

1. 诱导功能

好的广告或以理服人或以情动人，它可以吸引消费者的注意，建立或改变他们对企业及产品原有的偏见或消极态度，争取好感和信赖，激发其潜在的购买欲望，劝导和说服消费者实现购买行为。如十六和弦的一款手机的广告为"出色、出众、出彩",并配有适当大的美人图,让女士们心想神往。

广告的诱导功能有以下两层含义:一是唤起消费者美好的联想,给消费者以某种美的享受,从而改变其对商品的态度,激发其购买欲望和动机;二是能迅速有效地吸引消费者的注意力,进而激发其对新产品的兴趣和向往,形成新的消费需要,促进购买实现。

2. 认知功能

广告是为传递商品信息服务的,认知功能是指营销广告向消费者公开传递有关商品的品牌、商标、性能、质量、用途、使用和维护方法、价格、购买时间与地点以及服务的内容等信息,使消费者对其有所认识,并在头脑中形成记忆、留下印象。消费者通过广告可以得知商品的各方面信息。广告采用多种传播渠道和形式,能够打破时间、空间的限制,及时、准确地将产品信息传输给不同地区、不同层次的消费者,从而影响广大消费群体,增强他们对产品和服务的认知。

3. 教育功能

广告不仅指导消费,而且影响人们的消费观念、文化艺术和社会道德。文明、健康的广告,对于扩大消费者的知识领域、丰富精神生活、陶冶情操、引导消费者树立合理的消费观念、丰富人们的精神生活、进行美育教育和促进社会公德等都有潜移默化的作用。它可以增加消费者的产品知识,使消费者能够正确地选择和使用商品,并引导消费者树立合理的消费观念;它还可以给消费者以美的教育:设计巧妙、制作精良的广告,通过各种各样的表现形式,使消费者在获得信息的同时,能够丰富精神文化生活,得到美的享受。

4. 促销功能

促销功能是广告的基本功能。广告是促销组合中重要而不可缺少的因素。广告通过对产品的宣传,把有关信息传递给目标消费者,达到引起消费者注意和产生购买动机的目的。然而,并非任何一则广告都能具备上述的功能,获得良好的社会效果:许多消费者对那种司空见惯的"王婆卖瓜,自卖自夸"式的广告产生了抵触心理。

5. 便利功能

现代生活节奏越来越快,人们面对无数的产品,特别是层出不穷的新产品,如果没有广告的介绍和指引,消费者可能无所适从。广告能及时、反复地传播产品信息,便于消费者收集有关资料,在较短的时间内对各种产品进行较为详尽和有效的对比,为购买决策提供依据,从而为消费者节约搜索和购买产品的时间和精力。

第二节 广告创意和策划的心理策略

一、广告创意心理

广告设计需要不断创造出新意。广告创意是在一定的广告主题范围内，进行广告整体构思的活动。广告创意是形成关于广告表现的基本概念的过程，是广告制作的依据。

1. 广告创意的心理素材

广告作品的构思建立在众多具体素材的基础上，这些素材包括两个方面，一是客观事物中的实物或图片，二是来自创作者头脑中已经储存的客观事物的形象。对当前事物的直接感知，在我们头脑中形成了知觉映象。而当感知过的事物不在面前，我们头脑中依然有其映象，称为表象。表象是在知觉的基础上产生的，构成表象的材料来自过去知觉过的内容。比如，没见过老虎的人不会有老虎的表象，没有吃过辣椒的人不会有其味觉表象。总之，视觉、听觉、触觉、味觉、嗅觉和运动等方面的表象，都是建立在感知基础上的。但表象与知觉又有所不同，它只是知觉的概略再现。现在的很多房地产广告在争相刊登精美的彩色图片的同时，也会加上诸多描述，目的是在人们的心中营造一幅美丽的画面。如，"开门见山，紫气徐来，帘卷晨曦，鸟鸣、风飘，阳光普照，还有山上朝霞。"

2. 广告信息的再造想象

再造想象是根据词语的描述或图示，在头脑中形成与之相符合或者相仿的新形象的过程。通过再造想象，人们可以在头脑中形成从没有见过的事物的形象。一个富有创意的广告形象设计，可以使广告的接受者虽未遇到过这种事物，也可以依据广告作品的描述而在人们的头脑中形成相应的形象。

广告作品大都通过视觉和(或)听觉来传递信息，广告受众正是凭借着自己的想象，得以正确领会广告所欲传达的各种信息，并且由此唤起一定的情感体验。受众想象什么、如何想象都要受到广告作品的制约。但是广告受众的再造想象不是被动地简单接受、机械复制，而是用自己的表象系统去补充、发展。因而每个人对同样的广告信息的再造想象可能就不一样，有的再造想象就会偏离原作品所创造的形象。另外，如果广告在描述实际情况时含糊其辞，则受众的想象就更有可能与实际情况不相符，以致出现误解。例如，有的房地产公司打出广告"离地铁站 500m，交通便捷"。有些消费者在头脑中就会出现这样的情景：窗外不远处即是地铁站入口、出口，人潮涌动嘈杂；地铁开过时，房屋家具微微晃动。这样做广告的效果会适得其反。又比如，某房地产公司打出广告"在你的家，推开窗子就看得见大海"。此时受众很有可能在脑海中浮现出海边别墅的景象：房子就在海边，从窗户望出去，或是站在阳台上，一望无际的大海就在眼前，海涛声清晰可闻，阵阵海风吹起窗帘，带来大海的清新气息。可是如果当消费者真的站在房子里的时候却可能发现，房子离大海还有一段距离，只有一个窗户能远远地看到海湾的一角，房子周围的小环境也没有海的感觉，这时候消费者就会很失望，感到受了欺骗。

【案例9-4】 解读地产广告——论北京地产广告的文字游戏现象

做市场的人用来描述商业运作境界时常说的一句话就是：低手做事，中手做市，高手做势。做势，就要概念先行。在概念上做文章的广告，文字初读时要朗朗上口，细细品味时，意思则要含含糊糊。许多概念也并不是首创，而是通过将其他概念变形、替换、延展、中翻英、英译中，再创造出能够为自己所用的观点，既借势，又讨巧。从SOHO一族到BOBO、SOLO一族，从炫特到巨库(酷)，从上东到上西，从现代城到后现代城、西现代城，从莱茵河畔、米兰天空到水岸长桥、站前巴黎、雅舍香桥，从早安·方庄，到北京·印象、朝阳·无限，特色的楼盘名字一串挨着一串，房产商致力通过文字的花样翻新吸引消费者的眼球。

打"血统"牌——"我们不是一般公民" 继SOHO、BOBO、CPD等概念风靡之后，房产商们又打出了文化牌，如比邻高校，就把此包装为一种生活方式和态度，称之为学院派生活；坐落于市中心附近，就强调自己的京城文化；眼下最时尚的是开始追溯血统：国外的，有北欧的、意大利的、法国的、西班牙的、美国的，如果是国内的就是江南的、苏州园林、徽派风情等，一般都是大家不常体验或者根本无法尝试的一种生活，于是，就用这种永远处在"等明天"状态的描述，吸引消费者的青睐。

正所谓没什么想什么，所以平常的建筑形式会被冠以不平常的生活情结，如被称作德式纯板，因为这板楼结合了德国建筑的简洁、稳重、明快；坡屋顶会被称作法式坡屋顶；两居室户型会被称作尼米亚⋯⋯当然，也不乏有些楼盘确实血统纯正、一脉相承，但消费者在看广告时就一定要仔细分辨了。

除了上述的地产广告文字游戏外，常见的"10分钟就可到达""起价××××元"等语言就不多举例了。面对这些诱惑性的文字，消费者应该理智一些。入住以后，也许许多方面并不像广告中描述的那般完美。当遇到生态健康住宅不生态、不健康、会所高收费拒人门外等烦恼时，你就会发现地产广告中所描述的林林总总美妙不过是自己当时上了虚幻符号的当而已。

(资料来源：中国企业管理文库《解读地产广告——论北京地产广告的文字游戏现象》)

【分析】房地产广告商已经把消费者的心理摸透了，其内在的模式是：并不是所有的消费者都在单一经济理性的支配下购买房子，消费者会为"理想"这个词语而买单——我们不卖产品，只卖理想——把理想找一个符号代替，如美学、艺术、文化以及超功利的"精神追求"等——强势灌输和传播给消费者。作为消费者，我们必须要明白并时刻提醒自己：幻想代替不了现实。因为住宅不是空中楼阁，不是用来看的，而是用来住的。要想住宅生态健康，不是因为说生态健康就生态健康了，而是必须由实实在在的环保建材来保证的。

如果地产广告能用有情节的事实，来陈述自己楼盘的生态、健康、环保，就比空喊这些口号更有说服力。看清文字游戏，最好是拿着计算器和尺子，更多地去关注自己已经中意房子的细节：地段、材料、质量、配套服务，这才是消费者的一种最理智的选择。

3. 广告构思中的创造想象

不依据现成的描述，独立创造新形象的过程，称作创造想象。创造想象具有首创性、独立性和新颖性的特点，是广告构思中最重要的心理活动之一。创造想象可以通过以下途径获得。

1) 原型启发

原型启发是创造想象产生的契机。根据任务的需要，创造者思索和寻找解决问题的途径和方法。这时某些事物或表象对要解决的问题具有启示的作用，这样的事物或表象就成为创造发明的原型。例如，举重是力量竞技项目，举重运动员常常被称为"大力士"。受举重运动的杠铃启发，华联东方汽车销售公司的系列广告，把汽车的轮胎做成了举重用的杠铃，表现强强联合的实力。和本系列的其他广告相呼应，运用汽车的元素表现企业的经营领域，在标题上用数量表现程度。

2) 跳跃性合成

把不同对象中的部分形象粘合成新形象，通过设计者跳跃性的思维方式进行合成，形成一个以往不曾有过的、全新的形象；或是把两件并不相关的物品，融合在一个画面里，使人产生视觉失衡的冲击感。例如，把老妇人的脸和年轻女孩的好身材粘合在一起，便形成强烈的反差。

3) 创造性综合

把不同对象的有关部分组合成一个完整的新形象，这个新形象具有自己独特的结构，并体现了广告的主题。这里不同形象的组合是经过精心策划的、有机的结合，而不是简单的凑合、机械的搭配。例如，把网线和铝制易拉罐巧妙结合，充分表达"铝业在线"的概念。

4) 渲染性突出

渲染性突出是为了使人们对广告推介的商品加深印象，利用各种手段进行渲染，以突出其所具有的某种性质，在此基础上塑造出崭新的形象。例如，在策划哈撒韦牌衬衫(Hathaway Shirt)的全国性广告活动方案时，被誉为现代广告之王的美国广告大师大卫·奥格威(David Ogilvy)想了18种方法把有魅力的"作料"掺进广告中，其中第18种方法是给模特戴上一只眼罩，穿上这种衬衫，以示与众不同，具有独特个性。后来这一形象应用在不同的场景，引起较大的反响。

5) 留白

在某些广告画面的构思和表现手法中，常常使用一种在画面上一定的空间留出空白的手法。中国画技法中有"留白"的技法，留白可以使观看者依据画中的形象展开想象，止所谓"无画处皆成妙境"。例如,"丰田"汽车公司在《时代周刊》上所做的汽车广告,这则全页广告大胆运用留白,只在画面的中上部露出了丰田高级轿车的极少边缘部分,其余车身全部隐去,只保留了车头的丰田标志,然后设计者在画面的右下角写上广告词及打上鲜明的丰田汽车标志,全部画面有色彩部分不足 1/4。在《时代周刊》众多的汽车广告中,产生了无法比拟的效应。

二、广告诉求心理

广告诉求(advertising appeal)是指用什么样的广告内容和表现方式对消费者进行说服,它要解决的是"说什么""怎么说"的问题。广告诉求通过对人们的知觉、情感的刺激和调动,对人们的观念、生活方式的影响,以及对厂商、商品特点的宣传,来迎合和诱导人们,以最终激发消费者购买动机的过程。广告诉求的基本目标,就是唤醒或激发顾客对自身潜在需求的意识和认识。广告诉求的基础是消费者的心理需要。广告诉求的两大基本方式为理性诉求与情感诉求。

(一)消费者需要与广告诉求策略

1. 消费者的优势需要与广告诉求的选择

消费者的需要是多种多样的,不过其中往往有一种是优势需要。能否满足优势需要,直接影响到消费者对面前商品的态度和购买行为。广告的作用就是在商品的特性与消费者的优势需要之间建立最佳匹配,把商品特性"翻译"成提供给消费者的利益与好处。例如,国外有家制鞋商认为,消费者对鞋子的关注顺序首先是式样,其次是价格、料子及小饰件,于是将广告主题定在鞋的式样上,但销路一直打不开。后来进行实地调查,询问了 5000 名消费者,结果发现,消费者对鞋的关注点按人数比例依次是:穿着舒适(42%)、耐穿(32%)、式样好(16%)和价格合理(9%)。厂商根据调查结果,立即更改了广告主题,由原来突出鞋的式样改变为突出舒适、耐穿的特性,结果销路直线上升。

2. 对不同消费群体的广告策略

不同年龄、性别、职业、教育背景和社会经济地位的消费者往往有不同的消费倾向。如何对这些具有不同兴趣点的消费群体采取有针对性的广告诉求策略,直接影响广告的效果。例如,社会经济地位较高的消费者会更关注商品的心理附加值,社会经济地位较低的消费者则更关注商品的实用价值,因此,针对这两种不同的人群广告诉求点的选择就应该有所侧重。

3. 需要的动态特征与广告主题的变化

随着时代的变迁、社会经济的发展,甚至于季节性的变化,人们的需要都会不断发生变化,对同类商品的要求和关注点也会有所不同,甚至于优势需要与非优势需要之间也会互相转化，总体来说是由低级的需要层次逐步向高级的需要层次转移。例如，过去购买洗衣机主要关注洗涤效果好而且保护衣物、省电省水等，随着科技进步和生活水平的提高，人们对健康、环保等因素越来越重视，于是抗菌、消毒成为新产品研发的重点和新的广告诉求点。

> **【案例9-5】 肯德基全国推行新快餐概念**
>
> 日前，肯德基在全国同步推行"新快餐"概念。在新闻发布会上肯德基宣布：脱离美国模式，跳出"传统洋快餐"框架，全力打造"新快餐"，并与中国烹饪协会等一起向同行发起推行"新快餐"的倡议。据悉，所谓"新快餐"将弥补"传统洋快餐"的6大不足：并针对国人口味，研发不同蔬菜产品；不断推出新产品，均衡营养；打造中国模式的食品安全体系。一时间，肯德基"新快餐"的概念俨然成为健康饮食的"代名词"。
>
> (资料来源：《肯德基全国推行新快餐 洋餐饮开玩"新概念"》，
> http://www.enorth.com.cn，2005.8.10)
>
> **【分析】** 许多广告没有收到预期的效果，正是由于没有正确地把握消费者消费需求和消费倾向的变化。广告诉求的基本目标，就是唤醒或激发顾客对自身潜在需求的意识和认识。广告诉求的基础就是消费者的心理需要。

4. 根据竞争对手的广告主题选择适当的广告诉求点

需要层次理论认为，没有一种需要是已经完全得到满足的。因此，从竞争对手的产品广告中，也可以寻找到尚未被占领的位置，从而期待消费者能被自己的广告产品所吸引。例如，许多高档轿车的广告诉求点经常定位在消费者身份地位的需要上，或是定位于社交需要上，但却很少有突出安全需要的广告。奔驰的广告果断地占领这一空档，把安全需要与社交需要结合起来："当您的妻子带着两个孩子在暴风雨的漆黑夜晚开车回家时，如果她驾驶的是奔驰轿车，那么您尽可放心。"

(二)广告的理性诉求

广告的理性诉求是以商品的功能利益或相关属性为主要诉求点。在广告中突出自己商品的特性及优越性，提出事实或进行特性比较，通过展示商品的固有特性、用途和使用方法等，提供关于商品的事实性信息而使消费者形成一定的品牌态度。

理性诉求策略包括写实、对比、权威、示范4种形式。

(1) 写实。是直接陈述广告信息，通过商品展示、性能说明、购买地点和价格等的介绍将产品推荐给消费者。可能采用的手段有：第一，叙事，即通过平实的文字叙述把产品信息直接告诉消费者。第二，有偿新闻，将产品信息以新闻报道的方式在媒体刊登出来。第三，展示，在商店橱窗或展会上直接展示商品，并辅之以介绍商品的传单、画册、说明书等。第四，布告，利用固定的格式在相应的场所发布有关产品的信息。

(2) 对比。通过商品之间的对比关系来突出广告产品的差异性，以引起消费者的关注。对比策略的运用容易引发企业之间恶性竞争，所以"反不正当竞争法"对此有明确的规范。对比策略的运用必须谨慎小心。具体有：功效对比、品质对比、价格对比、创新对比等。

(3) 权威。即利用社会名流、公众人物和专家来推荐或证明产品的品质，提高产品的知名度，增加消费者的信任度，激发顾客购买的欲望。

(4) 示范。通过实物的表演性操作与示范，来宣传产品的特点，介绍产品的性能，证明产品的品质。

USP 理论(Unique Selling Proposition)是由罗瑟·瑞夫斯(Rosser Reeves，1961)在其著作 *Reality in Advertising* 中提出的，意思表达为独特的销售主张或是独特卖点。其核心内容是：第一，每则广告必须向消费者传达一个销售主张，这个主张必须让消费者明白，"买这样的商品，你将得到什么样的特殊利益"；第二，这一主张必须是竞争对手做不到的或是没有的，甚至是无法提出的，在品牌和诉求方面都是独一无二的；第三，这一主张必须聚焦在一个点上，集中强力打动、感染和吸引消费者来购买广告产品。

任何商品都有许多特性，但消费者的记忆力是有限的，因此，必须找出最能吸引消费者的商品属性，这样才能最大限度地发挥广告效能。M&M 巧克力豆的广告语就是罗瑟·瑞夫斯运用这一原则的经典案例。M&M 巧克力豆在当时是第一种用糖衣包装的巧克力，于是创造了一条"只溶在口，不溶在手"的广告语(M&M's melt in your mouth, not in your hands.)，鲜明地突出了产品不粘手的特点，一直流传至今。

UPS 理论的基本前提是将消费者视为理性思维者，认为他们在做出购买决策时追求利益最大化。由此出发，广告应建立在理性诉求上，宣传能带给消费者的实际利益。

(三)广告的情感诉求

情感诉求是广告诉求的另一种基本方式。广告诉求的基础是消费者的心理需要。消费者不仅有物质上的需要还有精神上的需要，如尊重的需要、爱与归属的需要、自我形象表达的需要等。消费者对商品的需求，除了功能上的需求和期待之外，往往还有情感上或其他精神层面的需求。在当今广告实践中，感染力已经成为消费者评价广告优劣的一个重要因素。许多成功的广告表明，富有情感色彩和人情味的广告更具有感染力，更容易让人接受。

情感诉求策略包括想象、威吓、夸张和文艺 4 种形式。

(1) 想象。运用各种背景资料和类似事物，使人产生对产品的美好联想；或者运用有关事物来间接表现产品主题，启发人们去思考和领会。

(2) 威吓。运用某种不幸的遭遇，引起人们的恐惧心理，敦促人们听取广告的劝告。

(3) 夸张。将产品所包含的某种独特的信息，运用夸张的手段突出出来，给人们以强烈的印象。

(4) 文艺。使广告具有娱乐性、趣味性，而运用相声、戏剧、说唱、动画等形式来加以表现。

【案例9-6】 雕牌广告策略"从理性诉求向感性诉求的转变"

雕牌系列产品的广告策略就经历了一个从理性诉求向感性诉求的转变。初期，雕牌洗衣粉以质优价廉为吸引力，打出"只买对的，不买贵的"口号，暗示其实惠的价格，以求在竞争激烈的洗涤用品市场中突围。结果使这则广告效果一半。而其后的一系列的关爱亲情，关注社会问题的广告，深深地打动了消费者的心，并取得良好效果，使消费者在感动之余对雕牌青睐有加，其相关产品连续四年全国销量第一。

"妈妈，我能帮您干活了"，这是雕牌最初关注社会问题的广告。它通过关注下岗职工这一社会弱势群体，摆脱了日化用品强调功能效果等差异的品牌区分套路，对消费者产生深刻的感情震撼，建立起贴近人性的品牌形象。其后跟进的广告延续了这一思路，关注离异家庭，揭示了"真情付出，心灵交汇"的生活哲理，对人心灵的震撼无疑是非常强烈的。

(资料来源：http://wiki.mbalib.com/wiki/《雕牌广告策略"从理性诉求向感性诉求的转变"》)

【分析】 消费者的消费行为有时是非理性的，但也是可以理喻的。关键是广告能否真正拨动他们心理的那根弦。透过雕牌产品的广告策略，我们可以看出：要使广告深入人心，诉诸人的情感是一种有效的方式。

1. 受众对广告的情感反应

消费者对广告可能产生两方面的反应：认知反应(也称思维的反应)和情感反应。通常，认知反应导致对该广告信息的了解，即学习、记忆和评价。而广告的情感反应，分为肯定的和否定的两类。肯定的情感反应(也可以理解为积极的情绪体验)，如热情、快乐、精力充沛、轻松和主动等；否定的情感反应或消极的情绪体验，则如沮丧、懊恼、压抑、焦虑、愤怒和恐惧等。情感的影响有以下几个方面：

(1) 影响认知。广告能够影响认知的反应，进而间接地影响消费者对商标的态度。一个亲切感人的广告可以使人对其产生好感的同时，愿意重复接受，进一步了解有关的内容，加深对其的印象，从而获得较多的认知。

(2) 影响态度。这些情绪体验，通过经典发射过程与特定品牌相联系，其结果影响到品牌态度或品牌选择行为。由广告引起的情感，进而导致对广告的态度。例如，飞利浦的广告词"让我们做得更好"含有自豪、鞭策、奋发向上和永不停步的深刻内涵，使人感觉到它的虚怀若谷、含而不露，增加了人们对它的好感。

(3) 影响体验。情感的作用还可以转化到使用体验上。当人们感受到广告主人公使用特定商品产生的积极情感之后，并且该广告与自己的使用体验相吻合，由该广告引起的同感就可能融入自己的实际体验当中。例如，对万宝路的广告，吸烟者会把自己的情感和幻想充实到该情景中，比如，他们想象出的广袤的西部，漂泊不定的牛仔，大草原、自由、独立、坚强、勇敢、强壮的男子汉等，构成了一幅多姿多彩的世界，这些关联的新增想象和情感体验正好迎合了许多人的自我形象，于是这些情感和想象就可能与吸万宝路香烟的体验建立起持久的联系。

【案例9-7】 百事可乐广告策略分析

百事可乐配方、色泽、味道都与可口可乐相似，绝大多数消费者根本喝不出二者的区别，所以百事在质量上根本无法胜出，百事选择的挑战方式是在消费者定位上实施差异化。百事可乐摒弃了不分男女老少"全面覆盖"的策略，而从年轻人入手，对可口可乐实施了侧翼攻击。并且通过广告，百事可乐力图树立其"年轻、活泼、时代"的形象，而暗示可口可乐的"老迈、落伍、过时"。

百事可乐着力研究年轻人的特点。精心调查发现，年轻人现在最流行的东西是"酷"，而"酷"表达出来，就是独特的、新潮的、有内涵的、有风格创意的意思。百事可乐抓住了年轻人喜欢酷的心理特征，开始推出了一系列以年轻人认为最酷明星为形象代言人的广告。在美国本土，1994年，百事可乐花费500万美元聘请了流行乐坛巨星迈克尔·杰克逊做广告。此举被誉为有史以来最大手笔的广告运动。杰克逊果然不辱使命。当他踏着如梦似狂的舞步，唱着百事广告主题曲出现在屏幕上时，年轻的消费者的心无不为之震撼。在中国内地，继邀请张国荣和刘德华做其代言人之后，百事可乐又力邀郭富城、王菲、珍妮·杰克逊和瑞奇·马丁四大歌星做它的形象代言。两位香港歌星自然不同凡响，郭富城的劲歌劲舞，王菲的冷酷气质，迷倒了全国无数年轻消费者。在全国各地百事销售点上，我们无法逃避的就是郭富城那执著、坚定、热情的渴望眼神。

百事可乐那年轻、活力的形象已深入人心。在上海电台一次6000人的调查中，年轻人说出了自己认为最酷的东西。他们认为，最酷的男歌手是郭富城，最酷的女星是王菲，而最酷的饮料是百事可乐，最酷的广告是百事可乐郭富城超长版。现在年轻人最酷的行为就是喝百事可乐了。

(资料来源：中国企业管理文库《百事可乐广告策略分析》)

【分析】百事可乐作为挑战者，没有模仿可口可乐的广告策略，而是勇于创新，通过广告树立了一个"后来居上"的形象，并把品牌蕴含的那种积极向上、时尚进取、机智幽默和不懈追求美好生活的新一代精神发扬到百事可乐所在的每一个角落。

2. 广告中常见的情感类型

从喜、怒、哀、乐到道德感、荣誉感、成就感，人类的情感可分为多种基本类型。在广告中，最为常见的是美感、亲热感、幽默感和害怕感。

1) 美感

美感是一种积极的情感体验。追求美是人所共有的心态，尤其是年轻人。因此，善于进行美感诉求，也可以获得以情动人的效果。一个令人赏心悦目的广告，可以通过搭配和谐的广告色彩，通过使人心情舒畅的音乐，通过丰富的广告想象力和优美的背景等广告元素，给人带来美的享受。也可以通过对自然、轻松、青春活力等美感体验的追求来设计广告情景，达到美感诉求的效果。

2) 亲热感

亲热感反应了肯定的、温柔的、短暂的情绪体验。它往往包含着生理反应以及有关爱、家庭、朋友之间关系的体验。在这个维度上，经常使用的形容词有：和谐的、温柔的、真诚的、友爱的、安慰的等。其中，爱的诉求是常见的一种，将亲情、友情、爱情等情感融入，往往更容易让广告和产品打动观众，引起共鸣。孔府家酒以其主题曲"千万里，千万里我回到了家……"和《北京人在纽约》的主演王姬的一句"孔府家酒，让人想家"打动了全国的观众。

3) 幽默感

幽默广告使人发笑，产生兴奋、愉快等情绪体验。它可以导致这些积极体验在此与特定品牌发生联系，从而影响受众对品牌的态度，还可能影响到人们对品牌的联想、信念等。麦柯克伦·施皮曼研究机构对 500 则电视广告作过调查，结果表明，逗人发笑的广告容易记忆和更有说服力。

法国一家化妆品商店的广告词为："千万不要向从本店走出来的少女递媚眼儿，小心她是你奶奶！"十分夸张幽默。一则餐馆广告是这样的：请来本店用餐吧！不然你我都要挨饿了。一语双关，使人发出会心的微笑。

但是，幽默广告也有危险性。一是逗人发笑但可能缺乏说服力，这将直接影响促销的效果；二是可能使人觉得应当严肃对待的事情却被当成儿戏。资料表明，银行、保险公司等较少采用幽默广告。因为金钱、财产、生命和死亡都不是取笑的对象。

【案例9-8】 幽默在广告创意中的运用

一架警用直升机正监视着一起快速追捕。地面上一辆警车紧追一辆车，穿梭在大街小巷。直升机里不断传来最新战况，"喂，看！他又去哪儿了"，一会儿，坏人转入了一家停车场……是一家 Dunkindonuts 快餐店。坏人停了车冲进了快餐店，警车紧随而至……突然，坏人拿着一杯咖啡和一只 Dunkindonuts 快餐袋跑了回来，驾车而去。警察却没有跟上，而是也跑进快餐店，拿了同样的东西，再开车尾随。最后的结语是：不管这个上午多么疯狂，吃我们的硬卷面包、奶油乳酪和咖啡总还是有时间的，Dunkindonuts 快餐店。

(资料来源：《幽默在广告创意中的运用》，策动中国网，http://www.imcko.com 2008.3.20)

【分析】幽默广告有"两乎"之说，即合乎情理，出乎意料。Dunkindonuts 快餐店警匪篇就是如此。人总是要吃饭的吧，坏人要吃饭，警察也不例外，这合乎情理，但出乎人意料的是，它竟然是出现在追与被追这样一个极端的场景。这就极其鲜明地透射出了幽默广告创意的特性消费者的消费行为有时是非理性的，但也是可以理喻的。

4) 害怕感

害怕的诉求，是指通过特定的广告引起消费者害怕及其相关的情绪体验，如惊恐、厌恶和不适等，利用广告中的不幸事件，敦促人们要听从广告的劝告，来避免这种不幸的发生。这类广告应用最多的是那些有关人身安全和免受财产损失的商品。具体来说，家庭保险的广告诉求旨在提醒人们免受财产损失，而各种药品、保健品和护肤品的广告诉求，则是为了满足人身安全或是身体健康的需求。还有一些商品广告涉及损害友谊、身份、职业的一类轻微的恐惧诉求，诸如防狐臭剂、防晒霜、防盗门、安睡枕等。

当然，并不是所有"害怕"诉求的广告都能达到预期的效果，它的有效性取决于诉求的适宜强度。然而，说服过程中的"威胁"是否适当也是依目标消费者和产品的不同而不同的。例如应用害怕的诉求宣传戒烟，如果目标群体是青少年(不会吸烟者)，强诉求更有可能利于他们遵照宣传中的要求去做；如果目标群是那些有烟瘾的吸烟者，强诉求则可能引起他们的心理防御和知觉回避机制。最典型的是美国的一则戒烟广告：美国著名的光头演员尤伯·连纳身患绝症，面对摄影机说了一段话："我将不久于世。我吸烟太多，吸烟会致癌，请不要吸烟。"他死后，电视台立刻推出了这则广告。尤伯·连纳蜡黄的脸、深沉的语调，实在令人悲伤和恐惧，给人留下难忘的印象。

3. 广告元素的情感诉求

在广告设计中，颜色、插图、字体、广告歌、文案广告语等元素，都有可能与一定的情感体验发生联系，因此，它们常被用来诱发特定的情感。

1) 颜色

人类生活在一个五彩缤纷的世界中，颜色使人产生各种各样的联想和情感体验。不同的颜色，常常和一定的对象和心境联系在一起。由于社会文化的长期积淀与习俗的影响，许多颜色都具有一定的象征，能产生某种情感体验，引起联想。红色常同节日喜庆联系在一起，给人以兴奋、激动、热烈的感觉，另外还可能与火、血、危险等建立联想；橙色、黄色引起阳光明媚、希望、轻松、幸福、朝气蓬勃的感受，容易使人联想到橘子、水果等；绿色使人联想到春天。万象更新、青草、田野和森林，感受生机和希望；蓝色与海洋、天空发生天然的联系，使人安静和轻松；紫色常使人联想到寂寞、不安、忧郁；白色象征纯洁；灰色、黑色则令人感到严肃、不安和伤感，分别容易联想到阴天、灰色建筑物、黑夜、黑纱等。美国色彩研究中心在一项调查中，发给家庭主妇们三种不同包装的清洁剂，让她们试用，然后对清洁剂的性能作出判断。试用之后，主妇们认为，黄色瓶装的清洁性能过强，往往会损伤衣物；蓝色瓶装的成分不足，洗过后有时还会留下污痕；底色为蓝色，略带黄色瓶装的得到一致好评。事实上，3种瓶装的清洁剂是完完全全一样的。

2）插图

插图是广告设计中最形象化的元素。广告插图包括绘画和照片，它更容易直接展示和唤起人们的各种情绪、情感体验。例如，在"希望工程"招贴画中，小姑娘瞪大眼睛渴望求知的神情特写，表现出强烈的情感冲击力，深深地打动了千万人的心。插图可以表现语言文字不容易表现的内容。有些商品，如家具的式样、房间的结构、皮鞋的模样等，很难用语言或文字表达清楚。但如果拍一张实物照片或画一张图，人们就会一目了然，不言自明。

3）字体

广告中的字体和情绪色彩也有一定联系：愉快的心境往往与弯曲、明亮的美术体相对应；悲伤、严肃的心境则更容易与角形的、粗体形的字体相联系。从图形与心理反应的关系来看，带有折线的图形容易使人联想到尖刻、不悦，而平缓弯曲变化的图形更能给人带来舒缓、快活的心境。

4）文案广告语

心理学家发现，情感词对人的情绪会造成冲击，并造成一定的认知倾向和生理指标的变化。广告语常常具有鼓动人心的作用，利用广告语营造的气氛或其中蕴藏的真挚情感常引起人们的共鸣。例如，澳大利亚的大型葡萄酒公司Hardy通过调查发现，澳大利亚葡萄酒消费者中的44%是20～29岁的女性，7%是30以上的女性。于是，该公司就专为年轻女性设计了富有个性化、名为"淘气"的低酒精葡萄酒系列包装。这款包装由"热望""激情""酷妹""我爽"和"都要"组成，采用750ml流线型玻璃瓶，颜色各异。许多年轻女性喜爱这款包装就像喜爱自己的口红和香水一样，销量直线上升。

5）广告歌

在视听媒介中，音乐能以其优美而富有感染力的旋律，深深打动听众，发挥其他广告元素难以发挥的独特作用。例如，麦当劳的"更多选择，更多欢笑，就在麦当劳"和新近推出的"I am loving it"的背景音乐，一方面配以歌词来表现广告主题，另一方面作为背景来渲染气氛，加强广告效果。

三、广告媒体与实施心理

广告经策划、设计、制作以后，在实施中必须借助各种广告媒体，才能向消费者传递产品与服务的信息，才能引起消费者的注意并形成消费刺激。广告实施要符合受众的接受心理，使目标受众有效地获取信息，并取得好的感受效果。

(一)广告媒体的心理效应

1. 报纸媒体

报纸始终是高居所有媒体首位的广告媒体。报纸本身按发行范围有全国性、区域性和地方性之分;按其内容有综合性和专业性之分;按其出版周期,则可分为日报、晚报、周报和旬报等。报纸广告的心理特征有以下几点:

(1) 报纸的消息性。报纸的版面大,篇幅多,凡是要向消费者做详细介绍的广告,利用报纸做广告是极为有利的。报纸广告是推出新产品的捷径,能全面介绍新产品研制成功和上市的消息。同时由于报纸具有特殊的新闻性,从而使广告在无形之中也增加了可信度。新闻与广告的混排可以增加广告的阅读率,对广告功效的发挥也有直接影响。

(2) 报纸的新闻性和准确可信度,是其他媒体无法比拟的。由于读者对报纸的信任,无形中也使报纸广告显示出正确性和可信度,提高了读者的信心。报纸的信誉,对报纸广告来说是至关重要的。一般来说,严肃而公正的报纸可信度高,广告效率也好。

(3) 报纸的权威性使读者产生信赖感。许多报纸经常会为政府或社会团体发布公告,这在无形之中提高了报纸的社会地位,使之更具有权威性,从而对公众产生强大的影响力,增加了读者对报纸的信任感。可以大大地加深读者对广告内容的信任。

(4) 报纸具有保存价值,其内容无阅读时间的限制,便于消费者反复阅读。另外,印刷精细的广告可以把商品和服务的特点逼真地反映出来,对读者具有情感上的影响力。同时,由于画面逼真,因而能对消费者产生强烈的劝诱力,刺激其购买欲望。

(5) 报纸的经济性与广泛性。报纸本身售价低,有利于广告的传播。同时,由于报纸发行量大,广告制作成本较低,因此其广告费用相对低廉。报纸的发行量大、传播广、渗透力强,因此报纸广告的传播范围越来越广。由于报纸大众化的特点因此适合于任何阶层的读者,并且由于报价低廉,读者数量众多。

报纸广告的局限性在于:时效性短;内容繁杂,容易分散广告受众的注意力;有些报纸的印刷技术欠佳,美感不强,缺乏对产品款式、色彩等外观品质的生动表现,广告效果较差;现代社会人们的生活节奏较快,无法对报纸进行详细阅读,造成广告浪费。

2. 杂志媒体

杂志是视觉媒体中比较重要的媒体。它以精美的图案来吸引消费者的注意力,杂志广告具有以下特征:

(1) 杂志编辑精细、印刷精美,宣传效果好。杂志广告具有精良、高档的特色,多用彩色摄影技巧,使产品的外在品质得以生动、逼真地展现。精美的印刷品无疑可以使读者在阅读时感到是一种高尚的艺术享受,达到良好的宣传效果。

(2) 杂志的读者集中、针对性强。专业性杂志由于具有固定的读者层面,可以使广告宣传深入某一专业领域。目前,杂志的专业化倾向也发展得很快,其发行的对象是特定的社会阶层或群体。因此，对特定消费阶层的商品而言，在专业杂志上做广告具有突出的针对性，适合广告对象的理解力，能产生深入的宣传效果，而且很少有广告浪费。

(3) 杂志的发行量大，发行面广。许多杂志具有全国性的影响，有的甚至有世界性影响，经常在大范围内发行和销售。运用这一优势，对全国性的商品或服务的广告宣传，杂志广告无疑占有优势。

(4) 杂志具有比报纸优越得多的保存性，因而有效时间长，没有阅读时间的限制。这样，杂志广告的时效性也就很长，消费者可以用充裕的时间详细阅读。同时，杂志的阅读率、传阅率也比报纸高。因而，杂志广告的稳定性强，有利于扩大或加深广告宣传的效果。

杂志广告的局限性在于杂志的时效性不强，不能刊载具有时间性要求的广告；现代商业服务越来越地方化和区域化，产品的地方分片销售机会远比全国性销售机会多，在这一程度上限制了杂志广告的发展，杂志广告的全国发行会造成广告浪费；不少综合性杂志由于缺乏专业化特色，又缺乏广泛的影响力，宣传效果不是很突出，与其他媒体相比缺乏竞争力；专业性太强的杂志，读者有一定的限制，阅读范围相对较小，广告传播面有限。

3. 电视媒体

电视在所有的媒体中是具有很强的发展势头和发展潜力的一种。由于其发展势头强劲，在广告市场上具有很强的竞争力。电视媒体具有独特的心理特点，其主要表现为：

(1) 表现力强。电视广告声形兼备，娱乐性强，既能听又能看，可以让观众看到富有表情和动作变化的动态画面，生动活泼，因而对观众具有广泛的吸引力。电视广告可以突出展现商品个性，如外观、内部结构、使用方法、效果等，在其突出商品诉求重点方面是任何媒体都体现不了的。

(2) 传播范围非常广泛。尤其在城市，几乎每个家庭都拥有电视，通过电视对掌握购买权的家庭主妇进行广泛的广告宣传，能为一般日用品及耐用消费品的销售奠定基础。

(3) 电视受众的购买力水平较高。而拥有平均购买力水平较高的受众意味着这种媒体对商品的推销功效高。

(4) 电视具有强制广告的特点，这是其他媒体都难以做到的。

(5) 电视媒体重复性高。电视广告可以重复播出，对消费者起着潜移默化的作用，使商品在消费者心目中形成牢固的印象。

但电视广告受时间、地点、设备和条件的限制，广告占用时间过长还会引起电视观众的反感，其适应性不如其他广告。

4. 广播媒体

广播媒体的发展是 20 世纪初的事。在其后的多种媒体的竞争中，无线电广播凭借其独特的功能而保持其竞争力，在广告市场中占有相当的地位，发挥较为重要的作用。其特征如下：

(1) 广播具有传播速度快、传播范围广、不受时空限制的特点。广播可以不需要任何加工,直接播出,因而广播的传播速度最快,时效性最强。广播电台遍及城乡,使广播具有相当广泛的传播范围和覆盖率。尤其广播是通过对听觉功能的刺激来传递信息的,因此,对各个文化阶层的人都有效,一般听众都能接受其信息传递。

(2) 广播的针对性强。广播节目的设定是针对特定层次的消费者的,因此,在专题节目时间播送针对特定消费者阶层的广告就更有针对性,能使广告宣传深入某一层次的听众。如,在房地产节目中,插播楼盘、二手房信息,广告宣传的效果较好。

(3) 广播的表现力较强。广播广告通过声音传递信息,配以音乐,穿插对话、情节等独特的广播艺术,使人们产生娱乐情感。同时,由于广播的发送时间长,每天都有十几个小时的节目,因此,可供传播的信息容量大,选择余地大大增强。

(4) 广播具有交流性,而且费用低。现在许多电台在广播中经常采用开通热线、电话答疑的形式与听众进行交流,请专家、顾问答疑解惑,收到互动交流的效果。如许多保健品厂商都采取设专栏,宣传产品的同时介绍保健知识的方式。与报纸、杂志、电视广告相比,广播广告制作便捷,费用最低。

广播在具有以上优点的同时,还存在一些缺点:一是在城市的传播能力弱,而在乡村的传播能力强。但是,一般商品的主要消费市场都在城市,城市的消费能力也比乡村的消费能力高得多。二是广播广告的时效极短,不能留存,很容易消失,听众记忆中的印象比较模糊,因此,很难传达清楚商品的内容,难以给消费者留下深刻的印象。三是广播广告很少被听众主动接受,听众一听到广告往往很快换台,转而收听其他节目,宣传效果不佳。

5. 售点媒体

售点媒体又称现场销售促销广告(Point of Purchase,简称 POP 广告),是指在超级市场、百货商店、连锁店、药房、杂货店等零售店的橱窗里、走道旁、货架、柜台、墙面甚至于天花板上,以消费者为对象设置的彩旗、海报、招贴、陈列品等广告物。POP 广告的使用,可以弥补其他广告媒体的不足,强化零售终端对消费者的影响力。

现场的 POP 广告能唤起消费者的记忆,进一步激发购买欲望,特别是在自助商店、超级市场等无人售货的销售场所,POP 广告可以代替销售人员起到直接诱导和说明的作用。售点广告还具有小型化、制作简单、成本低廉的特点,又能在最确切的销售地发挥作用。首先,售点广告可以美化销售环境,增加零售点对顾客的吸引力,并烘托销售气氛。其次,可以提醒消费者购买已有印象的商品,并进行指牌购买。最后,适合于不同层面的消费者,由于 POP 广告简单易懂、便于识别,所以适合不同阶层的消费者,可长期反复使用,消费者每次进入商店,都会重复看售点广告,有利于加深对广告的印象。

6. 户外媒体

户外媒体广告是一类综合性的广告形式,它包括户外的路牌广告、灯箱广告、招贴广告甚至于交通广告等形式。这类广告的特点是影响面大，传播信息的时间比较长，户外广告一经设置，往往要经过较长时间才重新更换。在设计上因独具特色，能使消费者产生新奇感，吸引消费者的注意；由于路牌广告和霓虹灯广告渐趋趣味化、艺术化，可以增加消费者对商品品牌的印象。由于画面简洁，内容简单易懂，易为各个阶层的消费者接受，影响面广。户外媒体广告引人注目，内容突出，便于吸引人的注意和记忆。

(二)广告选择心理

广告媒体众多，功能各异。在选择中应综合考虑各种因素，从媒体种类的确定，到时间、频度、栏目的安排，权衡比较，做出精心的选择，尽可能满足顾客的心理需要，取得理想效果。

1. 广告媒体选择心理

广告媒体选择心理主要包括以下内容。

1) 特定顾客接触频度

广告是做给顾客或是潜在顾客看的，广告媒体选择首先要考虑特定的诉求对象，如消费者的性别、年龄、文化程度、心理、爱好、职业和生活规律等，这些决定了对某类媒体的接触程度。分析研究他们喜欢阅读什么报刊、杂志、喜欢收听广播还是看电视；消费对象是儿童还是成年人，是老年人还是妇女，如果人们没有接触这类媒体的习惯，或是接触不多，兴趣不高，广告设计得再好，发送得再多，也没有多大意义。如晚间电台广播拥有大批学生听众，时装杂志大部分是女性读者等。

2) 了解广告媒体的性质特点

广告媒体多种多样，特点各不相同，因此传播信息的作用以及对消费者心理的影响也有很大区别。每一种广告媒体，其传播范围的大小、发行量的多少，直接影响视听的人数；媒体的社会文化地位，是否和消费者文化阶层相适应；媒体的社会威望等，这些对广告的传播效果，对广告的社会影响力和可信度都有着重要的影响，因此，只有了解各种媒体的特点，才能有的放矢地选择适当的媒体。

3) 广告商品的性质、销售空间和时间

广告商品的种类繁多，不同的商品应采用不同的媒体，如日用品、生活用品最好选择视听媒体；商品如果在全国推广就要选择覆盖全国的媒体；如时令商品、流行品、时装等，如中秋月饼宜选择传播速度快、传播面广的报纸，广播和电视；如大型机械、设备等宜选择印刷媒体。

2. 广告版面、栏目和时间选择心理

1) 版面大小的影响

版面大小对受众的影响首先是对注意力的吸引程度。显然，在同样的设计创意下，版

面越大,其对人们的吸引力也越大。除了版面的绝对大小以外,相对版面的大小也对人们阅读的概率有影响。有研究表明,1/3版面的阅读概率为1%,1/2版面的阅读概率则上升到10%,1页、2页版面的阅读率分别为20%和31%。当然,版面越大,厂商所要支付的费用相对也越高。

2) 版面位置的选择

在同样大小的版面上,广告所处的位置会对人形成不同的刺激,产生不同的视觉效果。有研究表明,第一眼所看到的字母或文字,最多集中在左侧,最少集中在右侧,上方处于两者之间,左上方易受人们注目的这一现象,对于广告版面的安排具有一定的参考价值。

3) 栏目内容的选择

人们对不同的栏目也会有不同的偏好与兴趣,广告应尽可能刊载在潜在顾客关心的相关内容栏目内。按照时间顺序进行播放的广播、电视媒体,如其不同的栏目(节目)对人们的影响力也是不同的,主要的决定因素是收视率。除此以外,还应考虑不同栏目所吸引的特定受众群体。

4) 广告时间的选择

广告时间应考虑的因素是传播时机的选择、播放时间段的选择、刊载频度的选择。传播时机应视产品生命周期所处的阶段来定,在投入期和成熟期以及同行竞争比较激烈的时期,应加强广告的投放。视听媒体的黄金时间段是不一致的。一般来说,广播以早晨、午间和傍晚为最佳时段,而电视则最好是晚上七点到十点。为加深顾客的印象,广告投放的频度在一定时期需要适当提高,如选择多种媒体投放,则需要掌握好各种媒体相互之间的配合。

【案例9-9】 如何选择家具广告媒体

在传统的四大媒体中,杂志是家具广告的首选,也是运用得最广泛的媒体。杂志的装订和印刷精美,一般专门的彩页适宜于表现家具的色彩、造型等特质,完整真实地展现视觉要素,具有强烈的冲击力。杂志便于保存,有利于消费者长期稳定地获取广告信息。因为对于家具这类耐用消费品来说,消费者总是要经过深思熟虑或吸收周围人的意见才最终确定,杂志的特点很适合家具消费者理性的购买行为和心态。

杂志的种类较多,对目标消费者群定位明晰,对消费者的引导作用强而广泛。一般而言,家具厂家商家选择的杂志分为时尚消费类和专业类两种。前者偏重于对女性消费者的感性诉求,注重用感性的文字和华美的图片来博得消费者的心动。后者则除了有感性的广告外,更多的是专业知识的介绍,理性诉求的方式用得较多,或者便于行业人士的交流和行业信息的传递,或者便于消费者获得具体详细的商情信息和相关的购买使用知识,作出理性的判断和购买。

(资料来源:潘利平,《如何选择家具广告媒体,家具广告策划全方案》,全球品牌网,2008.7.3)

【分析】广告媒体多种多样，特点各不相同，因此传播信息的作用以及对消费者心理的影响也有很大的区别。每一种广告媒体，其传播范围的大小、发行量的多少，直接影响视听的人数。广告是做给顾客或是潜在顾客看的，广告媒体选择首先要考虑如何能接触到特定的诉求对象，通过合适的媒体可以达到这一目的。

第三节　营销信息的沟通与消费心理

一、营销信息传播对消费者心理的影响

(一)营销信息传播的概念与特点

英语中的传播——"Communication"原意为"分享"和"共有"，现代词义包括通信、会话、传达、沟通以及"流、交往、交通"等。人类社会的信息交流过程又称为传播或沟通。我们认为，传播是社会成员相互传递信息、观念和感情，彼此进行传播的社会性活动。营销信息传播是社会传播的一种特殊形式，是市场营销者和目标公众之间传递特定的营销信息、生活观念，进行感情交流以及与此相联系的交往传播的社会活动。

信息传播有如下特点：

(1) 信息传播是一种信息共享活动。这里的共享概念意味着社会信息的传播具有交流、交换和扩散的性质。营销信息传播中，传播者与接受者共享的是代表某种生活方式、生活态度的商品信息。

(2) 信息传播是在一定社会关系中进行的，又是一定社会关系的体现。社会关系是人类传播的一个本质属性，通过传播，人们保持既有的社会关系并建立新的社会关系。营销信息传播扩大了客户关系的范围，同时也加深了原有的客户关系。客户关系是商业关系的表现形式，是一种重要的社会关系。

(3) 就信息传播的社会关系性而言，它又是一种双向的社会互动行为。这就是说，信息的传递总是在传播者和传播对象之间进行的。营销信息传播的对象必须十分明确，传播的内容必须是在与顾客的交流中逐步形成并不断改进的。如果没有与顾客的互动，营销信息传播则必然失败。

(4) 信息传播成立的重要前提之一是传、受双方必须要有共通的意义空间。从广义上看，共通的意义空间包括人们大体一致或接近的生活经验和文化背景。营销信息传播的内容、方式，如果不符合顾客的生活经验和文化背景，效果就会受到影响，甚至失败。

(5) 信息传播是一种行为，是一种过程，也是一种系统。营销信息传播也具有这一特征。

(二)信息传播过程的要素

信息传播过程的要素主要包括以下内容。

1. 传播者

又称信源，指的是以发出信息的方式主动作用于他人的人。在营销信息传播中，传播者是主动市场营销者，可以是卖方，也可以是买方。

2. 受传者

又称信宿，即信息的接收者和反应者，传播者的作用对象。在营销信息传播中，受传者是目标公众，可以是卖方，也可以是买方，还可以是企业的"公众"。

3. 信息

信息指的是由一组相互关联的有意义符号组成，能够表达某种完整意义的信息。营销信息可以是通过图像、文字、声音、身体语言表达的商品信息、企业形象信息等。

4. 编码

把信息转换为符号的过程叫信源编码，把符号转换为信号的过程叫信道编码。编码应当注意信息的结构和格式。营销信息的编码往往由专业人士完成，是一种高度专业化、商业化的操作。

5. 媒介

又称传播渠道、信道、手段或工具。媒介是信息的搬运者，也是将传播过程中的各种因素相互连接起来的纽带。在营销传播中，传播渠道有人员和非人员两大类型。

6. 译码

把接收到的信号转换为符号的过程叫信道译码，把符号转换为信息意义的过程叫信宿译码。译码能力受到接受者的态度、氛围、知识、技能、经验文化系统的限制。

7. 噪声

噪声指对传播信息的干扰和歪曲，它可以产生于信息传播过程的各个环节中。

8. 反馈

反馈指受传者对接收到的信息的反应、回应，也是受传者对传播者的反作用。营销信息传播中的反馈，包括反应、回应或不反应、不回应。

9. 效果

效果表现为知识信息的增加、态度行为的改变、科学技术的进步等。营销信息传播的效果表现了消费者态度的改变，最终实施购买行为。

二、营销信息沟通的几种形式

除了通过广告可以传播信息以外,营销信息沟通也可以传播信息,常见的营销信息沟通方式有人员推销、营业推广、公共关系、直复营销和网络营销几种。

1. 人员推销

人员推销是企业通过销售人员与消费者的口头交谈来传递信息,说服消费者购买的一种营销活动。在沟通过程中,人员推销在建立消费者对产品的偏好、增强信任感及促成行为方面卓有成效。因为是面对面的交谈,所以推销人员可以与顾客进行双向式的沟通,保持密切联系,还可以对顾客的意见做出及时的反应。但是人员推销成本较高,而且优秀的推销人员较难寻觅。

2. 营业推广

营业推广又称为销售促进,是指在短期内采取一些刺激性手段,如免费样品、优惠券、赠券、折扣和现场购物促销等,来鼓励消费者购买的营销活动。营业推广可以使消费者产生强烈的、及时的反应,从而提高产品的销售量,但这种方式通常只在短期内有效,如果时间过长或过于频繁,很容易引起消费者的疑虑和不信任。

3. 公共关系

公共关系是指企业拟订计划利用各种公共媒体来传播有关信息,以促进或保护企业形象或其个别产品的营销活动。这种营销活动,一般是通过不付费的公共报道来传播,传播的信息带有新闻性,因而消费者的一般感觉是有权威性的、公正可靠的,所以比较容易相信和接受。但不如其他方式见效快,而且信息发播权掌握在公共媒体手中,所以企业也不容易进行控制。

4. 直复营销

直复营销源于英文词汇 Direct Marketing,即"直接回应的营销"。它是以赢利为目的,通过个性化的沟通媒介向特定目标市场成员发布发盘信息,以寻求对方直接回应(问询或定购)的社会和管理过程。

美国直复营销协会(Direct Marketing Association,DMA)对直复营销的定义是:直复营销是一个互动的营销系统,它运用一种或多种广告媒介在任意地点产生可衡量的反应或交易。

5. 网络营销

网络营销(Cyber Marketing,Online-marketing)是以计算机互联网的使用为基础,企业直接与顾客接触,并根据顾客需要,以比竞争对手更有效的手段向顾客提供所需要的产品或服务的营销。

三、各种营销信息沟通方式与消费心理

(一)人员推销与消费心理

人员推销作为一种营销人员与客户之间面对面进行的营销活动,从心理学角度分析,具有以下特点。

1. 心理互动的直接性

在人员推销中,营销人员与客户之间是面对面直接交往的,双方的心理影响是交互进行的,并且是不借助媒介直接实现的。所以,尽管人员推销是费钱的营销手段,但是由于具有心理互动的直接性,使得它可以最有效且无误地传递信息,特别是能充分地进行各种感情融通,最大限度地满足客户的友谊、尊敬、自我实现等多种社会心理需要,有利于长期合作,因而仍成为商家广为采用的营销手段。

2. 心理反应的及时性

由于是面对面沟通,营销人员可以及时获得各种营销行为与手段所引起的客户心理反应,及时得到相关的信息反馈,并可以根据客户的不同态度和特点随时进行推销策略的调整,从而更有针对性地开展营销,使推销步步深入。

3. 心理影响的复杂性

在推销过程中,客户的心理既受到商品与服务因素的影响,又受到营销人员语言、感情、动作的影响,还要受到客户自身素质、社会角色、心理特征等因素的制约。此外,还受到推销过程中各种环境、氛围等因素的影响。特别是心理变化规律只是一个大致的规则,在各种主观因素的作用下,客户心理变化趋势带有相当大的偶然性和不确定性。因此,推销过程中客户的心理受到的影响是极其复杂的。

决定和影响推销过程中客户心理的因素主要包括以下几种:

(1) 企业与产品的形象。客户对企业形象,包括对其提供的产品或服务的认知程度,直接决定其印象与信任程度。这是推销能否取得成功的最基本心理因素。企业形象或其产品质量受到怀疑,客户是不可能同意购买的。

(2) 营销人员的形象。客户对商品或企业是否信任,来自于对营销人员的认知和态度。营销人员作为企业的代表,作为商品或服务的提供者和信誉担保人,在客户心目中占有举足轻重的位置。营销人员的仪表风度,一言一行,一举一动,都会对客户产生重要的心理影响。在客户对营销人员产生信任感的情况下,才会对其所推销的商品产生信任感。

(3) 商品推介。人员推销的过程,在本质上是一个有关商品或劳务信息传播的过程。营销人员只有采取正确的策略、有效的手段,令人信服地向客户推介商品,真正解决客户

对商品或劳务的认知问题，才能有效解决客户的各种疑虑和犹豫，从而使客户采取购买行动。商品推介过程是影响客户心理最直接的因素。

(4) 人际关系与情感。客户对推销过程的期望，不只限于对物质利益的满足，还特别注重对社会心理需求的渴望。因此，在人员推销过程中，感情融通、关系管理，是影响客户心理，最终使其进行购买决策的至关重要的因素。特别是当交易中的物质利益在市场中趋于平均化之后，购买哪家的商品，最终将取决于情感与关系。

(5) 购买群体的行为与倾向。当客户是个体购买者时，其心理在相当程度上受相关群体消费观念、习俗、购买行为等诸多因素的影响。突出地表现为从众购买、逐新购买等。

(二)营业推广与消费心理

营业推广的目的是鼓励购买的积极性，营业推广手段被制造商、批发商、零售商等诸多组织采用。通过免费样品、优惠券、赠券、折扣、实物奖励、广告特制品、常客回报、现场购物促销、竞赛、抽彩和游戏等方式，针对消费者进行促销，可以鼓励消费者试用一种新产品，可以把消费者从竞争对手的产品那里吸引过来，可以促使消费者购买一种开发已久的产品，也可以保持并奖励那些忠实的顾客。

事实上，近些年来营业推广的大量使用已经造成了消费者开始抗拒销售促进，从而减弱了营业推广激发顾客购买兴趣的能力。因此，营销人员在进行营业推广活动时应注意避免简单的快速成交式促销，而应该将促销作为一种与消费者建立关系的手段。

(三)公共关系与消费心理

公共关系是一个组织为了生存发展，选用合理的原则和方法传播信息，塑造形象，协调和改善组织的内外部关系，以取得理解、支持和合作的一种思想、政策和管理职能。公关可以用来宣传产品、人、地方、活动、组织，并以远远低于广告的代价而对公众心理产生较强的影响。它通过雇用一批专职人员创作并传播信息及对付一些情况。如果一个企业能够"制造"出一些新闻，可能会有好几家不同的新闻机构来"炒"这些故事。这与花费巨资做广告带来的效果相当，但是它的可信度要比广告高得多。

公关的主要工具是新闻，新闻对消费者的影响最大，新闻具有准确性、权威性，使消费者产生信任，有利于营造产品和企业的知名度，树立企业形象。另一个普遍应用的公关工具是特别活动，包括新闻发布会，大型的开幕式，焰火表演，热气球升空，多媒体展示，以及各种展览会等。特别活动能吸引消费者的注意，关注企业与企业的产品。另外，企业还可以准备企业形象的书面材料，如年度报告、小册子、文章及公司的新闻小报和杂志、文具、招牌、制服等，这些能帮助创立企业的形象地位并能很快被公众接受。企业还可以通过向公益活动捐钱来提高在公众中的声誉。

(四)直复营销与消费心理

随着我国社会、经济的发展，当今中国家庭结构和人口结构明显地呈现出以下 3 个趋势：单身、独身者增加、职业妇女增加和人口老龄化。一般情况下，单身、独身者往往是"冲动型"购买者，因此单身、独身者的增加意味着冲动型消费在总消费中的比例将越来越大。职业妇女的增加意味着家庭收入的增加，也就是家庭购买力的增加，同时也意味着妇女用于购物的时间将减少。21 世纪中国将拥有占人口总数 15%的老年人，人口老龄化意味着在将来的消费中，购物的便利性将是一个关键因素。因此，家庭结构和人口结构的改变为直复营销的发展提供了有利的社会背景。

1. 直复营销的基本特征

1) 互动性

直复营销是营销者与顾客之间的一种双向沟通与交流的方式。营销者通过某个或几个特定的媒介，如电视、目录、邮件、广播、电话和互联网等，向目标顾客发布产品和服务信息，顾客通过电话、在线、邮件等方式对企业的发盘进行直接回应，或定购相关产品或服务，或要求提供进一步的信息。而传统的大众营销方式只能提供单向的信息沟通。营销者通过各种媒介向目标市场传递产品和服务信息，受众并不立即反应，而是在以后的某个时间去相关的零售机构购买。直复营销的这种互动性可以让感兴趣的受众一步步深入得到所需信息，促成购买。

2) 可衡量性

直复营销的效果更易衡量。目标市场顾客对企业每次所发出的目录邮件、电视广告或是广播广告等是否回应，可以立刻表现出来，营销效果的好坏可及时衡量。直复营销强调与目标顾客建立长久的联系。直复营销人员将顾客的有关信息存入数据库，通过对这些相关数据的分析，得出消费者个体与家庭的购买行为方面的信息，作为制定下一次直复营销计划和策略的依据。

3) 空间上的广泛性

直复营销可以发生在任何地点。只要直复营销者所选用的沟通媒介可以到达的地方，都可以开展直复营销。直复营销不同于直接营销，销售人员不必亲自上门拜访，营销者与顾客可以通过邮件、电话、微信，或是通过在线沟通。产品一般可通过邮递的渠道送达消费者手中。

2. 与传统的营销信息沟通手段相比，直复营销的特点

1) 直复营销反映了一种向一对一进行营销沟通的发展趋势

直复营销是与那些经过挑选的目标顾客进行直接沟通，以期得到他们的立即回应。因此，直复营销的目标市场以单个顾客为单位，细分顾客的基础是姓名、住址及购物习惯。

而传统市场营销是以目标顾客群为单位，细分顾客群的基础是人口、心理等因素。直复营销以名录作为细分和选择目标营销对象的工具，名录以顾客或准顾客的姓名、住址等基本信息为基础，包括他们的人口统计特征、财务状况、过去的购买行为等方面的信息。直复营销者再对该名录做进一步的细分，选择合适的对象进行直复营销活动。

2) 直复营销的个性化

直复营销的对象就是具体的个人、家庭或企业，而不是指向大众市场。顾客与直复营销者的互动是一对一的，因而，企业向目标顾客发出的产品或服务信息以及顾客的回应都是个性化的。如将顾客的姓名、地址等显现在发盘中，使顾客产生亲切感，有利于建立良好的关系。

3) 直复营销广告媒体选择更具有针对性，设计上更具有弹性

直复营销与传统营销一样，也要使用付费的大众媒体发布信息。而直复营销广告的目的是让消费者立即订货或查询。因此，直复营销者要针对某个特定的高度细分的市场，甚至于直接根据目标顾客的特征，选择相宜的媒体进行有针对性的信息传递。直复营销的广告设计往往非常有弹性，不论是广告的大小、颜色、格式，还是送达的时间都可以根据顾客的特点加以弹性处理。直复营销在广告沟通的过程中，没有通过任何中介就同时实现了广告和销售两种功能。

4) 直复营销没有或极少有中间环节

直复营销是一种顾客与企业互动式的营销方式，销售实现了由企业直接将产品送达消费者手中，直复营销企业与最终顾客间的分销渠道层级为零。而传统大众营销需要通过流通渠道进行大规模分销，不具有送货上门的优势。尽管有些直复营销企业，由于效率或资源限制等方面的因素，可能会将部分商业履行功能外部化。如商品的送货上门通过专门的配送公司来完成，这时出现了有限的中间环节。但是，它与传统分销渠道相比其特征与功能上都有所不同，能较好满足消费者希望购物方便快捷、便宜的要求。

此外，直复营销还具有一些其他特征，如注重顾客服务和与顾客保持长久合作关系，由于直复营销中顾客不能直接看到商品，直复营销还存在可信度的问题等，在一定程度上制约消费者产生购买行为。

(五)网络营销与消费心理

近年来，互联网作为营销沟通的新方式，正以超常的速度增长，独特的诉求方式，受到世人瞩目，它具有以下心理特征。

1. 即时互动

网络可以让受众自由查询，当遇到基本符合自己需求的内容时可以进一步详细了解，并向企业的有关部门提出要求，让他们提供更多所需要的信息。网络广告是"活"的广告，查询起来非常方便，由一个感兴趣的问题一步步深入到具体的信息，只要在一般性介绍中

有手形标记的关键词上单击鼠标，便可以看到对这个关键词的内容做详细介绍的新画面。消费者可以通过正在浏览的页面，直接向企业发出 E-mail 或在线留言进行咨询或下订单。

网络广告可以一年 365 天，一天 24 小时不间断地开通传递信息，消费者什么时间愿意看，可以随时点击选择收看。互联网的信息传播还打破了国界限制，网络广告几乎是"无国界"的。网络媒体具有随时更新更改信息的功能，广告主可以根据营销需要随时改动广告信息，并及时将最新信息传递给消费者。

2. 生动的表现手法

网络广告的表现手法以图像、色彩、文字等相结合，具有形象、直观、生动的特点。

3. 持久性和可检索性

网络媒体也可以长久地保存广告信息，在互联网上广告主建立有关产品的网站，可以吸引网民的注意力，随时等待现实和潜在的消费者查询。

网络广告可以随时检索、查阅，能够保留较长的时间。

4. 统计性

网络广告可以有效地进行顾客研究，可以在网站上和网页中准确地记录来访者的数量和访问的次数，甚至可以记录访问者的情况，以获得双向的广告效果信息。

5. 信息量大，传播范围广

在互联网上，广告主提供的信息容量是不受限制的。互联网是由遍及世界各地大大小小的各种网络，按照统一的通信协议组成的一个全球性的信息传输网络，因此网络广告可以把广告信息全天候不间断地传播到世界各地。

6. 针对性强

网络营销的广告针对性包括两个方面：一是广告主投放目标市场的针对性；二是广告受众的针对性。一般消费者浏览站点时，只会选择其真正感兴趣的广告信息，所以网络营销信息到达受众的针对性较强。

7. 彻底细分市场的营销

在网络营销环境下，市场更趋于彻底细分化，即网络营销向一对一的个性营销发展。营销者与目标顾客互动交谈，相互传递的信息可以在服务器中储存，独立运行、存入或输出。企业可以针对目标顾客的个性需求设计、推销产品或服务，顾客也可以按需要进行比较、挑选，彼此商讨，从而指导消费者迅速、经济地完成购买过程，有利于建立相互间长期、紧密的稳定关系。

8. 网络营销的协调性

在网络环境下,生产商和最终用户通过互联网直接进行交易。这就要求企业与银行、配送中心、通信部门、技术服务等多个部门通力合作,完成整个交易过程。为消费者购物提供便捷,使消费者真正做到坐在家中完成购物。

9. 网络营销的安全性

与传统的直复营销不同的是安全性在网络营销中至关重要,这也是一个核心问题。它直接影响了消费者对网络营销的信任度。它要求网络能提供一种"端到端"的安全解决方案,如加密机制、签名机制、安全管理、存取控制、防火墙和防病毒保护等。因此,网络营销必须要有一定的技术投入和技术支持,才能具备市场竞争力。

> 【案例9-10】 药品销售新方法
>
> 沙利文通过调查发现,消费者更有可能请医生给他们开在广告中介绍了更多药物副作用的处方药。"在为大多数药物做广告时,广告商总是努力宣传药物的积极效果,而弱化它们的负面影响"他说"但是患者在选择处方药时情况却恰恰相反——他们想了解更多关于药物副作用的信息。"
>
> 沙利文的研究表明,由于这个原因,消费者更倾向于选择能给他们更多关于处方药信息的媒体——互联网。"消费者认为互联网广告更富有教育性,更真实,并且比电视或杂志广告含有更多的信息"沙利文说"但是不巧的是,药物公司们却把它们80%~85%的广告预算都花在电视广告——消费者眼中最不可靠的广告媒体上。"
>
> (资料来源:《药品销售新方法》,中国服务营销网,2006.2.5)
>
> 【分析】随着消费者习惯和获取营销信息的取向发生了改变,营销人员必须适应这种变化。目前大医药公司仍然重视电视广告策略,但也承认这种沟通媒介已经开始失去活力了。没有人会认为大医药公司在不久的将来会停止广告宣传,但像百特、诺华、辉瑞等富有远见的医药公司正在寻求其他的营销渠道和方式,以帮助他们更加贴近消费者。

本 章 小 结

广告心理机制模型主要有以下几种:AIDA 模型认为广告作用于人们心理的过程由四个步骤组成:注意、兴趣、欲望和行动。DAGMAR 模型将广告作用的心理过程分为如下五个阶段:未察觉某商品或企业—觉察到该商品或企业—理解—信念—行动。六阶梯说模型(又称 L&S 模型)认为消费者对广告的反应包括三个部分:认知反应、情感反应和意向反应。因此在广告作用过程阶段中,增加了"喜欢"和"偏好"两个过程。广告心理过程的重要环节包括引起注意、增强记忆、产生联想、诱发情感。广告的心理功能包括诱导功能、认知功能、教育功能、促销功能和便利功能。

广告创意是形成关于广告表现的基本概念的过程，是广告制作的依据。它包括广告创意的心理素材，广告信息的再造想象，广告构思中的创造想象。广告诉求的基础是消费者的心理需要，广告诉求的两大基本方式为理性诉求与情感诉求。情感的影响有以下几个方面：影响认知、影响态度和影响体验。广告中常见的情感类型为美感、亲热感、幽默感和害怕感。在广告设计中，颜色、插图、字体、广告歌和文案广告语等元素，都有可能与一定的情感体验发生联系，因此，它们常被用来诱发特定的情感。在广告实施中，各类媒体对受众心理的影响力各有其长处与短处。广告媒体的选择要考虑特定受众的接触频率、广告商品的固有特征，及媒体本身所具有的性质。

除通过广告可以传播信息外，营销信息沟通也可以传播信息，常见的营销信息沟通方式有人员推销、营业推广、公共关系、直复营销和网络营销这几种。

自 测 题

1. 如何理解广告心理机制的 L&S 模型？
2. 广告有哪些心理功能？
3. 广告的情感诉求有哪些方面，如何进行？
4. 举例比较主要媒体广告的心理特征。
5. 如何选择商品的广告媒体？
6. 人员推销有何心理特点？
7. 什么是信息沟通？如何运用信息沟通？
8. 直复营销与网络营销在信息沟通方面各具有哪些优势？

案 例 分 析

台湾诚品书店营销传播模式

台湾流传着一个说法：如果说 101 大楼是台北的地理地标，那么，诚品书店则是台北的文化地标。台北被世界认为是"最佳居住城市"的原因之一也是这里有书香满溢的诚品。诚品书店诞生于１９８９年，在台湾有近 30 年传奇式的发展并产生了世界性的影响。日本作家新井一二三曾说过："我曾经有一次认真考虑搬到台北，为的是一家诚品书店。"

诚品有着系列独具特色的现象：精英定位、卖场化经营格局、店面风格化设计、后现代式品牌传播模式等。

一、"经营顾客"——诚品经营模式的核心

诚品核心经营策略，是对"顾客份额"的追求，而非"市场份额"。"市场份额"是指，某产品或企业的销售量，在该类市场总销售量的比例，它是以顾客的群体为评估单位；而"顾客份额"是指某产品或企业的销售量，在一个顾客该类消费中的比例，也称为顾客的钱袋份额，它是以单一的顾客为评估单位。因此，这种思想是将顾客看作不同的个体，尊重其个性化需求，并从顾客行为特征来看问题。

"顾客份额"的营销依据在于：通过对消费者行为的追踪，设计满足其消费行为的多类商品和服务项目的组合，延长和延伸其停留卖场内的时间、空间，一次性，多消费。从而提升卖场的赢利水准。例如，诸多商圈集中了餐饮、购物和休闲为一体，正是因为消费者这三类活动往往集合在一起的。聚合了这三类业态的综合商厦或卖场的赢利能力自然大大增强。

对诚品来说，追求"顾客经营"从几个方面来实现：精英定位与价值观，诚品书店的英文名称就是 Elite，精英之意。这种精英化定位，不仅使得诚品与其他书店产生了极大的差异化，也使得顾客购书的"文化消费"的意味得以强烈提升。

二、城市文化卖场——"静态"与"动态"结合的"延伸阅读"思想

之所以称为城市文化卖场，是因为它不是针对周边稳定的居民消费群体，而是针对流动性客群，故称之为城市卖场；而之所以不是综合商厦，是因为它是以书业销售为主题的，因此称之为文化卖场。

诚品追求"延伸阅读"，这不仅表现在基于顾客行为学上的、丰富多元的经营规模和内容，表现在产品上，不光中外文书籍，而且有文具玩具、影音制品、还有餐厅和咖啡厅、儿童用品、以及家具、画廊、花店、瓷器、珠宝等场馆；同时，这种静态的阅读又结合了动态的阅读——"音乐会、报告会、座谈会、表演与展览等各类活动内容。每年的2月~12月，诚品都将举办专题讲座，使书店变成了"书院"，总计每年举办约500场演讲与展览。

在坚持人文、精英定位的同时，诚品大胆突破连锁业的标准化统一化要求，主张"连锁而不等同于复制"，主张阅读与地缘结合，各分店大胆和周围人群消费特征结合。如敦南店以"人文艺术阅读"为定位，科博店以"自然生态"为定位，而天母店则以"休闲生活"为定位。青少年聚集的台北西门町，就多摆了漫画与罗曼史的图书区。如此，诚品将书店提升为购书、文化消费、休闲综合场所，满足了现代人生活的多元需求。

在一次"看不见的书店"征文活动问卷调查中，被访问者提到："能不能有一家不打烊的书店？"诚品先试办了一次"今夜不打烊"活动，从早到晚安排诸多节目，以飨来者，结果人如潮涌，以后即尝试24小时营业一试就成功。"半夜逛书店"因此成为台北独特的夜生活。这与台北国际化24小时活动城市的规律不谋而合。

晚上11点多，年轻人最爱流连的西门町已是门可罗雀，生意兴隆的小吃摊也纷纷开始忙活着打烊歇业。但距此不远的诚品敦南店却依然如同白天一样不断有顾客光顾，所谓"越夜越美丽"，作为一家有魄力将营业时间开放为24小时的书店，诚品敦南店已成为不少都市"夜猫子"的专属乐园，必去之地，这项亚洲首创的举措，马上受到爱书人的热烈响应。

当时它打出的口号是"知识无终点，读书不打烊"，而这种营业模式改变的不仅仅是传统书店的经营生态，更是公众的阅读习惯。

三、基于顾客认知和行为模式的书籍陈列模式

书店的书籍分类与陈设模式，是按业界标准，还是按照顾客认知和行为模式？诚品敢于打破传统的图书分类，大胆创新类。如别具特色的性别研究、台湾研究与自然生态环保等，逐渐开发了许多台湾先前尚未成熟的出版书种。书种的组合更是诚品的经营特色。诚品不追求大热门畅销书，大胆冷门的好书，即使已在书架上睡上3个月的书也不把它送入仓库，逆势操作，销售往往奇佳。诚品则靠对消费者的强劲吸引力，形成的消费者网络，使冷门变热门。诚品基于对顾客行为模式的尊重，把书籍分类和陈设生动化，实现了对书的"二次阐释"。

四、时尚迷醉的品牌传播

诚品与台湾"意识形态广告"的合作诚品品牌影响力的主要原因之一，还在于其品牌打造。诚品与台湾著名的意识形态广告多年合作，并因为意识形态广告独特的创意风格和品牌观念而使品牌宣传达到了影响台湾时尚风潮的效果。

台湾意识形态广告公司，以台湾中兴百货和诚品书店的客户服务而出名。其创作特色是为"消费者立法"的意识形态主张和倾向。意识形态广告公司对台湾社会发展的某种后现代主义特点有深刻洞察：从农业社会向工业社会、工业社会的快速转型；从乡村向城市的快速发展；从封闭到开放所导致的社会失去重心的失重感；从传统到现代的价值失落和诗意怀旧，种种情态组合的复杂情绪。以后现代主义的创造风格，深刻表现了在消费文化盛行的世纪末个人主体意识与物质崇拜之间相互膨胀、挤压的紧张关系，丧失主体性的消费者在抵制物化而又内在适应的过程中的精神状态。通过提出种种标新立异，修辞上特具创意性的贴近消费，使消费者在令人眼花缭乱的、场景化和仪式化的广告表现情景中，获得极其强烈的消费愉悦。

模式可以被借鉴坚守无法被模仿。每个书店业者提起书店未来之路，必会提到诚品模式。但至今为止，诚品一直被很多书店争相效仿，却始终处于"一直被模仿，从未被超越"的状态中。在书店里开个咖啡店简单，但在诚品模式成功的背后，很多人忽视的是那份坚持——那份连续亏损15年依然坚守不动的文化理想。

(资料来源：阎峰，上海交通大学，网络，2015.7)

问题：1. 台湾诚品书店营销模式有哪些特点？
2. 为什么说诚品经营模式的核心是"经营顾客"？

阅读资料

肯德基在中国市场的广告策略分析

　　肯德基产品上市以及推广的视觉宣传活动主要锁定在平面广告宣传和媒体广告宣传上。平面广告设计主要是以上市新产品为表现对象，诱人美味的产品占据画面的主体部分，以上市产品的美味形象来吸引消费者的眼球，抓住消费者的胃口，让人看过便垂涎欲滴，忍不住要试一下新口味。新产品推广过程中的海报、招贴以及报纸广告多采取这种设计表现形式，这种宣传方式将产品最直接的呈现在消费者面前，将信息赤裸裸地传达给消费者，以视觉传达来刺激消费者的生理感受，引发消费者的食欲，从而对产品产生兴趣，以此达到产品促销的目的。新产品上市，每一家连锁店会将该产品的宣传海报张贴于店内及店外，让新老顾客第一时间了解到新产品的信息。另外，伴随新产品上市，全国各地的连锁店还会根据本地消费状况，印发一系列产品优惠券，在新产品宣传的同时达到刺激消费的目的。可以说是"一石两鸟"之策。

　　肯德基对于新产品推广过程中的媒体广告宣传可谓用心多多，主要的还在于电视广告宣传。电视广告似乎通常被认为有些"王婆卖瓜""自吹自擂"，对观众来说创意上多了些雷同少了些新意，因此多数中国观众对电视广告皆抱有反感的态度，特别是没完没了的轰炸式广告，而对于肯德基的一系列产品宣传广告则另眼相看。

　　首先，情感融入是肯德基电视广告宣传在中国能够深入人心的制胜关键。情感生活对于每个人来说都是生存的意义所在，中国人向家，重团圆，重感情。可以说，传统中国农业社会的生活形态是孕育"人情文化"的温床。在中国传统社会，主要的经济活动是农业生产，家庭是最基本的社会单位，个人随家庭在固定的土地上从事生产，生于斯，长于斯，老于斯，终于斯。日常生活中接触的人，除了家人便是亲戚，街坊或邻居。在这样的社会背景之下，传统中国便以儒家伦理为基础，发展出一套以"情"为中心的行为规范。都市化和工业化虽然改变了传统生活形态，但中国人的亲情，人情观不但不会消失，而且在现代社会中以感性诉求得以丰富展现。肯德基巧妙地将情感表现融入产品宣传，将亲情、爱情、友情与产品牵线，将产品的特色融于简洁的系列故事情节中，让人留下美好的记忆。

　　大约80%～90%的肯德基电视广告采用了"生活剧场"式的形式，肯德基的一位广告创作主管认为，广告不仅是对产品和活动的宣传，还应该反映消费者在真实生活中与品牌的情感联系。所以，肯德基开始尝试制作拍摄"生活剧场"式的系列电视广告，以一个普通人家为背景，让这一大家庭内的老少人物分别作为主角，用生活化的方式"讲述"中国老百姓的快乐美食故事，让广告反映人们每天的日常生活，让消费者从广告中看到自己生活中的故事在广告中显现，具体、生动地表现肯德基是人们生活的一部分。如小波是一个电脑工程师，年轻有活力，他生活在一个普通的六口之家，有慈爱的父亲天宝、母亲淑芬，姐姐家玲(公司职员)、姐夫李捷(中学教师)和调皮的侄子小伟，小波还有一位爱慕的女友——佳妮。爱家、团圆是中华民族崇尚的优良传统，爱情、流行时尚是年青一代的追求，肯德基正是以此为切入口，从连续播放的一系列的肯德基电视广告"故事"中，你可以感受到一家人其乐融融地分享"外带全家桶"晚餐的温馨和快乐；可以倾听到小波为心爱的女友佳妮递上肯德基新品甜点"香芋甜心"时流露出的真情实意；可以分享到小波带着侄子小伟、女友佳妮到餐厅品尝肯德基喷香的"香辣鸡翅"时的开心，有趣的情节将普通老百姓家庭的快乐生活与肯德基美味食品巧妙结合，广告在这种故事中不断地自然讲述、展开。

广告策略非常重要，它为消费者需求与产品或服务在沟通上找到了一个切入点。通过这一点，让两情相悦，实现品牌价值。肯德基视觉宣传的本土化路线，决定了电视广告创意表现的中国情结，肯德基新产品推广过程中，对中国市场"对症下药"的战略不仅仅表现在"生活剧场"式的系列电视广告，可以说，肯德基的每款产品上市所伴随的电视广告都是用心良苦，用情至深。

对传统文化的把握是肯德基电视广告宣传的另一个亮点。全球范围内，广告中不断提高的地域文化因素体现了典型的营销本土化特征。国际广告寻找的是市场，传播的是信息，宣传的是产品，然而其目标对象却是处于与本国文化环境迥异的、特定文化环境中的消费者。因此，国际广告实施本土化策略有其自身的根据和充分的理由。所谓传统文化，是指中国几千年文化发展史中在特定的自然环境、经济形式、政治结构、意识形态的作用下形成、积累和流传下来，并且至今仍在影响着当代文化的"活"的中国古代文化。它既以有关的物化的经典文献、文化用品等客体形式存在和延续，又广泛地以民族思维方式、价值观念、伦理道德、性格特征、审美趣味、行为规范、风尚习俗等主体形式存在和延续。并且，这些主体形式的文化都已内化为国人的文化心理和性格，深深融入社会政治、经济、精神意识等各个领域，积淀为一种文化遗传基因。这种文化遗传基因根植于每一个广告受众的心理图式里，然后像"过滤器"一样，下意识地过滤掉与受众累积起来的传统文化基因相异或相斥的广告信息，选择性地接触、理解、记忆与之一致的广告信息。中国的传统文化可以说是博大精深，肯德基在产品宣传中与中国传统文化的结合更可以说是巧妙至极，从原始壁画到国粹京剧，再到"席卷而来的中国龙"，可以说肯德基的每次尝试，都席卷了我们的内心世界。

时尚、流行文化的跟随是肯德基永不落伍的关键。肯德基进军中国，首先就将消费目标群锁定在了年青一代的身上，独具慧眼地意识到这个巨大潜在的消费群体。因为年轻的消费人群更加适应统一标准的食品，他们对快速的服务有需要，并且他们可以在一定程度上忽略价格的因素。尤其对中国的年轻消费者而言，作为高学历、高收入的人群，他们正是美国快餐文化最大的崇拜者和推广者。年轻人对新事物感到新奇，对时尚潮流紧追不舍，渴望自我个性的张扬，魅力的绽放。时尚一般来说是一种现象，但对于喜欢潮流的年轻一族来讲，时尚就是主流文化。音乐是时尚，体育是时尚，时装是时尚，唐装也是时尚……

当然，饮食文化也可以成为一种时尚，时尚无定式，时尚也无规则。时尚不是媚俗，里面包含着人类最基本的对美丽的追求和对个性的塑造，也是在满足生活需求以后情感需求的突出表现，是社会进步的标志。时尚的消费已经超越了产品和价值本身，成为身份、个性的象征。时尚的流行加十足的美味，思想的自由宣畅加美食的亲切自然，将自由、个性、爱情、流行文化统统收入肯德基的时尚快餐食谱当中，不信你会不来。

肯德基在巩固老产品的基础上，不断推出新产品来迎合中国人的饮食口味，伴随新产品推广过程中的视觉宣传，肯德基做到了与消费者的良好沟通，为消费者传递信息的同时，更有利于品牌的强化，企业文化的弘扬，真正将自己的"本土化战略"进行到底。不知不觉，人们已经发现，我们的生活因为有了肯德基而更加有滋有味，正是"有了肯德基，生活好滋味"。

(资料来源：http://hi.baidu.com/stuvok/blog/，2007.12.6)

第十章

当代中国社会消费心理和消费行为

学习目标：从衣、食、住、行几方面掌握我国消费者和消费层次变化；明确个性消费的含义及个性消费产生的经济和文化背景；掌握绿色消费的含义及我国的绿色消费的内容；掌握我国居民消费的城乡差异和地区差异；掌握消费误区的各种表现和消费者教育。

关键概念：消费心理(consumptive psychology) 个性消费(individual consumption) 绿色消费(green consumption) 消费观念(consumptive conception) 消费差异(consumption difference)

引导案例：

> ### 定制产品的消费心理解读
>
> 消费者越来越倾向于个性化的消费，而且，越是价格较为昂贵的时尚奢侈品，这个特点越突出，因此，定制消费就应运而生。消费者喜欢定制消费，不仅仅是从所拥有的产品本身，同时也是消费个性化心理的体现。
>
> (1) 随心所欲的心理实现
>
> 时尚的一个主要特征，就是消费者可以按照自己喜欢的方式来展现自我，而凡是可以标准化和规模化的产品，消费者总是会觉得有很多缺憾，而这些缺憾因为工业化规模生产的模式而很难得到改变。因此，消费者更希望企业可以按照自己喜欢的方式来设计和开发产品，而不是把很多已经成型的产品推销给他们，消费者参与在当前的消费市场已经成为了一种新的需求。
>
> 从很多领域的 DIY 设计开始，消费者越来越希望能够有一些能够实现自己想法的个性化的产品，电脑、家居用品的 DIY 模式就是这种消费趋向的代表。比如，消费者为了体现自己的个性，喜欢可以换外壳的手机，换外壳表面上看只是一个简单的形式，但是对于消费者来说，却是消费者的随心所欲、自己做主、自我时尚的心理表现，如今，顺应这种需求已经让耐用品的周期开始缩短，比如宝马系列车的 Mini Cooper 也可以换外壳，消费者可以在每一年都有着不同外表的汽车，极大地满足了消费者的需求，而作为能够彰显消费者气质和审美情趣的标志产品，例如珠宝首饰和其他的奢侈品，定制产品自然也就成为了满足消费者需求变化的方式。因此，能够按照消费者的要求来定制产品，体现的是消费者梦想的一种实现，同时，也是更好的将消费者个性元素融入时尚潮流的表现。

(2) 时尚"求异"的状态依托

时尚是社会阶层之间进行区隔的标志，作为时尚主导者来说，"求异"是时尚的一个核心要素，而对于时尚追随者来说，"趋同"却是他们跨入时尚潮流的象征，因此，希望引领时尚的阶层总是通过"求异"的方式来区隔其他阶层，这种区隔越明显，越能代表自己的时尚地位，因此，享受"专属"的服务，量体裁衣、度身定做具有独特个性化的产品，就成为了这种求异心理的实现方式。

而从时尚的发展进程来看，最早的贵族消费就是以定制为主的，几十万的晚礼服，上百万的顶级珠宝首饰，这些只被划归在上流阶层的定制服务，曾经一度使富贵豪门生活充满神秘感与奢侈性，而时尚化、个性化、昂贵的专业制作更是把服务推至顶峰。尽管很多定制的奢侈品制作需要花费数天、数月甚至更长的时间，但消费者们并不介意，他们愿意等待，因为对于消费者来说，花一定的时间拥有一个让自己与众不同的产品，也是非常值得的。

(3) 稀有、独特的情感价值表达

为了阻止奢侈品的贬值，很多奢侈品生产商目前都已经通过顾客量身定做产品、销售限量版制衣或推出非销售版手袋等策略来保持领先地位。对于消费者来说，稀少的数量、独特的设计和特别的纪念意义对于他们是一种非常愉悦的感觉，这种感觉远远超越了产品本身的价值。因此，定制版、限量版的产品常常会让很多消费者无法拒绝，甚至痴迷。这与人们希望收藏一个产品，并在未来向其他人津津乐道的传世心理有关，同时也体现了消费者希望抬高身份及通过消费产品来体现自身特权的心理。或者说，这与人们的占有欲有紧密的联系，在这些定制版或者限量版产品消费中，消费者独一无二的个性，对生活品质的追求，以及满心狂热的态度表现得淋漓尽致。

定制版和限量版产品的核心价值就在于它所能提供的独占性、唯一性以及对自己拥有这样的产品的口口传颂价值。而企业只要抓住消费者的心理，"限量"与定制甚至可以成为一种消费特权。比如，很多品牌在销售定制版的产品和限量版产品的时候，还需要买家排队预订或者只卖给VIP会员，这些条件在无形中使消费者认为自己所拥有的东西都是唯一的，从而提升了消费者对于定制或者限量产品的情感价值。

(4) 简单、时尚的生活方式

随着人们生活和消费水平的提高，定制服务目前已经不再是富豪和贵族的专属，个性化的新一代和追求生活品质的消费者已经成为了定制化生活的主要消费群体。因此，对于更多消费者来说，"定制"成为一种简单而时尚的生活方式。

现在很多品牌都在通过定制来传递品牌和生活方式融合的理念，比如在耐克网站上，客户可以设计自己的运动鞋，有上千种颜色组合可供挑选，还可以加上自己的刺绣文字。又如有约80%的买主亲自设计组合自己的宝马Mini Cooper；Google新闻网站允许用户定制新闻，选择自己喜欢的比如体育、技术或名人新闻，并可通过混合现有的标准设计自己的个性页面。这说明，在大众消费能力逐渐提高、选择产品变得更精明的时候，个性化需求将会强劲攀升，特别是在极具潜力的中国市场。

消费者购买时尚奢侈品，不仅仅是为了满足功能需求，而是为了满足彰显自我风采魅力和内涵的精神需求，因此，时尚奢侈品卖的是产品所富含的能够带给消费者情感满足的特殊属性，定制服务让这种情感属性更加发挥到极致，因此，定制是一种消费者个性化价值、参与价值、稀有价值、独占价值的完美心理体现。

因此，关注消费者的个性，关注人们新的生活主张与方式，将会给营销带来更多崭新的思维。

(资料来源：肖明超，中国营销传播网，2008-04)

第一节　我国居民消费心理和消费行为的变化趋势

当社会主义市场经济登上改革开放的舞台，无形却有力的旋律使中国的消费者合着新的历史节拍且舞且唱。1978年以来，全国居民消费规模不断快速扩展，人们的消费水平总体有了较大幅度的提高，无论消费观念、消费方式、消费内容，还是消费品市场供求关系，都发生了一系列重大变化。人们对名牌商品的消费将更加注重，对环保、节能、精神文化等产品的普遍追求，将成为未来消费的时尚。

传统消费比重趋于下降，绿色环保消费比重上升。目前，我国绿色产品已经形成每年550亿元的大市场，城乡居民的绿色消费意识日益增强，"绿色食品""绿色家电"甚至"绿色汽车""绿色住房"等纷纷出现并受到消费者的青睐。

本土产品的消费比重下降，全球化产品的消费比重上升。以往我国居民消费是以国内生产和国内品牌的产品为主，今后，消费国外生产和国际品牌的产品比重将逐步提高。我国居民不仅将消费更多国外的粮食、棉花、植物油、水果，而且将消费更多的国外工业品，享受更多的国际化服务。

生存性消费比重下降，健康发展型消费比重逐步上升。随着城乡居民消费水平的提高，居民生存性消费比重还将进一步下降，而用于健康发展方面的消费比重将逐步上升。一是医疗保健需求旺盛；二是教育消费增长迅速；三是通信服务消费增势强劲；四是精神文化生活消费日益受到重视。

大众化消费逐步减少，个性化消费日渐增多。随着我国居民收入水平稳步提高和全面建设小康社会进程的加快，今后居民消费将不断向个性化、多层次化拓展，消费升级速度快，消费结构优化，从物质消费向服务消费转变，从大众排浪式消费向个性化多样化消费转变，从生存型消费向发展型享受型消费转变，智能消费、绿色消费、旅游休闲、文化娱乐、养老、健康、休闲等逐渐成为新的消费热点。

一、消费层次上升，消费领域扩大

21世纪初，我国消费结构处在重要的转型时期。从消费结构看，我国城镇居民已基本完成以耐用消费品为代表的第一次消费革命，因此"十三五"及其后十年间，城镇将进入第二次消费革命。目前，我国居民实物型消费的比重在减少，精神文化、餐饮、旅游的消费在增加。这些新增消费无论从金额，还是从发展空间来看，都比实物消费更有潜力，如旅游增长空间很大，家用电器更新换代速度也不断加快。这使得整个消费层次和消费结构发生变化，带动了消费总体水平的提高。

随着经济的发展和居民消费水平的提高，旅游业、文化娱乐业、商业、服务业以不可抗拒的诱惑力吸引着消费者，如果说衣、食、住、行的消费是每个家庭的生活消费，那么休闲消费的投入比例随着消费者生活水平的提高有逐年增加的趋势。

节日、假期的旅游消费已列入城镇居民的消费计划之中。逛公园、参观展览馆，去旅游胜地游览，成为一家大小的开心事。生气勃勃的大、中学生们，夕阳分外红的离退休老人，同样喜欢借旅游沐浴大自然的温情，增进同龄好友的情谊。选择旅游的方式度蜜月，也正在成为新婚夫妇的时尚。可以说，旅游在现代消费者心目中已成为生活中的美酒。

文化消费的追求在城市家庭消费中受到重视。订购书、报，学习琴、棋、书、画，既是成年人文雅的休闲方式，也是青少年陶冶性情的需要。现代化的商业设施不仅成为消费者购物的天堂，更是让消费者逛得舒心、大饱眼福，为忙碌疲劳的市民们提供了"潇洒走一回"的新的享受机会。

近些年，休闲消费和休闲产业在我国社会生活中发展特别迅速。休闲消费是指人们在休闲活动中物质与精神产品的消费。休闲产业是指以旅游业、娱乐业、服务业和文化业为骨干而形成的满足人们休闲需求的经济形态和产业系统。休闲产业资源消耗低，带动作用大，就业机会多，综合效益好，既有"朝阳产业、无烟工业"之称，更有"美丽产业、幸福产业"之誉，是典型的资源节约型、环境友好型产业，更是带动国民经济发展的动力产业、富民惠民的民生产业、转变发展方式的先导产业，这与十八大提出的坚持走生态文明发展道路和建设"美丽中国"的展望不谋而合。

我国休闲产业较发达国家相比，发展上尚存在观念落后、休闲产业发展不平衡、品种单一供给不足、与相关产业整合度不高等问题，但前景广阔。据世界旅游组织预测，到2020年中国将成为全球旅游第一大国，中国人通过消费享受休闲的时代正在到来。

随着人们生产、生活方式的提升与改变，民众休闲方式已从单一的旅游休闲过渡到集旅游观光、生态体验、文化休闲、体育休闲等众多层次方式转变。尤其是中国新型城镇化建设迅猛发展，生态、文化、体育、城乡休闲一体化，已经成为中国休闲产业发展的趋势。

科学健康的休闲消费，能充分发挥个人的爱好和专长，可以使人获得自由、独立和自主感,培养并提高自信、自尊,从而促进人的身心健康和全面发展。可以预见,随着国民消费水平的提档升级,我国休闲产业发展的前景广阔,商机无限。

【案例10-1】 2008中国人旅游消费将居世界第二

据法国《欧洲时报》援引法新社消息,世界旅游及旅行理事会(WTTC)2008年3月6日在柏林国际旅游交易展上介绍了一份研究报告。报告公布的数字表明,由于世界经济形势前景暗淡,今年全球旅游开支的增幅仅3%。该理事会预言,2008年中国人在旅行方面开支将超过日本人和德国人,跃居世界第二,仅次于美国。

世界旅游及旅行理事会在研究报告中解释,2007年与旅游有关的开支增长了3.9%。2008年美国经济陷入困境、汽油价高、气候变化前景不明,这些综合因素将使经济增长放缓。但理事会估计,2008年全球旅游总开支仍可达5.27万亿欧元。

公报援引理事会主席博加登的话说,"新兴国家,不论是作为旅游目的国,还是作为向国际提供游客的来源国,都呈强劲发展趋势,这使得旅游部门的前景中期始终看好。"

研究报告预测,旅游部门目前在全球雇用了2.4亿人,2008年还将开创600万个工作岗位。2018年之前,旅游开支平均每年将增长4.4%。

世界旅游及旅行理事会对中国旅游非常关注。据它预测,2008年中国人的旅游开支将接近5900亿美元(近3900亿欧元),上升到世界第二位。2008年在旅游开支方面,中国人仅次于美国人,后者的开支约为1.75万亿美元。中国人的旅游开支将首次超过德国人。同时,中国人也将超过日本人。日本人2008年的开支接近5140亿美元,名列世界第三。名列第四位的德国人今年开支约有5060亿美元。

(资料来源:中国新闻网,2008.03.08)

【分析】随着我国经济的发展和人民收入的增长,到国外及国内旅游、度假、休闲成为我国消费者的一种生活时尚和提高生活品质的有效途径。因此,吸引更多的中国游客也成为世界各国振兴本地经济的一项重要举措。

随着人们生活质量的提高,对空调器、各类新型家用厨具、卫生洁具、健身器、移动通信设备与家用计算机等产品的需求有了较大的增长。经过多年的购买力积累,我国城镇消费热点开始转向家用轿车、商品房等新领域;同时,随着政府减轻农民负担、增加农民收入、改善农村消费环境措施力度的不断增强,农村居民潜在购买力开始逐渐释放,家用电器等耐用消费品的需求呈加速增长态势。

总之,在不同层次上,我国城乡居民消费结构都处于升级换代时期。这一轮消费结构升级所形成的巨大"内需",将为我国经济的持续增长注入强劲的动力,有利促进产业结构调整和产业结构升级,为众多新兴产业的发展提供难得的机遇。

二、个性追求、情感消费

(一)个性消费

社会生活的多样化趋势,使人们的消费者心理和消费行为表现出越来越大的差异,个人消费意识明显提升。例如,20世纪80年代流行的红裙子。当时爱赶时髦的女士恨不得都穿这样一条裙子,大家走在街上,彼此欣赏着。20世纪90年代初,呼啦圈风靡一时,从城市到乡村,从老人到小孩,都爱在腰上套上一个,用力地悠着,自得其乐。可是现在,如此这般趋同的流行,只能作为特殊时代的消费文化封存在记忆中了。相反,今天的年青人更喜欢求异而不喜欢趋同,他们到裁缝店量体裁衣不再是为了省钱,而是要那"独一份";年青人不会再为自己没有和别人一样的红裙子而烦恼,只会因为和别人穿了同样的红裙子而不快,因为时代不同了。

1. 对个性消费的一般认识

个性消费是人们要求自己所使用的产品能打上自己的烙印,让产品体现自己的个性、情趣和心情;或者虽然不能完全自主去设计产品,但至少产品的某一部分可以自由去设计。目前,个性化消费正在我国悄然兴起,那些满足个性时尚、满足各种差异化需求、对市场进行更为细致的划分的商品零售业,受到消费者的普遍欢迎,如职业装、休闲装、淑女装的服饰分类布局,遍布大街小巷的各种别具特色的精品店和专卖店,都是随着人们的个性消费需求应运而生的。

2. 个性消费产生的经济和文化背景

个性消费出现在社会经济发展的中后期,美国和日本分别在20世纪60年代和70年代中后期出现了个性消费浪潮。而我国自社会主义市场经济体制建立以来,短缺经济时代已经成为历史,居民消费结构逐步升级,个性消费也崭露头角。

个性化消费与一定的文化背景相联系。随着社会的进步,民主制度的健全,人的主体意识越来越增强。在社会成员的主体性越来越受到市场重视。尤其是进入新世纪以来,许多消费者已经建立起了成熟的消费观念和消费行为,不再把消费视为一种对商品或劳务的纯消费活动,也不再安于被动地接受厂家商家的诱导,而是要求作为参与者,与厂家一起根据自己的个性需求以及对自身形象的预期选择商品或开发出个性化的商品,一个彰显个性的时代已经到来。

个性化消费的出现还与人们的消费档次提高以及买方市场的出现有关。现代社会,人们的生活水平大大提高了,消费档次也大大提升,他们不再局限于产品最基本最原始的功能,而是要求产品的"文化色彩"或"情感色彩",喜欢通过个性化消费体现自己独特的偏好、修养和情操。另外,我国国内市场的高度繁荣,买方市场的出现,企业间竞争的加剧,使生产者不遗余力地针对消费者的需求差异,不断推出特色鲜明的新产品,消费者可以在众多的同类产品中精挑细选，这些都是个性化消费得以产生的经济前提。

【案例10-2】 车市渐吹 DIY 风，多彩个性初露端倪

如今，市民意识在轿车文化中得到加强，车型日益多样化、个性化，有针对性地满足不同消费者的审美情趣和文化品位。"美人豹"率先提出"跑车 DIY 定制"，提供自助式的全新购车方式，只要在国家允许的范围内，厂家可以按照用户的要求将车子改装得更时尚，更前卫，甚至独一无二。这种"跑车 DIY 定制"模式给"死水微澜"的车市投下了一个石块，引起了一片哗然，"美人豹"的销售一直不太好，但这次的 DIY 定制模式，让不少的用户欣然前往。可见，"以人为本、量身定做"，把一个冰冷的精密机械赋予文化内涵，让轿车成为多彩个性载体的现象已初露端倪。敏感的汽车厂家立即触摸到了汽车 DIY 这一概念带来的商机。其他许多品牌车型，虽然没有打出 DIY 的旗号，但也在个性化售车方式上紧步跟进。

随着新技术的发展，汽车通过计算机模拟设计、试验，开发也变得越来越容易，国外已经实现大规模的订单制生产。国外某品牌汽车制造厂甚至提供一种服务系统，让客户在计算机销售陈列厅里，自己设计所喜欢的汽车结构。客户从大量可供选择的方案中做出具体选择，并可以看到自己选择的部件组装出来的汽车样子。中国消费者在经历了量的消费时代和质的消费时代后，带有感性色彩的个性消费理念将逐渐占据上风。北京现代汽车长江特约店有关负责人告诉记者："如今的消费者，不再安于被动地接受企业经营者单方面的诱导，而是要求作为参与者，与企业一起按照消费者新的生活意识和消费需求，开发能与他们产生共鸣的个性化商品。从订制冰箱、移动电话乃至汽车中，我们能感受到强烈的个性消费气息。尽管为特殊消费群体量身定制并强调个性化的产品策略存在着一定的风险，但也将是一个不可逆转的新趋向，DIY 模式售车将成主流。"

(资料来源：http://www.zynews.com，2004-12-6)

【分析】汽车竞争的加剧，也使得汽车厂商需要进一步增强竞争力，满足消费者的个性化要求无疑是个不错的选择。如今具有高收入、高学历、高信息量的消费者，不再把消费视为一种对商品或劳务的纯消费活动，而是要求作为参与者，与企业一起按照自己新的生活意识和消费需求开发个性化商品。

除汽车定制的个性化需求外，目前生活中个性化消费需求还有哪些？

(二)情感消费

人的需求是无止境的，而物质是有限的，对于生活在经济社会中的人类来说，饱食终日而无所用心的生活决不能令正常人满意，人们已经在寻找各种途径体现自身价值。这不仅有经济问题，还有精神寄托问题。如果人的创造力得不到正常发挥，情感得不到一定程度的满足而只把消费作为惟一的活动，那么人只能向动物界退化，灰色消费、黑色消费就

会应运而生。因此，情感消费呼之欲出。

情感是人们针对客观事物符合主体需要的程度而产生的态度和内心体验，对人的消费行为有重要影响，人们的消费活动实际上是充满情感体验的活动过程。情感包含亲情、友情和爱情。如今，伴随人们消费观念的变化和消费层次的上升，中国居民的情感消费正方兴未艾。人们购买商品时，除注重商品的使用价值外，还重视产品的附加价值，重视自己的情感满足和审美享受。物质生活、精神生活的提高、社会道德风尚的完善、高品位的艺术产品都会给人以愉快感和幸福感，现代人在这些方面的要求比以前更高了，他们花钱不光是要买商品、买服务，还希望买回"荣耀"，买个"好心情"，得到心理上的最大的满足。

人们表达感情的方式，最简单、直接和有效的方法是赠送礼品，礼品行业因此也成为一个充满诱惑力的新兴产业。仅仅从情侣礼品这一个方面分析就可以发现其巨大的市场潜力，欧美情侣礼品年贸易总量近1000亿美元。中国人在情感消费上也不甘落后，再吝啬的人，为爱情付账也大方；而大方的人，为爱情买单更豪爽。随着国内经济的不断发展和国民收入的高速增长，人们对情侣礼品用品的需求与日俱增。痴情男女常常为寻找一件自己中意的礼品送给对方而挖空心思、绞尽脑汁、多方寻觅而求之不得，情侣礼品行业将成为最赚钱之一的新兴产业。

精明的营销者一般比较善于研究消费者心理需求和情感变化，他们以商品、品牌、包装"传情"，往往能事半功倍，取得意想不到的销售效果。例如，改变计算机机箱千台一面的长方形、白颜色的传统模样，将机箱设计成外形各异、色彩多样的造型，由此，增加了消费者的选择余地，给他们带来了美感；把钟表制成或古朴或稚拙的不同形状，使人们在看时间的同时获得艺术上的享受；给商品设计鲜艳、漂亮的包装，让人们赏心悦目、爱不释手；为商品起个好名字，如"喜临门""爱妻号"等，这些名字温馨动人的产品，在市场上，更容易诱发消费者掏钱购买的欲望。在市场营销的过程中，针对消费者的情感需求，在设计产品，策划广告，组织营销活动中诉诸感情，已成为厂家和商家的制胜法宝。

【案例10-3】 "亲子装""情侣装"，借情感聚财富

依百度的"亲子装"和"情侣装"在2005年的试销期内反映出奇的好，多少有些出乎管理层的意料，这令他们对全面拉开2006年"情感"系列服饰的战线充满信心。

在刚刚举行的依百度2006年新装新闻吹风会上，发言人向人们展示了该公司新设计的至少50款亲子装、情侣装、姐妹装的样稿，表明依百度2005年以亲子装、情侣装等为代表的"情感"系列服饰的市场过渡期宣告结束，2006年将全面引燃"情感"服饰市场的战火，依百度及其加盟商的收获季节将迎来第一轮高潮。

依百度是国内首家推出"家庭情感"服装系列的营销商，由于这是首次在中国内地市场推出"情感"服饰概念，并不能百分百肯定市场结果如何，故将2005年设为"情感"系列试水年，主要推出"亲子"和"情侣"两个品种共14款服装向市场抛出，同时，拿出其

惯用的"杀手锏"——连锁加盟营销模式，向全国发展部分代理商。结果除了加盟商发展照例顺利外，其首推的"情感"系列服装市场反应竟然出奇地火爆，10万件产品很快在各地加盟商手中脱销，而且大大缩短了事先预计的时间。显然总部反映大喜过望，迅速启动早已筹谋好的"情感"服饰计划，将包括"亲子装""情侣装""夫妻装""姐妹装""兄弟装""祖孙装"等十余个"情感"系列、共50款、50万件服装顺利生产出来，并大面积向各地加盟商铺货。

解读未来服装流行是一件有意思的事情，人们不知道未来，但可以预测未来，而对未来的判断总是陷于各执一词、纷争不止。依百度在2005年的"家庭亲情"神话让他们停止了争吵，因为没有人否认这样一个事实，那就是：通过让父母和子女、兄弟姐妹、夫妻、恋人等穿着色彩、款式统一的服装，来表现温情与爱的确是一个伟大的创意。衣服不再是一件简单的物品，而是被赋予生命和情感，使之能说话、会表达，深深打动了消费者心灵。专家们不得不承认依百度的创意具有如此出神入化的境界，令我们传统的服装黯然失色，它不仅仅是抓住了一个别人没有想到的和拥有的卖点，而是捕捉到了一个鲜活的灵感，令人神往、令人感动，挥之不去、无法忘却。专家普遍认为透过服装表达情感，不失为一个好的创意。服装中加进感情因素，增进人与人之间的关系，作为未来流行元素是不容忽视的。依百度服饰打"情感牌"表明他们对服装市场消费风向的把握不仅敏感，而且及时、准确。

(资料来源：http://life.sina.com.cn，2006-01-9)

【分析】现代市场营销理论认为，消费者的需求大致可分为三个阶段，即"量和价的满足时代""质的满足时代"和"感性的满足时代"。在感性的满足时代，商品只有做到"时尚化""风格化""个性化""情感化"，以深厚热烈的情感为基础才能赢得消费者的心理认同，从而产生消费欲望与购买行为。依百度的"亲子装"和"情侣装"借助情感设计、情感包装、情感广告、情感促销等策略，最终获得了成功。

三、绿色消费，商机无限

(一)绿色消费的含义

绿色消费的含义是一种以"绿色、自然、和谐、健康"为宗旨的，有益于人类健康和社会环境的新型消费方式。消费者意识到环境恶化已经影响其生活质量及生活方式，要求企业生产并销售有利于环保的绿色产品或提供绿色服务，以减少对环境的污染和破坏。在国际上，绿色消费已经变成了一个"广义"的概念，即节约资源，减少污染，绿色生活，环保选购，重复使用，多次利用，分类回收，循环再生，保护自然，万物共存。中国消费者协会在公布2001年消费主题——"绿色消费"的同时，也提出了"绿色消费"的概念，包括3层含义：一是倡导消费者在消费时选择未被污染或有助于公共健康的绿色产品；二是在消费过程中注重对垃圾的处理，不造成环境污染；三是引导消费者转变消费观念，崇尚自然、追求健康，在追求生活舒适的同时，注重环保，节约资源和能源，实现可持续消费。

(二)绿色消费兴起的原因

1. 生活质量的提高使人们对健康格外关注

从狭义上看，绿色消费的重点是"绿色生活，环保选购"等直接关系到消费安全健康方面的内容。绿色食品以其无污染、安全、优质、保健等独特优势而引起全球的广泛关注。绿色食品已走上千家万户的餐桌，走向人类未来的生活。"绿色革命"悄然兴起，市场红火，已显示出"朝阳产品的"的勃勃生机。我国市场上，带有绿色食品标志的真空包装的山野菜、甜橙饮料、小包装大米及各种奶制品，尽管其价格比同类普通食品高好多，但人们还是愿意为其慷慨解囊。

有关专家认为，21世纪将成为"人类生命科学的世纪""产品质量创新世纪"。"绿色消费"同样是21世纪的世纪主题。我国作为世界农业大国，绿色食品资源丰富，绿色产业开发潜力巨大，绿色市场销售情景看好。应该看到，我国现有的绿色食品无论数量还是质量，于发达国家相比差距甚大。面对新世纪，中国绿色产业发展机遇与挑战并存。绿色食品的走俏为营销者提供了无限商机，有识之士要认清这个消费趋势，全力投入对绿色产品的开发，让更多、更好、更优的绿色食品走向市场，走向家庭的餐桌，走出国门，给世人的生活多添一份"绿色"。

人们逐渐钟情于无污染的、环保的食品，尽管它们的价格要普遍高于同类产品。但是随着绿色经济的发展，绿色消费已经不仅仅局限于绿色食品，还包括绿色家电、绿色服装、绿色住宅等。而且，绿色消费也不仅仅局限于个人，绿色农业、绿色环境、绿色化工、绿色技术等宏观层面的绿色消费也在迅速发展。

2. 环保意识的增强使绿色消费深入人心

消费者的绿色消费心理需要有多元成因，生态环境的恶化是其产生的主要根源。一个生病的地球，一个恶劣的环境，对人类的威胁不仅是身体方面的，更是精神方面的。环境的悲观前景以及环境问题的复杂与艰巨，会造成人类内在的不安、愤怒、绝望与无助。人们产生了"生存危机"的感觉，而所需要的健康和安全的感觉却没有得到满足，于是为了安全和健康的生活，人们的绿色消费需要就随之产生了。随着经济的发展，人们的物质生活极大丰富，追求高品质的生活成为人们日益关注的焦点。这种高品质是一种超脱了"物质"的生活，它注重"质"而非"量"，它追求一种真、善、美的和谐和自然的生活，使自己享受真正的快乐。

(三)我国绿色消费所提供的商机

1. 绿色食品消费

绿色食品是经专门机构许可,使用绿色食品标志的无污染、安全优质、营养类食品的统称。由于与环境保护有关的事物,通常都冠以"绿色",为了更加突出这类食品出产自良好的生态环境,因此定名为绿色食品。绿色食品必须具备以下条件:产品或产品原料的产地必须符合农业部制定的绿色食品生态环境标准;农作物种植、畜禽饲养、水产养殖及食品加工必须符合农业部制定的绿色食品生产操作规程;产品必须符合农业部制定的绿色食品质量和卫生标准;产品外包装必须符合国家食品标签通用标准,符合绿色食品特定的包装和标签规定。

随着城市居民物质生活水平的不断提高,高质量、卫生达标、安全可靠、富含营养的食品成了人们在饮食上的新追求,越来越多的消费者选用自然生长的食材所制作的绿色有机食品。

2. 绿色服装消费

人们的生活离不开服装。绿色服装代表着当代国际服装的流行趋势。现代消费者在追求美观的同时,更加注重舒适和健康。消费者倾向于选择丝绸棉麻原料制作、耐穿的、易打理的、式样简洁的服装,希望有更多无污染的服装面料出现。绿色消费者倾向于选择耐穿的、易打理的、式样简洁的服装。消费者希望有更多无污染的自然服装出现。绿色服装在国外(尤其是在欧美等发达国家)早已是家喻户晓。据国外有关调查资料表明,相当多数的消费者愿意为环保服装支付较高的价格,在世界上最大的服装生产和出口大国——中国,绿色服装的市场前景很广阔,即使价格偏高,也有四成左右的人表示愿意消费绿色服装。

3. 绿色家电产品消费

随着绿色消费浪潮的兴起,绿色家电产品也层出不穷,例如,绿色冰箱除采用无氟制冷外,还采用杀菌保鲜、抗菌保质、健康卫生的 ABS 材料,从而在确保食品新鲜的同时有效抑制箱内有害气体,净化空气,高效节能;绿色洗衣机则将清洁衣物与消毒灭菌结合在一起,操作简便,安全卫生,这实际上也是迎合了消费者的环保需要和绿色消费意识。与此同时,环保型的微波炉、热水器、手机、水处理机、计算机等产品也纷纷占领市场。调查显示,虽然传统的消费观念和经济条件等因素起了一定的制约作用,但是仍有 23.1%的消费者对绿色家电表示关注,并愿意在购买家电时首先考虑购买绿色产品。

4. 绿色家居建材消费

家居环境的美化成了人们生活质量提高的重要标志之一。随着生活水平的提高,消费者在家庭装修中不仅要求设计新颖、质量过关、价格合理,更希望自家的装修也能成为"绿色工程"。但是，由于目前装饰材料中普遍含有大量的化学物质，造成工程竣工后室内空气中含有高浓度的有毒、有害气体，消费者在居住中长期呼吸这些气体，严重损害了身体健康。因此，无毒、无污染、有利于人体健康的绿色建材成为人们装修房屋时的理想选择，受到消费者的欢迎。

【案例10-4】什么绿色建筑？

所谓绿色建筑首先要明确：四节一环保，即"节能、节地、节水、节材和环境保护"。

节能：积极推广应用新型和可再生能源。合理安排城市各项功能，促进城市居住、就业等合理布局，减少交通负荷，降低城市交通的能源消耗。

节地：合理布局，科学规划，提高土地利用的集约和节约程度。工业建筑要适当提高容积率，公共建筑要适当提高建筑密度，居住建筑要在符合健康卫生和节能及采光标准的前提下合理确定建筑密度和容积率；深入开发利用城市地下空间，进一步减少粘土砖生产对耕地的占用和破坏。

节水：降低供水管网漏损率。重点强化节水器具的推广应用，提高污水再生利用率，积极推进污水再生利用、雨水利用。着重抓好设计环节执行节水标准和节水措施。合理布局污水处理设施，为尽可能利用再生水创造条件，绿化用水推广利用再生水。

节材：积极采用新型建筑体系，推广应用高性能、低能耗、可再生循环利用的建筑材料，因地制宜，就地取材。要提高建筑品质，延长建筑物使用寿命，努力降低对建筑材料的消耗。大力推广应用高强钢和高性能混凝土。积极研究和开展建筑垃圾与废品的回收和利用。

环境保护：实现居住区生活垃圾按照"分类分拣"袋装化进行归集处理，采用垃圾生化处理技术。积极推广绿色建筑、生态建筑等新理念，积极开展绿色居住小区试点和推广工作，结合实际制定可操作性的绿色居住小区标准。

绿色建筑的关键是：低碳、节能、减排、节约资源、保护环境、可持续发展、减少环境破坏、保持生态平衡、减少温室气体排放。

绿色建筑的建造特点包括：对建筑的地理条件有明确的要求，土壤中不存在有毒、有害物质，地温适宜，地下水纯净，地磁适中。绿化种植适应当地气候和土壤条件的乡土植物，选用少维护、耐候性强、病虫害少，对人体无害的植物。

建筑中应尽量采用天然材料。木材、树皮、竹材、石块、石灰、油漆等，要经过检验处理，确保对人体无害。还要根据地理条件，设置太阳能采暖、热水、发电及风力发电装置，以充分利用环境提供的天然可再生能源。建筑内部不使用对人体有害的建筑材料和装修材料。室内空气清新，温、湿度适当，使居住者感觉良好，身心健康。在建筑设计、建造和建筑材料的选择中，均考虑资源的合理使用和处置。要减少资源的使用，力求使资源可再生利用。节约水资源，包括绿化的节约用水。绿色建筑外部要强调与周边环境相融合，和谐一致、动静互补，做到保护自然生态环境。

所以，绿色建筑的基本可归纳为：减轻建筑对环境(整体环境、周边环境)的负荷，最大限度的从技术上节约能源和资源的损耗；提供安全、健康、高效、舒适性良好的生活空间；在建筑的全寿命周期内，最大限度地节约资源和能源、保护环境、减少污染，达到与自然环境亲和，做到人、建筑与环境的和谐共处、永续发展。

(资料来源：张小二，http://www.zhihu.com/question/知乎)

【分析】如今，消费者意识到环境恶化已经影响其生活质量，开始崇尚追求自然、健康的生活方式，注重环保。调查了解你所居住的居民小区哪些方面达到绿色建筑的标准，哪些方面没有达到。

四、消费观念，趋于多元

(一)影响消费观念变化的因素

1. 消费环境的变化与消费观念

消费观念是人们对待其可支配收入的态度以及对商品价值追求的取向。消费观念的形成和变革与一定的生产力发展水平相适应，同一定社会的传统文化和主流的社会意识形态有着密不可分的关系。

我国封建社会历史悠久，封建社会由于生产力水平低下，其典型特征就是生产不足，因此，我国自古以来就有"黜奢崇俭"的消费观，《左传》有言："俭，德之共也。侈，恶之大也。"，许多封建社会的思想家如老子等都视节俭为中华民族的传统美德，而把奢侈看作万恶之首。

计划经济体制所造成的物资短缺、生活资料的匮乏进一步强化了人们"黜奢崇俭"的消费观。量入为出，计划消费是当时中国人推崇的持家之道，政府长期实行的低收入政策和不鼓励消费的政策，更强化了人们节衣缩食、"攒够钱再花"的消费习惯。直到改革开放后的今天，传统的消费观念的影响依然存在。近几年来，我国政府为了抑制通货紧缩、扩大内需，先后出台了一系列的政策措施，但效果并不十分明显，原因之一，就是过分保守、谨慎的消费观念抑制了即期消费，造成了购买力的延期实现，使居民新增收入中用于消费的比重逐渐降低，在相当程度上弱化了政府各项经济措施的预期效果，制约了消费对生产的刺激作用和导向作用。

我们现在所面临的经济发展环境与过去已有很大的区别，过去是短缺经济，现在是产品过剩，如果我们的消费观念滞后，就于社会发展无益，同时还会影响自己和家庭生活质量的提高，因此，改变陈旧的消费观念，已成为当务之急。

如今，传统的消费观念的禁锢已经开始动摇，新的积极的消费观念正在形成，如果说，在老年人、低收入阶层中，传统的消费观念仍占主流的话，在年轻人、高收入阶层中，新的消费观念已初见端倪。即兴消费、趋时消费、借贷消费等行为在现实生活中已屡见不鲜。

突出表现是，借款买房已经被大多数消费者所接受，大多数居民住房条件的改善就是通过向银行申请贷款而提前实现的。包括贷款购买汽车等大件商品。既敢于消费，又善于消费，按照现代消费观念当家理财的人越来越多了。

市场经济的深入发展带来了消费品市场环境的变化，同时也引起了消费者消费观念的变化。应该看到，不同的收入状况、不同的家庭结构、不同职业、不同年龄的群体，持有不同的消费观念、选择不同的消费方式和消费行为，是正常的事情。消费观念的变革是一个长期的过程，涉及多方面的因素。随着国家经济的发展，人们对未来收入预期信心的增强，人们花钱会越来越潇洒，消费对经济增长的作用会越来越明显。

政府在制定一系列扩大内需的宏观经济政策的同时，也要鼓励和倡导新的消费观念，制定相应的消费政策，使积极的宏观经济政策与积极的消费观念相得益彰。保证生存消费，鼓励发展消费、适当享受消费，反对不良消费习俗的有害影响。凡是来源于自己和家庭的合法收入的、能提高城乡居民生活质量的消费都是社会允许的，我们反对的只是黄色消费、白色(毒品)消费和公款高消费，需要加以控制的是违法违规的集团消费。此外，继续保持国民经济和城乡居民收入的稳定增长，改变一些人的不良消费预期，为人们消费观念的更新奠定坚实的物质基础，消除其后顾之忧；完善金融信用服务体系，积极推广信用、分期付款等现代消费方式，通过实践引导消费观念的转变和更新。

2. 社会风尚的变化与消费观念

1) 效率消费观念

在社会主义市场经济的构建中，为适应新机制运作的需要，人们的时间和效率观念空前增强。与此相关联的消费观念和消费模式已成为中国社会的一种新时尚。时间和效率的观念及利用程度，一向能反映社会发展的速度和国民的整体素质。

曾几何时，改革加快了人们的生活节奏，振作了人们的工作精神。民族腾飞的紧迫感，使越来越多的人有了效率的意识和要求，为消费者的求快需要而开设的餐饮业、服务业应运而生。洋快餐——肯德基、麦当劳刺激了中国消费者的胃口，也启发了中国人从吃上节省时间，从吃上发财致富。中式快餐店、快餐车、快餐摊点、送餐上门的开设，以及速冻食品系列、方便食品系列生产的开发，大大节省了人们吃饭的时间；"立等可取"的招牌及各种服务摊点成为城镇街头一景；服务、加工项目从印名片到修拉锁，包罗消费者需要立即服务的各个方面；邮政部门为信息社会开辟邮政特快专递，满足了消费者对信息传递时效性的需要。这些消费心理和消费行为的变化，反映了消费者注重效率的消费观念和"用钱买时间、用时间创造金钱"的新时尚的形成。

2) 保健消费观念

随着现代科学技术的发展和人们对自身认识的深化，保健意识开始渗透到人们生活的各个方面。消费者不再只求吃饱饭，还要讲求科学吃饭，要求对健康有利。各种保健食品都属中高档消费品，消费者仍乐于根据需要选购。服装和日用品的保健功能也日益增加，成为保健品生产厂家争相开发的方向。另外，适合消费者要求的健康保险、养老保险等多险种开发，使消费者的健康保险消费意识也在增强。居住环境的美化，装修材料的选择，家具的购置、摆放等，消费者都要考虑到其中的保健因素。这些与保健观念相联系的消费趋势，也反映了人们珍惜生命、热爱生命的新风尚。

3) 社交消费观念

改革大潮真正使参与者认识到人际交往的重要。多少年来"自扫门前雪"曾经是洁身自好的赞语，如今已成为封闭、自私的贬词。"多个朋友多条路"几乎变为商海弄潮儿乃至大众消费者的共识。因此，表现在消费行为上则是人们舍得花钱用于交际，从中获取信息、效率、友谊和利益。

在交往消费方面，中国礼仪之邦的传统美德得到了最好的发挥。周到的接待、妥帖的馈赠，使人们的交往更具感情色彩，因而在吸引外国企业投资、联合本国同行合资时，从开始启动到正常经营活动中，都能起到很好的促成作用。

交往观念引导的消费还包括表现中西文化交融的外国节日消费，如在我国受到青睐的母亲节、情人节、圣诞节等。鲜花、贺卡等也很有人情味，具有浪漫的现代气息，已经成为人们通常交往的必要消费。

4) 审美消费观念

现在的中国人是越来越美了。这和人们用审美的观念指导自己的生活消费分不开，追求服饰美、居室美已经成为个人消费的一种新时尚。

大型的综合商业设施其现代化的装饰迎合了顾客的审美需求，从而吸引更多的消费者光顾。至于人们生活环境的绿化、美化、净化，个人居住环境的营造，都能体现主人的审美个性。

5) 享受消费观念

经济大潮的冲击给人们带来对生活和人生的新思索。在传统的创造人生、奉献人生之外，又增加一种享受人生的观念。在这种观念指导下，购置私人轿车、私人住宅的消费，以及美食消费、时尚消费、保健消费、旅游消费等都有升温的趋势。围绕享受需要的消费历来就存在两种偏向：①浪费，有的人手里有了钱不是用来拓展自己的事业，也不是用来捐助社会公益事业，而是一掷千金沉湎于灯红酒绿之中，这是消磨人意志的腐蚀剂；②超前消费，本来自己经济能力不够强，却硬要攀比他人高消费，结果造成债台高筑的惨景。

【案例10-5】 中国奢侈品时代真的来临？

二十多年前，当我们的国门刚刚打开时，电视机、电冰箱等带"电"的东西成为当时人们眼中实实在在的奢侈品。对于绝大多数普通老百姓而言，想要拥有它们简直就是一种奢望。转身回到中国现在时，中国繁荣的经济，造就了一大批百万富翁、上亿富豪，加之不断扩大的中产阶级，速度之快令全球奢侈品巨头瞠目。人们热衷和追求的是一只上万元的LV(路易·威登)的手提包，一块价值几十万的Boucheron(宝诗龙)手表，甚至是一辆几百万元的英国皇室指定御驾宾利……，这就是今天的人们心中对奢侈品的定位。

1. 国际品牌，中国战场

过去提起奢侈两字，会令人联想起毛皮大衣、劳斯莱斯和劳力士手表。而近些年来，在后工业化和后物质化的西方国家，奢侈却被赋予了新的含义，炫耀财富已不再是奢侈的象征，取而代之的是平时难得收获的生活体验。

在上个世纪九十年代，浪琴和雷达手表，梦特娇和鳄鱼T恤还曾经被国人认为是财富和身份的象征。那时，人们对于西方国家的消费想象更多的是建立在这些，在现在看起来最多处于二线的品牌产品基础上的。

仅仅在数年之前，全世界奢侈品牌关注的还不是中国，而是台湾、香港等亚洲的几条"小龙"，再往前追溯，日本人在欧美一度就是有钱人的代名词。然而短短的几年间，情况发生了很多的变化。中国的奢侈品消费人群越来越多的进入了西方顶级品牌的视野。

根据中国品牌战略协会研究，中国目前的奢侈品消费人群已经达到总人口的13%。法国巴黎百富勤的报告则指出，中国已进入奢侈品消费初期。该机构测算，中国的中等收入阶层家庭6年后将达到1亿户，户均拥有资产达到62万元。分析师认为，随着中等收入阶层的崛起，中国的消费率还会不断上升，预计将从2002年的58%上升到2010年的65%、2020年的71%，接近发达国家水平。

在国际咨询行业享有盛誉的毕马威咨询公司，日前公布了一份针对中国消费品市场所作的调查报告，报告称中国是蓬勃发展的消费品市场，报告还显示受访的绝大部分在中国经营消费品的外国公司都乐观地预计，今后5年内将达到盈利阶段。

此前有关报道说我国极有可能在今年底开征奢侈品消费税的新闻，也引起了读者的很大兴趣。虽然最终没有了结果，但是至少反映了民众对这个事情的高度敏感。

"到中国去！"这已成为全球奢侈品品牌的流行语。伴随着中国消费实力的快速增长，奢侈品品牌进军中国的节奏正在加快。北京日报报道，2010年，中国奢侈品消费市场将达5000亿元，成为仅次于美国、日本的第三大奢侈品市场。

到目前为止，几乎所有的世界顶级品牌都在中国设有分店。旗舰店如雨后春笋般涌现。代表了品位和财富的高级钟表、珠宝制造商卡地亚，自1992年开始在中国经营，目前在中国已有3家精品店，30余个销售点。卡地亚今年计划在中国再开7家专卖店。高档女装品牌普拉达(Prada)计划在明年底之前新开15家旗舰店；男装品牌Zegna计划在其已有的42家零售店的基础上，在十多个城市再开两家旗舰店和16家规模较小的专卖店；而全球最大奢侈品集团LVMH的子公司路易•威登则计划今年在中国再开4家旗舰店。古奇刚刚在国贸商城和上海商城新开了两家分店，这样，它在中国的总店达到了7家。

2. 国内奢侈品的消费特点

在中国，花在奢侈品上的钱大约有90%是出自男性之手。但是，世界最大的精品公司LVMH(莫特•轩尼诗•路易斯•弗伊顿公司)在亚洲的投资公司却认为，更多的中国妇女开始购买著名品牌的产品来显示她们的独立地位和良好感觉。中国品牌战略协会认为，一个国家奢侈品的消费增长大概应该是其 GDP 增长的两倍左右。因此，当亚洲人面对突然增加的财富时，便毫不犹豫地选择"富贵的标志"——奢侈品来表明自己新的经济和社会地位，这是一种非常自然的心理需求。

在中国，人们对奢侈品的态度与几年前相比已发生了根本变化。几年前，人们还反对任何夸耀性质的奢侈品。但当今的中国人，特别是年轻人，则喜欢以此炫耀他们的社会地位。摩根斯坦利的分析师克莱尔·肯特说，在西方，人们购买名牌十分谨慎，也只有那些"圈内的人"才能认出这是名牌，而在中国，人们对名牌趋之若鹜，到处炫耀，好像在说："看，我是多么富有！"

中国高档消费品消费者的年轻化，源于中国对节俭的传统习俗，这使得高收入阶层的老年人不会加入高档消费大潮。相反，高收入或者中等收入的年轻人更愿意尝试高档消费品给自己带来的物质和心理需求。几千元的衣服、几万元的首饰，谁能想到购买这些商品的都是二十几岁到三十几岁的年轻人，最近几年，中国的年轻人已成为奢侈品消费的主力军。

"月光族""新贫族""百万负翁"不断涌现。记者在国贸、燕莎、王府饭店等奢侈品牌专卖店采访时得知，几乎每家奢侈品牌店的销售人员都表示有"很年轻"的女孩和男孩来店中购物，以女性居多，其中一些人甚至已经成为了店中的固定客户。而如果你穿着廉价的地摊货来这些地方购物，你会随时被抬眼可见的奢侈品牌所压迫。对于大多数消费者来说，奢侈品就是几十毫升就要上千元的护肤品，几千元一双的 LV 高跟鞋，或是看起来普通但卖价万元的手包。从这个概念来看，消费得起上百万元的奢华族尚属少数，绝大多数应为商人、演艺圈人士。但不断加入其中的普通人却让奢侈品的消费一族有了新定义——"月光族"(每月都把薪水花光)、"新贫族"(收入不错，却总是处于贫困状态)、"百万负翁"(总处于负债状态)。"在我们公司，用 CD 的香水、LANCEL 的包并不新鲜，穿几千块一件的衣服也很常见，如果你穿得普通，自己会感觉怪怪的。"在外企工作的周小姐说，"大家都很重视自己服饰的品牌，对品牌也都很在行，如果被人发现用假名牌，是非常丢人的。"

中国奢侈族比欧美小 5 岁。曾经，奢侈对北京人来说多少有些贬义，如今却越来越成为年轻人追逐的目标。登喜路亚太区行政总裁德奕宁说："以登喜路为例，中国的消费最低年龄要比欧美及其他国家低 5 岁左右，大概可以划到 25 岁。分析其中原因，一是由于中国目前处于发展中市场，有年轻人成功的例子；二是一些经济能力并没达到消费 奢侈品水平的年轻人，为了圆奢华梦也在消费奢侈品。"普华永道的分析师指出，中国的奢侈品消费和国外相比有两个不同点：第一，在中国购买奢侈品的大部分是 40 岁以下的年轻人，而在发达国家，这个市场的主导者是 40~70 岁的中年人和老年人；另外，对于中国人来说，奢侈品大部分还集中在服饰、香水、手表等个人用品上，而在欧美国家，房屋、汽车、阖家旅游才是大家向往的奢侈品。这一方面说明了中国仍然不够富裕，另一方面也反映了中西不同的生活方式：高密度人群助长了消费中的攀比之风。

3. 中国已进入奢侈品消费初期

奢侈品在国际上被定义为"一种超出人们生存与发展需要范围的，具有独特、稀缺、珍奇等特点的消费品，又称为非生活必需品"。继纽约、巴黎、香港、伦敦和悉尼这五大奢侈品朝圣地之后，正在打造时装之都的北京也正在向奢侈靠拢。

有数字表明：瑞士手表行业联合会的调查，中国有高级名表消费客户群300万至500万人左右，是瑞士的第十大出口国，相信不久将排行第五、第三甚至第一。法国巴黎百富勤的报告则指出，中国已进入奢侈品消费初期。高盛的一份研究报告显示：2004年，中国奢侈品消费额约占全球销售额的12%，已成为世界第三大奢侈品消费国。《新财富》通过对9家奢侈品品牌及品牌代理商的采访与调研发现，这些奢侈品品牌近两三年在中国市场的增长率都保持在80%以上，远远高于他们在全球其他国家和地区10%左右的增长率。因此预计，中国将在2010年超过日本，成为全球奢侈品市场的最大买家。

4. 奢侈品奢侈病 都是虚荣惹的祸

1000万元一辆的劳斯莱斯跑车、50万元一块的播威手表、10多万元一套的迪奥套装、豪华私人游艇、私人飞机……，越来越多的奢侈品出现在我们的视野里，成为人们津津乐道的话题，仿佛奢侈品已经是适应我们的经济水平和消费水平的东西。于是有人喊道："中国的奢侈品时代来临了！"

然而，我们真的已经能够用自己的收入去承载昂贵的"世界顶级品牌"的光环了吗？奢侈就代表着时尚吗？"勤俭节约"的传统观念在今天就应当淡化吗？

消费观念一直是一个争论不休的问题。有人认为"超前消费"必然有利于推动经济发展。但现实是在目前的情况下，如果我们用这种"超前"的方式对待奢侈品消费，并不能推动自己的经济发展，反而会造成极大程度的浪费。

上海是小资的，它从某种意义上说是国内消费主义的风向标。正是这种地标性的地位，使得绝大多数高档消费品品牌进军国内市场都要将上海作为不可绕过的桥头堡。但是，地标从来就是一种象征性的意义，这并不等于说上海本身已经具有一个足够庞大的消费群体。因为那些昂贵的店铺在上海琳琅满目地开了张，小资的上海人就仿佛觉得自己的经济承受能力真的达到了奢侈消费的水准，节衣缩食也要换取哪怕一件高档消费品作为某种身份的象征，这种虚荣心理就值得商榷了。

(资料来源：人民网中，http://www.fubusi.com，2006.2.9)

【分析】 经济基础决定着上层建筑。在上海，乃至中国目前的"中产阶级"无论是从收入水平、消费能力上看，还是从消费结构上看，都远不能与发达国家的中产阶级相比。中国自己的"奢侈品时代"还远远没有到来，如果非要"打肿脸充胖子"，盲目追求高消费，后果只能是无谓的浪费。在各种诱惑面前保持清醒的头脑，树立与经济收入相匹配的消费观念，才能真正满足我们消费心理需求。

6) 知识消费观念

在信息社会中，信息是对社会发展极为有用的商品，是当今世界四大资源之一。世界上每天有近百亿信息单位的信息，还有上百万项成熟的先进技术和专利，这已成为世界人民的共同财富。知识是信息的一种重要形式，改革开放以后，社会的发展和教育的进步使人们越来越重视知识在市场经济发展中的作用。知识观念的增强对人们的消费心理发生着巨大的影响。人们学电脑、学驾驶、学烹调；或者以提高自己的学历为目标，如果不能就读于正规大学，也要在业余时间去辅导班学习，通过自学考试来获得文凭，为未来的发展打下坚实的基础；给孩子进行教育投资，包括上学的投入，业余学习琴、棋、书、画、摄影的学费，或请家庭教师的学费。这些投资都是为了全面培养后代在未来社会中生存、发展需要的高素质、高能力。

3. 销售方式的变化与消费观念

市场经济的发展带来了销售方式的变化，除传统的柜台销售外，还有代销、试销、厂家直销、各种形式的展销会、电话订购、网络营销等。各种促销方式更是灵活多样，如有奖销售、免费咨询、分期付款；商家、厂家还利用节假日、季节变换、文体明星等大做文章，举办历史文化蕴含深厚、有地方特色的名目繁多的各种"节"，以节促销，如潍坊的风筝节，使当地商品销售额从 3 亿元的常态水平猛增至 13 亿元。各种销售方式和手段大大促进了消费者消费知识和消费热情的提高。随着市场上商品的丰富和经销形式的多样，消费者购物的选择机会不断增多，可以货比三家，可以力争优惠或讨价还价，购物不仅可用现金，还可使用各种银行信用卡。厂家和商家不仅在商品的质量、外观上比拼，而且延伸到售前售后多层次、全方位的服务，使消费者购物更安全、更方便。如，商品从限期保修到终身保修、上门培训、上门维修等。服务的形式也多种多样：定时服务如送奶、家政服务、送餐上门、送医送药上门等；定向服务如家庭教师、家庭病床等。消费品市场经营销售方式的转变及其多样化促进了消费者新的消费观念的形成。

(二)我国消费观念的变化趋向

改革开放以来，我国的个人消费观趋向多样化，有积极的也有消极的，有值得我们发扬的，也有需要我们引导的。总的说来，以下 7 种是值得我们提倡的消费观。

1. 由温饱型到享受型

无论是新中国建立之前的自给自足的自然经济，还是新中国建立之后实行的计划经济，其特点都是生产落后、产品匮乏、供给短缺。在这种历史条件下，形成了人们普遍重生产、轻消费的观念，人们的消费仅仅为了解决温饱以便维持生存。改革开放后，由于实行社会主义市场经济，生产力得到极大发展，人们的消费不再满足于温饱，而倾向于享受。人们不再排长队买面买肉，过去视为救命草的票证已成为历史。往日的卖方市场已被买方市场所取代，人们不再受售票员、售货员的窝囊气，他们的冷面孔已变成满脸堆笑，商品的质量好坏、档次高低、价格贵贱、新潮与否、服务是否热情和到位直接影响着顾客的购买。过去的花钱买罪受已变为现在的花钱买享受。

2. 由积蓄型到信用型

信用消费是人们单靠现有积蓄无法满足个体的需求时，通过信贷方式提前满足的消费形式。信贷消费的特征是先享用，后付款。这种消费模式打消了消费者害怕负债的心理，鼓励人们树立对未来收入的信心，从而敢于消费并努力工作以便保持良好信誉。经过改革开放，我国已经完成了初步的资本积累，居民的生活水平已基本达到小康，消费结构开始从以"衣"和"食"为主要内容进入以"住"和"行"为主要内容的消费阶段。但在实行住房商品化的今天，要购买一套上百万元的房子，再买一辆至少十几万元的车，对工薪阶层和老百姓来说不是容易的事情，于是，信贷消费应运而生。近年来我国的信贷消费发展很快，这标志着我国消费者，特别是年轻人的消费观念已经发生重大变化，信贷消费将成为一种重要消费方式。

【案例10-6】 东西方消费观念的差异

中国人以勤俭为荣，中国人喜欢存钱，本来也无可厚非，可是与美国人比就很突出。

美国人是超前消费。要什么东西，反正信用卡先付，用到限额为止。有些东西，连信用卡都不要。比如买汽车，有的车行还给你部分现金。你买汽车，应该你付钱，怎么车行反而给你现金？因为顾客是欠债买车，手里缺现金。车行为了鼓励你买车，他返还给你一些现金，实际上只是你多欠一点而已。还有些家具销售，商店让先拿回去用，一年以后再开始付款。

美国人为自己活，为今天活。中国人为儿女活，为明天活。中国人总想着明天，担心明天。美国人总想着今天，不管明天。中国人与美国人人生观差了一天。尽管只差一天，但中国人与美国人过着不同的一生。美国人天天享受人生。中国人总担心明天，担心将来，总是不敢享受。因为他老想着明天，明天还有明天。直到生命的最后一天，知道没有明天了，但来不及享受了。

中国人处理经济的原则是"量入为出"或"收支平衡"是天经地义的。对待意外开支呢？这就靠储蓄。在美国，收支平衡，一般也要遵循。但是一旦收小于支，还可以欠款。信用卡公司就是最普通的贷款公司。在美国信任很重要。信贷概念在商业上很普遍。美国把这些也用于个人。对个人来讲，有些商品不用贷款也难以购买，如房子，你不可能今天去买一扇门，明天去买一扇窗。如果要靠储蓄，攒够了钱再买，也许老了，这个房子只是为子孙准备。美国人要为自己享用，只能分期付款。所以，在美国，一个人的财务状况不仅看你手头有多少钱，还看你的信用。怎样建立信用？有人以为，我从不欠债，月月收支平衡，或有节余，信用没问题。这不行。要学会借债，有钱也借，然后按期归还，这样你就建立信用了。不然，你的信用程度不高。我自己就遇到过这种例子。刚来美国时，在一个中国人公司工作，工资很低..后来进入一个美国公司，年薪3~4万，当时算不错了。我去申请信用卡，以为没有问题，但迟迟没有回复。打电话去问，说不能批准。我说为什么？我月月水电费、电话费从不拖欠，开出的支票也从未有退回现象，现在又有专业工作，为什么不批？要什么条件才能批？他回答说，第一，你在这个公司工作时间太短，不到半年，不能算稳定；第二，你原来只有一张信用卡，要有两张以上信用卡才能批。我说，正因为我只有一张，所以还想申请另一张。如果我已经有两张，我不必再申请了。按你们说法，我永远不会有第二张了。他回答说，这两张信用卡不一定指通常的信用卡，可以是专门信用卡。如加油站也发信用卡，只用于加油，这种卡信用额小，容易申请。利用小卡，建立信用，再去申请大卡。我明白了，在中国，不到长城非好汉，在美国，不会欠债非好汉。

中国人也许家中东西有限，但不欠债。要买什么，现金几千，马上就有。美国人也许家中东西应有尽有，甚至还比较高档，但都是用分期付款买的，身上现金，拿几百元都困难。

这是两种不同的生活方式。中国人是节衣缩食，量入为出。钱攒够了才化。存钱越多越好。美国人是超前消费，信贷消费。也就是靠借债过日子，不存钱。

美国是个流动的社会，这是与中国非常不同的特点。影响到生活方式，心理，各个方面。流动性，使人与人之间关系发生根本变化。美国工作不是终身制。工作经常变动。你可能跳槽，公司可能裁员。公司不是你的"单位"，老板不是你的"领导"。你与公司只是雇佣关系。你给它干活，它给你发工资，买保险。老板要你工作，职责明确，没有其他。即使有上下级，和同事，或有长期共事，由于居住分散，加上强调个人隐私，所以相互了解也有限。这并不意味着，在美国，人都很冷酷，自私。美国人通常很讲文明礼貌；你问路，人都热情耐心告诉你。也常主动问你要不要帮助。但深交甚少。有人感叹说，在美国，好处是没人管你，坏处也是没有人管你。所以，在美国，许多中国的概念不适用了。如把兄弟，铁哥们，知心朋友，莫逆之交，忘年之交，生死之交，在家靠父母，出门靠朋友，为朋友两肋插刀等。中国人之间而像一团团胶泥。家庭、亲属、同事、同学、同乡、战友等等，就是这些团块。在团块内部，关系非常密切，团块与团块之间不密切。在这些团块之间，人情、面子、关系起着重要作用。它的积极方面，是相互帮助，困难时感到人情的温暖。它的消极方面，使得法律制度难以建立。而在美国，从微观上，反倒像一盘散沙，每粒沙子都独立性强，谁与谁都没有强的联系。宏观来说，整个社会通过经济法律制度限制每粒沙子的活动规则。从这点上，整个美国，像一个法律架构下的晶体结构。用法律来制衡每个人的行为。

(资料来源：方达上：《银光通讯》，2008.5)

【分析】东西方消费观念差异是什么？在现实生活中我国不同人群中的表现如何？金融危机发生后，对美国人的消费观念应该进行怎样的反思？

3. 可持续发展消费观日益受到重视

改革开放以来，人们的物质生活水平有了明显提高，经济增长速度很快，市场已经由卖方市场变为买方市场。但是，中国拥有13亿多人口，每年新增人口达1400万～1800万，相当于把国民收入的1/4抵消了，因此虽然中国的资源总量居世界前列，但人均资源相对贫乏，伴随着工业化、城市化和人口的急剧增加，人均资源占有率逐年减少。孔子主张"约而不刚"，即对生物资源的取用不能使用灭绝物种的工具，古人有如此远见，新时代的我们更应有责任和义务去提倡可持续发展消费，实现人口、资源、环境的和谐发展。

4. 消费者维护自己权益的意识进一步增强

随着卖方市场向买方市场的转变，消费者的维权意识被唤醒。人们在追求商品质量的同时开始注重消费的感受，这就要求服务热情、周到、诚实守信。以前售货员是上帝，消费者处于被动位置，现在顾客是上帝，享有《中华人民共和国消费者权益保护法》赋予的诸多权益。随着3月15日消费日的确定、各地消费者协会的成立、315举报电话以及不时曝光的黑名单，国家对不法商贩的严厉打击，使出售假冒伪劣商品的人心有余悸、有所顾忌，使消费者的权益意识与日俱增。

第二节　网络营销与消费心理

【案例10-7】 "双十一"购物狂欢对于提振消费有何启示？

说起"双十一"，在中国，几乎无人不晓的，它完全是一个由商家创造的节日。"即指每年的11月11日，由于日期特殊，因此又被称为光棍节。从2009年开始，每年的11月11号，以天猫、京东、苏宁易购为代表的大型电子商务网站一般会利用这一天来进行一些大规模的打折促销活动，以提高销售额度，成为中国互联网最大规模的商业活动，光棍节的重要性因为联系到购物节而更受人们关注。

"双十一"不仅让电商热衷于促销，就连运营商也开始搞促销活动了。阿里巴巴集团控股有限公司于2011年11月1日向国家商标局提出了"双十一"商标注册申请，取得了"双十一"注册商标。

6年前，当阿里巴巴首创"双十一"时，其旗下的天猫仅收获了5000万元的销售额，包括其一直有竞争关系的各大电商，并没有把它当回事。但是，6年来，阿里对这个节日精心经营，使其规模和影响力不断扩大。到2014年时，仅"双十一"一天，阿里旗下的支付宝全天交易额就达到了571亿元，而2015年的"双十一"，阿里已声称销售额可以上升到1000亿元。"双十一"对消费所产生的拉动力非常可观。最近几年，我国一直在努力拉动国内消费，期望让它成为经济增长的新引擎，并为此出台了很多政策，但效果并不是很理想。这种情况反映出的现实是国内消费力的不足，但"双十一"期间骤然爆发的天量消费又证明着国内市场上的流动性并不缺乏。"双十一"购物节之所以能够成功，关键是以创新思维营造了对消费者有吸引力的营销策略，比如阿里为"双十一"进行了商标注册，使其拥有了知识产权，阿里在"双十一"期间举办以此为题的晚会，扩大了影响。所有这些活动，都切准了网购消费者以年轻人为主体的特色，对年轻的消费者产生了强烈的吸引力，使"双十一"产生了巨大的人气。

在时代发生很大变化后，传统的消费模式已经不能适应消费者的需求，只有不断地创新才能吸引消费者。相对于传统的实体商店，电商营销本身是一种市场创新，并且表现出了强大的生命力。但经过多年发展，网上销售差不多已经普及，因此又得进行再创新，"双十一"正是在创新思维作用之下应运而生的一种让人耳目一新的营销手段。

中国消费市场需要发展，在投资无法大举扩张、外贸遭遇困难的背景下，中国需要以消费来保证经济稳增长。但是由于创新能力的不足，才导致国内的消费出现了不足，而这并不等于国内消费者缺乏消费力。最近几年，越来越多的国内消费者到国外采购货物，正是国外产品的创新和商家在营销手段上的创新把国内消费者拉到了国外市场。商家需要利用创新来将消费者拉回到国内市场。"双十一"的热闹，让我们看到了中国消费市场的前景。但是，"双十一"再热闹，它也不可能覆盖全年365天，电商再能干，它也不可能通吃全国的商场。中国要振兴消费，仅靠"双十一"是不够的，而需要全国的商家共同发力，以不间断的创新来激发消费者的购买力。

(资料来源：周俊生，新快报，2015-11-11)

分析："双十一"促销活动所激发出的国人惊人的购买力，让我们看到了中国消费市场的巨大潜力与广阔前景。

随着我国消费结构进一步优化，商品消费档次的提升，服务消费的迅速增长，与互联网相关的网络购物和网络服务消费成为消费的新亮点。网购和海淘作为营销的新方式，正以超常的速度增长，独特的诉求方式，受到世人瞩目。

一、网络营销的特征

1. 全新时空优势

传统的商务是以固定不变的销售地点(即商店)和固定不变的销售时间为特征的店铺式销售。网络销售通过以信息库为特征的网上商店进行，所以它的销售空间随网络体系的延伸而延伸。没有任何地理障碍，它的零售时间是由消费者即网上用户自己决定。因此，网上的销售相对于传统销售模式具有全新的时空优势，这种优势可在更大程度上更大范围上满足网上用户的消费需求，事实上网络购物已没有了国界，也没有了昼夜之别。

2. 减少库存，降低交易成本

传统销售企业为应付变化莫测的市场需求，不得不保持一定库存产品和原材料库存。

以信息技术为基础的电子商务则改变了企业决策中信息不确切和不及时问题。通过网络可以将市场需求信息传递给企业采购部门，同时市场的需求信息可以马上传递给供应商，适时补充供给，从而实现零库存管理。同时，通过网络营销活动企业可以提高营销效率和降低促销费用。据统计，在网上做广告能提高销售数量多倍，而它的成本比传统销售广告的费用少许多。并且电子商务降低了采购成本，因为借助网络，企业可以在全球范围寻求最优惠价格的供应商，减少中间环节，为企业节省了采购成本。电子商务使得生产者和消费者的直接交易成为可能，降低了交易费用，在一定程度上改变了整个社会经济运行的流程和模式。

3. 密切用户关系，加深用户了解的优势

由于网络的实时互动式沟通，免除了任何外界因素干扰，使消费者更易表达出自己对产品或服务的评价，使网上的零售商们能够更深入了解用户的内在需求。消费者与零售商们的即时互动式沟通，促进了两者之间的密切关系。

二、消费者热衷于网购的心理

自从 2009 年由阿里巴巴首创这一以购物为内容的"双十一"节后，它一年比一年热闹，已经成为一种全民网购狂欢活动。各大商场也纷纷以"双十一"为契机，推出各种促销手段，要在这个人造节日中分得一杯羹。而 2015 年的"双十一"，网购再次显示"威力"，24 小时内，天猫交易额达到 912.17 亿元，大幅超过 2014 年的 571 亿元。京东、苏宁等电商平台也迎来了巨量成交，"双十一"正在从城市走向农村，从中国走向世界，以下我们从消费者心理角度分析"双十一"的网购火爆的原因。

1. 消费者对于商品优惠促销的认同

"双十一"网购消费热潮，说明消费者对于商家在这一时期集中进行的商品优惠促销活动是认同的，认为商品价格是低于平时的，商品的优惠降价是确实存在的，因为商家的降价优惠可以带来销量的大幅提升，从而在销量上弥补商品单价上的损失，在总的盈利上获得提升，或者来提高市场占有率。同时，消费者才会出手集中购买自己需要的商品。这种消费心理存在一定理智型的，并非是电商对于消费者的误导，但是电商也会抓住这一消费心理，进一步刺激和扩大消费者的这种消费心理。

2. 从众心理

因为很多消费者都会在这一时期进行集中网购，受到身边人的影响，一些消费者也会出现盲目跟风行为。不可否认，盲目的跟风消费也是"双十一"网购热潮中很突出的一个现象。电子商务的发展，为消费者购物提供便捷，使消费者能坐在家中，完成购物。事实证明，这种消费活动能极大地拉动我国的内需，特别是在当前消费不旺，经济发展下行的宏观背景下，更能发挥促进我国经济发展的巨大作用。

3. 消费者"求实"消费心理

随着我国经济发展的不断成熟和近年来经济发展速度的明显放缓，我国消费者的消费心理也发生了很大的转变，"求实心理"现象越来越明显。消费者在购物的过程中，不再单纯为了满足需求，而是更加看重商品的价格、质量、售后服务、实用性等等。网购兴起的一个重要原因就是消费者能够获得价格更低的商品，在购物的过程中获得实惠。

"双十一"网购热潮的形成主要来自于两个方面的参与，一是电商们集中进行促销活动，另一个方面就是消费者的积极参与。消费者的主动参与是"双十一"电商集中进行促销活动的市场基础。消费者对于电商促销活动的认同、"求实"、从众等消费心理是促成了"双十一"令世人惊叹的全民集体购物狂欢的重要因素。

三、网购与实体店的各自优势

随着网络的普及，"网上购物"已经成为一种新型的消费方式。网购热潮深刻地影响着人们的消费习惯，网上浏览选择商品，网上下订单，网上支付，快递将货物直接送到家门，低廉的价格，足不出户的购物方式受到广大宅男宅女的追捧，越来越多的年轻人甚至中老年人爱上了网购，无论时尚的企业白领，还是普通的工薪阶层，相信大部分人都有过网上购物的经历。一些精明的网购达人为了以便宜的价格买下自己心仪的商品，往往到实体店试衣，只试不买，试过以后，记下货号，再上网搜索下单。网购热闹的同时导致实体店有效顾客的流失，这种现象引起一些人担忧，实体店会不会沦为网店试衣间？或者逐渐走向消亡？当然 也有一些消费者对网购持怀疑观望的态度，在他们看来，网上骗子横行，难辩真伪，不如到实体店买东西可靠放心，对网上购物不信任。

网络购物与传统的购物方式各自有什么优势？ 网购会不会取代实体店， 网店与实体店未来发展的趋势如何？这是我们以下要讨论的问题。

1. 网购与实体店优缺点对比

1） 按照网购与传统购物的方便性与配送时间

网购方便，不受时间不受地点限制。"网络购物"之所以可以深受人们的亲睐，其特点就是它的便捷性，不论你身处何地，都可以随时上网"逛商店"，选购商品，不受时间地点的约束。时下的青年男女，白天忙工作，下班时间有时会很晚，再去逛店买商品很难，足不出户就可以购买商品，鼠标轻点，省时省力，坐在家里等快递送货上门，是十分惬意的事儿。随着生活水平的提高，网络的迅速发展。快捷，方便的网上购物已逐成为人们的一种新的消费方式和生活方式。

缺点是网购的配送时间较长或不确定。虽然方便性让很多时尚青年爱上网购，但是，在货物的配送速度上，网购就不如传统购物方便，当你在网上选好商品，支付下单，到收到所购商品，前后短则一两天，多则一个星期。而传统选购，当时就可以拿到你挑选满意的产品。另外，当网购的商品送达，发现这样或那样的问题时，解决起来也比较麻烦，需要再通过再次邮寄或配送环节更换产品，要浪费很长的时间。而在实体店购买的物品，则可以比较方便的退换。

2) 按照网购与传统购物的价差与质量

实体店和网店的运营成本，包括产品进货成本、物流、交易平台、人员等是有区别的。在进货上成本上，二者的差别不会太大，但是实体店的店面租金会随着房价上涨。而将交易平台放在网络上的网购电商，虽然开通各项服务也有费用，但相比高昂的店面租金却便宜不少。同时，网店的库存相比实体店更加宽松，由于发货时间的延迟，网店可以减少库存量以规避市场波动的风险，而实体店一旦缺货就非常尴尬，实体店一手钱一手货的交易方式使消费者不会为缺货而等待。

很多网店的雇员其实就是店主，最多捎带上家人，但是大一点的电商依然是会雇佣一些员工的。但是与实体店相比，网店的雇员则显得更高效一些，网店已经将很多顾客想了解的信息写在了主页上，这样就省去了很多不必要的提问。因此同样规模的网店和实体店，网店需要的雇员更少。而实体店由于店面的成本和人员雇佣成本，其最低的盈利价格比网店高出5%～10%不足为奇。

如前所述，价格低廉是网店吸引消费者的一大法宝，但并不是每个商家都能保证所售产品的质量，不排除黑心老板以次充好，以假充真将价位打低的情况。消费者网购时无法见到实物，或挂在网页上的产品图片与实物差距过大，上当受骗就在所难免了。消费者网购时，一定要注意顾客的评价和商家的信誉。

而在实体店购买产品时，消费者现场亲眼目睹商品，会细心挑选，选购衣服配饰之类的产品，还可以当场试穿试用，发现质量问题能得到及时退换。因此，与网购相比，消费者在实体店购买东西就会感到更放心一些。

3) 按照网上购物比传统购物产品信息量更大，选择范围更广

网购可以获得最大的信息量，货比N家。现在的网店越来越多，习惯网购的人在选择产品的时候一般都不会只选一家，看上就买，而是货比多家，随意挑选，只要你输入你想了解的商品种类，出售同类商品的不同网店就会出现在显示屏上，现实中的货比三家，在网上就变成了货比N家，一些现实中很难找到的商品，如一本老小说，上网查找并非难事。

综上所述，网上购物突破了传统商务模式的障碍，无论对消费者、企业，还是市场，都有着巨大的吸引力和影响力。不过事情都有两面性，网购也同样是把双刃剑。选择网店还是实体店要看个人的习惯和偏好，真正的保护好自己利益才是消费者最关心的，实体店和网店都应该在这方面多下工夫，无论网店还是实体店，为消费者提供更好的商品与服务，才是口碑营销、长远发展的正确经营理念。

2. 网上购物的安全性问题

在网络环境下，生产商和最终用户通过互联网直接进行交易。这就要求企业与银行、

配送中心、通信部门、技术服务等多个部门通力合作，完成整个交易过程。为消费者购物提供便捷，使消费者真正体验互联网购物。安全性在网络营销中至关重要，也是一个核心问题，它直接影响了消费者对网络营销的信任度。它要求网络能提供一种"端到端"的安全解决方案，如加密机制、签名机制、安全管理、存取控制、防火墙和防病毒保护等。因此，网络营销必须要有一定的技术投入和技术支持，才能具备市场竞争力。

【案例10-8】国家发改委《关于规范网络零售价格行为的提醒书》

2015年11月3日，国家发改委网站消息，"双十一"购物节临近，国家发改委、价格监督检查与反垄断局日前公开发布《关于规范网络零售价格行为的提醒书》(以下简称《提醒书》)。各网络零售经营企业：

2015年"双十一""双十二"促销活动临近，为规范网络零售市场价格秩序，保护消费者合法权益，根据《中华人民共和国价格法》《价格违法行为处罚规定》《关于商品和服务实行明码标价的规定》《禁止价格欺诈行为的规定》等法律法规，国家发改委价格监督检查与反垄断局作如下提醒：

一、在网络上销售商品和提供服务，应当同实体店一样，自觉依法明码标价。标价内容要真实明确、清晰醒目，价格变动要及时调整。不得在标价之外加价出售商品，不得收取任何未予标明的费用。

二、禁止利用虚假的或者使人误解的标价形式或者价格手段，欺骗、诱导消费者进行交易，重点防止出现下列价格违法行为：

(1) 虚构原价，标示的原价属于虚假、捏造，不是本次促销活动前7日内最低交易价格，或者从未有过交易记录。在对未销售过的商品开展促销活动时，不得使用"原价""原售价""成交价"等类似概念。

(2) 销售商品和提供服务前有价格承诺，不履行或者不完全履行。

(3) 虚假优惠折扣，标示的打折前价格或者通过实际成交价及折扣幅度计算出的打折前价格高于原价。

(4) 使用"仅限今日""今日特惠""明天涨价"等不实语言或者其他带有欺骗性、误导性的语言、文字、图片等标价，诱导顾客购买。

(5) 声称"特价""清仓价""全网最低价""市场最低价""出厂价""零利润"等，但价格表示不真实、不准确，没有依据或者无从比较。

(6) 采用与其他经营者或其他销售业态进行价格比较的方式开展促销活动时，未准确标明被比较价格含义，或被比较价格无来源依据。

(7) 销售商品或者提供服务，以低价招徕顾客，以高价进行结算。

(8) 销售商品或者提供服务有附加条件时，不标示或模糊标示价格附加条件。

(9) 采取价外馈赠方式销售商品、提供服务时，不如实标示馈赠物品的品名、数量，或者馈赠物品为假冒商品。

三、各网络零售企业应当加强价格自律，树立依法经营、诚实守信、公平竞争意识。建立和完善内部价格管理机制和纠错机制，加强对价格促销方案的事前审查，力争"双十一""双十二"一年更比一年强，年年跃升新台阶。

四、各级价格主管部门将加强市场价格监管，及时制止和依法查处各类价格违法行为，保持 12358 价格举报热线畅通，及时受理群众价格投诉举报。对群众反映的涉嫌价格违法问题，一经查实，将依法严肃处理。

（资料来源：国家发改委网站，2015.11.3）

应当承认，方兴未艾的网购热潮暴露了我国当前网购中的一些问题，如虚假促销、缺乏网购安全保障、快递发展欠发达等，这些问题阻碍了我国网购的发展。为了保障我国网购和电子商务的健康发展，必须解决当前网购中存在的这些问题，这是保障消费者切身利益的根本措施。规范当前的网购促销活动，需要政府监督部门、购物平台和商家的共同努力。

首先，政府相关部门应该出台一些监督制度，加大监督力度，避免一些商家虚假促销，错误的诱导消费者。对于网购中所存在的商品质量问题，监督部门也应该足够重视，特别是针对一些食品、药品、化妆品等商品，加大对商品质量的监督力度，这方面监督的缺失是当前网购中一个不可忽视的漏洞。

其次，作为网购平台，例如淘宝，也应对网购促销活动进行规范，打击虚假促销，做好商品质量监督工作。网购平台还要保障消费者在进行购物的过程中的网络安全，尤其是个人信息的安全。

再次，对于商家来说，自觉的规范促销行为是保证长远发展的必要措施，商家应当明白，保护消费者的利益，也就保障了自身的发展，也就保障了市场的发展，这无论对于商家自身的发展还是对于网购市场的发展都是有百利而无一害的。

四、实体店的发展方向

网购在人们日常购物中的重要性不断提升，网购流行使一些实体店门可罗雀，部分门店走上关门歇业之途。这就引发出实体店会不会被网购所取代，实体店的出路、前途及发展方向等问题。

在这个衣食丰足的年代，人们除了追求物质上的满足以外，还追求精神上的享受，如何让消费者在购物中享受乐趣，引起心灵共鸣，触发购买欲望，是网购风行时代，实体店与时俱进，走出困局的一个重要课题。

去实体店购买商品有一个俗称，就是逛街。顾客逛街不仅能买到自己称心如意的商品，还是自我放松，消除疲劳，消遣，娱乐，社交、会友的一种方式。特别是女性朋友，在紧张工作之余，约上三五好友，边逛街，边购物，边与闺秘闲谈聊天，沟通感情，是一种很好的休闲娱乐方式。

实体店以体验为导向，这一体验式营销更容易让消费者感受店铺内的气氛，能得到营业员的热心推荐，详细讲解，周到服务，诱发其购买欲望和购买行动。进入宽敞明亮，装饰高雅的实体店，在舒缓的节奏中精挑细选着琳琅满目的商品，没有烦躁，没有匆忙，没有压力，使顾客充分享受了一次放松身心的畅游之旅，品尝到逛街购物的乐趣，而这一切都是网店购物所不能够提供的。

如今，现代都市里的实体店铺，装修越来越生活化、个性化，事实证明，体验式营销更能获得顾客情感上的共鸣，实体店的商品展示和现场服务，通过视觉、听觉、触觉等，生动化、立体化地展示商品的特质和品牌形象，消费者通过观看触摸更容易感受到商品的精美质量及品牌价值，从而提升这个品牌在消费者心目中的影响力，增加了满意度和品牌忠诚度，使消费者们成为这家店铺的回头客或口口相传的义务推销员，由此可见，体验式营销对消费者的购买决策的影响力之大，体验式营销成为实体店与网店竞争的重要手段。从目前来看，实体店因为真实的购物感觉、潜在的社会价值、未来的竞争优势不可取代。

应该承认，实体店和网店之间存在竞争。网购的兴起与普及"拉"走了实体店的顾客，减少其营业额。这种竞争局面将长期存在。

有识之士提出，将实体店和网店在功能和目标消费人群上给予差别定位，实行差异化营销策略。实体店不妨走高端路线。一些高端服饰，顾客更希望眼见为实，网店恐怕无法满足顾客要求，为应对顾客只试不买、试多买少的尴尬局面，实体店要更多地满足顾客独特性的需求。

有实力的企业还可以采取线上线下结合的方式，实体店可以同时网上销售，网店也不妨配套开设实体店。如品牌服装类企业可以把实体店作为品牌店，采用高价模式，把网店作为折扣店，低价出货，实体店和网店，形成差异化目标顾客群体。这样，就不用担心线上的销售掠走实体店的利润，而网店则可以通过便捷的电商营销模式打动消费者，继续在非高端商品方面攻城略地。目标顾客的差异化发展不仅能够做到"大路朝天，各走半边"，而且可以在让顾客满意的同时，各自开辟出更多更广阔的商品服务领域，达到实体店和网店相互竞争，合作共赢的局面。

实体店和网店在服务理念和经营模式方面，还可以互相借鉴、取长补短、融会贯通。实体店除了发挥自己的体验营销的特点以外，也可以借鉴网购，送货上门，拓展远程服务领域。同样，网店要在鉴别色差、款式，从事更贴心设计和量体裁衣，退换货方面提供更多的便利。

综上所述，实体店和网店各有所长，各有所短，共生互补，不可替代。

【案例10-9】总理为何关心苏宁转型？

李克强：我就想问一下，企业上半年的销售额变化情况？
张近东：1到6月的报表马上出来了，增长30%多。

李克强：就是说增速是相当高的了。第二个问题是，线下往线上走的增速，不是销售额，是问家数，增加的速度怎样？

张近东：我们是开放的平台，现在大概有5万家左右。如果完全放开的话，应该是成倍的增长。现在看有基础的传统实体店，线上转型后比简单地仅在平台销售的质量要高得多。

李克强：去年线下店、实体店有很多抱怨，但坚持住，国家也给予鼓励支持，线上、线下一起互动。现在听到的线下店的抱怨少多了，是不是线上、线下互动以后竞争力反而增强了。

张近东：对的！

李克强：去年我听说你们相当艰难，现在通过线上转型以后竞争力比以前更强了。也就是说互联网+的发展并没有挤垮实体店，反过来实体店适应形势的发展增强了竞争力。

张近东：对。

李克强：好，你给我们带来了好消息。

最近几天，电商界被李克强总理和苏宁云商董事长张近东的这段对话刷屏了。这是7月10日总理主持召开的经济形势座谈会上的一幕。当天，有4位经济专家和5位企业负责人参加了座谈会。苏宁和奇虎360、大疆创新、科大讯飞等科技公司一道出席，代表的是借助互联网技术从传统行业向新业态转型的众多企业，也即"互联网+"的另一半。总理在座谈会上表示，在各地考察时经常看到苏宁的门店，也在关心苏宁的发展，知道苏宁转型和更名云商不容易，需要勇气。苏宁能够得到总理的特别关注，并被赞许"带来了好消息"，这绝非偶然。

苏宁是"互联网+"的最佳代表

"互联网+"风行全中国，成为"大众创业、万众创新"的新工具，是从2014年年底开始的。李克强总理把"互联网+"视为了中国经济提质增效升级的"新引擎"。2015年3月，在全国人大会议上，李克强总理在政府工作报告中首次提出"互联网+"行动计划，希望推动移动互联网、云计算、大数据、物联网等与现代制造业结合，促进电子商务、工业互联网和互联网金融健康发展，引导互联网企业拓展国际市场。

由此，一大波"互联网+"的企业备受关注，其中，苏宁就是最佳代表。苏宁实践"互联网+零售业"的战略已经很多年了。2010年，线下连锁巨头苏宁宣布进入BTC电商领域，重拳杀入如火如荼的电商行业，这是"互联网+"的开始。2012年，为了加速"互联网+"，苏宁易购6600万美元并购了当红的母婴类电商红孩子。2013年，为了拓展生态圈，从实体商品向内容商品、服务商品拓展，苏宁联合弘毅投资斥资4.2亿美元战略投资了视频网站PPTV，其后又进行了数次增资，成为了PPTV大股东。2014年，苏宁收购了团购网站满座网。2015年，苏宁继续践行OTO模式，优化线上和线下的协同，并在跨境电商和农村电商方面进行了布局。

纵观国内企业，从来没有像苏宁一样有决心和魄力全面挺进互联网的传统企业。"其实，没有人喜欢挑战，没有人喜欢转型。但是，企业家作为商人，不能与市场拗着来。"苏宁副董事长孙为民曾经这样说，"过去二十年，我们有过两次大的成功转型，我们还可以做一次。"

这是一种锐意进取、不断跟随时代、关注用户体验的精神，尽管苏宁在过去已经很成功，如果采取保守战略财务数据会更好看，但张近东还是把目光放到了十年、二十年之后，开始了自己漫长的转型之路。

在最初，苏宁为转型付出了直观的代价：毛利率下降、盈利能力下降、股价低迷。但苏宁对转型的节奏掌控得很好，提出了"2009—2011战略探索；2012—2013战略布局；2014战略执行。"的总规划，没有在外界的唱衰中选择退缩。事实证明，经过了转型阵痛，苏宁正在变得越来越好。

"互联网+"成果显现，苏宁具有样本意义

"今年一季度总体销售增长超过30%，网购平台增幅超过100%。"这是张近东向总理汇报的数据。在此前发布的苏宁云商2014年报显示，全年营业收入为1089亿元，较去年同期增加3.45%，其中归属于上市公司股东的净利润8.66亿元，较去年同期增长133.19%。在2015年一季报里，苏宁总体销售则增长超过30%，网购平台增幅超过100%。在中信证券的分析师看来，这些数据表明，苏宁的OTO模式转型成效已现，有望成为中国零售业"互联网+"典范，公司市值空间广阔。

张近东告诉总理，苏宁转型的重要举措之一，就是利用互联网技术改造门店，建立线下云店，改善用户体验。线下和线上互动，最终实现"一体两翼三云四端"的零售模式。其中"一体"是指无论怎样转型始终都会坚持零售的本质；"两翼"是要打造线上线下两大开放平台；"三云"就是围绕零售的本质，把零售企业的"商品流、信息流和资金流"这三大核心能力社会化，同时借助大数据技术形成企业核心的"物流云、金融云和数据云"资源；"四端"是指围绕线上线下的两翼平台，因时因地因人，融合布局门店端、PC端、移动端和家庭端。

可以看出，经过几年的探索，苏宁已经离自己的转型目标不远了。"互联网+的发展并没有挤垮实体店，反过来实体店适应形势的发展增强了竞争力。"总理觉得苏宁"带来了好消息"，因为苏宁成果的转型经验就会影响千万传统企业，号召大家利用先进技术改进自己的业务能力，为中国新经济添砖加瓦。"互联网+"让苏宁拥有更多想象力。

在电商主业方面，苏宁正在积极探索农村电商和跨境电商。农村电商的具体举措包括在全国开设上千家苏宁易购服务站，沉下去，带动工业品下乡，引上来，带动农产品进城，并发展农村金融，服务农业生产；跨境电商方面则依托香港、东京、美国三个海外大区实现原产地自采，在宁波、杭州、苏州、广州等4个跨境物流保税仓，开启了保税区备货模式，支付方面通过易付宝跨境支付、结算即将实现与合作银行的打通，并且在云店和核心

门店设立海外购商品体验专区。

与此同时，围绕用户，苏宁在硬件、内容、运营商、金融等方面做了不少突破工作，这些工作将有利于零售战略更顺利的实现。比如，苏宁成立了新的通讯公司，整合了通讯硬件销售业务、移动转售业务、运营商代理业务，旨在打造"硬件+应用+运营商服务"的软硬件全产业链模式。以及苏宁成立了消费金融公司，并上线了第一款O2O产品——任性付。

张近东曾说，苏宁要打造领先的OTO零售平台，把物流云、金融云和数据云向全社会开放，发挥行业示范作用和转型带动效应，为传统企业互联网+树立信心。这一工作已经有了阶段性成果，截至目前，已有200多家企业共享苏宁的物流云服务。

随着"互联网+"大战略的持续推进，相信苏宁的表现会来越越亮眼。而作为传统行业转型的最佳代表，其实践对于整个中国经济有重要的借鉴意义。

正因为此，总理才会关心苏宁转型。一个新经济时代，一定不是新生产力对旧生产力的野蛮掠夺，而应该是新旧融合发展，稳定增长的时代。所以，总理强调"互联网+"，并且重视苏宁一样的传统企业的变革。

(资料来源：贺树龙，互联网，2015.07.15)

【分析】苏宁从传统的连锁零售商转型OTO的艰难转型路上，慢慢变身为一家年轻的互联网公司。移动互联网时代线上线下的深度融合越来越成为共识。电子商务与实体商超不再是水火不容的替代性竞争关系，而是进入深度融合发展阶段。

注释："OTO"是"Online To Offline"的简写，即"线上到线下"，OTO商业模式的核心很简单，就是把线上的消费者带到现实的商店中去，在线支付购买线上的商品和服务，再到线下去享受服务。

第三节 提倡健康的节约型消费观念[①]

一、消费误区的表现

消费误区是指消费者在消费过程中存在的不正确的、对环境对社会有潜在危害的甚至于违法的行为。消费误区的提出来源于全球资源日益枯竭、环境问题越来越严重、社会消费越来越不平衡等背景之下。例如，全球气温普遍升高、臭氧层遭到破坏，这是大家有目共睹的环境问题，科学家普遍认为这是人类大量使用矿物质能源、使用不适宜的化学添加剂引起的，尤其是发达国家大量使用矿物能源，并向大气中排放大量的二氧化碳所致。近几个世纪以来，地球上的许多物种已经灭绝，有更多的物种濒于灭迹，这是人类过分消耗某些产品，或为了满足特殊的、不正常的需要而导致的恶果。另外，东西方社会的发展出

[①] 罗子明. 消费者心理学. 3版. 北京：清华大学出版社，2007.

现了越来越严重的贫富差距，发达国家对发展中国家进行贸易性的资源掠夺，已经给发展中国家的持续发展造成了可怕的遗留问题，这些问题的产生除了技术与生产力方面的因素之外，消费方式也是一个主要因素。消费误区主要表现在如下方面。

1. 消费格局中存在的不公平现象

消费中的不公平现象表现为少数高消费国家耗费更多的资源，造成了消费分布上的不公平、不合理。

历史的教训告诉我们，过度的贫富差距，是造成社会动荡的重要原因之一。因此，在个人财富与个人消费的问题上，不能把个人的财富等级完全等同于个人消费能力，人类社会是作为一个整体向前发展的，个人过分超常的消费行为，不符合共同发展的基本原则。虽然个人收入是消费的基础，但是个人的收入绝对不等于个人的全部消费。尤其是当个人的收入大大超出社会平均水平时，高收入者有责任向社会平均消费水平靠拢，减少贫富差距。提倡消费者的社会责任，实现财富消费方面的总体平均，是社会文明发展的方向。

2. 非持续性消费模式，浪费了大量资源

非持续性消费模式，表现为对资源的无限制滥用和对环境的污染与破坏，消费者需要什么就开发什么，消费者需求具有重复性和无限性，于是产品的更新换代越来越快，产品的市场寿命周期越来越短，对资源的开采与使用越来越滥，资源的浪费也越来越突出。过度的开发和过度的消费破坏了生态平衡，污染了环境，最终损害的还是消费者自身的利益。这类消费品包括非再生性纸质品、木制品、矿物性能源、花样繁多的合成化学品等。

一些市场营销观念对这种"非持续性消费"起着推波助澜的作用。这样的消费模式决不是科学合理的消费模式，一味适应这种消费模式的营销活动，同样不能很好地实现消费者总体利益、长远利益的增加。

3. 消费食用珍稀保护生物，毁灭生物多样性

食用珍稀保护生物，是违反国家法律和国际法规的行为，是对人类环境的一种摧毁和破坏，也是消费者缺乏消费责任的表现形式。存在这种消费行为的人普遍地对其严重性认识不足。这个问题在全球范围内存在，在我国少数地区有一定的普遍性，包括猎杀国家明令禁止的珍稀动物，过量砍伐、毁坏植被等。

一些科学家倡议，保护生态环境，保护人体健康，提倡文明生活，不吃野生动物；"请嘴下留情，做一个文明的人，过一种文明的生活，别让滥捕乱吃野生动物成为一种社会公害和国耻。"这些善良的建议难于迅速形成社会压力，国家法制的强化更具有迫切性，而消费者自身的责任感和环境保护意识，是保护环境的第一道闸门。

4. 个人消费的不合理和非理性

某些消费者的不良嗜好消费、带有封建迷信色彩的消费等属于非理性消费，盲目消费、盲从消费则属于不合理消费。不合理消费和非理性消费在我国消费生活中相当突出。消费

者不合理和非理性的消费行为导致消费者利益的增加不能实现。另外，愉悦类产品损害感官与身体健康。许多产品虽能对消费者产生感官满足，但是长期使用却对消费者产生了潜在的危害。

带有封建、迷信色彩的丑陋的消费行为，既危害了消费者本人，也给社会和环境造成危害。同时，对社会道德构成危害。

5. 消费中的浪费现象严重

在西方的快餐店用餐，人们按自己的需要购买食物，不会为了面子购买自己无力消化的多余食物。用餐之后自觉地将食物残渣放在托盘内，托盘堆放到清洁台上，因此餐厅里非常干净整洁，后来的用餐者不会面对杯盘狼藉的场面。反观我国部分消费者，没有自觉维持用餐环境的习惯，在宴请朋友时，为了面子而超量点菜的现象普遍存在，不能消费的则一扔了之，浪费现象十分严重。比如，北京宣武区环卫局垃圾分选站在回收类别中增加了"馒头类"，他们每个月都能回收 20 吨左右的馒头、米饭、包子等食物垃圾。据北京市垃圾渣土管理处统计，北京市每天产生的剩菜剩饭泔水就达 1600 吨，这些泔水大部分是人们的浪费习惯造成的。

6. 个人消费缺乏社会责任

公共场所的吸烟行为，是典型的损人不利己、缺乏环保责任的消费行为，消费者个人获得了短时的享受，却给自己身体造成了潜在危害，给周围的被动吸烟者造成了更为严重的生理性伤害和心理上的不舒服。

无线通信技术的发展，给人们的沟通带来了许多好处，但是这类东西的使用也有一定限制，通信管制范围内不得私自使用无线通信设备，比如飞机上乘客不得使用手机等设备。有些乘客的虚荣心经常作怪，在飞行途中使用手机设备，这可能给飞行和机上乘客带来灾难性的后果。

豢养宠物是某些城市居民的一种爱好，对于少数老年人来说，可以减少晚年的孤独。城市居民豢养宠物必须遵守相应的规定，但是违规豢养宠物的现象比较普遍，有些人不收拾宠物的污秽物，影响环境卫生；有些人任凭宠物叫唤，影响左邻右舍的生活和学习；有些人以为宠物仅仅是个畜生，不加管制任其伤人。

"白色污染"随处可见。这些消费行为的不良后果，已经对生态环境造成了严重的危害，生活环境质量遭到破坏。被遗弃的塑料薄膜在土壤中或水里不易分解，对陆上、河流及海洋生物的生存构成巨大威胁。

通过法律手段可以制止一些消费者的违法行为，而消费者自觉爱护环境、承担环保责任的意识，更具有无形的约束力。

消费行为的前提是消费者必须支付费用，有些人认为个人的消费行为是绝对自主自由的行为，不受任何因素的限制。不管消费者是否自觉付费，消费行为本身并没有绝对的、无限制的自由。付费的消费行为并不能保证商品本身的来源合法，那些污染环境、破坏他人生活环境、残忍地猎杀珍稀动物并出售制品的行为，可能也包含了付费收费的过程，但是这一过程的参与者均违反了相关的法律,要受到法律的限制。有些消费行为不合乎社会公德的要求,比如封建、迷信、色情等消费现象,要受到社会公德的谴责。

【案例10-10】 国人几大消费陋习

消费陋习一:有意购买盗版和侵权产品

市面上流行盗版和侵权最严重的产品有:光盘、软件、电子产品、服装、书籍、手袋等。盗版和侵权产品是对知识产权、商标权的侵犯,法律上对于盗版和侵权产品是严厉禁止的,然而不管如何严禁,如何打击,盗版、侵权产品却层出不穷,盗版和侵权现象仍象"顽疾"一样影响着我们的生活。盗版、侵权产品销路极快,一个重要的原因是购买者组成了一个巨大的市场,这也是政府打击盗版和侵权的最大难点。

以盗版为例,盗版对正规企业造成致命打击,如软件企业:软件企业的投资主要用于调研和开发,盗版的存在使企业无法收回自己应得的那一部分,导致下一步投入资金的匮乏,令软件企业陷入"做一个倒一个"的恶性循环之中。

从社会经济的角度看,盗版还将导致国家税收的流失和就业机会的丧失。据了解,1999年全球范围内仅商业软件这一块因盗版所致的经济损失就高达122亿美元,其中包括税收的大量流失。而游戏产业的数字同样惊人,因盗版直接造成的损失约为45亿美元,税收损失为10亿美元,此外还有11万人因此而丧失就业机会。据国家知识产权局的《2006年度中国软件(600536 行情,股吧)盗版率调查报告》,2006年中国软件全行业的盗版率为24%。除了经济上的负面影响外,人们还发现盗版者极有可能发展成为有组织的犯罪团伙,严重影响社会治安。对个人而言,使用盗版的用户得不到合理的售后服务,盗版软件质量低劣甚至传播电脑病毒,盗版光盘的质量低劣,很容易造成机械的磨损而影响使用寿命。

消费陋习二:过度使用塑料购物袋

塑料购物袋是日常生活的易耗品,在为消费者提供便利的同时,也造成了严重的能源资源浪费和环境污染,为我们的城市留下了"白色污染"。"白色污染"的主要来源:一是过量使用。据有关部门统计,我国零售行业每年要消耗500亿个塑料袋,商尝超市、集贸市场是塑料购物袋的主要销售和使用单位,消费者由于环保消费意识不足,在购物时也习惯多要几个塑料购物袋,由此就无限增大了塑料购物袋的使用量,造成自然环境的危害,使我们在自然环境、河流沟渠中都可以看到随意丢弃、散落的塑料袋。二是没有得到妥善的回收和处理。日常生活垃圾中有很多的发泡塑料餐具和塑料购物袋,这些废弃物经填埋进入自然环境后难以降解,导致水质和土壤严重污染,如焚烧会释放一种叫二恶英的化合物,毒性相当大,能使鸟类、鱼类死亡,对人类健康的危害也十分大。"白色污染"给人类赖以生存的地球带来的危害是触目惊心。因此,社会各界要求治理白色污染的呼声很高,作为消费者,在这场抵制"白色污染"的运动中,要树立健康、文明、科学的消费方式,自觉地减少塑料购物袋的使用。

消费陋习三:钟情一次性消费品

我们处在一个一次性消费品充斥的时代,一次性筷子、一次性餐具、水杯、一次性毛巾、袜子，一次性牙刷、牙膏、香皂已完全融入我们的生活。人们在宾馆、酒楼、商场随处可见，用完即扔，很方便。从可持续发展角度看，一次性消费引发的问题：一是环境污染。一次性消费品用后随意、随地抛弃的现象严重，一次性消费品多为塑料制品，制造了大量的生活垃圾，在处理中与其他生活垃圾一起填埋，埋在地下100年都无法腐烂分解，给环境造成极大破坏；二是资源浪费。一次性消费导致了对自然资源的疯狂掠夺。每年因生产一次性木筷，我国一年将失去500万立方米木材，我国每年生产一次筷子1000万箱，需要砍伐2500万棵树木，其中600万箱出口到国外，在一次性带来方便、快捷的背后是触目惊心的资源浪费；三是卫生问题。一次性用品作为一种快速消费品难以保证产品质量，由于进入门坎低、监管不严、缺乏严格的卫生标准等原因，一次性用品制造企业良莠不齐，劣质廉价的一次性用品充斥市场。消费者应秉持合理、适度的消费原则，尽量减少或避免一次性物品的使用，从源头上降低一次性消费带来的危害。

消费陋习四：食用野生动物

受食补观念的影响，食用野生动物在中国有相当长的历史，很多人会认为食用野生动物可以达到滋补的目的，有些人还把食用野生动物当作身份地位的象征，这是引发盗猎及走私野生动物现象的根本原因，有些餐馆公开销售或暗地里销售野味，如蛇、天鹅、野猪、野鸡、果子狸、穿山甲等，据有关部门统计，仅广东省一年就吃掉360吨蛇，给自然生态环境平衡造成严重危害。滥食野生动物是一种违法和不值得提倡的消费行为，如果从单纯的保护珍稀野生濒危动物的角度去认识还不够，还应当从人类的身体健康和生命安全来考虑，野生动物是许多疾病的传染源，携带多种病毒及未知种类病毒可以传染给人类，如田鼠就可以传播鼠疫，流行性出血热等30多种疾病，因此无论从环保还是健康的角度，都应当彻底摒弃这一消费陋习，改变不健康的饮食习惯，不要光顾"野味店"，拒绝购买和食用野生动物制品。

消费陋习五：奢侈炫耀浪费型消费

社会上出现的许多奢侈消费，并非一种完全理性的消费行为，如奢侈的各种娱乐活动、奢侈的交际应酬、豪华的婚礼、葬礼、高价年夜饭等花费巨大，追求的并非是一种高尚文明的精神享受，造成的却是极大的资源浪费。高质量、高水平的消费是对劳动交换品的平等支配，是为了满足对生活质量提高的需求，但任何人都没有权利浪费，如豪华婚礼上演的名贵跑车，几十辆招摇过市，严重地阻碍了交通，这种炫耀式的奢侈消费，打乱正常的消费秩序，如豪华宴席，丢弃的比吃到肚里的还多，这些不良的消费行为是与当前建设社会主义和谐社会和节约型社会背道而驰的。

消费陋习六：在室内公共消费场所大声喧哗和吸烟

说到噪声污染，人们大多会想到交通噪声和建筑施工噪声，往往很难把就餐环境中的吵闹、喧哗声与噪声联系起来。然而，就餐者体验到的"吵得令人不安"的感觉在生活中经常出现，这种噪声对环境的影响是不容漠视的。大声说笑很容易引起别人的注意，不经意间转移他人注意力，打破安静的用餐环境，干扰他人正常用餐。要知道，相对独立的用餐空间可能是两个人沟通的桥梁，对某些特殊职业的人来说可能仍是工作时间，频繁的噪声不仅淹没了正常的谈话声，也是对其他用餐者极大的不尊重。事实证明，很多餐厅纠纷是因为邻桌大声喧哗引起的。在室内公共消费场所吸烟，污染了室内环境，令其他消费者十分反感，二手烟对身体的危害比一手烟更大。医学专家说，中国受被动吸烟之害的人数高达6亿，被动吸烟状况相当普遍，尤其是对妇女和儿童的危害更为严重。

(资料来源：王佳，深圳新闻网，2008.3.14)

二、消费者教育

　　针对以上消费误区，对消费者有目的、有计划地传播消费知识，宣传消费观念，培养消费技能，交流消费经验，提高消费质量等活动是十分必要的。"消费者教育"来源于发达的西方国家，是一种社会性国民运动，目的在于引导消费者进行正确的、健康的消费，在消费过程中保护消费者应当享有的权利。

　　消费者教育活动一般由两个层次承担，即政府、社会团体和行业组织机构承担的消费者教育活动，以及企业组织实施的消费者教育活动。其中政府和社会团体实施的消费者教育活动的主要目的，在于引导消费者选择正确的、健康的、有利于经济长期持续发展的消费方式，也包括引导消费者抛弃落后的、不健康的消费方式。这一层次的消费者教育，其基本内涵是分析消费者需求的合理性，从社会整体的、长远的利益来满足人们的消费需求。

　　政府的教育功能还在于培养消费者良好的社会风尚与行为标准等。政府的消费者教育活动可能有利于某些企业构筑良好的营销环境，也可能对某些企业构成一定的威胁。比如我国政府规定，快餐行业必须淘汰使用一次性泡沫塑料盒，代之以一次性纸质快餐盒，这对于从事一次性泡沫塑料盒生产的小企业来说是一种限制性行为，是对企业生存机会的威胁；而对于从事一次性纸质包装盒的企业来说，却提供了巨大的生产和发展机会。

　　由企业组织实施的消费者教育活动，是指企业通过对消费者宣传新的消费方式、交流消费经验、培养新的消费技能等活动，达到促进该企业的产品销售的目的。

　　消费者教育已经成为部分企业营销活动的组成部分，在企业的营销实践中，消费者教育一直与广告、公共关系和销售促进活动混在一起。随着营销环境的演变与复杂化，消费者教育的重要性已经凸现出来，许多企业把消费者教育作为营销策略的组合之一。

　　消费者教育活动引导得当，对于消费者和企业双方面都有益处，如果基于错误的目的进行消费者教育，其效果会适得其反。国内有些企业因为只考虑营销的目的，而把消费者教育引入歧途，比如有些企业炒作"基因"概念，把营养品的营养平衡功能炒作为对基因的修补功能，认为他们的产品对基因直接起作用，所以比别的营养品更有效，这是违反科学常识的错误观点。因为任何营养品与食品进入体内之后，都要被分解为分子水平的物质才被吸收，并不是基因物质直接进入人体系统修补损坏的人体基因，如果外部的基因直接进入人体修补人的基因，人的基因系统早就不是现在这样稳定的状态了。厂商以错误的、违反科学常识的观点误导消费者的作法，工商管理部门应予严厉查处。

【案例 10-11】 中国"剁手族"撬动世界经济

中国"剁手族"的战斗力有多强?"双十一"的包裹还没有收全,不少网购达人上周又激情满满地加入了"黑色星期五"大促。"黑色星期五",在美国指每年感恩节(11月的第四个周四)之后的第一天(2015年是11月27日,星期五)。这一天通常被认为标志着圣诞采购季节的正式开始,被看作是每年零售业圣诞销售业绩的晴雨表,也是一年中各个商家最看重也是最繁忙的日子之一。据说叫"黑五"是因为传统上用不同颜色的墨水来记账,红色表示亏损即赤字,黑色表示盈利。)进入国内,"双十一"走出国门,梳理"黑五"数据与"双十一"战报,可以看出,中国网购市场正崛起为一大世界经济力量。

"洋版双十一"助推消费"升级"

据了解,包括亚马逊、支付宝、苏宁等电商巨头以及洋码头、小红书、蜜芽等垂直类跨境电商平台都在刚刚过去的一周中将大洋彼岸的购物狂欢节——黑色星期五搬到了国内,并皆有斩获。

从数据上看,截至11月29日,支付宝"黑五"整体成交额比去年增长近30倍,订单额增幅近35倍;亚马逊提前一周启动"黑五",首周的日均销售额均在去年的3倍以上;跨境电商"洋码头"从11月20日开始促销,仅用了10分钟,交易额突破1000万元。

同时,不同于"双十一"的全品类促销,"黑五"用户更加青睐美妆、箱包、轻奢等品类,整体客单价也比"双十一"有大幅提升。现已披露的数据显示,在支付宝的梅西百货"黑五"预热场上,Michael Kors女包总销量已超3万个;苏宁易购海外购从11月25日至27日早晨8点,销量同比"双十一"保持了55%的增长,客单价提高87%;"洋码头"客单价1000元以上。

随着居民收入提高,越来越多的新消费开始涌现,跨境电商应运而生,今年更是迎来爆发式增长。而跨境电商的飞速发展,"洋货"顺利走进来更离不开政策的扶持。2015年6月,国务院发布了《关于促进跨境电子商务健康快速发展的指导意见》,提出了优化海关监管措施、完善检验检疫监管政策措施、明确规范进出口税收政策、完善电子商务支付结算管理、提供财政金融支持等五方面的支持措施。

今年"双十一"当天,国务院召开常务会议,再次提出将畅通商品进口渠道,扩大群众欢迎的日用消费品等进口,增设口岸进境免税店,落实和完善境外旅客购物离境退税政策。此次常务会议认为,围绕消费新需求,创新消费品等相关产业和服务业供给,能够丰富群众生活、释放内需潜力、弥补民生短板、推动工业升级和产品质量提升。

可以说,从国家层面来看,跨境电商不仅仅意味着一个巨大的新增量市场,更是一次以消费升级带动产业升级的发展契机。

走出国门 释放全球消费热情

"黑五"的风潮由美国刮到中国,从线下到线上,而此前由"双十一"点燃的消费热情也成功从中国走向了世界。

据称在今年"双十一"当天,一些国家的网友也紧盯中国的打折服务,甚至流传各种"中国网购攻略"。环球时报报道称,中国电商平台已经稳坐俄罗斯网购"第一把交椅"。但中国电商走出去的更大意义还在于释放了中国网购群体的巨大消费潜力,为世界其他国家的经济作出了贡献。

纽约证券交易所总裁汤姆·法雷在上月 11 日现身北京"水立方",与马云一起为天猫"双十一"全球狂欢节敲响了远程开市的钟声。马云强调,"双十一"展现出的中国内需的强大力量,将给中国以及世界带来巨大的变化。

据中国电子商务研究中心统计,今年上半年中国跨境电商交易规模为 2 万亿元,同比增长 42.8%,占中国进出口总值的 17.3%。10 年来,国人海淘版图逐年扩大,海淘采购地已从最初的中国香港和澳门覆盖到日韩、北美、欧洲、南非等国家和地区。芝加哥市长曾坦言要把"向中国出口"看作创造大量就业机会的关键。

从电商平台披露的数据来看,京东全球购自今年 4 月上线以来,有效订单量增长了783%,2014 年的美国商品销售额近 300 亿元人民币,京东 CEO 刘强东此前表示,未来五年,预计法国商品在京东平台上的交易额将超过 50 亿欧元,韩国商品交易额三年后将增长到 500 亿元人民币。今年天猫"双十一"预售阶段,13 个国家馆预售的进口食品已经卖空,10 个海外商家和品牌预售额破千万。

冰岛的鱼肝油、德国的净水器、葡萄牙的手帕纸、越南的榴莲饼干……电商走出去"卖全球"、消费者不出门"买全球"。有学者预言,未来,随着跨境电商的不断发展,中国巨大的网购市场将成为撬动世界经济的力量之一。

(资料来源:胡晓,人民网-IT 频道,2015.12)

【分析】海淘,即境外购物,就是通过互联网检索海外商品信息,并通过电子订购单购物,由海外购物网站通过国际快递发货,或由转运公司代收货物再转寄回国。海淘的购物行为,发生在互联网上,"黑色星期五"的火爆让"买手"们赚得盆满钵满,然而,在这些亮丽数字背后,也存在不少隐忧:海淘商品真假难辨,物流价高、丢件、收货时间长,售后处理退货、退款等问题,海淘者维权还面临地域、语言、交通和法律知识方面的困扰,需要进一步完善。

本 章 小 结

21 世纪初,我国居民的消费观念、消费结构和消费层次处在重要的转型时期。居民的实物型消费比重在减少,精神文化、餐饮、旅游的消费在增加,这带动了消费总体水平的提高。如今的社会已进入了充分展示个性化的阶段,许多消费者开始越来越多地对极具个性化的产品充满期待和关注,因此,关注消费者的个性化消费,将会给营销者带来更多崭新的思维。人们逐渐钟情于无污染的、绿色环保的商品,这就是所谓"绿色消费",我国的绿色消费包括绿色家电、绿色服装、绿色住宅消费等。当前，我国居民的消费观念呈多样化趋向，包括享受型、信用型、绿色消费、理性消费观、可持续发展消费等消费观。随着我国消费结构进一步优化，商品消费档次的提升，服务消费的迅速增长，与互联网相关的网络购物和网络服务消费成为消费的新亮点。网购和海淘作为营销的新方式，正以超常的速度增长，受到世人瞩目。和谐社会提倡健康的、节约型消费观念。要对消费者有目的、有计划地传播消费知识，宣传正确的消费观念，培养消费技能，提高消费质量。

自 测 题

1. 什么是个性消费？
2. 绿色消费的含义是什么？
3. 简述影响消费观念变化的因素。
4. 我国消费观念的多样化趋向有那些？
5. 网购与传统销售各自的优缺点是什么？
6. 消费误区的含义是什么？消费误区的表现有哪些？

案 例 分 析

节约不是抑制消费

在机关工作的小张欲换购一处大房子，想住得更舒适，可妻子提出了反对意见，说现在是节约型社会，要节省。到底换还是不换？小张犯难了。其实还有许多人都有类似的疑惑：经济高速发展，资源制约的端倪初现，拉闸限电、缺水缺油、煤运紧张，节约要融入每个家庭，一度电、一滴水、一页纸都要省下来；可另一方面，为了保持经济的持续活力，不能只靠投资拉动，还要靠消费拉动，刺激内需，鼓励居民们多"用"。这一省一用，似乎很矛盾。如何看待这对矛盾，清华大学特聘教授梁小民认为，"节约不是为抑制消费，而是要消除浪费资源的做法。"今天的节约，与传统意义上的节约有根本的区别，不是过"苦日子"，不是压缩消费，降低生活水准，不是抑制人们正常的健康的消费，更不是只要能维持人的基本生存需求，花钱越少越好，消费越简单越好。"新三年旧三年，缝缝补补又三年""富日子也要当穷日子过"的过度节俭观念已经过时，也成为刺激消费的障碍。

今天提出的"节约"内涵更广泛，发展程度更高，是要培养更加科学合理的消费观念和生活习惯，提倡量体裁衣的适度消费；要尽可能少地消耗资源，又保证全社会有较高的福利水平。比如小张买房的例子，买与不买是刺激消费的问题，不提倡因节省而不买，为了提高生活居住水平，满足居住需要，如果有能力，就应该消费，应该买房。可买房时就要节约了，不能头脑发热，盲目热衷大房子，要量力而行，中小户型能满足需要就买中小户型，否则既浪费钱又浪费资源。

随着人民生活水平的提高，2003年，城镇居民用于吃穿用等基本生活需求的支出占支出比例减少，而用于医疗保健、交通通信、娱乐教育文化等方面的支出份额则不断增长。中国宏观经济学会常务副秘书长王建认为，追求消费水平提高是社会发展的动力，如果节约型社会从消费入手要求居民减少各种产品的消费，则与人们追求美好生活的愿望相抵触，很难得到广大人民群众的响应，也不符合我们要建设现代化国家的目标。

消费不是铺张浪费。改革开放以来，我国城乡居民消费结构变化较快，由基本生活消费阶段向方便生活消费阶段发展，近几年又向享受生活消费阶段发展，可一些"大款"与"公款"却把享受消费引到了过度消费的模式中，流行铺张浪费甚至奢靡的消费观念和消费方式，这些与建设节约型社会格格不入。具体说来，随着生活水平的提高，吃点新鲜可口的无可厚非，可有人花高价什么动物都敢吃，不符合生态原则，破坏人和自然的和谐共处。有的还盲目花大钱大补，老汤煲动辄几百上千元，这种汤既没有经过科学验证，也不具特殊功效，是典型的浪费。住方面，盲目求大，两个人也要住150平方米的大房子，大房消耗资源多，而且维护的费用也高；在装修房子上，更是盲目追求高档豪华，各种名贵材料往家中堆，可选材时缺乏科学知识，不注意选用材料的安全性，有些建材辐射或化学品含量超标，造成室内有毒气体排放过量，危害身体健康，花大钱得不偿失。

商务部市场运行司司长房爱卿认为，现在我国总体上已经进入小康社会，合理科学的消费导向应当是保证生存消费，鼓励发展消费，适当享受消费。但消费的过程也是消耗资源的过程，消费的规模和方式必须考虑自然资源的承受能力。我国是一个自然资源相对短缺的国家，消费决不能以牺牲未来而消费，或浪费自然资源为代价。应调整消费结构，加快建设资源节约型社会，提倡节约资源，合理利用资源，研究开发新技术，限制资源消耗大的产品的生产，并寻找其替代品，转变粗放型的经济增长方式。

节约型社会中不是盲目扩大消费，也不是抑制合理消费，而是为了把消费引导到有利于人的全面发展，有利于合理利用资源、保护环境，有利于扩大消费、拉动国民经济增长的轨道上来。

思考题

1. 居民消费水平提高对促进经济发展有什么重要意义？
2. 在一个节约型社会中，正确的消费观是什么？
3. 在网购风行时代，实体店如何生存发展？

阅 读 资 料

关注当代人的休闲消费

前几年流行"假日经济"，现在人们已经开始关注"休闲经济"。而其背后的缘由就是，包括假日消费在内的休闲消费近年日益走火。有舆论认为，中国走进了休闲消费时代。果真如此吗？

发达国家早已经进入休闲消费时代，但中国休闲消费时代尚未来临。

休闲消费是指在闲暇时间进行的对休闲产品(物质的和精神的)的消费活动。从广义上讲，休闲消费包括四个层次：第一，是满足生理需要层次的消费。例如为了休闲，在日用商品、食物、衣物等方面的支出。第二，是满足健康娱乐层次的消费。例如体育活动、旅游活动、个人爱好需要、家庭娱乐耐用消费品、享受型的服务体验等方面的支出。第三，是满足发展需要层次的消费。例如，图书、技能知识的学习活动等方面的支出。第四，是满足精神需要层次的消费。例如献爱心等公益活动、赠送礼品等情感领域的消费。

从休闲消费的四个层次看，第一个层次，与平时消费内容是相同的，只是因为是在闲暇时间进行的消费，其消费带有休闲消费的性质。例如，在餐馆享受晚餐，超过正常的用餐时间以及正常的用餐费用以上，就算是休闲时间的休闲消费。但休闲经济所注重的休闲消费主要体现在后三个层次上。

在发达的资本主义国家，休闲已经不是少数人的特权，而是一种普遍现象。在美国，无论是参观本地的博物馆还是环游世界，每年都有50%以上的人进行旅游活动。

目前中国还只是发展中国家，国民生活处于"奔小康"阶段，要达到西方发达国家的休闲消费水平，我们还有很长的路要走。

从豪华汽车到游艇、私人飞机，中国富豪的奢华消费在休闲消费中出尽风头。但终归只是少数"有钱阶层"，中国的整体休闲消费水平与发达国家相比还很低，如果根据被富人拉高了的休闲消费水准来推断中国休闲消费时代已经来临，就犯了以偏概全的错误。

休闲消费时代特征在我国发达城市已初见端倪。休闲消费必将成为21世纪中国消费领域的先锋。著名未来预测学家格雷厄姆·莫利托认为，休闲是新千年全球经济发展的五大推动力中的第一引擎。新千年的若干趋势使得"一个以休闲为基础的新社会有可能出现"，到2015年前后，发达国家将进入"休闲时代"，休闲将在人类生活中扮演更为重要的角色。

虽然中国的消费结构仍然是多层次的，但一个不容否定的事实是，中国的消费结构已经发生了重大变化，随着中国经济的进一步发展，休闲消费必将成为21世纪消费领域的先锋。

而休闲消费在中国的发展，还受一些客观条件的制约。休闲消费不仅受时间的限制，还受到空间和设施的限制。休闲消费不是生活必需消费，而是选择性消费，换言之，可以消费也可以不消费；可以这样消费，也可以那样消费；可以多消费也可以少消费。休闲设施的供给状况会直接影响到消费者的满足程度。从几次长假看，我国的休闲设施无论是在数量上还是在质量上，以及结构上都不能满足国民休闲的需求。社会要提供许多"玩"的场合、玩的技术，要让人们玩得愉快，玩得文明。

(资料来源：作者根据《商界名家》整理)

参 考 文 献

1. [美]德尔·I. 霍金斯，等. 消费者行为学[M]. 符国群等，译. 北京：机械工业出版社，2000.
2. 王官诚. 消费心理学[M]. 北京：电子工业出版社，2004.
3. 王金清. 营销心理学[M]. 大连：东北财经大学出版社，2000.
4. 田义江. 消费心理学[M]. 北京：科学出版社，2005.
5. 成伯清. 消费心理[M]. 南京：南京大学出版社，2001.
6. 单凤儒. 营销心理学[M]. 北京：高等教育出版社，2001.
7. 王咏，管益杰. 现代广告心理学[M]. 北京：首都经济贸易大学出版社，2005.
8. 陶应虎. 公共关系原理与实务[M]. 北京：清华大学出版社，2006.
9. 王曼. 现代营销心理学[M]. 北京：中国物资出版社，2002.
10. 陈信康，等. 市场营销学概论[M]. 上海：复旦大学出版社，1998.
11. 马义爽，王春利. 消费心理学[M]. 北京：北京经济学院出版社，2002.
12. 冯丽云，孟繁荣. 营销心理学[M]. 北京：经济管理出版社，2000.
13. 江林. 消费者心理与行为[M]. 北京：中国人民大学出版社，2002.
14. 徐萍. 消费心理学教程[M]. 上海：上海财经大学出版社，2001.
15. 王宁. 消费的欲望[M]. 广州：南方日报出版社，2005.
16. 楼嘉军. 休闲新论[M]. 上海：立信会计出版社，2005.
17. [日]匠英一. 心理营销[M]. 北京：科学出版社，2008.
18. [意]利马窦·墨特里尼. 消费心理学[M]. 北京：新世界出版社，2014.
19. 吕宁. 新理念 新技巧[M]. 北京：北京工业大学出版社，2014.
20. 罗子明. 消费者心理学[M]. 3版. 北京：清华大学出版社，2007.